牛 油
——从牧场到餐桌

杨礼学 王俏君 李 翔 主编

中国轻工业出版社

图书在版编目（CIP）数据

牛油：从牧场到餐桌 / 杨礼学，王俏君，李翔主编. 北京：中国轻工业出版社，2025.1. -- ISBN 978-7-5184-5156-2

Ⅰ. F426.82

中国国家版本馆CIP数据核字第2024EU0709号

责任编辑：钟　雨
文字编辑：陈丽婷　　责任终审：白　洁　　　　设计制作：锋尚设计
策划编辑：钟　雨　　责任校对：朱　慧　朱燕春　责任监印：张京华

出版发行：中国轻工业出版社（北京鲁谷东街5号，邮编：100040）
印　　刷：天津裕同印刷有限公司
经　　销：各地新华书店
版　　次：2025年1月第1版第1次印刷
开　　本：787×1092　1/16　印张：17.5
字　　数：420千字
书　　号：ISBN 978-7-5184-5156-2　定价：135.00元
邮购电话：010-85119873
发行电话：010-85119832　010-85119912
网　　址：http://www.chlip.com.cn
Email：club@chlip.com.cn
版权所有　侵权必究
如发现图书残缺请与我社邮购联系调换
240314K1X101ZBW

本书编委会

主　　编　杨礼学　王俏君　李　翔

参　　编　（按照姓氏笔画排序）
　　　　　王　冲　四川省牛油加工工程技术研究中心
　　　　　王丽金　北京工商大学
　　　　　付群梅　四川省牛油加工工程技术研究中心
　　　　　刘　平　西华大学
　　　　　杨　滔　四川省牛油加工工程技术研究中心
　　　　　苏国万　华南理工大学
　　　　　李玲瑶　四川省牛油加工工程技术研究中心
　　　　　李思宁　西南民族大学
　　　　　李洪军　西南大学
　　　　　吴港城　江南大学
　　　　　何雨婕　四川省牛油加工工程技术研究中心
　　　　　邹　强　成都大学
　　　　　宋焕禄　北京工商大学
　　　　　张逸仙　四川省牛油加工工程技术研究中心
　　　　　陈　武　德阳智慧农业研究院
　　　　　陈秀万　北京大学
　　　　　金青哲　江南大学
　　　　　赵谋明　华南理工大学
　　　　　贺稚非　西南大学
　　　　　袁泽世　四川省成都市郫都区美味袁理工作室
　　　　　唐善虎　西南民族大学

推荐序1　王瑞元
推荐序2　王兴国
推荐序3　何东平

内文部分插图绘制　　王　蕾

推荐序 1

我国动物油脂资源丰富，动物油脂加工是一个传统产业，也是一个具有广阔发展前景的朝阳产业。从产量和市场需求上看，牛油是我国第二大食用动物油脂品类。近年来，有关猪油等动物油脂方面的书籍问世不少，但关于牛油的系统性、专业性、实用性强的书籍却一直处于空缺。本书的出版，正填补了国内食用牛油生产加工及应用领域专业书籍的空白。

本书凝聚了食用牛油加工企业多年的实践经验，同时也融入了众多粮油科学、食品加工等领域专家学者的宝贵意见和最新研究成果，既确保了内容的科学性、又紧密贴合了实际生产需求。

当前，食用牛油加工仍面临着许多挑战与机遇。牛油产品的健康化与高品质化，牛油加工的智能化与低碳化乃至牛油产品的品牌化，都需要牛油行业的从业者不断探索技术创新、产品迭代，以满足市场对高品质、健康、美味牛油产品的需求。从这点看来，该书现今出版，正逢其时，适应了当前我国牛油产业发展的新形势。相信本书能够成为广大读者了解食用牛油加工的重要窗口，并为推动我国食用牛油加工的交流与进步，为促进粮油科学与食品加工行业的高质量发展奠定更加坚实的基础。

《牛油——从牧场到餐桌》即将付样，我深感欣慰，特此撰写推荐序言，以表祝贺。

中国科协咨询决策首席专家、教授级高工

2024年10月

推荐序 2

在油脂科学的浩瀚殿堂中，每一部著作的问世都是对学科发展的有力推动，当我们聚焦于食用牛油时，更是期待能有一部系统性的著作来引领行业的进步。《牛油——从牧场到餐桌》的诞生，无疑是我国食用牛油行业日趋成熟路上的一个重要里程碑。

在我国，食用牛油的主要应用场景应该是火锅。牛油既是火锅底料的主要原料，也是川渝火锅独特风味的来源。毫不夸张地说，牛油是火锅的灵魂。食用牛油的质量与安全、精准适度加工、应用创新，对推动中国火锅产业健康发展有着重要意义。

但我们也看到，相对大宗油脂而言，牛油市场竞争格局相对分散，既有规模化企业，也有众多小微企业参与市场竞争。因此，牛油生产的规范化有着复杂性与挑战性。在此情况下，牛油从原料控制与选择，从提炼到精炼处理，从风味调控到产品创新，每一个环节都需要精湛的技艺与深厚的科学理论支撑。在此要求下，本书系统、全面、实用，为读者呈现了一幅中国牛油从牧场到餐桌的宏伟画卷。

我们团队与森态牛油开展产学研合作由来已久，见证了其在牛油生产技术革新与品质提升方面的不懈努力与卓越成就。早在2019年，在与森态牛油杨礼学董事长的交流中，就听其谈及关于编制一本关于牛油专著的思考，历经多年沉淀，这本能为牛油科研工作者、技术人员及企业家们提供参考与借鉴的书籍就此问世。我坚信，此书的出版将成为我国牛油产业迈向高质量发展新阶段的重要标志，推动我国食用牛油加工技术不断迈上新的台阶。

在《牛油——从牧场到餐桌》付梓之际，欣然命笔，以示祝贺。相信本书能激发行业内对于食用牛油技术创新与产品研发的热情，共同推动油脂科学的繁荣发展。

中国粮油学会首席专家、江南大学教授

2024年10月

推荐序 3

牛油，这种古老而魅力的油脂品类，以其独特的香气、稳定的质地和丰富的营养价值，在油脂食品工业与烹饪中占据了举足轻重的地位。然而长期以来，关于食用牛油加工的系统性、专业性书籍却鲜有问世，这无疑限制了该领域知识的传播与技术的进步。作为长期致力于油脂科学与工程研究的研究者，我深感荣幸能为《牛油——从牧场到餐桌》撰写序言。

牛油的加工，不是对牛脂肪的简单提炼，这就要求我们在深入理解牛油组成与脂肪结构的基础上，通过精细的加工技术和工艺，最大限度地保留其风味特征和营养成分，同时确保产品的安全性和稳定性。本书正是基于这样的背景与需求而编写，它系统介绍了牛油的原料选控、工艺流程、质量控制标准及理化特性，为读者呈现了一块牛油从牧场到餐桌的全过程。

本书还关注了牛油在食品工业中的多元化应用。无论是作为火锅底料的灵魂，赋予其浓郁的香气与醇厚的口感；还是在乳制品、起酥油、烘焙制品等领域发挥提香塑型的作用；抑或是作为香精香料、调味酱包的原料，丰富食品的风味层次，牛油都展现出了其不可替代的独特魅力。通过对这些应用场景的深入剖析与历史溯源，本书不仅展示了牛油的市场潜力与应用前景，相信也将为相关行业的产品开发与技术创新提供宝贵的灵感与思路。

在我看来，牛油行业的未来充满了无限可能，通过更加先进的加工技术和设备，可以进一步提升牛油产品的品质和价值，努力实现经济、社会和生态效益的和谐统一。本书可为牛油等食用油脂行业的科研人员、工程师及从业者提供关于牛油的全面、深入的参考，是一本非常值得推荐的科技专著。

中国粮油学会油脂分会会长、武汉轻工大学教授

2024年9月

前 言

牛油是麻辣火锅的灵魂。

食用牛油是我国第二大动物油脂品类,理论上全国有近200万t的年产量。近年来,随着川渝麻辣火锅风靡全球,牛油的价值愈加凸显,也促进了我国食用牛油产业的蓬勃发展。

本书是一部系统讲述食用动物油脂——牛油的学术论著,全书概述了我国肉牛养殖和屠宰业情况以及牛油的原料分布、供应和加工现状,系统介绍了牛油的加工工艺、装备和产品质量关键控制点及牛油在火锅中的应用场景、使用方法。本书还梳理了近年来关于食用牛油的研究文献,以帮助读者全面了解牛油组成、质构、风味、营养、质量标准等前沿进展,发现牛油的新性能,开拓牛油的新用途,也为火锅从业者提供一些思考和启发。

本书可供从事肉牛饲养,食用牛油、火锅底料、复合调味品加工和销售的业务人员,以及牛油火锅消费者阅读。

本书的出版得到了四川省广汉市迈德乐食品有限公司(森态牛油)的资助,在此特表谢意。

我国的食用牛油产业正在持续不断发展进步,由于编者水平有限,书中难免有不妥或疏漏之处,诚恳地欢迎各位读者多提宝贵意见,使这部"食用牛油百科全书"日臻完善,为我国动物油脂事业的规范化和科学化做出贡献。

主编
2024年8月

目 录

第一章 我国肉牛养殖

第一节　我国肉牛养殖概况……………………………………002
第二节　我国畜牧区概况………………………………………009
第三节　我国肉牛规模化养殖概况……………………………019
第四节　我国养殖牛品种………………………………………021
第五节　养殖技术………………………………………………044
第六节　牛脂肪组织特性及沉积规律…………………………048

第二章 我国肉牛屠宰

第一节　我国肉牛屠宰概况……………………………………058
第二节　传统屠宰………………………………………………058
第三节　规模化屠宰……………………………………………060
第四节　我国屠宰产业概况……………………………………070

第三章 牛油原料

第一节　牛生脂…………………………………………………076
第二节　牛生脂原料来源………………………………………085
第三节　牛生脂原料采购………………………………………087
第四节　牛生脂供应商管理……………………………………089

第四章
牛油油脂化学

第一节　牛油的组成 094

第二节　牛油的性质 100

第三节　牛油的风味 111

第四节　牛油的起砂改善 138

第五节　牛油的熔点提升 140

第六节　牛油的二酯化 142

第五章
食用牛油的
加工技术

第一节　牛生脂的预处理 146

第二节　牛油熔炼 150

第三节　牛油精炼 153

第四节　油、渣分离 166

第五节　牛油灌装及包装 170

第六节　牛油的仓储物流 173

第七节　浓香牛油生产技术 175

第八节　牛油生产的发展趋势 177

第九节　牛油加工中的"三废"处理 178

第六章 食用牛油的质量控制

第一节	食用牛油的生产关键控制点..........186
第二节	食用牛油的质量控制指标..........191
第三节	食用牛油的质量控制措施..........200

第七章 商品牛油市场与产品分析

第一节	牛油市场分析..........204
第二节	市售牛油产品分析..........212

第八章 牛油的食品应用

第一节	牛油在火锅中使用的历史..........231
第二节	牛油在火锅中所起的作用..........237
第三节	牛油在不同火锅类型中的应用..........238
第四节	牛油的应用案例..........242

参考文献..........255

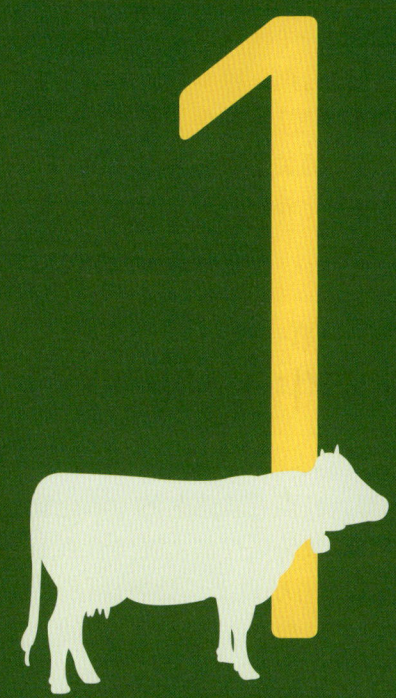

第一章

我国肉牛养殖

我国肉牛养殖的情况直接关系到食用牛油的原料供应和品质，本章重点阐述我国肉牛养殖产业现状，深入了解肉牛品种、产区、养殖方式等对我国食用牛油产品的影响。

在当今农业生产领域，肉牛养殖作为一个重要分支，为市场提供了大量高质量的肉类产品。现阶段肉牛养殖市场正值发展的关键时期，原本以小规模为主的饲养模式向产业化饲养模式转变。在我国不同地区分布着多种不同品种的牛，因此根据牛的生活习性提供不同的养殖方式，也是促进肉牛养殖产业积极发展的关键，这种规模化生产与产业化养殖有利于减少养殖成本，增加养殖经济效益，应用规范化养殖技术，更有助于提升牛肉品质及食品安全，满足牛肉及牛油市场的供给需求。

第一节　我国肉牛养殖概况

在农耕时代，牛是主要的畜力来源，我国有着悠久的牛驯化和养殖历史。随着居民生活水平的提高和对优质肉类的需求，牛肉已成为居民的主要肉食来源之一，我国成为全球第二大牛肉消费市场，2023年牛肉消费量达1100万t以上。如表1-1所示，2023年全国牛肉产量同比增长4.9%，达到了753万t。牛肉年消费量与年产量存在明显的差值，表明我国肉牛的养殖与消费市场空间巨大。

表1-1　2021—2023年全国肉类产量

年份	肉类总产量/万t	猪肉产量/万t	牛肉产量/万t	羊肉产量/万t
2021	8887	5296	698	514
2022	9227	5541	718	525
2023	9641	5794	753	531

资料来源：国家统计局2023年国民经济和社会发展统计公报。

肉牛的养殖与屠宰是满足日益增长的牛肉消费需求的重要条件，肉牛以生产牛肉为主要用途，具有体躯丰满、增重速度快、饲料利用率高、产肉性能好、肉质口感好等特点。肉牛养殖经济效益受牛源采购成本、养殖成本及肉牛出栏价格等多重因素影响。20世纪90年代以来，随着社会经济的快速发展，我国肉牛养殖市场也经历了剧烈的波动调整阶段，从统计数据来看，全国肉牛存栏量常年在8800万～10000万头范围波动。近年来，在《推进肉牛肉羊生产发展五年行动方案》和中共中央、国务院《关于做好2023年全面推进乡村振兴重点工作的意见》等国家相关扶持政策的引导和市场良好经济效益的拉动下，肉牛养殖从业群体的养殖积极性提升，牛源产能得到有效恢复。从2016年开始，我国牛存栏数和出栏数保持增长态势。在2023年年末，全国牛存栏10509万头。相对应的，肉牛出栏量也整体呈现了平稳增长的趋势，2023年，全国肉牛出栏5023万头。牛生脂是食用牛油的原料，以出栏一头牛平均产出30kg生脂组织计算，2023年我国牛生脂产量约为150.69万t。

我国肉牛养殖在牛源品种上，主要可分为国外引进杂交的西门塔尔牛、安格斯牛、夏洛莱牛，国内育种的鲁西黄牛、南阳牛、秦川牛、延边牛以及当地黄牛，在养殖规模上，专用肉牛品种养殖总量占比仍较低。

在肉牛养殖区域与规模上，从改革开放到20世纪90年代中期，肉牛养殖产区开始从内蒙古、新疆和甘肃的草原牧区向河南、山东、河北等农区转移，农区肉牛出栏量一度占全国的80%以上，近10年来，得益于秸秆青贮生产优势、地方政策引导以及消费量的增加，以西南为主的南方地区肉牛养殖量明显提升，出现了多家万头规模的大型养殖企业。

国内牛肉市场供需关系总体处于"紧平衡"状态。为了满足国内市场对牛肉的消费需求，我国对部分国家开放了牛肉市场，中华人民共和国海关总署数据显示，2022年我国牛肉进口268.95万t，出口牛肉38.61t。进口品类主要为冻去骨牛肉，进口量220.36万t，进口额155.94亿美元。我国进口的牛肉主要来自巴西、阿根廷、澳大利亚、乌拉圭及新西兰，其余来自美国、加拿大及智利等国。

肉牛养殖具有典型涉农行业特征。随着国家扶持政策不断向着肉牛产业高质量发展倾斜，提出了"到2025年，全国牛肉自给率保持在85%左右，牛肉产量稳定在680万t左右，肉牛规模养殖比重达到30%"的目标，农业农村部颁布《"十四五"全国畜牧兽医行业发展规划》，也将肉牛肉羊列入四个千亿级的重点产业项目。政策"因势利导"发挥助推带动作用，生产与经营者还需扮演好决定性角色。

中国肉牛产业正经历高速变革期，全国共有近38万家正常经营状态的肉牛养殖相关企业，约7200家肉牛加工相关企业。肉牛养殖行业集中度较低，对于从业者专业性，对良种繁育、规模化养殖、拓展精深加工产业链等举措的实施已有越来越高的要求。

一、肉牛产业发展历程

从改革开放到20世纪90年代中期，中国肉牛产业处于初期阶段，我国的肉牛养殖产区也发生了从草原放牧区向内地农区的转移，这是由于当时农区的机械化程度低，牛作为主要的畜力是重要的生产资料，农区基层储备的黄牛资源数量巨大，处于牛源严重过剩的状态，中国在这个时期是牛肉净出口国。

从20世纪90年代中后期开始，在农民大量进城务工以及农业从"农耕役用时代"向"农业机械现代化时代"的转型过程中，曾出现过大批量耕牛和繁育母牛成为闲置资源而被抛售宰杀的情况，"历史性积攒的牛源"逐渐被宰杀殆尽。在这个过程中，人们也开始逐渐将传统役用牛转为肉牛养殖，并逐渐引进优良牛品种对本地牛进行改良，如对草原红牛、新疆褐牛、西杂黄牛等的改良是我国现代肉牛业的品种基础。至2006年全国肉牛出栏量达4226.82万头。自2007年开始，随着肉牛养殖成本上升，散户加快退出市场，中国的肉牛存栏量于2010—2018年处于低谷期，在2012—2015年达到了最低点。

在产业引导、民众膳食结构理念的调整等诸多因素影响下，近年来我国牛肉总消费量整体呈现快速上升趋势。牛源价格持续处于较高水平，繁育母牛的养殖情况得到改善，牛源产能以及存栏量出现恢复性的反弹，并进入高度商业化时代。资本集中涌入肉牛养殖业，规模养殖企业不断涌现，使国内肉牛养殖量呈现恢复性增长，2023年年末全国牛存栏达到10509

万头。在这个过程中,由于南方地区具有消费市场潜力、草料饲料丰富和后发优势,南方的肉牛产业发展迅速,云南、四川、贵州、江西、湖北、湖南等地都出现了大型肉牛养殖企业。

从市场角度来看,国内牛肉的需求量逐年增加,牛肉市场供需缺口也逐渐增大。虽然我国肉牛养殖业日趋成熟,但我国肉牛养殖过程中仍然存在不少问题,这些问题制约着养殖行业的进一步发展。

其一,肉牛养殖品种单一问题。当前适合繁育的品种多以黄牛为主,虽然通过引入国外肉牛品种,并通过杂交育种的方式缓解了本土品种单一的问题,但整体上我国肉牛良种率偏低,与发达国家存在较大差距。

其二,育肥饲养方式不合理、大型养牛场尚未发展。从养牛模式来看适度的智慧化养殖家庭牧场仍然占主导地位,大型的现代智慧化、机械化养殖牛场尚未得到发展。部分养殖户缺乏科学的疾病防控知识和意识,防疫措施不到位,导致疾病防控难度增加。

二、肉牛生产规模

表1-2所示为由国家统计局统计的我国2015—2023年肉牛出栏量与存栏量。近10年以来,我国肉牛存栏量在8800万~10000万头范围波动,2016年是我国肉牛存栏数最低的一年,该年牛存栏量为8834万头,牛出栏量为4265万头。最近6年,我国牛存栏数和出栏数保持增长态势,2023年我国牛存栏量约为10509万头,牛出栏量约为5023万头。其中,云南、四川、内蒙古的年肉牛存栏量均在800万~1000万头,新疆、青海和西藏这三省(自治区)年肉牛存栏量在600万~700万头,而河北、山东、甘肃和贵州等六省年肉牛存栏量目前也达到300万~500万头水平。随着出栏量的增长,我国牛肉产量整体呈现上升趋势,2023年全国牛肉产量753万t,较上年增加35万t,同比增长4.9%,但国内牛肉供给仍存在约300万t的巨大缺口。牛生脂产量的增长伴随着牛出栏量的增长,我国牛生脂的估算产量在常年在100万t以上。2023年,中国牛生脂总产量可达到150万t。

表1-2 我国2015—2023年肉牛出栏量与存栏量

年份/年	2015	2016	2017	2018	2019	2020	2021	2022	2023
肉牛存栏量/万头	9055.7	8834.4	9038.7	8915.2	9138.2	9562	9817	10215	10509
肉牛出栏量/万头	4211	4265	4340	4398	4534	4565	4707	4839	5023
牛生脂产量(估算)/万t	126	128	130	132	136	137	141	145	151

资料来源:国家统计局。

三、我国牛肉进口概况

图1-1所示为国内牛肉进口量在2017—2023年整体呈上升趋势,已经是世界第一大牛肉进口国。2022年根据美国农业部(USDA)统计:全球各个国家总进口量为991.2万t,其中中

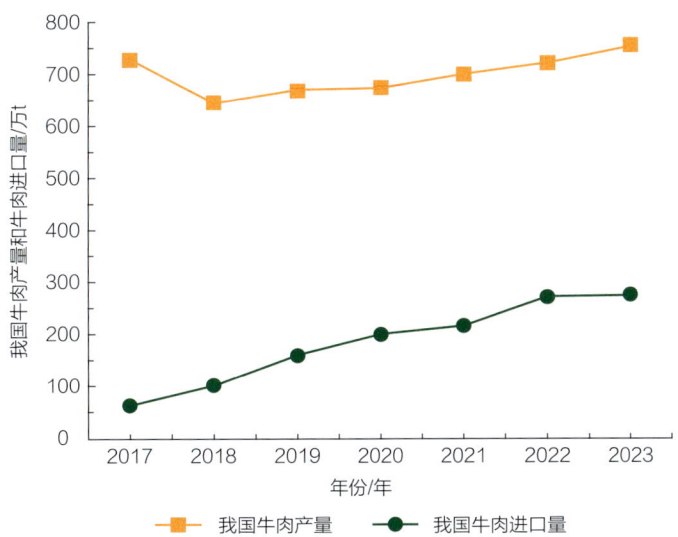

图1-1 2017—2023年我国牛肉产量与牛肉进口量
资料来源：国家统计局、中华人民共和国海关总署。

国是314万t（与我国海关数据268万t有出入，美国农业部（USDA）数据包含转港贸易等），中国进口量占全球总进口量的31.7%，约为第二名美国（153.7万t）的两倍。

在2023年我国全年累计进口牛肉273.74万t，增幅为1.78%，再创年度新高。2023年的进口均价并没有随着进口量的上升而上涨，反而呈现了震荡下跌的趋势，从年初的5497.92美元/t冲高回落至年末的4845.18美元/t。从金额方面来看，2023年1~12月中国牛肉进口金额14219.8百万美元，同比下降19.9%。但进口量增幅继续放缓，为近8年来最低增幅。如表1-3所示，其中从进口来源国方面来看，5大主要进口国分别是巴西、阿根廷、乌拉圭、新西兰和澳大利亚。

2022年我国进口牛肉的省份达30个，虽然进口牛肉市场遍布全国，由于海运港口等因素，我国进口牛肉省份主要集中于东部沿海以及中部地区。以2022年为例，年进口量合计超过10000t的有20个省（直辖市），2022年全国进口前十的省（直辖市）如图1-2所示，分别为山东49.54万t、上海45.93万t、广东32.63万t、天津28.53万t、北京16.24万t、江苏15.13万t、福建11.66万t、湖北10.50万t、浙江9.83万t、安徽9.28万t。

表1-3 2021—2023年我国牛肉进口来源国及其进口量

国家	2021年进口量/万t	占比/%	2022年进口量/万t	占比/%	2023年进口量/万t	占比/%
巴西	85.85	37	111	41	117.71	43
阿根廷	46.52	20	49	18	56.69	19.25
乌拉圭	35.52	15	35.6	13	27.46	10.03
新西兰	20.18	9	21.6	8	20.61	7.53
澳大利亚	16.28	7	16.9	6.8	22.64	8.27

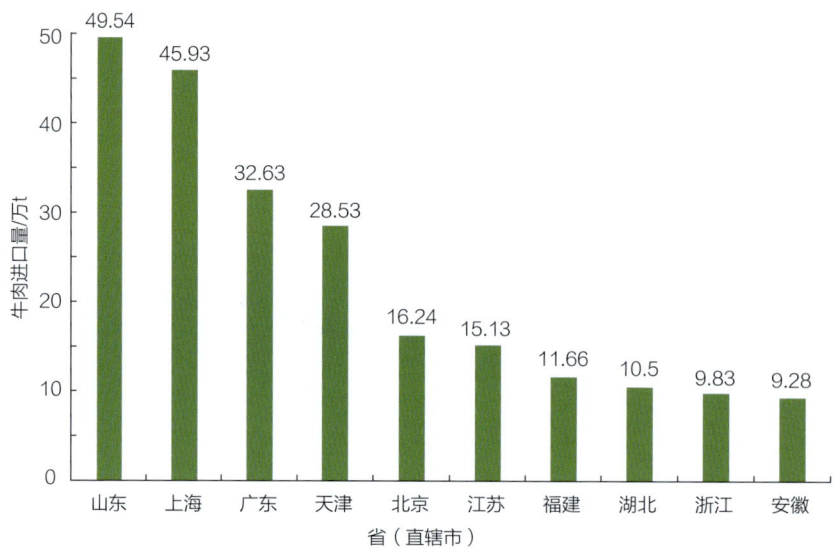

图1-2 2022年牛肉进口量前十省（直辖市）

四、我国肉牛产业政策

牛肉是百姓"菜篮子"的重要组成，在当前复杂的国际环境下，粮食和农牧业的自主可控性也提升到了战略高度。近年来，为了推动肉牛行业高质量发展，国家先后颁布了《关于实施重要农产品保障战略的指导意见》《国务院办公厅关于促进畜牧业高质量发展的意见》等指导意见。

从2021年开始，农业农村部先后出台了《推进肉牛肉羊生产发展五年行动方案》《全国肉牛遗传改良计划》等多项政策，发布了《"十四五"全国畜牧兽医行业发展规划》，大力支持肉牛产业发展。通过统筹牧区、农区、南方草山草坡地区牛羊生产，加快转变肉牛肉羊生产方式，围绕增加基础母畜产能、推进品种改良、扩大饲草料供给、发展适度规模养殖、加强重大动物疫病防控、强化质量安全等关键环节，压实地方责任，加大政策支持，强化科技支撑，不断提升牛羊肉综合生产能力、供应保障能力和市场竞争力。《推进肉牛肉羊生产发展五年行动方案》提出到2025年，实现牛羊肉自给率保持在85%左右；牛羊肉产量分别稳定在680万t、500万t左右；牛羊规模养殖比重分别达到30%、50%的目标。

《农业农村部关于落实党中央国务院2023年全面推进乡村振兴重点工作部署的实施意见》，提出深入开展肉牛增量提质行动；大力发展青贮玉米和苜蓿等优质饲草的生产，因地制宜开发利用农作物秸秆及特色饲草资源；加强国家种业基地建设，深入开展种业企业扶优行动；强化品牌建设，实施农业品牌精品培育计划，加快农业品牌标准体系建设等重点工作内容。同时，2023年2月13日，中央一号文件发布，提出举全党全社会之力全面推进乡村振兴，加快农业农村现代化。

与中央同步的，各地近年来建设打造了一批高质量的农业产业强镇、现代农业产业园和优势特色产业集群，具有非常强的带动和示范作用，部分"牛产业"强镇入选了农业农村部公布的农业产业强镇名单，见表1-4。吉林省政府出台了《吉林省肉牛产业发展规划》和《关于支持全省肉牛产业发展有关政策措施》，对实施"秸秆变肉"暨"千万头肉牛建设工程"作出更为全面更为具体的部署。各地方政府因地制宜，顺应差异化竞争，结合各地肉牛产业发展实际情况，围绕增强金融支持、引导肉牛产业数智化赋能升级、强化肉牛绿色生态等方面继续出台相应的肉牛养殖补贴和产业支持政策，并围绕所在区域的特色种质资源开展种养加一体化生产体系、打造肉牛产业集群，推动肉牛产业高质量发展。

表1-4 农业农村部公布的农业产业强镇创建名单

省级行政区	乡镇名	产业	认定批次
北京市	房山区窦店镇	肉牛	首批
山西省	文水县刘胡兰镇	肉牛	首批
	方山县马坊镇	肉牛	首批
内蒙古自治区	开鲁县东风镇	肉牛	首批
	鄂温克族自治旗辉苏木	肉牛	首批
	扎赉特旗巴达尔胡镇	肉牛	首批
	林西县统部镇	肉牛	首批
	阿拉善盟阿拉善左旗巴润别立镇	肉牛	第二批
	通辽市库伦旗扣河子镇	肉牛	第二批
	赤峰市阿鲁科尔沁旗绍根镇	肉牛	第二批
吉林省	伊通满族自治县营城子镇	黄牛	首批
	白城市镇赉县黑鱼泡镇	肉牛	第二批
	吉林市桦甸市二道甸子镇	肉牛	第二批
辽宁省	沈阳市辽中区肖寨门镇	肉牛	第二批
黑龙江省	龙江县景星镇	肉牛	首批
江西省	莲花县良坊镇	肉牛	首批
山东省	高青县唐坊镇	黑牛	首批
	临清市尚店镇	牛	首批
	阳信县温店镇	肉牛	首批
	枣庄市台儿庄区马兰屯镇	牛	第二批
广西壮族自治区	崇左市天等县驮堪乡	肉牛	第二批
河南省	南乐县千口镇	牛	首批
	郏县堂街镇	红牛	首批

续表

省级行政区	乡镇名	产业	认定批次
湖北省	鹤峰县燕子镇	肉牛	首批
四川省	宣汉县大成镇	蜀宣花牛	首批
云南省	迪庆藏族自治州香格里拉市上江乡	肉牛	第二批
西藏自治区	类乌齐县滨达乡	牦牛	首批
	当雄县龙仁乡	牦牛	首批
	阿里地区改则县先遣乡	牦牛	第二批
	阿里地区改则县洞措乡	牦牛	第二批
	山南市洛扎县色乡	牦牛	第二批
	林芝市朗县金东乡	牦牛	第二批
	林芝市朗县登木乡	牦牛	第二批
青海省	祁连县扎麻什乡	牦牛	首批
	西宁市湟中区土门关乡	奶牛	首批
	黄南藏族自治州河南蒙古族自治县赛尔龙乡	雪多牦牛	第二批
宁夏回族自治区	平罗县红崖子乡	奶牛	首批
	固原市西吉县什字乡	肉牛	第二批
新疆维吾尔自治区	巴楚县色力布亚镇	肉牛	首批
北大荒农垦集团	八五一〇农场	奶牛	首批
	双峰农场	奶牛	首批

从屠宰场地器械到肉类分级、冷藏，我国已有了系统的屠宰加工标准。现行标准包括规范屠宰操作的GB/T 19477—2018《畜禽屠宰操作规程　牛》、NY/T 3964—2021《畜禽屠宰操作规程　牦牛》，以及屠宰器械的GB/T 40469—2021《畜禽屠宰加工设备　牛屠宰成套设备技术条件》等。在2022年以来实施的牛屠宰加工标准还有GB/T 40464—2021《冷却肉加工技术要求》、GB/T 29392—2022《畜禽肉质量分级　牛肉》、GB/T 17238—2022《鲜、冻分割牛肉》和GB/T 40467—2021《畜禽肉品质检测　近红外法通则》等。这些标准宣贯实施将会在国家层面有效提升我国冷却（冷鲜、冰鲜）牛肉生产与质量，进一步促进国产牛肉等级与规格化生产消费。

基于国家政策的引导和市场的需求，预计未来几年，我国肉牛养殖业、牛肉深加工行业企业将持续加强投入，提高的生产能力，带来更丰富的牛肉产品，产出更多的公用品牌和知名品牌。届时，我国肉牛产业的核心竞争力将大幅度提升，国产牛肉产量和质量整体都会大幅提高，毋庸置疑，肉牛产业依然是畜牧产业中的朝阳产业，中国肉牛产业依然处于资本的蓝海时代。

第二节 我国畜牧区概况

传统上，我国四大畜牧区分布在内蒙古、新疆、西藏和青海。而农区及南方地区，也逐渐成为重要的肉牛产地。下面以省级行政区为单位，介绍草原牧区、农区和南方地区的肉牛畜牧情况。

一、概述

从牛肉产量情况来看，我国北方地区牛肉加工发展水平要领先于全国其他地区。据国家统计局统计数据显示，2022年，中国牛肉产量排名前十的省域中北方占据7席，其中内蒙古牛肉产量为71.9万t，占全国牛肉总产量的10.01%；其次为山东牛，肉产量60.4万t，占全国总量的8.41%；之后为河北，牛肉产量58.1万t，占全国总量8.09%。

2022年中国牛肉产量排名前十的省（自治区）依次是内蒙古、山东、河北、黑龙江、新疆、吉林、云南、四川、河南、辽宁，产量合计达487.96万t，占全国牛肉总产量718.26万t的67.93%。从区域布局和肉牛存栏量看，中原、东北、西北、西南四个区域优势明显。其中，西南、西北地区肉牛养殖产业呈现出良好的发展态势。例如，2022年云南肉牛出栏量为达到了360万头，占全国总量的7.44%，同比增长4.3%；四川肉牛出栏量为306万头，占全国肉牛总存栏量的6.32%，同比增长4.4%。同时，由于牛肉深加工对肉牛储存条件及运输条件要求严格，因此我国多数地区牛肉深加工采集产地就近加工原则，在北方牧区以及西南重点肉牛养殖地区，牛肉深加工产业发展明显领先于其他地区。

二、内蒙古

内蒙古牧区属于温带草原，平均海拔高度1000m左右，温带大陆性季风气候，湿润多雾的空气虽然不利于谷物的生长，但却为多汁牧草的生长提供了良好的条件，发展畜牧业条件得天独厚，是国际公认的优质肉牛饲养带。

1. 地理位置

据统计，内蒙古有13.2亿亩（1亩=666.67m²）天然草原和1.39亿亩耕地，草原面积约占全国草场面积的1/4，内蒙古草原类型丰富，可占全国草原地类的44%，植物种类2700多种。内蒙古自东向西依次分布着温性草甸草原、温性典型草原、温性荒漠草原、温性草原化荒漠和温性荒漠类五大地带性草原类型，占全区草原总面积的89%。还分布着山地草甸类、低平地草甸类和沼泽类三类非地带性植被，占全区草原总面积的11%。全区草原产草量的地带差异性较大，各类草场平均单产为23～191kg/亩，载畜能力每个羊单位在7～106亩。

2. 肉牛饲养情况

内蒙古是我国重要的绿色农畜产品生产加工输出基地，畜牧业有着独特的资源优势和悠久的发展历史。目前，内蒙古已形成以呼伦贝尔、锡林郭勒为重点的东部天然草原养殖区，以通辽市、赤峰市、兴安盟为重点的中东部优势养殖区，以鄂尔多斯市、巴彦淖尔市为重点的西部新兴养殖区。内蒙古牛肉产业发展活力极高，生产供给得到充足保障，2022年年末牛存栏量达820.4万头，同比增长12%。同时，自2015年以来，内蒙古的牛肉产量呈直线式增长，2020—2022年内蒙古牛肉产量分别为66.3万t、68.7万t和71.9万t，已连续三年位列全国首位。

3. 牧场

内蒙古主要牧场有呼伦贝尔草原牧场、锡林郭勒草原牧场和科尔沁草原牧场。

（1）呼伦贝尔草原牧场　呼伦贝尔草原位于内蒙古东北部、大兴安岭以西的呼伦贝尔高原上，是典型的温带大陆性草原牧场。呼伦贝尔西与俄罗斯接壤，北与蒙古接壤，整体地势东高西低，海拔为650～700m，为中国最大的草原，是世界四大草原之一，称为"牧场王国"。

据统计，呼伦贝尔市共有1100万hm^2的原始森林，共有3000多条河流，500多个湖泊，是东北的两大水系源头。呼伦贝尔高原核心区大体上以内蒙古第一大湖呼伦湖，以及贝尔湖的湖盆为中心，以克鲁伦河、哈拉哈河、乌尔逊河为边，形成了一个三角状结构，是整个草原的原点。在2021年，呼伦贝尔全市牧业年度牲畜存栏1085.30万头（只），增长4.9%。其中大牲畜存栏172.56万头（只），增长11.9%。

（2）锡林郭勒草原牧场　位于内蒙古中心地带的锡林郭勒高原上的锡林郭勒，面积2026万hm^2。其近1796万hm^2的天然草原被认为是中国四大草原之一，锡林郭勒草原分为五大类，即草甸草原（草原面积1796万hm^2）、典型草原（可利用面积893.33万hm^2）、荒漠草原（可利用面积282.87万hm^2）、沙地植被（可利用面积239.40万hm^2）和其他草场类。其中草甸草原主要集中分布在锡林郭勒盟（锡盟）东北部和东部地区，典型草原主要分布于锡盟中部，是锡林郭勒草原的主体，地形以平原和低山丘陵为主，占全盟可利用草场的50.6%，地表水比较丰富，牧草质量好，优良牧草占50%～60%。

主要养殖品种有草原红牛，引进品种有荷斯坦牛、西门塔尔牛等。据相关报道，2016年开始，锡林郭勒盟实施"减羊增牛"政策，在草原承载适宜规模之内，肉牛产业发展呈现良好势头。到2021年共引进优质良种肉牛10.5万头，逐步扩大良种肉牛规模，肉牛存栏量增至197.5万头，较2012年增长86.1万头，二代以上西门塔尔牛比重达到68%。安格斯高端肉牛养殖规模达到10万头，居全区首位。2023年牧业年度统计，锡林郭勒盟牲畜存栏1342.8万头（只），其中肉牛存栏达到220万头，肉羊存栏1110万只，肉类总产量达到30万t以上。在产业引导上，锡林郭勒盟在高质量重要畜产品供给保障体系建设上，率先推广"户繁企育"合作养殖模式，以支持育肥牛在盟内屠宰企业精深加工，在2023年内锡林郭勒盟半农半牧区肉牛舍饲养繁殖规模达到10万头以上。

（3）科尔沁草原牧场　科尔沁草原又称科尔沁沙地，位于通辽市，是我国四大沙地之首，是西门塔尔牛、科尔沁牛的主要繁育基地。科尔沁草原西与锡林郭勒草原相接，北邻呼伦贝尔草原，是中国四大草原之一。

位于科尔沁草原中心的通辽市是"中国黄牛之乡"，有"中国草原肉牛之都"美誉。地处"世界黄金玉米带""肉牛黄金养殖带"，粮食产量居内蒙古首位，牲畜存栏突破1300万头（只），肉牛饲养量居全国地级市前列。2022年，全市肉牛存栏达到493万头，存栏超百万头的旗县1个、饲养基础母牛超万头的苏木乡镇64个、超千头的嘎查村604个、肉牛养殖专业合作社741个、肉牛规模养殖场2038家，106万农牧民从肉牛产业链条中获益增收，占全市总人口的1/3以上。通辽市被农业农村部等部委认定为"科尔沁牛"中国特色农产品优势区、科尔沁肉牛产业集群核心区，被中国畜牧业协会牛业分会命名为"中国草原肉牛之都"，并于2023年8月发布"通辽肉牛"品牌。

4. 饲养品种

2023年10月，《国务院关于推动内蒙古高质量发展奋力书写中国式现代化新篇章的意见》提出"稳步实施畜牧良种补贴政策，推进肉牛扩群提质和育肥场建设"的意见。当前，内蒙古主要饲养的肉牛品种列举如下。

（1）科尔沁牛 科尔沁牛是用中国西门塔尔牛改良蒙古牛，在科尔沁地区形成的草原牛类型，因主产于中国内蒙古东部地区的科尔沁草原而得名。该牛种主要饲养于通辽市各旗、县、区，在1990年8月被正式命名为"科尔沁牛"新品种。科尔沁牛品种属乳肉兼用型品种，被毛为黄（红）白花，白头，体格粗壮，体质结实，结构匀称，胸宽深，四肢端正，后躯及乳房发育良好，乳头分布均匀。成年公牛体重991kg，母牛508kg。犊牛初生重38～42kg。18月龄阉牛屠宰率为53.3%，净肉率41.9%。2020年，存栏和产量分别达到538.3万头和66.3万t。在2021年，"科尔沁牛"品牌价值达到258.1亿元，居内蒙古畜产品品牌价值榜榜首。

DB15/T 1965—2020《科尔沁牛》

DB15/T 1965—2020《科尔沁牛》是2020年9月28日实施的一项内蒙古地方标准，规定了科尔沁牛品种来源、品种特征、生产性能、综合评定方法和品种登记办法。该标准适用于科尔沁牛品种鉴别、等级评定及品种登记，其标准文本附件请扫描二维码查阅。

（2）中国西门塔尔牛 中国西门塔尔牛是锡林郭勒盟地区黄牛改良的主要品种。通辽市被誉为"西门塔尔之乡"，培育了中国西门塔尔牛，是国内西门塔尔优质品种肉牛改良最为完善、存栏最为集中的地区之一。

中国西门塔尔牛由于培育地点的生态环境不同，分为平原、草原、山区三个类群，种群规模达100万头，该品种被毛颜色为黄白花或红白花。三个类群牛的体高分别为130.8、128.3和127.5cm；体长分别为165.7、147.6和143.1cm。各类群核心群种牛的遗传基础已达到遗传同质化水平。犊牛初生重平均41.6kg，6月龄体重199.4kg，12月龄重324kg，18月龄434kg，24月龄592kg。年产乳量可达到4300kg以上，乳脂率4.0%。在一些屠宰结果测定中，屠宰率平均61.4%，净肉率50.0%，眼肌面积90.5cm^2。早期生长快是该品种的主要特点之一，是我国牛肉生产的重要品种。

（3）草原红牛 草原红牛产于赤峰地区的翁牛特旗和巴林右旗，锡林郭勒盟的正蓝旗及附近旗县。1984年正式命名为"内蒙古草原红牛"新品种。如图1-3所示，草原红牛是乳肉兼型品种，适应性强，生产性能高，体形外貌一致，遗传性稳定，适合于农村牧区放牧饲养。在以放牧为主，冬春季节少量补饲条件下，成年公牛平均体重850.0kg，母牛450.0kg。年产乳量为1600~2000kg/头，乳脂率4%以上，屠宰率55%。

（4）中国荷斯坦牛　中国荷斯坦牛主要分布在以呼和浩特市为核心的沿黄地区和呼伦贝尔市岭东和兴安盟等嫩江流域及通辽市、赤峰市西辽河流域。在1992年被原农业部更名为"中国荷斯坦牛"。该品种是优良的奶牛品种，母牛体高13.7cm，体重

图1-3　草原红牛

达562.6kg，年产乳量6000~8000kg/头以上，乳脂率3.4%~3.6%。荷斯坦牛和乳肉兼用牛存栏在2019年全区达到125万头。2020年，内蒙古印发《奶业振兴三年行动方案（2020—2022年）》，到2022年，奶畜存栏达到215万头（只），乳类产量达到720万t，全产业链产值达到2100亿元，率先在全国实现乳业振兴。

三、新疆

新疆是一个让人心驰神往的地方，"大美新疆"不仅有壮美瑰丽的风景，也有闻名天下的牛羊肉美食。新疆作为我国四大牧区之一，草场类型多样，牧草种类繁多，品质优良，给牛类发展提供了有利条件。2021年9月发布的《新疆维吾尔自治区畜牧业"十四五"发展规划》中，计划到2025年，全疆荷斯坦牛存栏达50万头，规模养殖比例达65%以上；肉牛饲养量达1500万头，存栏达800万头，规模养殖比例达50%以上，牛肉产量达90万t。

1. 地理位置

新疆位于我国西北部，以天山为界限划分为北疆与南疆，属于干旱半干旱气候区中典型的温带大陆性气候。牧区主要分布于天山以北的北疆和南疆西部山区。随山地海拔的变化，从低处的荒漠到高山草地，形成垂直分布的不同牧场。资料显示新疆草原面积12亿亩，其中可利用的草原面积7.5亿亩，占全国可利用草场面积的26.8%。草场类型多样，牧草种类繁多，品质优良，给牛类发展提供了有利条件。

2. 肉牛饲养情况

畜牧业是新疆最具特色的传统基础产业之一。新疆2022年国民经济和社会发展统计公报显示，2022年全疆牛存栏690.91万头、增长12.1%，出栏292.64万头、增长1.2%，牛肉总产量49.37万t、增长1.8%。疆内肉牛养殖品种以西门塔尔牛、安格斯牛和新疆褐牛为主；奶牛养殖品种以荷斯坦牛为主。

3. 牧场

新疆主要牧场有天山牧场和伊犁牧场。

（1）天山牧场　天山牧场位于天山山脉北麓的乌鲁木齐市和昌吉回族自治州地区，是我国最大的山地牧场，牧场海拔2000多米，日照充足，昼夜温差大，水源充足，牧草繁茂。天山草原的牧草因其地区不同而有差异：高山区主要是蒿草和莎草，其次是杂类草；森林草地主要是豆科和杂草类；低山区主要是狐茅、羽茅、蒿属和紫云英属；山前冲积平原区主要是蒿属、地肤和藜科属；河谷滩地以禾本科的拂子茅、芨芨草、芦苇、冰草为主，其次为杂类草。天山牧草品质优良，养育了千万头牲畜，其中有名的伊犁马、新疆黄牛和新疆细毛羊等优良品种都生长于天山草原。天山草原的高原高山气候，植被呈垂直分布，季节性的牧场影响了牧民的生产和生活，形成了四季转场的放牧方式：气温较低的山顶用作夏季牧场，气温较高的山脚用作冬季牧场。

（2）伊犁牧场　伊犁河谷草原位于新疆西部天山以北的伊犁州伊犁河谷内，宜牧宜农，从平原到山地分布有荒漠、草原、草甸、灌丛和森林等多种植被类型的草地，游牧文化在这里表现突出。那拉提草原是伊犁草原的典型代表。伊犁州新源县境内的那拉提草原又名（西）巩乃斯草原，瓦剌蒙古语意为"绿色谷地"，哈萨克语意为"白阳坡"，是亚高山草甸植物区，自古以来就是著名的牧场。优美的草原风光与当地哈萨克民俗风情结合在一起，成为新疆著名的旅游观光度假区。

据伊犁哈萨克自治州第三次全国国土调查主要数据公报显示，伊犁州草地333.06万hm^2（4995.97万亩）。其中，天然牧草地317.79万hm^2（4766.80万亩），占95.41%；人工牧草地5.69万hm^2（85.29万亩），占1.71%；其他草地9.59万hm^2（143.89万亩），占2.88%。草地主要分布在尼勒克县、昭苏县、新源县和特克斯县，占全州草地的72.33%。

2022年伊犁哈萨克自治州全年猪、牛、羊、禽肉产量36.93万t。其中，羊肉产量14.47万t，下降0.4%；牛肉产量16.26万t，增长10.9%。全年末牛存栏274.75万头，增长11.5%；牛出栏95.79万头，下降8.4%，牛肉产量8.86万t，下降1.7%。

4. 饲养品种

新疆褐牛、安格斯牛、西门塔尔牛为新疆主推品种。在《新疆维吾尔自治区畜牧业"十四五"发展规划》中，优化了肉牛生产布局。北疆以新疆褐牛、安格斯牛为主推品种，面向中高端市场培育知名品牌，大力发展优质牛肉精深加工和休闲食品，形成北疆绿色有机牛羊肉100亿元以上、有国内影响力的产业集群；南疆和东疆以西门塔尔牛为主推品种，加快群体生产性能改良、提高个体单产水平，发展标准化适度规模养殖。预计到2025年，肉牛饲养量达1500万头，存栏达800万头，规模养殖比例达50%以上，牛肉产量达90万t。荷斯坦牛存栏达50万头，规模养殖比例达65%以上，实现牛乳产量300万t目标。

（1）新疆褐牛　如图1-4所示，新疆褐牛属于乳肉兼用品种，主产于新疆伊犁和塔城地区。伊犁州是新疆褐牛的主要原产地，存栏量在100万头以上。伊犁新源县2010年9月11日~2011年9月20日测定了1.5岁阉牛7头，中等肥度经70d舍饲育肥后，始重平均205.3kg，末重平均278.3kg，平均每头增重73.0kg，日增重1043g，平均屠宰率52.5%，净肉率41.8%，骨肉比1∶3.80。在2022年4月3日至5日的农业农村部计划财务司、财政部农业农村司发布的

2022年农业产业融合发展项目创建名单公示公告中,新疆褐牛产业集群被纳入2022年优势特色产业集群建设名单。

DB65/T 4697—2023《中国西门塔尔牛选育技术规范》

（2）西门塔尔牛　在新疆,西门塔尔牛主要分布在北疆天山一带。纯种西门塔尔牛600kg满膘屠宰率在52%~57%。2018年,新疆西门塔尔牛及高代杂种牛约60万头,是广大农牧民主要利用的品种。新疆维吾尔自治区市场监督管理局于2023年颁布了地方标准DB65/T 4697—2023《中国西门塔尔牛选育技术规范》,其标准文本附件请扫描二维码查阅。

（3）安格斯牛　安格斯牛是专门化肉用品种,其外形如图1-5所示。安格斯牛的屠宰率在同等标准下高于其他肉牛品种,纯种安格斯牛600kg满膘屠宰率可以达到55%~60%,相比之下,安格斯牛屠宰率比西门塔尔高出3%以上。安格斯牛胴体品质好、净肉率高、大理石花纹明显,屠宰率60%~65%。据2003年美国佛罗里达州的研究报告,3937头平均为14.5月龄的安格斯阉牛,育肥期日增重（1.3±0.18）kg,胴体重（341.3±33.2）kg,被膘厚（1.42±0.46）cm,眼肌面积（76.13±9）cm^2,育肥期饲料转化率（5.7±0.7）kg/每kg饲料;骨骼较细,仅约占胴体重的12.5%。安格斯牛在新疆地区养殖数量最多,主要分布在天山环抱的河谷地带的博乐市阿热勒托海牧场。

图1-4　新疆褐牛

图1-5　黑安格斯牛

（4）荷斯坦牛　2021年,新疆全区（含兵团）奶牛存栏120余万头,主要以荷斯坦牛、新疆褐牛、西门塔尔牛三类品种为主。新疆荷斯坦牛存栏约31.8万头,乳产量约211.5万t。"十四五"期间全区畜牧业目标显示,新疆全区以荷斯坦牛为主推品种,打造标准化规模化基地,培育壮大加工龙头企业和专业合作组织。到2025年实现荷斯坦牛存栏达50万头,规模养殖比例达65%以上;牛乳产量达300万t,规模场奶牛平均单产达8.5t以上,乳源自给率达70%以上。

目前,新疆建成以天山北坡、焉耆盆地、伊犁河谷、阿克苏、喀什等区域稳固的农区乳产业集聚带,伊宁市、察布查尔县、塔城市等12个乳业大县中荷斯坦牛存栏约12.4万头,占全区荷斯坦牛存栏的39%;乳产量约43.35万t,占全区乳产量的20.5%。

四、西藏

西藏草原地域广袤，呈现出多样化的景观类型，有高寒草甸、高山草原、森林草原等不同类型的草地。草原生态系统在西藏地区占有重要地位，对西藏的畜牧业和生态环境起着重要作用。西藏是我国第二大牦牛主产区，牦牛遗传资源丰富独特，对发展经济、改善民生、兴边富民都有着极其重要的作用。

1. 地理位置

西藏自治区牧区位于非季风区，主要牧场年降水量在400mm以下，西藏的草原主要是指西藏自治区内的高山草甸和高山草原地区，是青藏高原上分布广泛且具有特殊地理环境的草地类型之一，也成为我国最大的高寒草甸草原畜牧区。西藏牧区地势高峻，气候寒冷干燥，草原植被茂盛，被誉为"世界屋脊上的绿洲"，主要畜种有藏牦牛等。第三次全国国土调查通报，西藏草原面积达12亿亩，占全国草原总面积的三分之一，已成为全国天然草原面积分布最大的省区。

2. 肉牛饲养情况

2021年西藏全区牛肉总产量20.51万t，牛存栏657.06万头，比2020年增加33.04万头。到2022年年末，全区牛存栏达到了663.00万头，较2021年增加5.94万头。

3. 牧场

按地理区划，西藏自治区主要牧场/区有藏北大草原牧区和藏南牧区两部分。

（1）藏北大草原牧区　藏北高原大草原是指西藏北部辽阔的高原，其放牧区主要分为那曲牧区、当雄牧区、阿里牧区。

①那曲牧区：那曲的藏语意为"黑河"，那曲市位于西藏自治区北部，那曲市除东部少量的半农半牧区外（耕地面积约8万亩），基本上是一个纯牧区，拥有草地面积5亿多亩，其中可利用草地面积3.8亿亩。草地面积、牲畜存栏数量、畜产品产值均占整个西藏的三分之一。

根据那曲市农牧厅所提供的数据显示，2021年地区预计全年存栏牛羊492.5万头（只），出栏牲畜138.96万头（只），肉产量10.2万t，乳产量9.9万t。

②当雄牧区：当雄县位于西藏拉萨市北部，藏语意为"挑选的牧场"，是拉萨市唯一牧业县，年均日照时数2880.9h，牧草生长期仅90~120d。当雄县健全高原牦牛全产业链，以牧区生态、牧业发展、牧民富裕为目标，以育肥养殖、精深加工、品牌打造为抓手打造当雄牦牛全产业链发展格局。2018年创建了自治区级现代农业产业园，2021年获批创建国家现代农业产业园。2021年年末，全县超亿亩天然草场，50多万头牲畜存栏量，30多万头"有身份证"的牦牛。

③阿里牧区：阿里地区位于西藏自治区西南部，据西藏自治区土地管理局数据显示，阿里地区主体为高寒草原、高原荒漠草原和高原荒漠，产草量较低。阿里牦牛全地区均有分布，年均出栏9000头以上，大量为供应本地市场，部分销往那曲市及周边。

（2）藏南牧区

①日喀则市：日喀则市全市草场可利用面积为733.3万hm^2。草场除湖泊沿岸水草茂盛的

地带外，大多为高山草甸型牧场，被认为是西藏草质最好的地区，具有发展现代畜牧业的巨大潜力。其中位于日喀则市西部的仲巴、萨嘎、昂仁等县是重要牧场。

②山南市：山南市平均海拔3700m左右，年平均气温7.4~8.9℃，草原面积达226.5万hm^2，可利用面积为159.1万hm^2。2008年以来，山南市每年完成改良黄牛4.5万头的目标，把山南市打造为"全区黄牛改良大区"和"黄牛产业开发基地"。

4．饲养品种

西藏地区绝大部分区域是半农半牧区，丰富的饲草资源为发展牦牛产业提供了有利条件。牦牛是青藏高原及其毗邻地区特有牛种，在2020年西藏全区牦牛存栏量为522万头，牦牛肉产量22.78万t。2020年中国牦牛胴体产量为48万t，较2019年增加了1万t；净肉产量为39万t，较2019年增加了2万t。

五、青海

以牦牛、藏羊为主的草地畜牧业是青海省特色产业。青海省地域广阔，牧区面积占总面积的90%以上。特有的生态环境孕育了青海特有的生物资源，其中就包括牦牛。相关数据显示，全世界数量最多、品质最好的牦牛都生存在青海，作为全国最大的牦牛产区，存栏牦牛占世界牦牛总数的三分之一，占全国的38%。

1．地理位置

青海省位于青藏高原的东北部，土地辽阔，自然环境独特。作为全国四大牧区之一，草地面积占全省面积的60.47%，占全国草地总面积的10.72%。青海最大的优势在于生态，目前全省天然草原可利用面积5.83亿亩，经有机认定的草原面积超过6875万亩，具有得天独厚的发展生态畜牧业资源优势。青海天然草场主要类型有高寒干草原类、山地干草原类、高寒荒漠类、山地荒漠类、平原荒漠类、高寒草甸类。草原面积5.46亿亩，高寒干草原类草场主要分布在祁连山地、共和盆地、青海湖盆地和柴达木盆地东部的宽谷、阶地、滩地、低山丘陵、干旱阳坡及坡麓地带，海拔1800~3500m。

2．肉牛饲养情况

畜牧养殖产业是青海省的支柱性产业和主导产业，以牦牛、藏羊养殖为主的现代畜牧养殖业已经成为助推青海省乡村振兴战略的重要驱动力。2013年以来，青海省肉类产量结构整体表现为"牛肉＞羊肉＞猪肉"，并且其牛肉总产量近10年稳定增加，在2020年，青海省牛存栏652.33万头、牛肉总产量19.23万t，2021年牛肉总产量21.25万t，到2022年牛肉产量增长至21.88万t。

3．牧场

按地理区划，青海省主要牧场有金银滩草原牧场、祁连山草原牧场和巴塘草原牧场。

（1）金银滩草原牧场　金银滩草原西部同宝山与青海湖相邻，北、东部是高山峻岭环绕，南部与海晏县三角城接壤，方圆1100km²，有麻皮河和哈利津河贯穿。地处金银滩草原的青海省黄南藏族自治州河南蒙古族自治县，截至2016年9月底，全县牲畜存栏头数85.52万头（只），育活仔畜31.59万头（只），出栏率为25.02%，牛羊肉产量达7305.81t，牛乳产量达19053.72t。

（2）祁连山草原牧场　"青海牧业看祁连、祁连山下好牧场"。祁连山的平均山脉海拔在4000~5000m，高山积雪形成的绵长而宽阔的冰川地貌奇丽壮观。

祁连山的北侧与南侧分别以明显的断裂降至平原，北坡与河西走廊间相对高度在2000m以上，而南坡与柴达木盆地间相对高度仅1000余米，狭义的祁连山仅指最北一列。祁连山草原面积占祁连山山地总面积的三分之一以上，是个水草丰美的牧场，更是青海省的重要农业区。

祁连牦牛是全国农产品地理标志登记保护产品。祁连牦牛体躯深长，其头颈、额部宽大，鼻额细长、鼻孔圆小、鼻镜狭长呈褐色，长方头形，侧视呈楔形，公牛鬐（qí）甲高大、肥厚，母牛鬐甲较单薄，多生有粗长的毛。从尾根至尾尖丛生如帚状的粗长尾毛，胸深充分，胸宽不显。四肢短而坚强，前肢肢势正，但不够开张，后肢多呈X状，但强劲有力。屠宰后从胴体上看，肌肉光泽润滑，肉色深红，脂肪淡黄色，肌纤维清晰有韧性，呈明显的大理石纹，弹性好，外表湿润，不粘手，无异味。

（3）巴塘草原牧场　巴塘草原地处青海玉树藏族自治州玉树市巴塘乡，是藏区著名草原之一，面积近百平方公里。夏季碧草如茵，野花遍地；秋季牧民转场，牛羊成群，蔚为壮观。

4. 饲养品种

青海省主要养殖品种为牦牛。据青海省统计局数据显示，2017年以来，青海省牛出栏量与存栏量均呈现波动态势，年出栏量平均在500万头以上，2021年出栏量约642.4万头，占当年全国牛总出栏量（4707.43万头）的13.64%；2022年年底出栏量已达645.52万头；年均存栏量在130万头以上，2021年开始超过200万头，约200.29万头，占当年全国牛总存栏量（9817.25万头）的2.04%；2022年年底年已达205.7万头。

2022年，牦牛产业产值达到140亿元。近年来，青海省建立了"互联网+"高原特色智慧农牧业大数据平台，同时依托青海省推广建立了牦牛、藏羊产业技术转化的核心平台，拥有省级产业技术转化基地5个、产业技术示范基地27个、产业重点对接县4个、产业技术指导县14个，设立了全国唯一的牦牛遗传育种与繁殖科学观测实验站。

六、其他省份

除传统的四大牧区以外，以云南省、四川省、山东省等为代表的传统农业大省也有着巨大的肉牛存栏与出栏量。以下我们将对我国主要肉牛养殖省份做简要介绍。

1. 云南

2022年，云南省先后印发《云南省支持肉牛产业加快发展若干措施奖补资金申报指南的通知》和《2022年肉牛增量提质行动实施方案的通知》，完成从青贮、秸秆、饲料，构建云岭牛、西门塔尔牛、短角牛等肉牛品种的良种繁育推广，标准化规模养殖示范场到引进头部屠宰、冷链物流企业的一系列措施。目标到2025年，肉牛出栏400万头以上，牛肉产量50万t以上，综合产值1600亿元以上，打造享誉国内外的"中国牛都"。而在2022年年末，云南牛存栏就达到878.87万头，居全国第1位，同比增长0.9%。2022年全年度累计牛出栏360万头，同比增长43%，居全国第2位。

在表现出"牛势崛起"的普洱市，2021年年底，全市肉牛存栏83.67万头，比2020年的67.64万头增加16.03万头，增长23.69%；能繁母牛存栏33.86万头，比2020年的23.67万头增加10.19万头，增长43.05%，全年产犊牛14.35万头；出栏29.71万头，比2020年的25.82万头，增加3.89万头，增长15.06%；肉产量3.45万t，同比增长15.38%。全市存栏50头以上规模养殖场456（场）个，比2020年年末增加198个，增长76.74%。新增肉牛养殖合作社23家，10头以下散养户占85%。并培育出了相关国家级龙头企业1个，国家级标准示范场4个，省级"绿色食品牌"产业基地1个，市级"绿色食品牌"产业基地1个，县级"绿色食品牌"产业基地2个。

2. 四川

四川省是传统的畜牧业大省，现有草原面积3.13亿亩。2020年，牛存栏880.27万头，牛肉总产量37.03万t，2021年，牛肉总产量36.86万t，2021年牛存栏830.5万头，同比降5.7%。2021年，四川"十四五"以草换肉（奶）行动，力争到2025年，全省优质人工种草面积500万亩，年出栏优质肉牛提升至80万头。

3. 山东

山东是全国的肉牛主产省区，凭借优越的自然条件与悠久的养牛历史传统，培育出了鲁西牛、渤海黑牛与蒙山牛三个优秀地方肉牛品种，形成了"一带两区"三大肉牛优势产区。2020年，牛存栏652.33万头，牛肉总产量19.23万t；2021年，牛肉总产量21.25万t，牛肉总产量近10年稳定增加。2022年，山东省肉牛存栏位列全国第四，全省出栏牛277万头，牛肉产量60.4万t，牛肉产量位列全国第二。

滨州市阳信县以肉牛养殖加工闻名。阳信县地处山东省北部，鲁北黄泛平原，总面积798.46km^2，是中国优良畜种鲁西黄牛、渤海黑牛的主产区，也是华北地区最大的肉牛养殖加工集散地。作为全国畜牧百强县，2022年年末全县规模以上肉牛养殖场136个，产业化屠宰企业76家、年屠宰能力达120万头，位列全国第一；肉牛产业总产值550亿元，带动就业人数12万人，以肉牛产业为主导的农业产业园从业人员收入比全县农民平均收入高出30%，位列全国县级第一。滨州市将以"中国第一牛县"阳信县为示范，带动世界级肉牛产业集群规划到2025年，滨州市肉牛存栏量达到50万头，出栏48万头，当年肉牛屠宰25万头，成为山东省现代肉牛产业高质量发展的重要示范区。

4. 吉林

吉林省是我国肉牛养殖大省，特色牛种有延黄牛、黑沃金牛等，在肉牛养殖中占有重要地位。同时吉林省已成为中国西门塔尔牛平原型种群核心区，而延边黄牛更是中国五大地方良种之一，是生产高档肉牛的重要种质资源。

近年来，吉林省肉牛产业政策扶持力度明显增强。政府出台《做大做强肉牛产业十条政策措施》《"秸秆变肉"暨千万头肉牛建设工程意见》等文件，制定《吉林省"秸秆变肉"暨千万头肉牛建设工程实施细则》，对品种繁育、规模养殖、精深加工等给予全链条支持。吉林省实施"秸秆变肉"暨千万头肉牛建设工程，2021—2022年，吉林省牛存栏量和牛肉产量均呈现持续回升态势。2021年年底，全省肉牛发展到583.5万头，同比增长11.3%。肉牛养殖规模不断扩大，2022年，牛存栏量为390.3万头，占2022年全国牛存栏量（10215.85万头）的3.82%；牛肉产量为44.32万t，位列全国第六，占2022年全国牛肉产量（718.26万t）的6.17%。

吉林省肉牛养殖注重信息化工作，报道显示其信息化综合服务体系基本形成：在全国率先建设了"吉牛云"大数据平台，创新推出"吉牛普惠""吉牛监管""吉牛云繁改"小程序，数字赋能肉牛产业高质量发展加快推进。

5. 甘肃

近年来，甘肃省肉牛产业规模化、标准化、市场化水平不断提升，为产业可持续健康发展奠定了坚实基础。2022年，全省肉牛存栏已跃居全国第七，出栏位居全国第八。2022年年底，全省肉牛存栏、出栏和牛肉产量分别达到531.8万头、247.8万头和27.2万t，同比增长3.7%、0.4%和0.6%。全省共有肉牛存栏5千头以上的乡镇276个，千头以上的村803个；肉牛存栏量达到10万头以上的县区有15个，饲养量超过10万头的县区有29个。

6. 黑龙江

2013年以来，黑龙江省肉牛产业发展迅猛，全省牛存栏量由2013年的495.38万头波动增长至2021年的514.99万头，近8年间增量达19.61万头，增幅约3.96%，年均复合增长率约0.49%；牛肉产量由2013年的39.73万t波动增长至2022年的52.67万t，近9年间增量达12.94万t，增幅约32.56%，年均复合增长率约3.18%，2019—2022年，黑龙江省牛肉产量已连增4年。

2022年全省牛肉产量达53万t，稳居全国前四名，肉牛存栏达415万头，出栏311万头，稳居全国前十位。肉牛产业不断发展壮大。全省牛肉产量达53万t，稳居全国前四名，肉牛存栏达415万头，出栏311万头，稳居全国前十位。

第三节 我国肉牛规模化养殖概况

2021年4月，农业农村部印发《推进肉牛肉羊生产发展五年行动方案》提出，稳步提高畜牧业整体竞争力、畜禽产品供应能力，争取到2025年，我国牛羊肉自给率保持在85%左右。牛羊肉产业已成为我国各级政府重点扶持的产业。

据《安格斯》杂志统计数据显示，2020年中国存栏最多的10个规模牧场主要分布在西南、西北以及东北三处，总存栏29.8万头。2021年，随着国内肉牛养殖市场的持续回暖，全国肉牛养殖出栏总市场规模约为7645亿元。从牛肉需求量来看，2022年中国牛肉需求量达986.73万t，较2021年的930.02万t增加了56.71万t，同比增幅约6.1%。与2016年的673.79万t相比，中国牛肉需求量增加了312.94万t，增幅达46.44%，年均复合增长率约6.56%。与2022年牛肉产量（718.26万t）相比，中国牛肉需求缺口达268.47万t，因此，肉牛养殖还将继续发展。不过，受制于肉牛养殖成本高周期长、养牛积极性低、能繁母牛饲养量持续下降和自主培育的专用品种数量少等原因，活牛存栏数量难以快速增长。

《安格斯》杂志推出的《2021全国肉牛养殖集团TOP30》，前30名企业肉牛总存栏量为76.2万头，占全国牛存栏还不到1%，表明我国肉牛养殖"分散饲养模式"依然突出，"大规模工厂化畜牧"模式还有待提高。而在该报告中，2021年肉牛总存栏量2万头以上企业13家，如表1-5所示，总存栏量为62万头，占前30名企业肉牛总存栏量的81.36%。2021年我国最大的单体肉牛养殖场为位于塔城的新疆华凌三农草原牧业，现存栏2.8万头，以新疆褐牛为主。在区域分布上，2021年肉牛养殖前30强集中在传统养殖大省，在前13名中，新疆4个、内蒙古3个。同时，肉牛总存栏量前列的四川省并无相关企业进入肉牛养殖前30强，体现了肉牛养殖"分散饲养模式"的现状。表1-6所示为我国部分规模化肉牛养殖企业情况。

表1-5 2021年肉牛总存栏量2万头以上企业

省（自治区、直辖市）	牧场名称	2021年牛场数/个	2020年牛场数/个	2021年总存栏量/万头	2020年总存栏量/万头
重庆	重庆恒都	6	7	10	4
新疆	华凌农牧	7	1	9.6	3
云南	鹏欣富盛	7	—	4.3	—
新疆	天莱牧业	3	3	4.5	3
内蒙古	贺斯格	7	4	4	2.8
贵州	中禾恒瑞	26	22	3.6	4
新疆	刀郎阳光农牧	7	7	3.6	2
黑龙江	龙江元盛	8	1	3	2
内蒙古	绿丰泉	1	1	2.9	1.9
新疆	创锦犇牛牧业	11	10	2.9	2.5
山东	澳亚集团肉牛场	2	1	2.40	1.9
内蒙古	沃金牧场	4	4	2	2
吉林	长春皓月	1	1	2	1.5

资料来源：《安格斯》杂志。

表1-6　我国部分规模化肉牛养殖企业情况

企业名称	注册资本/万元	总部所在地	是否上市	优势牛种
中禾恒瑞集团有限公司	10000	北京市	否	安格斯牛
重庆恒都农业集团有限公司	28000	重庆市	否	澳牛
长春皓月清真肉业股份有限公司	10000	长春市	是	沃金黑牛
陕西秦宝牧业股份有限公司	7500	咸阳市	是	秦川牛
云南海潮集团听牧肉牛产业股份有限公司	11610.75	昆明市	是	西门塔尔牛
新疆天山畜牧生物工程股份有限公司	31297.7396	昌吉自治州	是	良种基因库
内蒙古科尔沁牛业股份有限公司	63114.36	通辽市	否	科尔沁牛

资料来源：企业官网，企查查。

以上企业详细情况请扫描二维码查阅。

国内部分规模化
肉牛养殖企业

第四节　我国养殖牛品种

在我国源远流长的农耕文化中，牛一直是勤劳和奋进的代名词。历经千百年的驯化和选择，我国拥有了鲜明地方特色的几十个优良品种，如鲁西牛、晋南牛、秦川牛……我国现有的地方品种、培育品种和引进品种为发展我国现代养牛业，改善城乡居民膳食结构和帮助农民群众脱贫致富等方面发挥了重要作用。在规范畜牧业监督管理工作中，我国先后进行和颁布了"全国农产品地理标志"体系、《国家畜禽遗传资源目录》等文件，以促进繁育牛种资源的有效利用和保护。

当前适合繁育的品种过于单一，多以黄牛为主，或是从国外引进一些肉牛品种，然后通过杂交改良培育的方式进行品种改良。养殖黄牛可以保证牛肉制品品质的稳定性，但是不能完全满足市场对牛肉制品的多元需求。目前在育肥牛养殖中，也存在缺少高质高产品种的问题，尽管部分的养殖户有自主培育新育肥牛品种的意识，但是受到专业因素的影响，培育的成功率也比较低。

一、黄牛

黄牛是我国分布范围最广、数量及品种最多的牛种。它在生物学分类中属于牛亚科、牛属中的普通牛种。中国黄牛遗传资源丰富,《国家畜禽遗传资源品种目录(2021年版)》中我国地方品种黄牛可分为55种,其中秦川牛、南阳牛、鲁西牛、晋南牛和延边牛这五大地方品种体格相对高大、役力强、肉用性能较好,养殖量较大。

随着我国对肉牛需求量的不断扩大,各地开始重视地方肉牛品种的培育及改良工作,积极引进国外品种、培育新品种,据《国家畜禽遗传资源品种目录(2021年版)》,我国已引入荷斯坦牛、西门塔尔牛、安格斯牛等15个牛品种;并培育出中国荷斯坦牛、中国西门塔尔牛、新疆褐牛、延黄牛、云岭牛、三河牛等10个肉牛品种。

1. 地方品种

中国牛品种众多,数千年的农耕使我国具有了鲜明地方特色的几十个优良品种,如秦川牛、鲁西牛、南阳牛、晋南牛等。下面将对我国各地方品种作简要介绍。

(1)**秦川牛** 秦川牛是中国优良的黄牛地方品种,中国五大黄牛品种之一。秦川牛体格大,役力强,产肉性能良好,是我国著名的役用兼肉用品种,被誉为"国之瑰宝"。渭南、临潼等15个县、市为主产区。此外,秦川牛在陕西省的渭北高原地区以及甘肃省的庆阳地区也有分布。

如图1-6所示,秦川牛毛色有紫红、红、黄三种,以紫红和红色居多。牛体格高大,骨骼粗壮,肌肉丰满,头部方正。肩长而斜,胸宽深,肋长而开张,背腰平宽,荐骨隆起,后躯发育稍差,四肢粗壮结实,两前肢相距较宽且外弧,蹄叉紧。公牛头较大,颈粗短,垂皮发达,鬐甲高而宽;母牛头清秀,颈厚薄适中,鬐甲较低而薄,角短而钝,多向外下方或向后稍微弯曲。

秦川牛在生产性能方面最显著特点是生长速度快,瘦肉产量高,据研究6~12月龄秦川牛平均日增重是0.87kg/d,12~18月龄平均日增重0.58kg/d,18~24月龄日增重量0.52kg/d。表1-7所示为秦川牛成年母牛的屠宰性能,其宰前活重为(427±68.8)kg。

(1)秦川牛公牛

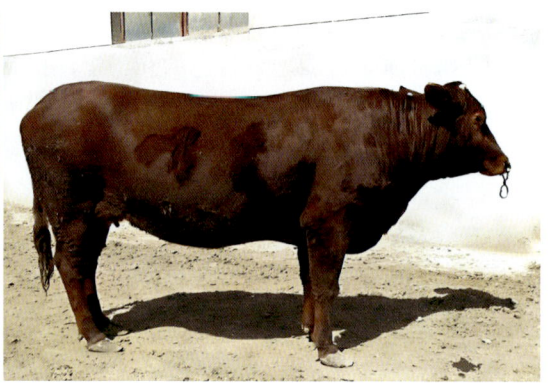
(2)秦川牛母牛

图1-6 秦川牛

表1-7 秦川牛成年母牛屠宰性能

月龄	宰前活重/kg	胴体重/kg	屠宰率/%	净肉率/%	皮厚/cm	肉骨比
18~24	427±68.8	227±34.8	53.2	39.2	0.7	4.3

表1-8所示为1995—2014年以来不同年份秦川牛肉用性能比较,可以看到经过不断的改良与发展,秦川牛的肉用性能逐渐提升,净肉率由39.10%上升到51.69%。

表1-8 不同年份秦川牛(阉牛)24月龄肉用性能

年份	屠宰率/%	净肉率/%	胴体产肉/kg	眼肌面积/cm^2
1995	50.40	39.10	80.60	56.40
2000	54.87	45.24	83.35	72.64
2005	55.41	49.95	87.71	74.33
2014	62.39	51.69	88.54	74.98

(2)**鲁西牛** 鲁西牛又称"山东牛",中国五大黄牛品种之一。原产山东西南地区,现主要产于山东西南部的菏泽和济宁两地区,北自黄河,南至黄河故道,东至运河两岸的三角地带。聊城、泰安以及山东的东北部也有分布。

鲁西牛体躯结构匀称,细致紧凑,具有较好的役肉兼用体型,如图1-7所示。被毛从浅黄到棕红色都有,以黄色为最多,约占70%以上,一般牛前躯毛色较后躯深,公牛较母牛深。

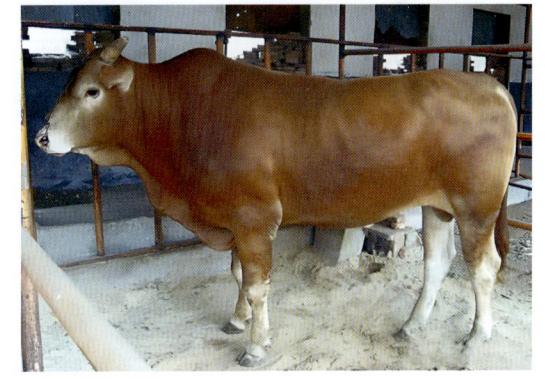

图1-7 鲁西牛

公牛多平角或龙门角,肩峰高而宽厚,胸深而宽,而后躯发育较差,尻(kāo)部肌肉不够丰满,体躯呈明显前高后低的前胜体型。母牛角形多样,以龙门角居多,鬐甲较低平,后躯发育较好,背腰较短而平直,尻部稍倾斜,关节干燥,筋腱明显,前肢多呈正肢势,或少有外向,后肢弯曲度小,飞节间距离小,蹄质致密但硬度较差,不适于山地使役。尾细而长,尾毛有弯曲,常扭生一起呈纺锤状。

鲁西牛产肉性能良好。皮薄骨细,产肉率较高,肌纤维细,脂肪分布均匀,呈明显的大理石状花纹。根据《中国牛品种志》记载,测定菏泽地区14头育肥牛屠宰数据得到,18月龄公母牛的平均屠宰率57.2%,净肉率49.0%,骨肉比1:6.0,脂肉比1:42.3,眼肌面积89.1cm^2。成年牛平均屠宰率58.1%,净肉率50.7%,骨肉比1:6.9,脂肉比1:37.0,眼肌面积94.2cm^2。

据《中国畜禽遗传资源志·牛志》记载,2007年鲁西牛的屠宰率为55.4%,净肉率为

47.6%。根据2022年研究得到，鲁西牛的屠宰率为58.68%，净肉率为53.46%，肉骨比为7.54∶1。

（3）南阳牛 南阳黄牛是我国著名的优良地方黄牛品种，中国五大黄牛品种之一。南阳牛主要分布于河南省南阳市唐河、白河流域的广大平原地区，以南阳市郊区、唐河等八个县、市为主要产区。除南阳盆地几个平原县、市外，周口等地区也有较多分布。

如图1-8所示，南阳牛体格高大，肌肉发达，结构紧凑，体质结实，属于较大型役肉兼用品种，鬐甲较高，胸骨突出，肋间紧密，肩部宽厚，背腰平直，四肢端正，蹄质坚实。母牛头部清秀，凸起较多，后躯发育良好；公牛头部雄壮方正，额微凹，脸细长，颈短厚褶多，稍呈弓形，肩峰隆起，前躯发达。角形以萝卜形为主，公牛角基粗壮，母牛角细。鼻镜多为肉红色，部分有黑点。南阳黄牛的毛色有黄、红、白三种，以深浅不等的黄色为多，占80%。一般牛的面部、腹下和四肢下部毛色较浅。蹄壳以黄蜡色、琥珀色带血筋者为多。公牛体重最高可达1000kg以上。

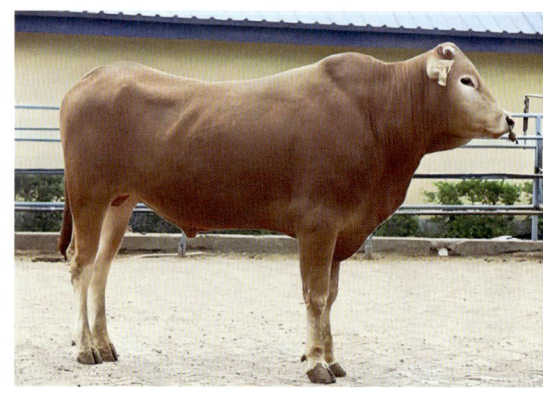

（1）南阳牛公牛　　　　　　　　　　（2）南阳牛母牛

图1-8　南阳牛

南阳牛产肉性能良好，肌肉丰满、肉质细嫩、颜色鲜红、大理石纹明显、味道鲜美，在以粗饲料为主的一般肥育条件下，公牛1.5岁屠宰时平均活重411.7kg，日增重813g，屠宰率55.6%，胴体净肉率82.4%，眼肌面积92.6cm^2，腰部脂肪厚0.44cm，腰部肌肉厚4.9cm，背部脂肪厚0.36cm，大腿肌肉厚23.6cm，骨肉比1∶4.76。

表1-9所示为《中国牛品种志》记载的南阳牛的产肉性能，在阉牛强度肥育后，净肉率可以达到56.8%。另有研究显示，屠宰前重508.69kg的南阳牛，其腹脂重量为14.33kg。

表1-9　南阳牛产肉性能

类别	未经育肥	幼公牛肥育	阉牛强度肥育
头数	6	3	5
宰前重/kg	422.3	419.3	510.4
胴体重/kg	220.3	233.3	329.1

续表

类别	未经育肥	幼公牛肥育	阉牛强度肥育
净肉重/kg	184.2	195.2	289.9
屠宰率/%	52.2	55.6	64.5
净肉率/%	43.6	46.6	56.8
胴体产肉率/%	83.5	83.7	88.1
骨肉比	1∶5.0	1∶5.1	1∶7.4
眼肌面积/cm²	60.9	92.6	95.3

（4）**晋南牛** 晋南牛也是中国五大黄牛品种之一，产于山西省西南部汾河下游的晋南盆地，包括运城市以及临汾市等地。

晋南牛属大型役肉兼用品种。如图1-9所示，体躯高大结实，具有役用牛体型外貌特征。公牛头中等长，额宽，顺风角，颈较粗而短，垂皮较发达，前胸宽阔，肩峰不明显，臀端较窄；蹄大而圆，质地致密；母牛头部清秀，乳房发育较差，乳头较细小。毛色以枣红为主，鼻镜粉红色，蹄趾也多呈粉红色。

晋南牛产肉性能良好，根据1980年对10头成年牛育肥试验的测定，其屠宰率平均为52.3%，净肉率43.4%。据研究屠宰前为581.92kg重的晋南牛，其腹油重量为19.01kg。

根据最新研究，晋南牛屠宰前平均活体重为638.16kg，胴体重378.52kg，屠宰率为59.29%，净肉率为51.10%，骨肉比为1∶6.12。

（1）晋南牛母牛

（2）晋南牛公牛

图1-9 晋南牛

（5）**延边牛** 中国五大黄牛品种之一的延边牛主要产于吉林省延边朝鲜族自治州的延吉、和龙及毗邻各县，并分布于黑龙江的牡丹江、松花江、合江三个地区的宁安、海林等地。

延边牛属役肉兼用品种。如图1-10所示,胸部深宽,骨骼坚实,被毛长而密,皮厚而有弹力。公牛额宽,头方正,角基粗大,多向后方伸展,成一字形或倒八字角,颈厚而隆起,肌肉发达。母牛头大小适中,角细而长,多为龙门角。

毛色多呈浓淡不同的黄色,对2930头牛测定,浓黄色占16.3%,黄色占74.8%,淡黄色占6.7%,其他占2.2%。鼻镜一般呈淡褐色,带有黑点。

据《中国牛品种志》记载,在较完善饲养的条件下培育的5头18月龄育成公牛,经180d育肥,胴体重265.8kg,屠宰率57.7%,净肉率47.23%,眼肌面积75.8cm^2。

(6) **渤海黑牛** 渤海黑牛是我国唯一黑色黄牛,也是世界上仅有的四个黑牦牛种之一,中国良种牛育种委员会将该牛列为全国八大名牛之一。渤海黑牛主要产地为山东省滨州市渤海沿岸的无棣、沾化、阳信等县。截至2021年11月,滨州渤海黑牛仅有2064头。

渤海黑牛属于中型役肉兼用品种,如图1-11所示,渤海黑牛角短、质致密,全身呈黑色,低身广躯,后躯发达,体质健壮,形似雄狮,当地称为"抓地虎",香港、澳门誉为"黑金刚"。渤海黑牛成年公牛、阉牛体高133cm左右,体重460kg左右;母牛体高一般120cm左右,体重360kg。

(1) 延边牛母牛　　　　　　　　(2) 延边牛公牛

图1-10　延边牛

 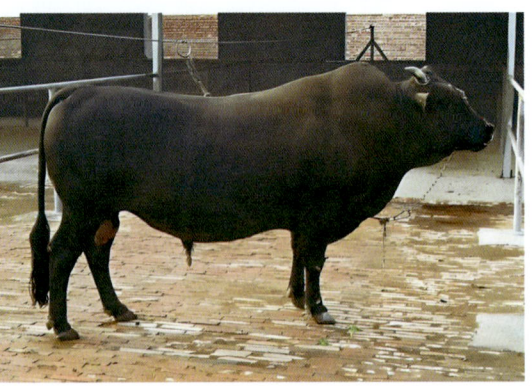

(1) 渤海黑牛母牛　　　　　　　(2) 渤海黑牛公牛

图1-11　渤海黑牛

1995年，马亭安等对渤海黑牛开展了屠宰测定试验，结果显示成年渤海黑牛公牛或阉牛的宰前活重为（476.50±53.39）kg，平均胴体重（286.31±31.04）kg，净肉重为（247.26±24.52）kg，屠宰率为（60.12±0.92）%，净肉率为（51.98±1.61）%。

2022年，高翰等测得成年渤海黑牛的胴体重为（432.67±15.33）kg，净肉重为（377.11±16.46）kg，屠宰率为（60.55±0.03）%，净肉率为（52.78±2.96）%，胴体产肉率为（87.14±0.01）%，肉骨比为6.84±0.72。

（7）蒙古牛　蒙古牛原产于蒙古高原地区，现在广泛分布于内蒙古、黑龙江、新疆、河北等地。在内蒙古主要分布在锡林郭勒盟，即分布于湿润度在27%以上的干草原地区；在其余地区也分布广泛。此外，在蒙古和俄罗斯，以及亚洲中部的一些国家也有饲养。

蒙古牛是牧区乳、肉的主要来源，以产于锡林郭勒盟乌珠穆沁的类群最为著名。我国优质的三河牛和草原红牛都是以蒙古牛母牛为基础群培育而成的。

如图1-12所示，蒙古牛头短宽而粗重，额稍凹陷。角细长（母牛为25cm，公牛为40cm），向上前方内侧弯曲。被毛长而粗硬，以黄褐色、黑色及黑白花为多。皮肤厚而少弹性。颈短，垂皮小。鬐甲低平，胸部狭深。后躯短窄，尻部倾斜。背腰平直，四肢粗短健壮。乳房匀称且较其他黄牛品种发达。

据《中国牛品种志》记载，中等营养水平的蒙古牛阉牛平均宰前重（376.9±43.7）kg，屠宰率为（53.0±2.8）%，净肉率（44.6±2.9）%，骨肉比1:（5.2±0.5），眼肌面积（56.0±7.9）cm^2。肌肉中粗脂肪含量高达43.0%。

内蒙古锡林郭勒盟地区自然放牧状态下的蒙古牛屠宰率为（48.22±1.18）%，眼肌面积为（32.65±0.12）cm^2，背膘厚度是（1.27±0.08）cm。据研究，当30月龄（补饲24个月）的蒙古牛屠宰前重为314.84kg时，屠宰率达到59.78%。

（1）蒙古牛公牛　　　　　　　　（2）蒙古牛母牛

图1-12　蒙古牛

（8）其他品种　根据《国家畜禽遗传资源品种目录（2021年版）》的分类，共有55个本地品种，除上述介绍的7个常见的品种之外，另外48个品种如表1-10所示。

表1-10 其他地方黄牛品种

品种	分布区域	屠宰率	净肉率
冀南牛	河北省平原南部的部分县、市及与河南、山东交界处的部分县、市	53.5%	46.9%
太行牛	河北省西部太行山区的沙河	46%~50%	37%~40%
平陆山地牛	山西省平陆县	53.5%	46.9%
复州牛	辽宁省复县	50.7%	40.3%
徐州牛	江苏省徐州市	52.0%	42.5%
温岭高山牛	浙江省温岭市城南、松门、温西和大溪	52.9%	44.4%
舟山牛	浙江省舟山市	—	—
大别山牛	湖北省大别山西部、安徽省大别山东部	52.9%	40.8%
皖南牛	安徽省境内长江以南的黟县、歙县、绩溪、旌德及祁门各县	50%~55%	45%
闽南牛	福建省东南沿海平原及丘陵山区	52.8%	44.4%
广丰牛	江西省广丰区	43%~48%	33%~39%
吉安牛	江西省吉安市	52.48%	42.91%
锦江牛	江西省高安市、上高县	45.9%	39.7%
蒙山牛	山东省中南部的沂蒙山区	56.2%	46.2%
郏县红牛	河南省郏县、宝丰、鲁山、汝州	51.4%	40.8%
枣北牛	湖北省襄阳地区襄阳区的北部、枣阳市北部和东北部等地区	47.4%	36.3%
巫陵牛	湖南省、湖北省、贵州省三省交界处	50.1%~51.1%	39.7%~40.1%
雷琼牛	广东省雷州半岛	49.6%	37.3%
隆林牛	广西壮族自治区隆林、西林和田林县	—	—
南丹牛	广西壮族自治区河池市南丹县	40%~45%	35%~38%
涠洲牛	广西壮族自治区北海市	56.9%	—
巴山牛	四川省达川、宣汉等地，湖北省的十堰市和陕西境内的部分地区	52.56%	41.63%
川南山地牛	四川盆地南部边缘地区的荥经、古蔺、叙永、黔江等县	50.9%	41.9%
峨边花牛	四川省凉山彝族自治州	—	—
甘孜藏牛	四川省甘孜藏族自治州的半农半牧区县	48.6%	34.1%
凉山牛	四川省昭觉县	47.8%~50.9%	—
平武牛	四川省平武县	49%	—
三江牛	四川省阿坝藏族羌族自治州汶川县的三江、白石、水磨等地	43.4%	31.2%
关岭牛	贵州省安顺市关岭布依族苗族自治县	56%以上	46%以上
黎平牛	贵州省东南部地区	50.1%~53.6%	48.5%

续表

品种	分布区域	屠宰率	净肉率
威宁牛	贵州省威宁县	52.8%	44.6%
务川黑牛	贵州省遵义市务川县	52.9%	—
邓川牛	云南省洱源县邓川地区的江尾、右所两区	46.4%	35.9%
迪庆牛	云南省迪庆州	46.3%	32.0%
滇中牛	云南省滇中地区	—	—
文山牛	云南省文山壮族苗族自治州	—	—
云南高峰牛	云南省德宏傣族景颇族自治州	52.3%	39.6%
昭通牛	云南省昭通市	—	—
阿沛甲咂牛	西藏林芝、工布江达县	—	—
日喀则驼峰牛	西藏日喀则	—	—
西藏牛	西藏自治区	—	—
樟木牛	西藏聂拉木县樟木镇	—	—
柴达木牛	青海省柴达木盆地边缘	52.0%	40.3%
哈萨克牛	新疆北部地区	—	—
台湾牛	台湾北部、南部	—	—
阿勒泰白头牛	新疆阿勒泰地区	46%~49%	32%~37.5%
皖东牛	凤阳、定远、明光、来安、五河等皖东丘陵地区	—	—
夷陵牛	湖北省宜昌市	—	—

2. 培育品种

国外食用牛肉由来已久，品种选育体系也已较为完善，而我国将牛肉作为主要食用肉类还不到40年，和国外育种水平相比也存在较大差距。在众多养殖工作者的努力下，我国也培育出如延黄牛（利木赞牛×延边牛）、云岭牛（三元杂交，婆罗门牛×莫累灰牛×云南黄牛）等优秀杂交品种。

（1）**中国荷斯坦牛** 中国荷斯坦牛是我国奶牛的主要品种，经我国长期驯化及系统选育，培育成了各具特征的荷斯坦牛，分布全国各地，以黑龙江、内蒙古、甘肃、新疆等北方草原地区为主。

中国荷斯坦牛多为乳用型，华南地区偏兼用型。如图1-13所示，中国荷斯坦牛毛色多呈黑白花，花片分明，黑白相间。额间有白斑，腹部底、四肢膝关节（飞节）以下及尾端呈白色。体质细致结实，体躯结构匀称。有角，多数由两侧向前向右弯曲，角体蜡黄，角尖黑色。乳房附着良好，质地柔软，乳静脉明显，乳头大小分布适中。被毛细短而具光泽，皮薄，致密而有弹性，皮下脂肪少，血管显露，肌肉不甚发达，骨骼细致，关节明显，筋腱分明，全身细致紧凑而比较清秀优美。侧望、前望和俯视奶牛，体型呈三角。成年未经育肥的母牛和去势公牛，平均屠宰率可达50%以上，净肉率在40%以上。

(1) 中国荷斯坦牛母牛　　　　　　　　　　(2) 中国荷斯坦牛公牛

图1-13　中国荷斯坦牛

（2）中国西门塔尔牛　中国西门塔尔牛在太行山两麓半农半牧区，皖北、豫东、苏北农区，松辽平原、科尔沁草原，形成了山地、平原和草原三个类群。现在中国西门塔尔牛在全国各个省份都有分布，例如东北、内蒙古、河南、安徽、山东、河北、山西、江西、四川、云南等地。GB/T 19166—2003《中国西门塔尔牛》规定了中国西门塔尔牛的品种特性、外貌特征、生产性能、谱系育种等综合评定与良种登记的基本要求。其标准文本附件请扫描二维码查阅。

GB/T 19166—2003《中国西门塔尔牛》

如图1-14所示，中国西门塔尔牛体躯深宽高大，结构匀称，体质结实，肌肉发达，行动灵活，被毛光亮，毛色为红（黄）白花，花片分布整齐，头部白色或带眼圈，尾梢、四肢或腹部为白色，角蹄蜡黄色，鼻镜肉色，乳房发育良好，结构均匀紧凑。

有些研究中，中国西门塔尔牛宰前活重472.00kg，胴体重269.27kg，屠宰率57.33%，排酸后胴体重266.57kg，净肉重129.13kg，净肉率47.89%。

（3）新疆褐牛　新疆褐牛属于乳肉兼用品种，主要产于新疆天山北麓的西端伊犁地区和准噶尔界山塔城地区的牧区和半农半牧区。分布于全疆的天山南北，主要有伊犁、塔城等地区。

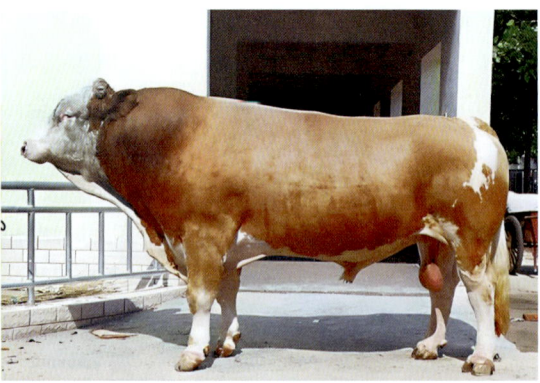

(1) 中国西门塔尔牛母牛　　　　　　　　　(2) 中国西门塔尔牛公牛

图1-14　中国西门塔尔牛

如图1-15所示，体躯健壮，头清秀，角中等大小、向侧前上方弯曲，呈半椭圆形。被毛为深浅不一的褐色，额顶、角基、口轮周围及背线为灰白色或黄白色，眼睑、鼻镜、尾帚（zhǒu）、蹄呈深褐色。

 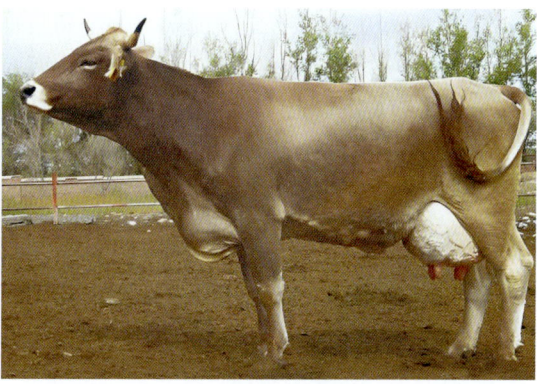

(1) 新疆褐牛公牛　　　　　　　　　　(2) 新疆褐牛母牛

图1-15　新疆褐牛

新疆褐牛在自然放牧条件下，中上等膘情1.5岁的阉牛，宰前体重235.0kg，屠宰率47.4%；成年公牛433.0kg时屠宰，屠宰率53.1%，眼肌面积76.6cm²。

(4) 延黄牛　延黄牛是继夏南牛之后，由农业部于2008年初宣布培育成功的我国第二个肉用型牛品种，2009年为农业部在东北肉牛区首推品种之一。

图1-16所示为延黄牛，骨骼坚实，体躯结构匀称，结合良好；公牛头较短宽，母牛头较清秀，尻部发育良好。延黄牛全身被毛颜色均为黄红色或浅红色，股间色淡；公牛角较粗壮，平伸；母牛角细，多为龙门角。屠宰前短期育肥18月龄公牛平均宰前活重432.6kg，胴体重255.7kg，屠宰率59.1%，净肉率48.3%。

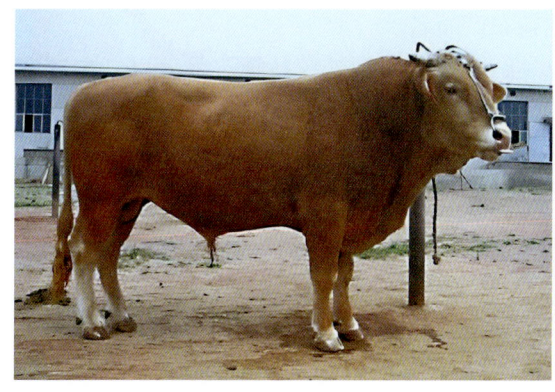 

(1) 延黄牛公牛　　　　　　　　　　(2) 延黄牛母牛

图1-16　延黄牛

（5）云岭牛　云岭牛是我国培育的具有完全自主知识产权的第四个肉牛新品种，也是我国第一个采用三元杂交方式培育成的肉用牛品种，第一个适应我国南方热带、亚热带地区的肉牛新品种。云岭牛主要分布在云南昆明、楚雄等地。

云岭牛的外观如图1-17所示，云岭牛以黄色、黑色为主，被毛短而细密；体型中等，各部结合良好，细致紧凑，肌肉丰厚；头稍小，眼明有神；多数无角，耳稍大，横向舒张；颈中等长；公牛肩峰明显，颈垂、胸垂和腹垂较发达，体躯宽深，背腰平直，后躯和臀部发育丰满；母牛肩峰稍有隆起，胸垂明显，四肢较长，蹄质结实；尾细长。

经普通育肥，至24月龄公、母牛活重分别为（508.2±15.4）kg和（430.8±38.0）kg，屠宰率为（59.56±5.31）%、（59.28±6.70）%，净肉率为（49.62±3.94）%、（48.64±5.51）%，眼肌面积为（85.2±7.5）cm²、（70.4±8.2）cm²。

（1）云岭牛黄毛色　　　　　（2）云岭牛黑毛色

图1-17　云岭牛

（6）三河牛　三河牛现主要分布在额尔古纳市的三河地区及呼伦贝尔市、兴安盟、通辽市锡林郭勒盟等地。每年存栏约4.03万头，中心产区在海拉尔区农牧场管理局所属的农牧场，共存栏3.12万头。

2011年11月22日，农业部批准对"三河牛"实施农产品地理标志登记保护。2019年12月17日，"三河牛"入选2019年第四批全国名特优新农产品名录。

如图1-18所示，三河牛属于细致紧凑型，具有乳肉兼用型外貌特征，毛色以红白花或黄白花为主，其次少量黑白花。体躯高大，体质结实匀称，头部清秀，头颈结合良好，肩宽，胸深，肋骨开张好，背腰平直，体躯较长，肢势端正，蹄质坚实。种公牛雄性特征非常明显，母牛体大而不下垂，乳房大部分成盆状和圆形，乳腺发育良好，乳房附着良好、前后伸展稍差，乳头大小、长短适中，乳静脉长、较粗，但弯曲不够，乳井较大，有少数母牛斜尻。

数据显示，18月龄以上公、阉三河牛经过短期育肥后，屠宰率为55%，净肉率为45%。

（7）其他品种　据《国家畜禽遗传资源品种目录（2021年版）》分类，共有10个培育的黄牛品种，除上述介绍的6个品种之外，另外4个品种如表1-11所示。

(1)三河牛母牛

(2)三河牛公牛

图1-18 三河牛

表1-11 其他培育黄牛品种

项目	辽育白牛	蜀宣花牛	中国草原红牛	夏南牛
分布地区	辽宁省	四川省宣汉县	吉林白城地区、内蒙古昭呼达盟、锡林郭勒盟及河北张家口地区	河南省泌阳县
父本/母本	夏洛莱牛为父本辽宁本地黄牛为母本	原产于瑞士的西门塔尔牛和荷兰的荷斯坦乳用公牛为父本,宣汉黄牛为母本	以短角公牛与蒙古母牛长期杂交育成	以法国夏洛来牛为父本,以南阳牛为母本
屠宰率	58.6%	57.6%	58.2%	60.1%
净肉率	49.5%	48.0%	49.5%	48.8%

3. 引入品种

我国各地先后从国外引入了很多优良肉牛品种,对加速国内肉牛生产的发展起到了重要作用。现将主要品种介绍如下。

(1)荷斯坦牛 荷斯坦牛原产于荷兰北部的北荷兰省和西弗里生省,其后代分布于荷兰全国乃至法国北部以及德国的荷斯坦省。

荷斯坦牛适应驯化能力强,世界大多数国家均能饲养。经各国长期的驯化及系统选育,培育成了各具特征的荷斯坦牛,并冠以该国的国名,如美国荷斯坦牛、加拿大荷斯坦牛、日本荷斯坦牛、中国荷斯坦牛等。

乳用型荷斯坦牛体格高大,结构匀称,皮薄骨细,皮下脂肪少,乳房突出,乳静脉明显,后躯较前躯发达,侧望呈楔形,具有典型的乳用型外貌。被毛细短,毛色呈黑白斑块,界线分明,额部有白星,腹下、四肢下部(腕、跗关节以下)及尾帚为白色。

兼用型荷斯坦牛体格略小于乳用型,体躯低矮宽深,皮肤柔软而稍厚,尻部方正,四肢短而开张,肢势端正,侧望略偏矩形,乳房发育均称,前伸后展,附着好,多呈方圆形;毛色与乳用型相同,但花片更加整齐美观。

兼用型荷斯坦牛的肉用性能较好,经肥育的公牛,500日龄平均活重为556kg,屠宰率为62.8%。

（2）**西门塔尔牛**　西门塔尔牛原产于瑞士西部的阿尔卑斯山区，主产地为西门塔尔平原和萨能平原。现已分布于许多国家，成为世界上分布最广，数量最多的乳、肉、役兼用品种之一。

毛色为黄白花或淡红白花，头、胸、腹下、四肢及尾帚多为白色，皮肤为粉红色，头较长，面宽；角较细而向外上方弯曲，尖端稍向上。颈长中等；体躯长，呈圆筒状，肌肉丰满；前躯较后躯发育好，胸深，尻宽平，四肢结实，大腿肌肉发达。

西门塔尔牛早期生长速度快，并以产肉性能高，胴体瘦肉多而出名。西门塔尔牛的牛肉等级明显高于普通牛肉。肉色鲜红、纹理细致、富有弹性、大理石花纹适中、生脂色泽为白色或带淡黄色、质地有较高的硬度、胴体体表脂肪覆盖率100%。普通的牛肉很难达到这个标准。如表1-12所示，18月龄的德系西门塔尔牛屠宰前重385.05kg，屠宰率为59.09%。

表1-12　德系西门塔尔、荷斯坦牛及其杂种牛生长、胴体性状比较

指标	德系西门塔尔牛	荷斯坦牛	德系西门塔尔-荷斯坦杂种牛
全期增重/kg	384.05	337.88	402.75
胴体重/kg	332.60	289.50	321.00
净肉重/kg	237.66	200.50	224.25
骨重/kg	60.46	58.05	61.60
皮重/kg	44.84	37.01	42.60
头重/kg	26.69	25.05	28.70
屠宰率/%	59.09	50.46	57.40
净肉率/%	42.21	34.95	40.08

（3）**安格斯牛**　安格斯牛原产于苏格兰东北部的阿伯丁、安格斯、班芙和金卡丁等郡，现世界各地均有养殖。安格斯牛以被毛黑色和无角为其重要特征，故也称其为无角黑牛。红色安格斯牛与黑色安格斯牛在体躯结构和生产性能方面没有大的差异。安格斯牛体型较小，体躯低矮，四肢结实短而直，体质紧凑、结实。其被毛黑色或红色；头小而方正，头额部宽而额顶突起，眼圆，大而明亮；嘴宽阔，口裂较深，上下唇整齐；鼻梁正直，鼻孔较大，鼻镜较宽，颜色为黑色；颈中等长，垂皮明显；背线平直，腰荐丰满；四肢短而直，体型呈长方形。全身肌肉丰满，体躯平滑丰润，腰和尻部肌肉发达，大腿肌肉延伸到飞节。

安格斯牛肉用性能良好，被认为是世界上各种专门化肉用品种中肉质最优秀的品种。安格斯牛屠宰率60%～65%。安格斯牛肉嫩度和风味很好，大理石花纹明显，是世界上唯一一种用品种名称作为肉的品牌名称的肉牛品种。

（4）**夏洛莱牛**　夏洛莱牛，洞角科家牛属动物，原产于法国中西部到东南部的夏洛莱省和涅夫勒地区，中国主要分布在东北、西北和南方部分地区。

夏洛莱牛为大型肉用品种牛，毛色呈白色或枯草黄色。皮肤常有色斑；全身肌肉特别发达；骨骼结实，四肢强壮。牛头小而宽，角圆而较长，并向前方伸展，角质蜡黄、颈粗短、胸宽深，肋骨方圆，背宽肉厚，体躯呈圆筒状，肌肉丰满，后臀肌肉常形成"双肌"特征。

夏洛莱牛生长速度快，瘦肉产量高。在良好的饲养条件下，该牛作为专门化大型肉用牛，产肉性能好，肉色鲜红、纹理细致、富有弹性、大理石花纹适中、脂肪色泽为白色或带淡黄色、胴体体表脂肪覆盖率100%。

在良好的饲养条件下，平均日增重公犊1.0~1.2kg、母犊1.0kg，阉牛肥育期日增重达1.88kg。15月龄以前日增重超过其他品种，所以常用作经济杂交的父本。产肉性能好，屠宰率达60%~70%，胴体净肉率80%~85%。

（5）**其他品种** 据《国家畜禽遗传资源品种名录（2021年版）》分类，共有15个引入的黄牛品种，除上述介绍的4个品种之外，另外11个品种如表1-13所示。

表1-13 其他引入黄牛品种

名称	原产地	屠宰率	净肉率
利木赞牛	法国中部的利木赞高原	—	—
娟珊牛	英吉利海峡泽西岛	—	—
德国黄牛	德国、奥地利	63%	56%
南德文牛	英格兰德温郡南部和卡如爱尔地区	—	—
皮埃蒙特牛	意大利	66%~72.8%	66.2%
短角牛	英格兰的诺桑伯、德拉姆、约克和林肯等郡	65%~72%	—
海福特牛	英国英格兰南部的赫里福德郡	60%~65%	57%
和牛	日本	—	—
比利时蓝牛	比利时	最高可达71%	—
瑞士褐牛	瑞士阿尔卑斯山区	50%~60%	—
挪威红牛	挪威	—	—

二、牦牛

牦牛是唯一能在青藏高原的高寒牧区繁衍的牛亚科动物，是青藏高原人们重要的生活资料和生产资料，有"高原之舟""全能家畜"的美誉。

牦牛在生物学分类上属于偶蹄目牛亚科牛属，据统计全世界现有牦牛约2200万头，其中95%以上分布在中国。牦牛主要分布于西藏、青海、四川高原和高山区、新疆中部天山、甘肃南部的祁连山和滇西北的高山区、内蒙古贺兰山区以及河北省北部寒冷山区，北京西山寒冷山区也有零星分布。据《国家畜禽遗传资源品种名录（2021年版）》，中国牦牛现有18个地方品种和2个培育品种。在中国境域以外的地区，牦牛分布在蒙古、俄罗斯、阿富汗、巴基斯坦、锡金、不丹等靠近中国青藏高原牦牛生产区的高山地区。

1. 地方品种

我国牦牛由于不同种群主产区的地理环境、水草类型、气候特征等一系列人为或天择条件导致了种群间的差异化,根据牦牛的种群特征与分布信息将牦牛分为两大类型:第一种类型是青藏高原型被称为高原型或草原型,主要分布在青藏高原腹地,包括青海、西藏大部分地区、川西北高寒草原、甘肃甘南草原和祁连山区,如麦洼牦牛、甘南牦牛、天祝白牦牛等。

第二种类型是横断高山型简称高山型或者谷地型,主要分布在青藏高原的东南部横断高山脉的高山地带,还包括西藏东部的高山草原、青海玉树藏族自治州的南部和四川西南部的高山峡谷地区,云南西北部的迪庆藏族自治州也有所分布,如九龙牦牛、木里牦牛等。

(1)麦洼牦牛(高原型) 麦洼牦牛是我国青藏高原型牦牛的地方良种,主产于阿坝藏族自治州红原县瓦切、麦洼及若尔盖县包座一带,因中心产区原属麦洼部落,故名麦洼牦牛。

如图1-19所示,麦洼牦牛毛色多为黑色,次为黑带白斑、青色、褐色。肋部、大腿内侧及腹下毛色淡化。鼻镜为黑褐色,眼睑、乳房为粉红色,蹄、角为黑褐色。尾梢颜色为黑色或白色。全身被毛丰厚、有光泽。被毛为长覆毛、有底绒。头大小适中,额宽平。眼中等大,鼻孔较大,鼻翼和唇较薄,鼻镜小。耳平伸,耳壳薄,耳端尖。额部有长毛,前额有卷毛。额毛丛生呈卷曲状,长者可盖过双眼。

公牛、母牛多数有角,公牛角粗大,从角基部向两侧、向上伸张,角尖略向后、向内弯曲;母牛角细短、尖,角形不一,多数向上、向两侧伸张,然后向内弯曲。公牛肩峰高而丰满,母牛肩峰较矮而单薄。颈垂及胸垂小。体格较大,体躯较长,前胸发达,胸深,肋开张,背稍凹,后躯发育较差,腹大、不下垂。背腰及尻部绒毛厚,体侧及腹部粗毛密而长,裙毛覆盖住体躯下部。四肢较短,蹄较小,蹄质坚实。无脐垂,尻部短而斜,尾长至后管下段,尾梢大,尾毛粗长而密。麦洼牦牛屠宰性能如表1-14所示。

表1-15所示为麦洼牦牛在放牧和舍饲条件后屠宰性能。

(1)麦洼牦牛公牛

(2)麦洼牦牛母牛

图1-19 麦洼牦牛

表1-14 麦洼牦牛屠宰性能

年龄/岁	宰前活重/kg	胴体重/kg	屠宰率/%	净肉率/%	眼肌面积/cm²	肉骨比
1.5	121	55.6	45.9	33.6	25.1	3.0
2.5	161	74.1	46.0	34.3	32.4	3.6
3.5	173	76.4	44.2	33.0	35.5	3.3

表1-15 麦洼牦牛在放牧和舍饲条件下屠宰性能对比

组别	放牧组	舍饲组
活体重/kg	107.21 ± 0.82	154.38 ± 8.60
胴体重/kg	44.53 ± 1.22	73.72 ± 4.22
净骨重/kg	16.93 ± 0.41	18.71 ± 1.42
净肉重/kg	28.87 ± 2.59	50.91 ± 2.61
肉骨比	1.73 ± 0.13	2.72 ± 0.43
净肉率/%	26.93 ± 2.43	32.98 ± 2.61
屠宰率/%	41.54 ± 1.42	47.75 ± 1.18

（2）甘南牦牛（高原型） 甘南牦牛主要分布在甘南藏族自治州海拔2800m以上的玛曲、碌曲、夏河三县的纯牧业乡、合作市，卓尼县、临潭县的部分纯牧业乡。

甘南牦牛毛色以黑色为主，间有杂色。体质结实，结构紧凑，头较大，额短宽并稍显凸起。鼻孔开张，鼻镜小，唇薄灵活，眼圆、突出有神，耳小灵活。母牛多数有角，角细长；公牛角粗长，角距较宽，角基部先向外伸，然后向后内弯曲呈弧形，角尖向后。颈短而薄，无垂皮，脊椎的棘突较高，背稍凹，前躯发育良好。尻斜，腹大，四肢较短，粗壮有力，后肢多呈刀状，两飞节靠近。蹄小、坚实，蹄裂紧靠。母牦牛乳房小，乳头短小，乳静脉不发达。公牦牛睾丸圆小而不下垂。尾较短，尾毛长而蓬松，形如帚状。

表1-16所示为甘南牦牛屠宰性能，据研究甘南牦牛平均屠宰年龄在3～4岁龄，屠宰率为51%。

表1-16 甘南牦牛屠宰性能

性别	头数	宰前活重/kg	胴体重/kg	屠宰率/%	净肉重/kg	肉骨比
公	7	333.4 ± 21.7	168.5 ± 14.8	50.5 ± 2.5	129.3 ± 10.5	3.30
母	9	219.8 ± 19.0	107.1 ± 10.0	48.7 ± 1.8	86.4 ± 7.4	4.17

（3）天祝白牦牛（高原型） 天祝白牦牛主要分布于甘肃省武威市天祝藏族自治县。

如图1-20所示，天祝白牦牛全身被毛纯白，密长且丰厚，耐严寒。头部发育正常，眼大有神（选留黑眼圈的），有角或无角，角粗长，黄褐色，角型向外上方或向后上方月牙形伸出，角轮明显，角尖锋利。嘴唇圆而薄，采食灵活。体型结构紧凑，全身肌肉发育良好，皮肤为粉红色，大多数有黑色素沉着斑点。表1-17所示为天祝白牦牛屠宰性能。

图1-20 天祝白牦牛

表1-17 天祝白牦牛屠宰性能

性别	宰前活重/kg	胴体重/kg	屠宰率/%	净肉重/kg	净肉率/%	肉骨比
公	272.6	141.6	51.9	100.3	36.8	2.4
母	217.8	113.3	52.0	89.2	41.0	3.7
阉	245.1	134.3	54.8	107.8	44.0	4.1

资料来源：天祝白牦牛育种场。

（4）九龙牦牛（高山型） 九龙牦牛原产地为四川省甘孜藏族自治州九龙县及康定市南部的沙德区海拔3000m以上的灌丛草地和高山草甸。中心产区位于九龙县斜卡和洪坝，处于横断山以东、大雪山西南面、雅砻江东北部的高山草原区。邻近九龙县的盐源县和冕宁县以及雅安地区的石棉等县均有分布。表1-18所示为九龙牦牛屠宰性能，该牦牛近20年来生产性能与生产方向无大的变化，是一个以肉用为主的优良牦牛地方品种。

表1-18 九龙牦牛屠宰性能

性别	宰前活重/kg	胴体重/kg	屠宰率/%	净肉重/kg	净肉率/%	眼肌面积/cm²	肉骨比
公	375.5	201.3	53.6	157.9	42.0	42.5	3.8
母	267.9	126.0	47.0	98.7	36.8	28.8	3.9

注：在四川省九龙县测定。

图1-21所示为九龙牦牛，其头较短，有角，角形开张。鬐甲稍高，公牛肩峰明显。胸极深，腹大而不下垂，背腰平直，后躯较短，发育不如前躯。尻欠宽而略斜。

（5）木里牦牛（高山型） 木里牦牛主要分布于四川省凉山彝族自治州木里藏族自治县海拔2800m以上的高寒草地，以东孜、沙湾、博窝、倮波、麦日、东朗、唐央等10多个乡镇为中心产区，在冕宁、西昌、美姑、普格等县也有分布。如表1-19所示为木里牦牛屠宰性能，近年来该牦牛品种无明显品质变化。

图1-21 九龙牦牛

表1-19 木里牦牛屠宰性能

性别	宰前活重/kg	胴体重/kg	屠宰率/%	净肉率/%	眼肌面积/cm²	肉骨比
公	204	109	53.4	45.6	46.9	4.0
母	214	109	50.9	40.7	44.2	4.5

资料来源：《国家畜禽遗传资源品种名录（2021年版）》。

木里牦牛如图1-22所示，该种牦牛被毛多为黑色，部分为黑白相间的杂花色。被毛为长覆毛、有底绒，额部有长毛，前额有卷毛。鼻镜为黑褐色，眼睑为粉红色，蹄、角为黑褐色。公牛头大、额宽，母牛头小、狭长。体躯较短，胸深宽，背腰较平直，四肢粗短。尾长，尾梢大、呈黑色或白色。

图1-22 木里牦牛

（6）其他品种　据《国家畜禽遗传资源品种名录（2021年版）》分类，除上述5个牦牛品种之外，其他的品种分别是娘亚牦牛、帕里牦牛、西藏高山牦牛、斯布牦牛、中甸牦牛、青藏高原牦牛、巴州牦牛、金川牦牛、昌台牦牛、类乌齐牦牛、环湖牦牛、雪多牦牛、玉树牦牛。

2. 培育品种

据《国家畜禽遗传资源品种名录（2021年版）》分类，有两种培育的牦牛品种，分别是大通牦牛、阿什旦牦牛。

（1）大通牦牛　大通牦牛是世界上第一个牦牛培育新品种，"大通牦牛"的育种父本是野牦牛，母本是从大通种牛场适龄母牛群中挑选的优良个体。由中国农业科学院兰州畜牧与兽药研究所、青海省大通种牛场培育，2004年通过农业部畜禽品种审定委员会的审定。

大通牦牛主要分布在青海省大通种牛场，多为高原地区，草地类型主要以高寒草甸和山地草甸为主，牧草以冷地早熟禾为主，海拔3000m以上，截至2023年6月，青海省牦牛繁育推广服务中心已累计向青海省39个县推广大通牦牛种公牛近3万头；大通牦牛改良后代在全国已达180余万头。

如图1-23所示，大通牦牛被毛呈黑褐色，鬐甲后半部至背部具有明显的灰白色背线，嘴唇、眼睑为灰白色或乳白色。鬐甲高而颈峰隆起（公牛更甚），背腰部平直至十字部稍隆起。体格高大，体质结实，结构紧凑，发育良好，前胸开阔，四肢稍高但结实，呈现肉用体型。公牦牛有角，头粗重，颈短厚且深；母牦牛头长，眼大而圆，清秀，绝大部分有角，颈长而薄。体侧下部密生粗长毛，体躯夹生绒毛和两型毛，裙毛密长，尾毛长而蓬松。

大通牦牛肉鲜肉色泽略深，肌肉光泽好，脂肪沉积较低、呈淡黄色。大通牦牛6月龄全哺乳公犊体重平均117kg，屠宰率48%～50%，净肉率36%～38%；18月龄公牦牛平均体重150kg，屠宰率45%～49%，净肉率36%～37%；成年公牦牛平均体重387kg，屠宰率46%～52%，净肉率36%～40%。肉骨比3.6，眼肌面积58.28cm^2。肌肉中含水分（74.23±0.19）%，干物质（24.02±0.78）%，粗蛋白（22.56±1.40）%，粗脂肪（3.30±1.70）%。

（2）阿什旦牦牛　如图1-24所示，阿什旦牦牛是世界上首个无角牦牛品种。"阿什旦"牦牛相较其他牦牛品种，性情温顺、不容易打斗、易饲养、易管理，在自然减少受伤率的同

图1-23　大通牦牛

图1-24　阿什旦牦牛

时可以增加饲养密度，便于进行舍饲。该品种相关介绍较少，有研究选择了6月龄和4周岁的无角牦牛进行屠宰性状测定，并以同年龄的有角牦牛作为对照，比较分析了无角牦牛和当地有角牦牛的产肉性能，结果表明6月龄无角公牦牛和母牦牛的宰前活重，胴体重和肉骨比均显著高于同龄的有角牦牛（$P<0.05$），4周岁的无角牦牛的宰前活重和胴体重也均显著高于同龄有角牦牛（$P<0.05$）。以上结果说明无角牦牛具有较高的产肉性能。

三、水牛

1. 地方品种

中国水牛资源丰富，主体上为沼泽型水牛，中国水牛原为中国南方水稻区的重要役畜，绝大多数分布于东南和西南两区，以在淮河以南的水稻产区最多。

我国水牛主要分布包括18个省（自治区、直辖市），其中广西、云南、贵州、湖北、四川、湖南、江西和安徽等9个省区的水牛养殖量占全国水牛总数的88.41%。

在《国家畜禽遗传资源品种目录（2023年版）》中，我国地方水牛品种共有26种。根据其地理分布及其外形特点，中国沼泽型水牛可分为滨海型、平原湖区型、高原平坝型和丘陵山地型四个类型。滨海型体型较大，体重600~800kg，如海子水牛和上海水牛，主要分布在东海、黄海的沿海地区；平原湖区型体型中等，体重500~600kg，如滨湖水牛、江汉水牛等，主要分布于长江中下游平原；高原平坝型体型也为中等，体重500~600kg，如德昌水牛，主要分布在云贵高原的平坝、河谷等地；丘陵山地型产区在华东、华中、华南及西南低山丘陵地区，体型较小，体重400~500kg，如温州水牛和福安水牛等。由此说明从北向南随着温度的升高，水牛体型逐渐变小；随着海拔高度的升高，水牛体型也由小变大，被毛由粗而稀，逐渐变为细而密。

各地区不同群体在外貌特征上基本相似，如体躯粗重，矮壮，头长短适中，面短颈长，额宽而平，眼大稍突出；牛角基部呈方形，上部呈前厚后薄的圆尖形，向左右平伸，呈新月形等。其毛色全身以铁青色、青灰色居多，芦毛、灰毛和白毛水牛较少。

24月龄江汉水牛屠宰前重（486.92±16.02）kg，胴体重（256.60±10.35）kg，骨重（52.75±5.62）kg，屠宰率（53.78±0.23）%，净肉率（43.03±0.17）%，胴体产肉率（79.77±0.35）%。

2. 引入品种

我国还从国外引入了著名的摩拉水牛、尼里-拉菲水牛、地中海水牛等河流型水牛，用于改良本地沼泽型水牛。

摩拉水牛，俗称印度水牛，是一种原产于印度的雅么纳河西部的家牛属乳用水牛，该种水牛于1957年引进中国，现广泛分布于广西、湖南等地。

尼里-拉菲水牛原产于巴基斯坦的旁遮普省中部。1974年引入中国，主要乳用，现广泛分布于湖北、广西等省（自治区）。

地中海水牛原产意大利。广西于2007年首次引入冻精后开展品种杂交改良及杂交，以及后代适应性试验工作。

四、瘤牛

瘤牛又称婆罗门牛，婆罗门牛是在美国在沙漠和半沙漠地区育成的。婆罗门牛已出口至60余个国家，广泛应用于杂交繁育。

如图1-25所示，婆罗门牛头或颜面部较长，耳大下垂。有角，两角间距离宽，角粗，中等长。公牛瘤峰隆起，母牛瘤峰较小。垂皮发达，公牛垂皮多由颈部、胸下一直延连到腹下，与包皮相续。体躯长、深适中，尻部稍斜，四肢较长，因而体格显得较高，婆罗门牛的公牛可重达900kg。母牛的乳房及乳头为中等大。皮肤松弛，一般都有色素。毛色多为银灰色。

婆罗门牛胴体品质好，出肉率高，皮下脂肪分布均匀。育肥终重控制在320~365kg，育肥期日增重900~1100g，屠宰率55%~60%，净肉率53%。对美国田纳西州16头成年婆罗门牛阉牛屠宰性能测定显示，成年婆罗门牛阉牛宰前活重379kg，胴体瘦肉率60.1%。

图1-25 瘤牛（婆罗门牛）

五、独龙牛

独龙牛（*Dulong gayal*）又称大额牛，属肉用型地方品种，是我国境内绝无仅有的珍稀牛种。独龙牛原产于云南省贡山独龙族怒族自治县独龙江一带，为一种半野生、半家养珍贵畜类，中心产区为贡山县独龙江乡，分布于贡山县、福贡县、泸水市等。

如图1-26所示，独龙牛面部较短而窄，额部宽阔微凸，角基部粗大向上渐呈圆锥状，两角向头部两侧平伸出，微向上弯，公牛角长40cm左右，两角尖间距可达100cm，母牛比之稍小。被毛黑色或深褐色，四肢下部全白，有的头部或唇部具有白色斑块，体躯高大，鬐甲较低平，四肢短劲、蹄小坚实，体前躯较粗重，肌肉发达，

（1）独龙牛母牛

（2）独龙牛公牛

图1-26 独龙牛

但末尾急降。整个身躯匀称，颈粗短，公牛脖颈肌肉发达，垂皮明显较黄牛发达，尾短。公牛站定时头部常昂起，立姿剽悍。

独龙牛的肌纤维细胞密度明显高于家养的牛，纤维直径小，肌肉细胞长，间隔比例低，肌肉脂肪含量低，屠宰1000kg的一头公牛，牛油不到1kg。表1-20为独龙牛屠宰性能，独龙牛的肉质非常细嫩，是上等的牛肉食品，膻味小，有可生吃的特点，是纯有机食品。又因为数量非常稀少，所以更是稀有和珍贵，牛肉价格也自然不菲，在当地卖到400元/kg，一头600kg的公牛，能卖到20万人民币。独龙牛因为稀少和珍贵，2006年已进入原农业部公布的《国家级畜禽品种资源保护名录》和联合国粮食及农业组织（FAO）《濒危农畜遗传资源品种名录》。

表1-20 独龙牛屠宰性能

宰前活重/kg	胴体重/kg	屠宰率/%	净肉重/kg	净肉率/%	大腿肌厚度/cm	眼肌面积/cm^2	肉骨比
395.9	249.3	63.0	201.3	50.8	18.5	82.6	4.19

资料来源：《国家畜禽遗传资源品种名录（2021年版）》。

六、地理标志品种

地理标志是指标示某商品来源于某地区，该商品的特定质量、信誉或者其他特征，主要由该地区的自然因素或人为因素所决定的标志。国家推出了《地理标志产品保护规定》，被用于农产品、食品、酒类、手工艺品等产品。

地理标志牛种是指产自特定地域，在一定的区域范畴进行养殖、屠宰的牛种，必须具有基于当地地域特点的品种独特性、品质差异性及特殊人文背景等独有特质的牛品种。地理标志品种的命名一般是"所养殖的地理区域名称+牛种品类通用名称"的组合，如内蒙古科尔沁牛。

根据中国地标组委会统计，中国目前共有80个国家地理标志牛（肉）。各省份国家地理标志牛（肉）上榜数量分别为：青海15个，内蒙古10个，贵州7个，西藏和广西各6个，甘肃5个，四川4个，宁夏和河南各3个，山东、吉林、辽宁、山西、云南、江西和黑龙江各2个，陕西、河北、新疆、湖南、湖北、安徽和新疆生产建设兵团各1个。地方品种以中国五大良种黄牛品种：秦川牛、晋南牛、南阳牛、鲁西牛和延边牛为代表，是作为杂交母本生产肉牛的主要品种，主要集中分布在黄河中下游、滦河流域以北的河南、陕西、山西、山东、吉林和辽宁等中原地区；培育品种以云岭牛、夏南牛等为代表，利用国外的肉牛品种做父本，培育而成；引入品种以西门塔尔牛、夏洛莱牛、利木赞牛为代表。由于其生长环境、特定生产方式的不同，导致其产品质量具有较大差异。

有关我国地理标志品种肉牛情况请扫描二维码查阅。

我国地理标志牛种一览表

第五节 养殖技术

肉牛养殖育肥的方式主要有草饲、谷饲两种，两者之间最大的区别就在于饲养方式的不同。草类是牛的天然食物，草饲一般是以牧草为主要饲料，牛大部分季节在草场上自由放养，可以在极大的运动空间里自由来去，奔跑散步。谷饲一般是围栏饲养，在饲养场以配方饲料谷物、大豆或玉米为主要饲料，在较短时间内迅速催肥的饲养方式。

一、草饲

1. 肉牛草饲标准

草饲源于传统草原畜牧业，现代化的草原牧业的雏形20世纪初发端于欧洲、美国。现在国外有较多关于草饲牛的行业标准或者企业标准，如表1-21所示。我国现阶段草饲养殖主要集中在内蒙古、新疆等幅员辽阔、具有草原的地区，关于草饲牛的相关标准还处于起步阶段。

表1-21 部分国家或地区关于草饲牛的行业/企业标准

国家或地区	认证单位	草饲率	自由放养时间	挤奶频率	禁食
新西兰	Aure-Quality	≥96%（新鲜青草）	≥350d/年	限2次/d	奶牛断奶后，禁止食用谷物或添加棕榈仁提取物（PKE）或任何转基因原料的饲料
美国	American Grassfed Association	100%（苜蓿草、饲料立方体或颗粒）	全年（恶劣天气或可能威胁反刍动物健康、安全和福利的事件除外）	—	含有抗生素或激素的饲料
爱尔兰	The Truly Grass Fed Seall	≥95%［草饲，青贮饲料和作物残渣（不含谷物），饲料（如豆科、芸香科），处于前粮状态的谷物作物］	≥250d（除挤奶、天气因素外。建议奶牛全年都以自由放牧的方式生活和放牧）	2次/d	重组牛生长激素或任何其他生长激素（人工或其他）
北美	Pro-Cert	100%（草饲，豆类和储存的牧草，尽可能提供最接近自然饮食的食物）	—	—	含有抗生素和生长激素、转基因原料的饲料
美国、加拿大	A Greener World	≥75%［饲草（在干旱或其他紧急情况下可申请喂发芽的脱粒谷物）］	全年（在极端天气、紧急情况下舍饲时间超28d时必须制定书面的管理计划）	—	谷物、谷物副产品或任何其他形式的饲料浓缩物

续表

国家或地区	认证单位	草饲率	自由放养时间	挤奶频率	禁食
美国	Food Alliance Certified-Grassfed	100%[新鲜青草、饲料（在牧草质量较低或恶劣天气期间，可以喂干草、干草、牧草、青贮饲料、没有谷物的作物残渣和其他粗饲料来源]	≥330d	—	含有抗生素或激素饲料；谷物副产物、棉籽和棉籽粕、大豆和豆粕以及尿素和动物副产品不允许作为草饲补充成分
美国	Organic Valley	≥60%（奶牛每年必须从牧场获得至少60%的干物质摄入量）	≥150d	—	含有抗生素和生长激素、转基因原料的饲料；动物副产品；谷物或谷物副产品

2. 草饲条件

草饲牛是指犊牛断奶后一直以牧草和草料作为食物的来源，其饲粮应完全由牧草、绿叶、禾本植物以及未出穗的谷物植株组成，一般不喂养淀粉和蛋白质源的谷物或者谷物副产品。

3. 喂养周期

草饲的牛主要生长在牧区，低密度自由放牧，而自由放养的牛生长周期较长，一般为30~36个月龄，因为草饲条件下牛的日增重量低，例如纯种安格斯牛在草饲养殖下平均日增重0.73kg，明显低于谷饲牛的1.07kg/d。

4. 优势

首先，由于食物来源及生长环境的原因，采用放牧式牧草喂养的肉牛使用的兽药以及抗生素量较少，因此其体内富集的农兽药残留较低。此外，草饲肉牛屠宰得到的牛脂肪中邻苯二甲酸酯类残留量也低于其在谷饲肉牛脂肪中的残留量。

在肉质方面，在传统认识中，由于草饲牛自由的生长环境以及以草为食的饲养过程，草饲牛的肉质精瘦，脂肪含量低、味道浓郁、肉质细嫩。但由于肌间脂肪含量较少，所以烹调时所需时间较短，调料也更易渗透。

当达到屠宰体重后，草饲的纯种安格斯牛肌肉中的多不饱和脂肪酸（PUFA）：α-亚麻酸、二十碳五烯酸（EPA）及二十二碳六烯酸（DHA）含量要显著高于谷饲牛，如图1-27所示，说明草饲牛肉脂肪酸的营养价值要优于谷饲牛肉。

此外，由于牛肉中重要的香气成分醛类物质就是由多不饱和脂肪酸氧化而成，例如2-辛烯醛、苯甲醛、壬醛分别是亚油酸、亚麻酸和油酸的氧化降解产物，由于草饲牦牛中的PUFA含量高于谷饲牦牛，所以如表1-22所示草饲牦牛背最长肌中醛类物质的相对含量显著高于谷饲组，说明草饲牛香味优于谷饲牛。此外呈清香、木香、脂肪香的醇类化合物草饲牦牛中的相对含量也明显高于谷饲，这是因为醇类物质是由共轭亚油酸被脂肪氧合酶和过氧化酶降解产生。

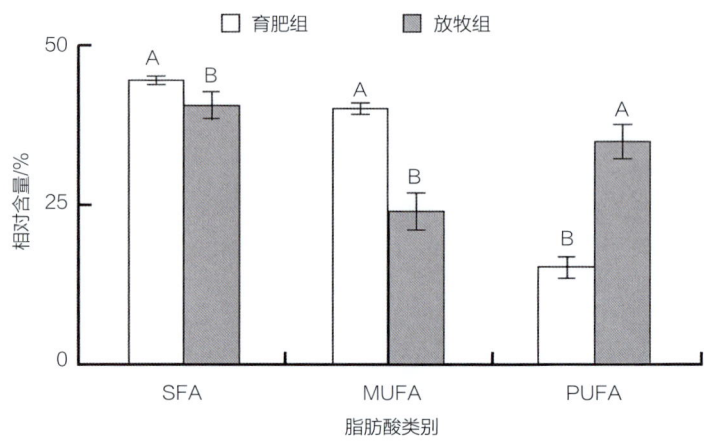

图1-27 育肥（谷饲）和放牧（草饲）两种模式下纯种安格斯牛背最长肌的脂肪酸组成及含量

注：①同行数据字母不同表示差异显著（$P<0.05$）。
②SFA：饱和脂肪酸；MUFA：单不饱和脂肪酸。

表1-22 育肥（谷饲）和放牧（草饲）两种模式下牦牛背最长肌的挥发性风味物质的相对含量

单位：%

化合物种类	放牧组	育肥组
酮类	7.74 ± 1.49	22.02 ± 1.12
醛类	31.13 ± 1.38	19.07 ± 1.22
酸类	ND	5.84 ± 0.21
酯类	1.69 ± 0.39	1.18 ± 0.29
醇类	25.35 ± 0.68	12.95 ± 0.43
烯类	3.38 ± 0.52	10.19 ± 0.55
芳香类	30.71 ± 1.38	28.76 ± 0.90

注：ND表示未检出。

5. 劣势

草饲多是在放牧式草饲的条件下养殖。在传统的放牧中，由于缺乏足够的饲草料储备及加工调制技术支撑，使肉牛抵抗雪灾、旱灾等自然灾害的能力弱，尤其在冬、春季节和雨水缺乏的年份，牛群整体吃不饱，同时极寒的环境和长途跋涉觅食活动也使肉牛机体储备的能量被大量消耗，体重出现负增长，造成了"夏饱、秋肥、冬瘦、春死"的恶性循环，养殖周期长，宰前活重较低。此外，在自然环境下放牧，牛群感染寄生虫等危害的风险增加。

二、谷饲

1. 肉牛谷饲喂养标准

2015年实施的农业标准NY/T 2663—2014《标准化养殖场　肉牛》规定了肉牛标准化肥

育场的基本要求、选址与布局、生产设施与设备、管理与防疫、废弃物处理和生产水平等，为肉牛规模肥育场的标准化生产提供了规范。在地方标准上，云南省于2008年颁布实施了DB53/T 247《肉牛养殖综合标准》。表1-23列举了该标准的5个部分。此外，重庆市地方标准DB50/T 421—2011《肉牛标准化规模养殖场建设规范》规范了重庆市区域内存栏能繁母牛50头以上或存栏牛100头以上的肉牛场建设。

表1-23 云南省肉牛养殖地方标准

标准号	标准名称
DB53/T 247.1—2008	肉牛养殖综合标准　第1部分：养殖技术
DB53/T 247.2—2008	肉牛养殖综合标准　第2部分：牛舍建设
DB53/T 247.3—2008	肉牛养殖综合标准　第3部分：繁殖技术
DB53/T 247.4—2008	肉牛养殖综合标准　第4部分：饲草饲料
DB53/T 247.5—2008	肉牛养殖综合标准　第5部分：疫病防治

2. 谷饲条件

如图1-28所示，谷饲指犊牛结束牛乳喂养后进入谷饲喂养直至成年，或经历牛乳喂养→牧草喂养→谷物喂养育肥的过程，谷饲牛（舍饲牛）的日粮主要来自高度精准的配合饲料，一般包含大麦、小麦、高粱、玉米、燕麦等成分。谷饲养殖在我国分布范围较广。

图1-28 谷饲环境

3. 喂养周期

与草饲相比，谷饲采用的是高密度饲养，牛生长周期较短，一般为18~24月龄。此外谷饲牛通过喂养谷物的天数和牛种来分类，可以分为谷饲100d、120d、200d不等。一般来说，谷饲天数越高，牛肉的雪花纹越丰富，成本相对越高。

4. 优势

首先，饲养人员可通过控制谷饲原料组分比例来调控谷饲牛肉质。谷饲牛肉一般肌间脂肪含量高，大理石花纹或雪花纹明显。

其次，谷饲牛只的重量、脂肪含量及牛肉的质量经过稳定程序的饲养后都相当一致。谷饲牛还有较高的体脂率，因此比起草饲牛，谷饲牛更符合食用牛油生产企业的选择，提供更充足的牛生脂。

此外，谷饲牛脂肪酸中硬脂酸含量相对草饲牛偏低，油脂呈现出更软的特性，一定程度上节约制油工艺成本和降低样品处理难度。

5. 劣势

首先是饲料问题，以秸秆为代表的粗饲料是主要的饲料来源，由于粗饲料资源具有价格低廉、体积大的特点，运输成本是非常高的，运费价格往往高于粗饲料本身价格，所以粗饲料只能靠当地解决。而肉牛对粗饲料有着巨大的消耗，因此，饲料问题制约着肉牛养殖规模化。

谷饲牛比草饲牛应激反应严重，为预防和治疗牛类疾病，通常给谷饲牛不间断地饲喂碳酸氢钠等化学添加剂以及抗生素。由于有些抗生素是人畜共用药，如果长期过量使用容易使细菌产生抗药性，人一旦感染产生抗药性的致病菌就很难用有效的药物来治疗，最终影响餐桌食品安全以及人体健康。

6. 草饲与谷饲的综合应用

在我国养殖业中，除了有严格要求区分的谷饲与草饲外，大部分的肉牛养殖采取两者结合的方式，草饲牛也补充精料（即配方饲料），谷饲牛也大量饲喂草料。两者结合能充分发挥谷饲、草饲的优势，不仅肉牛生长速度快、降低地理和气候等因素的影响，还能适用于我国各个地区，打破地域局限性，因此草饲与谷饲结合是我国目前主要的养殖模式。

第六节 牛脂肪组织特性及沉积规律

对于一头肉牛来说，脂肪组织是其胴体中仅次于肌肉组织的第二个重要组成部分，是主要能量储存器官。本书所述的牛油即对牛的脂肪组织加工所得。食用牛油是以由经动物卫生监督机构检疫、检验合格的牛板油、肉膘、网膜或附着于内脏器官的纯脂肪组织，经一定的炼制、精炼等加工工艺得到。因此，牛脂肪具有较高的食用价值和经济价值。

脂肪组织的能量沉积不但关系到肉牛的御寒能力、免疫力、繁殖力、肉品质，更能影响肉牛的饲料报酬与经济效益饲料。受消费和饮食习惯的影响，当前在育种和饲养管理过程中牛脂肪组织的重要性都低于肌肉。然而，脂肪组织仍关系到牛机体能量稳态，因此，讨论牛油，也就不得不讨论牛脂肪组织的特性及生长沉积规律。

一、牛脂肪细胞

动物脂肪组织的构造单位是脂肪细胞，脂肪细胞单个或成群地借助于结缔组织连在一起，在活体组织内起着保护组织器官和提供能量的作用；脂肪细胞成分中脂肪占绝大部分，其次为水分、蛋白质以及少量的酶、色素和维生素等。在细胞形态上，脂肪细胞中心充满脂肪滴，细胞核被挤到周边，脂肪细胞外层有一层膜，膜由胶状的原生质构成，细胞核即位于原生质中。脂肪细胞是动物体内的大体积细胞，直径为 $30\sim120\mu m$，最大的可达 $250\mu m$，脂肪细胞含有的脂肪滴越大、越多，出油率也越高。脂肪细胞大小与牛的育肥程度及不同部位有关，如牛肾周围的脂肪细胞直径育肥牛为 $90\mu m$，瘦牛为 $50\mu m$。在出肉品质的角度，牛脂肪组织蓄积在肌肉内最为理想，称肌内脂肪，肉呈大理石纹状，使肌肉整体肉质较好，且为肉的风味提供重要的前体物质。

二、牛脂肪的类别

牛脂肪组织储存于皮下、内脏、肌间、肌内和骨骼五个主要部位，不同部位脂肪的食用价值和经济价值有着较大的差别。依据脂肪细胞的类型，牛脂肪组织又可以分为白色脂肪组织（WAT）和褐色脂肪组织（BAT）两大类。目前在学界和产业界针对肉用牛白色脂肪组织的发育规律方面的研究较为全面，而褐色脂肪组织的研究相对较少。

1. 白色脂肪组织

WAT是牛体的主要脂肪组织类型，是以白色脂肪细胞为主体，同时由血管基质细胞、免疫细胞以及内皮细胞等共同组成的异质性组织，其主要功能为储存能量。从形态上观察，白色脂肪细胞含有大体积的单脂滴，线粒体较少。

WAT含量变化范围较大，成年哺乳动物WAT占据全身体重的3%~70%。在牛等反刍家畜成熟过程中褐色脂肪细胞会逐渐转变为白色脂肪细胞，因此一般对于成年反刍家畜而言，其皮下、内脏、肌间以及肌内等部位均为WAT。在现代饮食、消费习惯下，牛皮下、内脏和肌间脂肪组织较少用于直接食用，经济价值相对较低，而肌内脂肪使牛肉形成"大理石纹"，能够改善肉的嫩度以及多汁性，经济价值较高。

脂肪细胞分化可以简单分为定向分化和脂肪成熟分化两个阶段。前者是从间充质干细胞到脂肪前体细胞的分化，后者是脂肪前体细胞到成熟脂肪细胞的分化，图1-29大致总结了白色脂肪分化过程中转录因子与相关信号的作用，脂肪细胞分化过程中涉及细胞信号、表观遗传修饰、转录因子、结构修饰等一系列调控方式。

对于脂肪分化的核心调控蛋白，过氧化物酶增殖体激活受体-γ（PPARγ）与CCAAT/增强子结合蛋白-α（C/EBPα）的相互作用，促进脂质向脂肪细胞沉积。昝林森等探索了硬脂酰辅酶A去饱和酶1（SCD1）在肌内脂肪形成中的作用机制，在牛前体脂肪细胞中过表达SCD1，发现脂肪细胞中的脂滴显著增多，脂合成基因FABP4，FASN和ACCα的表达水平显著上调，而脂分化标志基因PPARγ和C/EBPα的表达水平并没有发生显著变化，表明SCD1很可能是通过其产物油酸激活PPARγ受体，进而促进脂生成，并推测油酸是PPARγ受体增强脂肪生成的强配体，为提高牛肉大理石花纹含量提供了新的研究思路。

中国农业大学王雅春等研究通过整合基因组和转录组信息，确定了高产奶牛皮下脂肪沉积相关的11个重要候选基因如NID2、STARD3、UFC1、DEDD、PPP1R1B和USP21等，其中，PPP1R1B基因的表达量与皮下脂肪沉积性状之间存在显著关联，为更好地理解高产奶牛能量利用的遗传基础提供了重要信息。

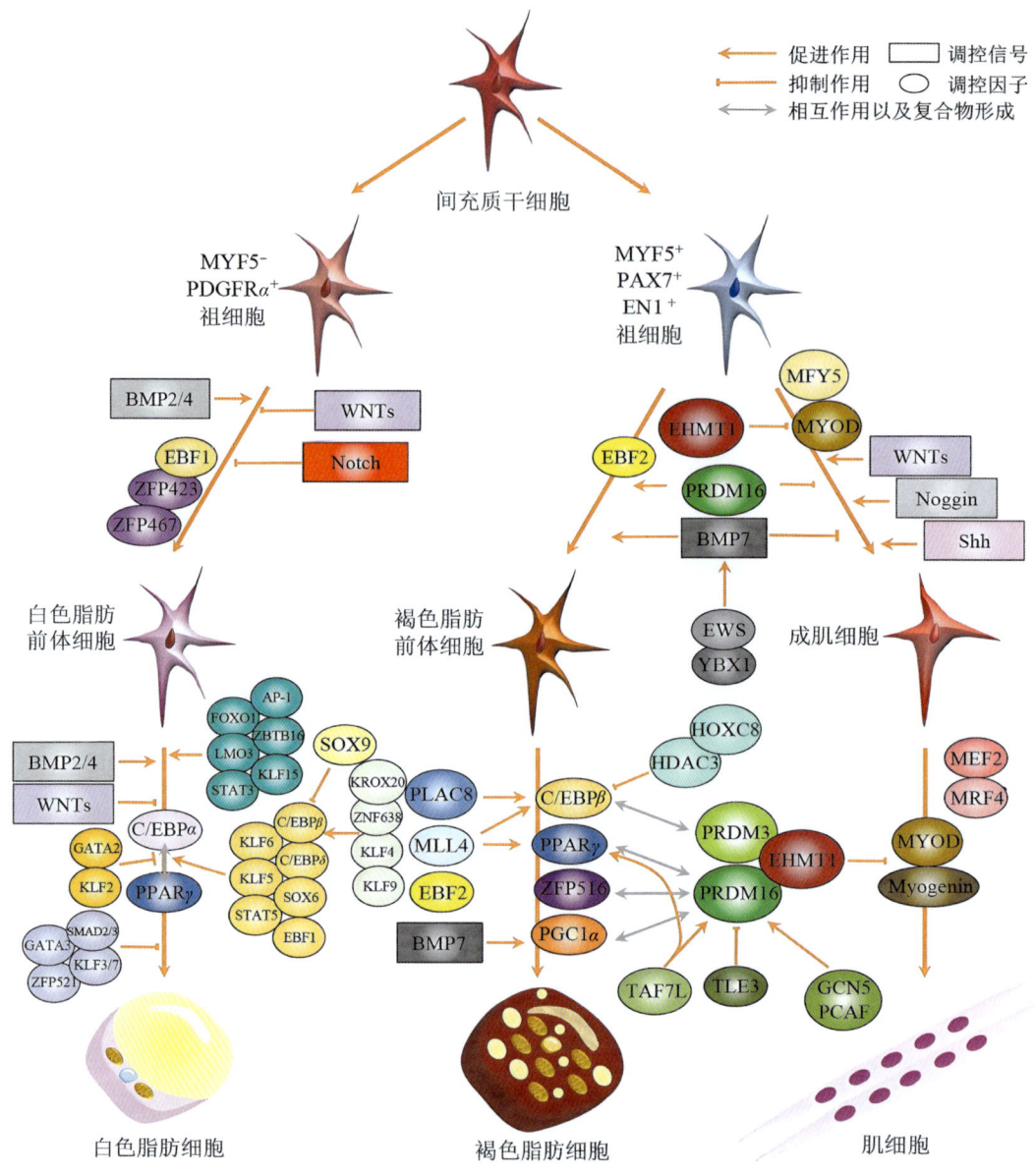

图1-29 褐色脂肪与白色脂肪发育的转录调控

2. 常见白色脂肪组织

（1）**皮下脂肪** 皮下脂肪作为家畜的脂肪库之一，一般指真皮层下外周脂肪层到覆盖最外围肌肉层的结缔组织，俗称肥膘，其主要功能为绝缘、温度调节以及能量储存等。在肉牛屠宰与食用牛油行业中，牛皮下脂肪与肌间脂肪则主要称为分割油。

（2）**肌间与肌内脂肪** 肌间脂肪是指独立于肌肉之间的脂肪组织，常与皮下脂肪相连，脂肪块较大。肌内脂肪是指整条肌肉中的脂肪组织，由肌纤维和肌束之间的脂肪细胞组成，通常形成的脂肪组织面积较小，分散在肌肉之中。图1-30大致能表明肉牛肌内、肌间以及皮下脂肪组织分布。大理石花纹则指牛肉小肌束之间肉眼可见的呈白色大理石纹状分布的脂肪以及结缔组织。以和牛、安格斯牛为代表的牛肌肉中拥有丰富大理石花纹的肉产品，因而具有较高的经济价值。

（3）**内脏脂肪** 牛内脏脂肪以肾周脂肪、网膜脂肪以及心周脂肪为主，主要的生理功能是为体内器官提供保护及能量储存。肾周脂肪和网膜脂肪在牛油行业中统称为腰

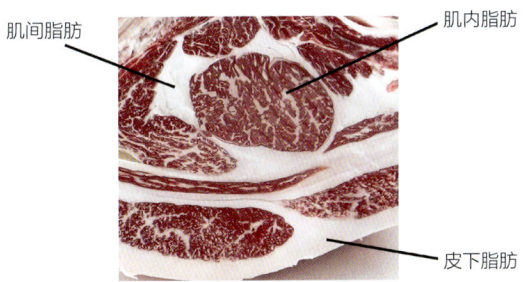

图1-30 肉牛肌内、肌间和皮下脂肪组织分布

肚油、板油，覆盖了腹部淋巴结和肾脏，并从横膈肌向背部延伸到骨盆。牛肠油是主要蓄积在牛肠表面的脂肪组织，肠油过多会阻碍肠道的蠕动等正常功能，容易引起消化系统的疾病。心周脂肪指在心包周围覆盖着淋巴结，并沿着纵隔呈弥漫性延伸的脂肪组织。

（4）**其他部位白色脂肪组织** 除上述部位脂肪外，部分牛的峰部蓄积有脂肪。以印度瘤牛为例，其明显特征即其鬐甲部的瘤峰，瘤峰是含有丰富脂肪的肌肉组织隆起。在我国，由于中国黄牛是普通牛与瘤牛的统称，我国较多的地方品种都拥有这种瘤峰，如巴山牛、滇中牛、邓川牛等，其功能是作为牛的能量储存库。

3. 饲养条件对白色脂肪组织颜色的影响

在感官上，白色脂肪组织不一定为白色，除了白色的分割油、腰油、肚油外，我们也常会看到橘黄色、橙黄色的脂肪（黄脂），常见于牛分割油和肚油。白色脂肪组织的颜色和其中的脂溶性色素含量有关，而这些色素又大多来源于植物性饲料，因此牛的饲料中脂溶性色素的含量决定脂肪的色泽。黄色脂肪也可能与黄疸病和黄脂病联系到一起，黄色脂肪的存在会对牛肉的分级有影响，进而影响价格。如图1-31所示，根据NY/T 676—2010《牛肉等级规格》，牛肉的脂肪有8种颜色，等级最高的是正常的白色脂肪，而脂肪的黄色越深，等级越低。

（1）**脂肪组织中的脂溶性色素及来源** 脂肪组织中的脂溶性色素主要为类胡萝卜素类物质，类胡萝卜素是植物中常见的化学复合物，包括叶黄素（黄色）、胡萝卜素（橙红色）、番茄红素（红色）、维生素A［维生素A_1（视黄醇）、维生素A_2（黄色）］等。虽然在植物中存在许多种类胡萝卜素，但在脂肪中占数量优势的主要为$β$-胡萝卜素和叶黄素。例如，全反式$β$-胡萝卜素就是牛体内循环中主要的类胡萝卜素类物质。因此，牛生脂的颜色主要由其植物性饲料中$β$-胡萝卜素和叶黄素的含量决定。

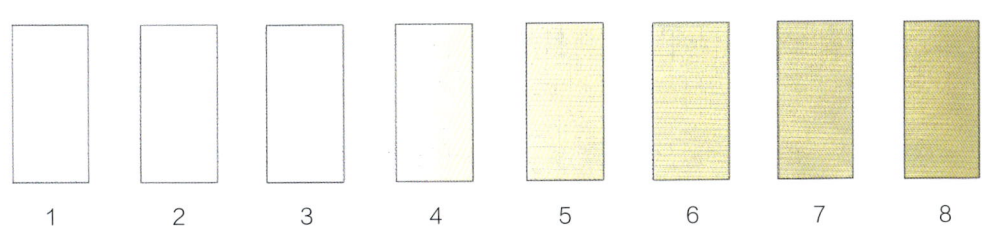

图1-31 NY/T 676—2010《牛肉等级规格》中脂肪颜色等级图

另一方面，从摄食角度来看，由于在牧草一年的生长中，不同种类的类胡萝卜素含量可能发生变化，但β-胡萝卜素是其中含量最为稳定也最高的一种，所以，β-胡萝卜素对草饲牛的脂肪颜色影响可能也更大。任晓莹等探究日粮中添加不同水平β-胡萝卜素饲养90d后对2~3岁牦牛皮下脂肪颜色的影响，结果表明日粮添加β-胡萝卜素影响牦牛皮下脂肪颜色：日粮中添加β-胡萝卜素后牦牛背部、胸部脂肪及半腱肌的黄度值（b^*）显著升高，而亮度值（L^*）和红度值（a^*）没有显著变化（$P>0.05$）。

（2）影响脂肪颜色的遗传因素　受遗传因素的影响，不同品种的牛或者同品种不同的个体对β-胡萝卜素有不同的转化率和步骤，瘤胃消化、肠吸收、从血液到组织的转运、个体组织代谢等都能影响类胡萝卜素在脂肪组织中的沉积。β-胡萝卜素和叶黄素二者的吸收也存在种属差异性。同为反刍动物，在牛的脂肪组织中，沉积的主要是β-胡萝卜素，而在羊体内对脂肪颜色起到控制作用的是叶黄素，且在羊的脂肪组织中β-胡萝卜素含量较少，所以羊的脂肪常洁白如雪。机体对β-胡萝卜素的转化代谢能力对脂肪颜色有着重要影响。研究已经证实，在机体内β-胡萝卜素是维生素A合成的前体，该过程主要发生于肝脏。家禽如鸡、鸭、鹅，对胡萝卜素和类胡萝卜素转化较弱，胡萝卜素、类胡萝卜素被大量储存在脂肪细胞中，脂肪呈现黄色。而偶蹄目哺乳动物，例如牛、羊、猪等，能较快地将胡萝卜素转化为无色的维生素A并快速代谢其他类胡萝卜素，因此脂肪组织多显白色。在β-胡萝卜素转化的调控基因方面，*BCO2*和*BCMO1*基因被认为是牛机体内β-胡萝卜素转化成维生素A代谢的2个关键调控基因。

（3）影响脂肪颜色的非遗传因素

①饲喂方式：饲喂方式的不同使肉牛摄取的食物中类胡萝卜素的含量不同，是影响脂肪颜色的非遗传因素中最主要的因素。

放牧饲养的肉牛主要的食物来源是以牧草为主的绿色植物，含有比较高的类胡萝卜素。牧草干重中β-胡萝卜素含量200~700mg/kg，与同质量的谷物饲料相比，牧草中β-胡萝卜素、叶黄素的含量比谷物饲料高出2倍。这使放牧草饲与谷物饲养的肉牛相比，脂肪的黄染程度明显增加。此外，夏天绿色植物中色素十分丰富，该季节牛脂肪中β-胡萝卜素更容易聚集。Walsh等用5种含有不同青绿牧草的食物轮回饲喂肉牛，发现在屠宰时，最后饲喂青绿牧草含量高的一组其脂肪组织黄染程度也最严重。

肉牛屠宰前育肥期，饲喂含有类胡萝卜素含量低的谷物饲料，可改善脂肪组织黄染程度。有研究者在肉牛出栏前的90d由放牧饲养改为饲喂含有类胡萝卜素含量低的谷物饲料，牛脂肪组织的黄染程度出现了大幅度的改善。也有研究发现经过一段时间的谷物饲料饲养后屠宰的肉牛，其脂肪颜色的黄染程度可降低83%，并认为这是由于在育肥期，脂肪在牛体内快速堆积，造成脂肪组织中的β-胡萝卜素被稀释，而不是由于脂肪组织中的β-胡萝卜素被降解。

②月龄与屠宰季节：月龄对于脂肪颜色的影响也比较明显，月龄大的牛因长期色素积聚，往往脂肪黄染现象更为严重，月龄较小的牛即使在放牧条件下饲养，脂肪仍以白色为主。此外，屠宰季节也会对脂肪颜色造成一定影响。一般冬季和春季屠宰牛的脂肪颜色更深，这是由于夏秋季节牛进食含有大量β-胡萝卜素的草料，β-胡萝卜素沉积在脂肪组织中后经过冬季饥饿，脂肪减少，而色素又比脂肪分解缓慢，故脂肪色泽也变深。

③其他因素：不合理的育肥饲喂以及疾病也是牛体脂肪组织呈现黄色的重要因素。第

一，肝脏发生病变、寄生虫、血液原虫病都可引起黄脂。牛黄脂病就是以牛体脂肪组织呈现黄色为特征的一种色素沉积性疾病，又称"黄膘"，也称黄脂肪病或营养性脂膜炎。

第二，饲喂高能量、高蛋白饲料，破坏牛自身的生长规律，营养过剩造成体内代谢异常，从而引发脂肪肝及肝功能异常，造成胆汁分泌和代谢异常，胆道堵塞，胆汁被直接吸收进入血液造成黄疸肉。

第三，饲料霉变，当给牛喂了发生霉变的玉米、饲草后，霉菌毒素会破坏牛的免疫力，加大肝脏的代谢负担，诱发黄脂。

第四，使用猪、肉鸡饲料喂牛，鸡、猪饲料的特点是油脂含量高，铜含量高，且油脂多为易吸收、易氧化的不饱和脂肪酸，加上高铜具有很强的催化氧化作用，导致饲料氧化加快，造成黄脂。进一步的，鸡、猪饲料中添加的药物可能造成牛胃微生物菌群的失衡，造成黄脂。

4. 褐色脂肪组织

褐色脂肪组织（BAT）又称棕色脂肪组织，对其的研究主要集中于人类以及啮齿动物。BAT是真哺乳亚纲动物特有的为适应寒冷而进化出的产热器官，外观呈褐色。褐色脂肪细胞含有多而小的脂滴和大量的线粒体，消耗葡萄糖或脂肪将能量直接转化为热量，而不是产生ATP，据研究估计40~50g激活的褐色脂肪所消耗的能量可以占到人体日常基础能量消耗的20%。当前，在牛、羊反刍家畜的研究过程中，BAT受到关注较少。已有的研究表明BAT是受到神经系统高度支配的组织，在环境温度和采食的刺激下会受到一系列信号激活并产热。对于牛、羊来说，褐色脂肪的主要意义在于幼畜维持其体温，是新生幼畜维持体温的重要器官。

寒冷是促进BAT被激活的主要因素。在寒冷环境下，内脏WAT也具有较高的脂解和NEFA释放并直接为BAT产热供能。寒冷和采食均通过交感神经系统释放的去甲肾上腺素激活BAT细胞的产热功能。研究表明，去掉BAT中的神经后，无论寒冷刺激还是采食行为都无法激发BAT产热。

BAT的存在还与动物体型与产热需求相关。啮齿目的小鼠由于体型小，体表面积与体积比较大，在肩胛部长期存在比较明显的BAT。生活在寒冷地区的动物BAT则更为明显。绵羊羔羊出生时有大量BAT，通常占到出生体重的2%~4%，可以有效抵抗出生后环境温度的下降。

BAT可转化为WAT。例如，牛出生后一周肾周脂肪细胞数目基本保持不变，褐色脂肪细胞逐渐转化为白色脂肪细胞，而在出生后2~3周内，基本认为BAT已经全部转化为WAT。Basse等则通过全基因表达谱观察到绵羊羔羊的肾周BAT转变为WAT分为三个阶段即褐色脂肪细胞阶段、过渡阶段、白色脂肪细胞阶段。

三、脂肪组织的沉积

1. 脂肪组织沉积的顺序

在畜牧生产中，家畜各部位脂肪细胞以一定次序形成并沉积脂肪。通常认为皮下脂肪最先形成并开始脂质沉积，随后依次是内脏脂肪（包括肾周脂肪、心周脂肪、网膜脂肪等）和肌间脂肪，最后为肌内脂肪。

肉牛各部位脂肪占胴体的比例随其年龄变化：在幼龄时期肾脂肪、网膜脂肪和肌肉间脂肪占有较高的比例，皮下脂肪的比例很低；但随着体重的增加，皮下脂肪的比例明显增大，肌肉间脂肪比例则下降。但从11月龄开始直到屠宰，肉牛最大的脂肪组织仍是肌间脂肪，皮下脂肪只有肌间脂肪的60%。

脂肪组织的生长主要通过脂肪细胞数量增加及脂肪细胞体积增大来实现。Bonnet等的研究发现，牛出生后肾周脂肪细胞数量上基本保持稳定，虽然成年家畜皮下和内脏脂肪细胞仍会有少量新生，但其数目在出生后不会再有大规模的增长，表明脂肪细胞体积的增大在牛脂肪沉积中的重要作用。

2. 影响牛脂肪组织沉积的因素

由于当前畜牧生产倾向于降低牛皮下、内脏等部位脂肪沉积，提高肌内脂肪沉积也更符合畜牧业的生产需求，因此，影响牛脂肪沉积因素的研究多针对肌内脂肪。食用牛油行业更愿意牛各部位脂肪的均衡沉积，以提高牛生脂的供应量。在此部分综述了影响家畜脂肪沉积的因素，包括品种、性别、年龄、饲养育肥、管理等多个因素。

（1）牛的遗传基础　牛的遗传基础对于脂肪沉积具有决定性作用，不同品种之间由于基因和其表达层面的不同，脂肪沉积能力差别很大。脂肪沉积过程受转录因子过氧化物酶体增殖物激活受体（PPARs）、CCAAT增强子结合蛋白（C/EBPs）和Janus激酶-信号转导及转录激活因子（JAK-STAT）信号转导通路等调控。表观遗传修饰的DNA甲基化和去甲基化也可通过调控脂肪形成过程中相关基因的表达参与脂肪细胞的分化和脂肪组织的生长发育，从而影响肉牛的脂肪沉积。一般来说，经过选育的肉用型品种脂肪沉积能力低于未经选育的地方品种或经选育的生产"雪花肉"的专门品种。以肌内脂肪为例，日本和牛其肌内脂肪沉积能力最强，背最长肌肌内脂肪含量在31.8%～37.8%，普通牛又比瘤牛的沉积肌内脂肪的能力强。郑月等以锦江黄牛与西门塔尔牛为研究对象，研究不同品种肉牛脂肪沉积特点，发现锦江黄牛与西门塔尔牛在250～300kg体重范围时均有明显的脂肪沉积，当超过300kg后锦江黄牛脂肪沉积并不明显，而此时西门塔尔牛仍有更好的脂肪沉积潜能。

（2）性别与去势　除了品种之外，性别对于肌内脂肪的沉积也有较大影响，普遍认为脂肪沉积能力阉牛＞母牛＞公牛。中国农业科学院兰州畜牧与兽药研究所牦牛资源与育种创新团队研究发现，放牧母牦牛相比放牧公牦牛具有更强的脂肪沉积能力，并认为母牦牛肝脏中脂肪和胆固醇合成能力较强，血液中脂肪转运能力也较强。在钙离子信号调控下，母牦牛皮下脂肪中牛瘦素水平较高，进而通过PPAR信号通路调控使得母牦牛脂肪组织中脂、胆固醇合成较多，而分解氧化较少，最终导致母牦牛脂肪沉积能力强于公牦牛。

对于去势阉牛，Cianzio等研究表明在11～17月龄，多数脂肪组织的增长主要通过细胞体积的增长来实现，而在17～19月龄脂肪细胞体积基本保持不变。数目上肌内脂肪细胞的数目在11～19月龄持续增长，皮下、肌间、网膜脂肪细胞数目稳定不变，而肾周脂肪细胞数目则逐渐减少。细胞体积上，阉牛在17月龄左右时几乎所有部位的脂肪细胞直径都开始增加，此时脂肪细胞直径由大到小依次为：肾周脂肪＞肠系膜脂肪＞皮下脂肪＞肌间脂肪＞肌内脂肪。

（3）年龄　肉牛体内脂肪的沉积能力还与肉牛年龄有关。幼龄牛沉积脂肪能力弱，此阶段主要依靠肌肉、骨骼和各种器官的生长增加其体重。成年牛沉积脂肪能力强，增重主要是依靠在体内贮积高热能的脂肪，每千克增重消耗的饲料多，饲料报酬较低。因此，肥育成年牛时应保持日粮较高的能量水平，快速增重，才可保证较好的增重效果，反之肥育期长，饲养效益低。

此外，牛的年龄对牛的增长速度、肉的品质和饲料报酬有很大影响。肉牛在出生第一年增重最快；第二年增重仅为第一年增重的70%，第三年增重仅为第二年增重的50%。因此，国外对肉牛的屠宰年龄要求大多为1.5~2.0岁，国内则为1.5~2.5岁。

（4）饲料与维生素　牛体摄入的能量在超出机体消耗量的情况下会以甘油三酯的形式沉积到脂肪细胞中，因此高能饲料会促进动物脂肪的沉积。在肉牛屠宰前饲喂谷物育肥可以有效地促进肌内脂肪沉积，改善肉品质，同时也会增加皮下和内脏等部位脂肪的沉积。育肥期的牛主要以沉积脂肪为主，比架子期的牛需要更多的高能量日粮，但如果只注重能量而减少了微量元素和维生素的合理搭配，育肥后期牛则可能会出现软瘫症、异食癖等营养代谢障碍的疾病。

在饲料转化率上，虽然相同能量的谷物和牧草的育肥效果并无差别，但在体外组织培养研究中仍发现肉牛的肌内脂肪组织更倾向于使用葡萄糖——谷物消化产物，而不是乙酸——瘤胃发酵产物来合成脂肪（一般认为反刍动物的脂肪合成底物为乙酸和丁酸），这也为饲喂谷物育肥改善肉质提供了理论依据。

维生素的使用也直接影响肉牛脂肪沉积。维生素A不但影响肉牛视觉和骨骼发育，也在肉牛体内通过其活性代谢产物视黄醇、视黄醛和视黄酸促进脂肪形成，并在成脂定型过程中，对肉牛脂肪沉积和肌肉大理石花纹形成等发挥重要调控作用。新生肉牛补充维生素A可以在不影响其他部位脂肪的前体下促进肌内脂肪细胞发育和脂肪细胞增生，从而特异性地提高肉牛育肥时肌内脂肪的沉积潜力。而育肥期限制肉牛饲料中维生素A的含量则可以提高肌内脂肪沉积。因此，育肥配料要遵循营养均衡的原则，例如若长时间摄入高能量日粮，肉牛的蛋白质摄入量将会减少，不但会导致牛肠脂肪增多，减慢肠道蠕动速率，进而减少对饲料的消化吸收，也会使肝脏上脂肪增多，降低牛的免疫力和肝脏的解毒功能，严重影响后期催肥，而终将出现日增重下降、便秘、拉稀、过料、酸中毒等情况。

（5）饲养环境　环境主要包括温度、饲养密度等几个因素。

①温度：适宜的温度有利于生长发育，一般育肥牛环境温度在5~21℃较适宜，过高或过低都会引起牛体反应，造成体能消耗。有研究表明冬季BAT活性会相比夏季更高，表明寒冷环境会促进牛体消耗脂肪产热。对于规模化的舍饲而言，温度变化幅度一般会受到良好控制；而对于放牧条件下饲养的牛、羊而言，受季节变化影响和草场草量的变化，放牧家畜很容易陷入夏壮、秋肥、冬瘦、春死这种恶性循环。例如，在放牧补饲条件下，内蒙古科尔沁牛一年体重变化表现为11月份到翌年4月份出现体重下降，出现掉膘——体重下降的现象。

中国农业科学院兰州畜牧与兽药研究所牦牛资源与育种创新团队在青海省海北州实验基地以4月、8月和9月放牧牦牛为对象，开展了不同物候季放牧牦牛脂肪沉积特性、脂肪与肉品质之间的相关性的研究。研究发现在一年中不同物候季，从4月到9月底牦牛脂肪沉积能力呈现出增强到极值之后减弱的变化趋势，这与高原草原枯草期—丰草期—枯草期的更替时间吻合。与4月相比，8月放牧牦牛可以从牧草中获得更多的多不饱和脂肪酸，使脂肪组织沉积。8月之后，放牧牦牛体内瘦素水平降低，自身能量消耗降低，脂肪的分解减少，为气温的降低做能量储备。

②饲养密度与空间：传统的饲养方式强调粗放式管理，即给予动物充足的运动空间和时间，使其消耗体力、减少脂肪存储。而现代化养殖场为降低成本、提高生产效率，常采用密集型饲养方法，使得牛羊缺乏足够的运动，导致热量消耗降低，进而促使更多能量转化成脂肪储存。为了获取最大经济效益，在商业化养殖过程中，除了需要家畜不断沉积脂肪，同样重要的还有减少家畜的脂肪消耗。

综上所述，牛的品种和类型，年龄和性别，饲养水平和营养状况以及杂交等对肉牛脂肪组织的生产性能均有很大影响。因此，在肉牛养殖中，既要重视良种选育和杂交优势的利用，又要根据肉牛生长发育的特点，配合良好的饲养管理，选择适宜的屠宰时间等，不但能极大地提高肉牛生产性能，增加经济效益，也能更好地为食用牛油行业提供优质的牛生脂原料。

第二章

我国肉牛屠宰

屠宰一端连着养殖，一端连着食品消费，是肉产品走上餐桌的关键环节，在食品安全生产链中具有十分重要的地位。规范化、规模化屠宰加工是我国肉牛屠宰加工行业的发展方向。食用牛油的原料就来源于肉牛屠宰的副产物——牛生脂，肉牛的体脂率、屠宰率的高低决定着牛生脂的产量，而屠宰过程质量管控、分割精细程度以及屠宰环境会对牛生脂的质量产生重要影响，从而决定终产品食用牛油的品质。

第一节 我国肉牛屠宰概况

《优质肉牛屠宰加工技术》（北京市农林科学院蒋洪茂）将我国肉牛屠宰方法和设备演变分为以下阶段：1983年以前，牛作为主要役力而被禁止私人宰杀，企业所屠宰的牛也绝大多数为老弱病残淘汰牛，牛肉质量差，产量低。在这个阶段，不论屠宰企业的大小，屠宰加工企业都处于手工的（俗称"地打滚"）的方式屠宰。在1984年、1995年的几次技术提升后，我国肉牛屠宰规模企业逐渐向产业化、机械化、标准化发展，我国屠宰技术和自制的肉牛屠宰设备也进入了世界先进水平。

我国是牛肉生产大国但却是出口小国，目前肉牛屠宰监管环节法律法规不健全是导致肉牛屠宰市场混乱、质量安全问题突出的重要原因之一。对于肉牛屠宰的法律法规，国务院于2021年5月1日起颁布实施《动物防疫法》对关于动物检疫及其监管做出了一系列原则性规定，也是我国开展畜禽屠宰工作的最重要的法律依据。同时农业农村部及兽医局制定的《动物检疫管理办法》和生猪、家禽、牛、羊的《产地检疫规程》及其《屠宰检疫规程》等一系列规章、标准及技术规范加以细化、规范畜禽屠宰及监管工作。然而，目前我国国家针对畜禽屠宰监督管理出台的专门法规只有《生猪屠宰管理条例》，其调整对象仅限于生猪。

对于肉牛屠宰，主要是地方出台的相关规定，例如宁夏于2012年施行的《宁夏回族自治区牛羊屠宰管理办法》，云南昆明于2015年开始施行《昆明市牛羊屠宰管理办法》，内蒙古于2016年公布施行《内蒙古自治区牛羊屠宰管理办法》等，但由于地方颁布的法规效力低、规范性差，缺乏对行为主体的制约能力，导致违法成本较低，同时不同法律法规的一些具体要求存在交叉冲突问题，这些都给规范畜禽屠宰及加强畜禽屠宰监督管理工作带来了困难，不利于保障肉牛副产物品类质量等问题。

第二节 传统屠宰

肉牛传统屠宰是一项具有悠久历史和技术含量的工作，其流程大致可分为宰前准备、屠宰操作和宰后处理三个阶段。在宰前准备阶段，主要进行肉牛的健康检查、禁食处理以及待宰区的安排；屠宰操作阶段则包括放血、剥皮、去头蹄、开膛取出内脏等步骤；宰后处理阶段则是对屠宰后的肉牛进行清洗、分割、包装等后续工作。传统肉牛屠宰所使用的工具和设备相对简单，主要包括刀具、绳索、剥皮机等。刀具是屠宰过程中最关键的工具，用于切割牛体各部位；绳索则用于固定牛只，确保屠宰操作的顺利进行；剥皮机则用于辅助剥皮操作，提高剥皮效率。这些工具和设备虽然简单，但在熟练工人的操作下，能够高效完成屠宰任务。

传统肉牛屠宰过程中，卫生与安全至关重要。屠宰场地应保持清洁，定期进行消毒处理；屠宰人员需遵守卫生规范，穿戴整洁的工作服和防护用品；同时，还需对屠宰工具和设备进行定期清洁和消毒，以防止交叉污染。此外，还需加强动物防疫工作，确保牛只的健康与安全。传统肉牛屠宰虽然具有独特的技术和文化价值，但也存在一些环境影响和问题。例如，屠宰过程中产生的废水、废气和废弃物可能对环境造成污染；同时，屠宰场的噪声和异味也可能对周边居民造成干扰。因此，在推广和发展传统肉牛屠宰技术的同时，也需注重环保措施的落实和问题的解决。

一、肉牛传统屠宰现状

我国的肉牛传统屠宰采用的仍是历史发展中存留下来的手工、半机械化生产方式，而市场上存在的私屠滥宰行为则是在利益驱使下产生的违法屠宰行为。

"地打滚"屠牛，即肉牛的宰杀、放血、扒皮、出腔、分割等都是在水泥地面进行。如图2-1所示，这种方式存在明显的缺陷，即屠宰环境卫生条件差，胴体污染严重；对于牛生脂而言，各部位脂肪混合放置，未做到精细分类，深加工率较低，同时牛生脂受粪便、泥土泥浆污染严重，当不法厂商使用该种牛生脂生产的食用牛油，将严重危害消费者食品安全；其次，传统屠宰效率低下，日屠宰量少，难以实现规模化生产。

图2-1 传统屠宰牛的方式

二、屠宰作坊

屠宰作坊是我国乡镇对畜禽屠宰尤其是对牛羊进行屠宰的一个重要方式。一般都有固定的生产场所，从业人员较少，规模较小，也存在缺乏基础的设备和检验设施，环境卫生条件较差的缺点，多给人留下"散、乱、差"的印象，不断成为"食品安全"的重灾区。

河南农业大学马昕等于2016年8月至2017年3月对河南省18个地市的牛羊屠宰情况的抽样调查分析。通过实地调研发现市场上存在屠宰户和屠宰作坊众多、屠宰场数量少、规模小且经济效益低、屠宰场选址随意、屠宰设施不完善、肉品品质检验不规范、屠宰技术人员文化水平不高、屠宰废弃物处理不科学、相关法律法规不健全、屠宰监管不到位等问题。

在其走访的屠宰村中，发现村民通常把自己家的院子设为宰杀牛羊的场地，基本都以纯手工方式进行屠宰。由于屠宰户、屠宰作坊常通过自行收购牛羊，自行屠宰、隐蔽操作，给动物卫生监督部门监管带来了很大的困难。当地屠宰户认为凭借经验就可以判断牛羊是否健康，没必要进行屠宰检疫，对于屠宰过程中产生的废弃物则随意丢弃，因此屠宰户、屠宰作坊的大量存在不仅不利于保障牛羊肉品质量安全，而且给生态环境保护带来了危害。

第三节 规模化屠宰

现代化、标准化的肉牛屠宰工艺流程是获得优质安全牛肉及其副产品的保障。企业使用流水线进行屠宰作业，各工序使用先进的屠宰设备，能有效避免物理化学和微生物污染，保证了牛肉以及牛副产品的卫生，实现规模化生产并获得较高屠宰效率。如图2-2所示，在屠宰时对不同牛肉及副产物进行细致的分类和加工，可提高整体的效益。

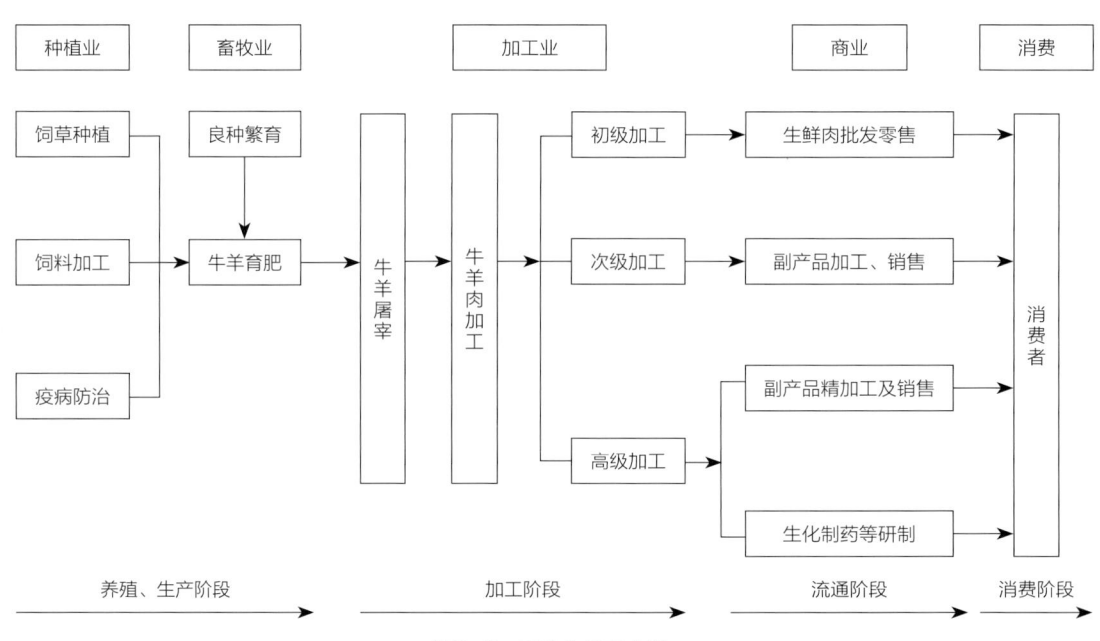

图2-2 屠宰企业产业链

一、肉牛屠宰方式

屠宰企业进行肉牛屠宰，其方式可分为"卧宰"和"吊宰"两种。目前国内绝大多数规模化屠宰企业采用"吊宰"方式进行肉牛屠宰，如图2-3所示，肉牛在被击昏后，后蹄被吊钩钩住，牛头朝下被提牛机提升至放血轨道刺杀放血，后续的低电压刺激、去蹄去头、剥皮开胸、去红白脏、劈半整修等工序，牛都以悬吊的形式进行。

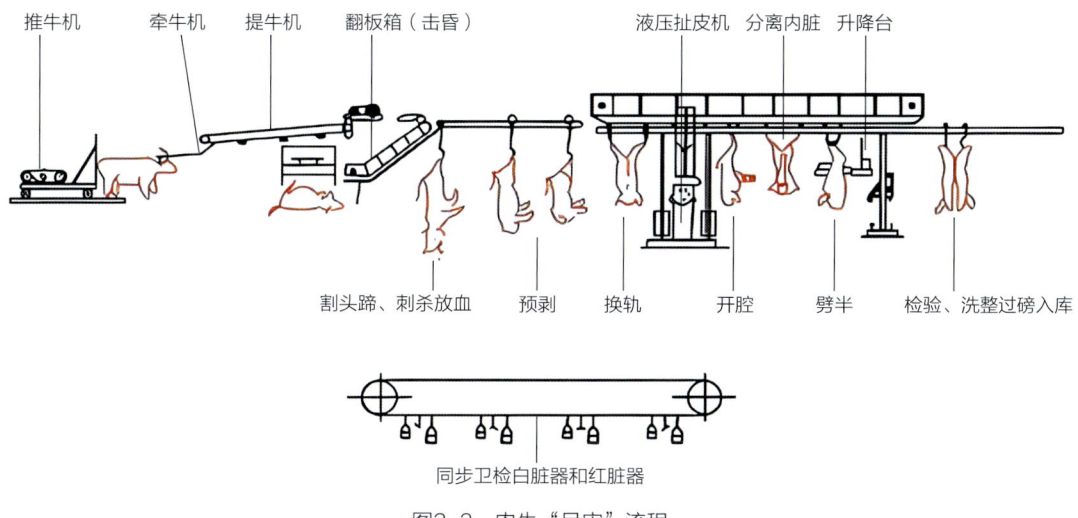

图2-3 肉牛"吊宰"流程

二、肉牛屠宰标准流程

肉牛屠宰加工程序不仅仅是将牛只转化为肉类产品，它还涉及一系列精细且关键的步骤，确保了食品的安全性、质量和卫生。GB 19477—2018《畜禽屠宰操作规程 牛》制定了详细的肉牛屠宰流程，其流程归纳总结如图2-4所示，并在后文对相应环节做出具体阐述。

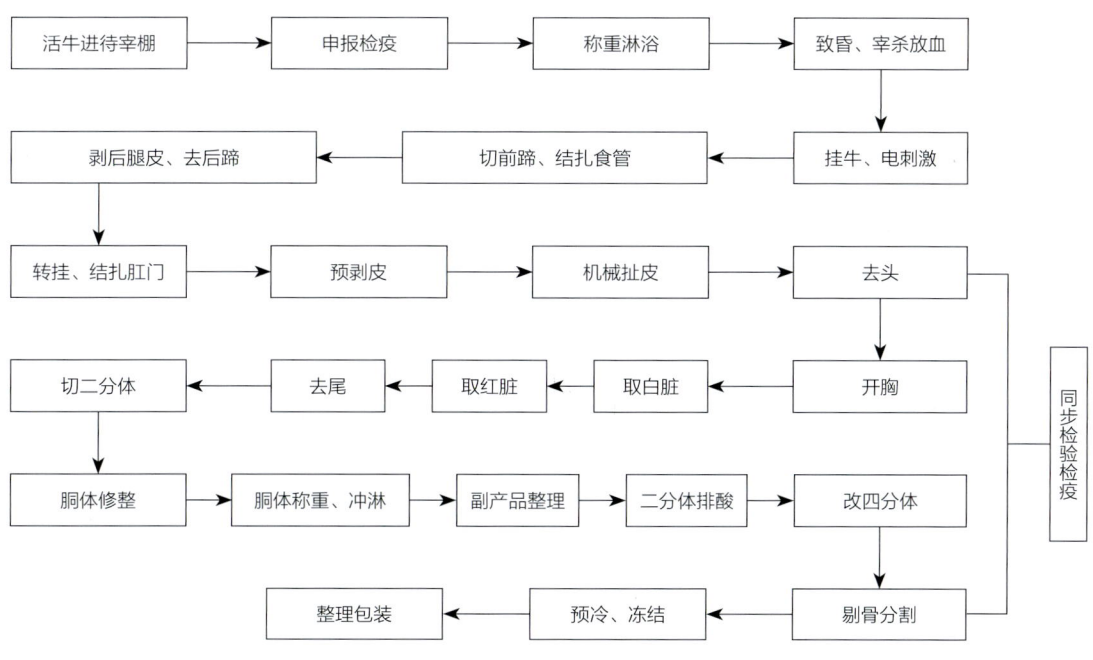

图2-4 《畜禽屠宰操作规程 牛》中的加工工艺流程

1. 宰前要求

待宰牛健康状态良好,并附有产地动物卫生监督机构出具的《动物检疫合格证明》。

牛进厂(场)后,应充分休息12~24h,宰前3h停止喂水。待宰时间超过24h的,宜适量喂食。

屠宰前应向所在地动物卫生监督机构申报检疫,按照农业农村部发布的《牛屠宰检疫规程》和GB 18393—2001《牛羊屠宰产品品质检验规程》进行检疫和检验,合格后方可屠宰。

屠宰前宜使用温水清洗牛体,牛体表应无污物。

按"先入栏先屠宰"的原则分栏送宰,送宰牛通过屠宰通道时,应进行编号,按顺序赶送,不应采用硬器击打。

2. 致昏

牛在宰杀前击晕,可让其暂时失去知觉,避免在捆扎和刺杀放血时的挣扎,从而防止畜体养分过多消耗和放血不全,对于提高肉的品质和延长肉的保藏时间有利。

(1)致昏方法　致昏方法主要分为气动致昏和电致昏两种方式。气动致昏是指用气动致昏装置对准牛的两角与两眼对角线交叉点,快速启动,使牛昏迷;电致昏是指用单杆式电昏器击牛体,使牛昏迷。电压不超过200V,电流1~1.5A,作用时间7~30s。

(2)致昏要求　应配置牛固定装置,保证致昏击中部位准确。牛致昏后应心脏跳动,呈昏迷状态,不应致死或反复致昏。

3. 宰杀放血

按照GB 19477—2018《畜禽屠宰操作规程　牛》宰杀放血具有卧式或立式放血。宰杀放血时要从牛喉部下刀,横向切断食管、气管和血管;放血刀应经不低于82℃的热水一头一消毒,刀具消毒后轮换使用。沥血时间应不少于6min。从致昏到宰杀放血时间应不超1.5min。在沥血槽沥血,防止血液四溅;及时用水冲洗沥血槽。

为保证宰杀放血时的卫生规范,下刀放血时应固定(宗教屠宰牛头朝向麦加,食管、血管、气管同时切断)牛头,避免牛挣扎时血溅四处,并及时用水冲洗;迅速结扎食管,防止胃内容物倒流。

在宰杀放血时牛只处于昏迷状态,牛体内的血液几乎可以全部排清,因此在加热牛排和牛肉时流出的红色液体不是"血水",而是水与肌红蛋白的混合物。

4. 挂牛

用扣脚链扣紧牛的一只后小腿,启动提升机匀速提升,然后悬挂到轨道上。

5. 电刺激

在沥血过程中,宜对牛头或颈背部进行电刺激。电刺激时,应确保牛屠体与电刺激装置的电极有效连接,电刺激工作电压宜42V,作用时间宜不少于15s。

6. 切前蹄

从腕关节下刀，割断连接关节的韧带及皮肉，割下前蹄，编号后放入指定容器中。

7. 结扎食管

剥离气管和食管，宜将气管与食管分离至食道和胃结合处。将食管顶部结扎牢固，使内容物不致流出。

8. 剥后腿皮、去后蹄

从跗关节下刀，刀刃沿后腿内侧中线向上挑开牛皮。沿后腿内侧线向左右两侧剥离跗关节上方至尾根部的牛皮，同时割除生殖器。割掉尾尖，并放入指定容器中。同时进行去后蹄，从跗关节下刀，割断连接关节的韧带及皮肉，割下后蹄，编号后放入指定容器中。

9. 转挂

用提升装置辅助牛屠体转挂，先用一个滑轮吊钩钩住牛的一只后腿将牛屠体送到轨道上，再用另一个滑轮吊钩钩住牛的另一只后腿送到轨道上。

10. 结扎肛门

肛门结扎主要分为人工结扎和机械结扎两种方式，人工结扎是将橡皮筋套在操作者手臂上，将塑料袋反套在同一手臂上，抓住肛门并提起。另一只手持刀将肛门沿四周割开并剥离，边割边提升，提高约10cm。将塑料袋翻转套住肛门，用橡皮筋扎住塑料袋，将结扎好的肛门塞回。机械结扎采用专用结扎器结扎肛门。结扎过程中应准确、牢固，不应使粪便溢出。

11. 预剥皮

预剥皮是为扯皮加工做准备。

（1）剥胸、腹部皮　用刀将腹部皮沿胸腹中线从胸部挑到裆部。沿腹中线向左右两侧剥开胸腹部皮至肷窝止。

（2）剥颈部及前腿皮　从腕关节下刀，沿前腿内侧中线挑开牛皮至胸中线。沿颈中线自下而上挑开牛皮。从胸颈中线向两侧进刀，剥开胸颈部皮及前腿皮至两肩止。

12. 机械扯皮

如图2-5所示，将预剥好的牛输送到扯皮工段，扯皮机的扯皮滚筒上的链钩勾住牛的颈皮，锁紧两后腿皮，使毛皮面朝外，然后由两人站在扯皮机两侧的升降台上，启动扯皮设备，将牛皮卷扯分离胴体。扯到尾部时，减慢速度，用刀将牛尾的根部剥开。在扯皮过程中，两边操作人员进行修割，边扯边用刀具辅助分离皮与脂肪、皮与肉的粘连处。扯到腰部时，适当提高速度。扯到头部时，把不易扯开的地方用刀剥开。分离后皮上不带脂肪、不带肉，皮张不破损。对扯下的牛皮编号，并放到指定地方。

13. 去头

将牛头从颈椎第一关节前割下，将喉头附近的甲状腺摘除，放入专用收集容器中，将取下的牛头，挂到同步检验挂钩上或专用检验盘中。采用剪头设备去头时，应设置82℃热水消毒装置，一头一消毒。

图2-5 机械扯皮

14. 开胸

从胸软骨处下刀，沿胸中线向下贴着气管和食管边缘，割开胸腔及脖部。用开胸锯开胸时，下锯应准确，不破坏胸腔内脏器。

去头、开胸如图2-6所示。

15. 取白脏

在牛的裆部下刀向两侧进刀，割开肉与骨连接处。刀尖向外，刀刃向下，由上至下推刀割开肚皮至胸软骨处，用一只手扯出直肠，另一只手持刀伸入腹腔，从一侧到另一侧割离腹腔内结缔组织，用力按下牛胃（瘤胃、皱胃、网胃、重瓣胃），取出胃肠送入同步检验盘中，然后扒净腰油。

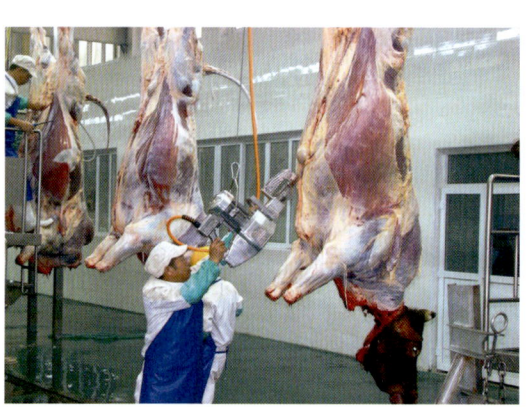

图2-6 去头、开胸

16. 取红脏

肉牛屠宰开胸之后，即可取出白脏、红脏。取红脏时一只手抓住腹肌一边，另一只手持刀沿体腔壁从一侧割到另一侧分离横隔肌，取出心、肺、肝等挂到同步检验挂钩上或专用检验盘中，并冲洗胸腹腔。

17. 检验检疫

同步检验按照GB 18393—2001《牛羊屠宰产品品质检验规程》要求执行；同步检疫按照《牛屠宰检疫规程》要求执行。

18. 去尾

沿尾根关节处割下牛尾，摘除公牛生殖器，编号后放入指定容器中。

19. 切二分体

将劈半锯插入牛的两后腿之间，从耻骨连接处自上而下匀速地沿着牛的脊柱中线将牛胴体锯（劈）成胴体二分体。锯（劈）过程中应不断喷淋清水。不宜劈斜、劈偏，锯（劈）断面应整齐，避免损坏牛胴体。

20. 胴体修整

取出脊髓、内腔残留脂肪放入指定容器中。修去胴体表面的淤血、残留甲状腺、肾上腺、病变淋巴结、污物和浮毛等，应保持肌膜和胴体的完整性（图2-7）。

21. 胴体称重、冲淋

用称量器具称量胴体的重量。根据需要按照NY/T 676—2010《牛肉等级规格》进行分级。并由上而下冲洗整个牛胴体内外、锯（劈）断面和刀口处。

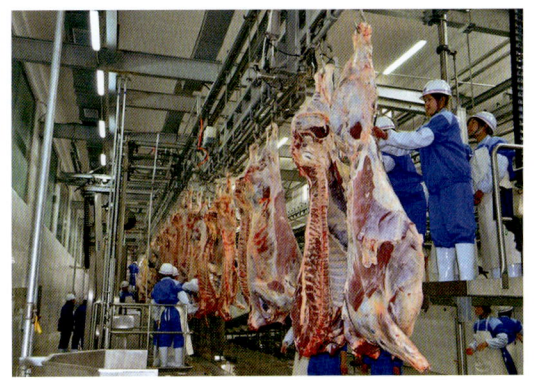

图2-7　胴体整修

22. 副产品整理

副产品整理过程中，去除污物、清洗干净，不能落地加工。红脏与白脏、头、蹄等应严格分开，避免交叉污染。

23. 二分体排酸、改四分体

将修割、冲洗好的二分体推进排酸间进行"排酸"，改善牛肉质量。把排酸成熟后的牛肉推到四分体站，用四分体锯将二分体中间截断，得到四分体。

24. 剔骨分割

把改好的四分体推到剔骨区域，四分体挂在生产线上，剔骨人员把切下的大块肉放在分割输送机上，自动传送给分割人员，再有分割人员分割为颈部肉、前腿、里脊、花腱等，同时应修净碎骨、结缔组织、淋巴、淤血及其他杂质。分割好的部位肉真空包装后，冷藏或保鲜。分割车间如图2-8所示。

图2-8　分割车间

25. 预冷、冻结

按顺序推入牛胴体，胴体应排列整齐、间距不少于10cm。入预冷间后，胴体预冷间设定温度0~4℃，相对湿度保持在85%~90%，预冷时间应不少于24h。入预冷间后，副产品预冷间设定温度3℃以下。预冷后，胴体中心温度达到7℃以下，副产品温度达到3℃以下。预冷完成后将产品推入冻结间，冻结间温度为-28℃以下，待产品中心温度降至-15℃以下转入冷藏间储存。

26. 整理包装

产品包装、标签、标志应符合GB 191—2008《包装储运图示标志》相关标准要求。储存环境与设施、库温和储存时间应符合GB 12694—2016《食品安全国家标准　畜禽屠宰加工卫生规范》、GB 17238—2022《鲜、冻分割牛肉》等相关标准要求。

三、肉牛屠宰质量控制

肉牛屠宰中微生物对胴体的污染是一个不可忽略的问题，直接关系到屠宰出的牛肉及其副产物的质量品质。一般来讲，健康的活体动物的肌肉都是无菌的，但在屠宰和加工过程中，由于环境、器材的影响，胴体及分割肉容易受到微生物的污染。

1. 胴体微生物污染研究

胴体表面初始污染的微生物大多是革兰阳性嗜温菌，主要来自粪便和皮表。少部分是革兰阴性菌，主要来自土壤、水和植物的假单胞杆菌，也有少量来自粪便的肠道致病菌。另一种则是外源污染，如屠宰的刀具、设备、工人双手以及动物皮毛或粪便等，接触到胴体表面时外源微生物就会污染胴体表面。2021年，中国肉类食品综合研究中心研究人员选取某牛屠宰场采集样品共计322份，分别在剥皮扯皮、去内脏、修整称质量、冲洗及排酸环节对牛胴体后腿、背部、胸部、前腿、颈部以及屠宰前后的工人手部及刀具进行采样，测定菌落总数、乳酸菌、大肠菌群、金黄色葡萄球菌及假单胞菌的污染情况。结果表明：胴体表面污染情况总体呈现先上升后下降的趋势，修整称质量环节污染最为严重，菌落总数可达到$2.82 CFU/cm^2$；胸部为屠宰过程中污染最严重的部位，平均菌落总数可达到$2.10 CFU/cm^2$；屠宰空气环境在冲洗时污染最为严重，空气沉降菌落总数高达$271.33 CFU/cm^2$；屠宰工人的手部及刀具也是胴体污染的主要来源。

2. 胴体微生物污染控制

在肉类加工行业中，胴体微生物污染控制是一个至关重要的环节，它直接关系到产品的安全性、品质和消费者健康。因此，对胴体微生物污染进行有效控制是确保肉类产品质量和食品安全的关键。

（1）屠宰前动物清洗　在屠宰前将动物彻底清洗是一个能够明显降低动物表皮和胴体污染的方法之一。一般来讲，动物宰前的清洗措施对减少胴体污染有明显作用，但清洗程序的应用可能会受到气候、动物类别和设备可用性及其他条件的限制。屠宰清洗好的动物能有效降低病原体的出现和胴体的污染程度。GB 19477—2018《畜禽屠宰操作规程　牛》要求"肉牛在屠宰前宜使用温水清洗牛体，牛体表应无污物"。

（2）清洗胴体　对屠宰前清洗好的动物，在屠宰过程中，如果卫生环境和设备较差，未控制好屠宰过程中的交叉污染，也会对胴体产生严重的微生物污染。屠宰量大的屠宰过程通常包含多道工序，有上百工人参加。尤其是与剥皮相关的操作会导致胴体表面污染、生产车间污染和其他的交叉污染，还存在微生物从高污染区向低污染区的转移等。为减少分割肉的污染，在屠宰加工过程中，尤其是胴体分割过程中，许多企业用刀具剔除胴体或分割肉上的可视污物和被擦伤组织的方式来降低微生物污染。GB 19477—2018《畜禽屠宰操作规程　牛》要求了胴体的清洗为"由上而下冲洗整个牛胴体内外、锯（劈）断面和刀口处"。

同时副产品整理过程中副产品不应落地加工，去除污物、清洗干净的同时红脏与白脏、头、蹄等应严格分开，避免交叉污染。

四、检验检疫

肉牛屠宰中的检验检疫是防止肉牛疾病传播、保证食品产品安全、保障消费者健康的重要环节。相应的法律法规以及标准都对检验检疫做了规定。检验检疫也可分为牛屠宰前检疫和屠宰后的检验。

1. 牛屠宰前检疫

动物屠宰检疫是保证畜产品安全生产的重要环节，能够有效避免寄生虫病以及传染病的扩散，为人们的身体健康提供重要保障。

（1）待宰牛入场检疫　为保证待宰牛健康安全，严格按照《动物防疫法》和《牛产地检疫规程》的规定，对所有进入屠宰环节的肉牛查验档案、耳标和免疫证，肉牛凭《动物检疫合格证明》、运输检疫证明、消毒证明、检查有无免疫标识以及《瘦肉精检测报告》等进入屠宰场待宰，确保进入屠宰环节的肉牛健康、安全。需要注意的是，应严格控制未佩戴耳标、证物不符、瘦肉精检查报告阳性、健康不能保障、来源不明的肉牛入场。

牛进到屠宰场应让牛简单休息，缓解在运输车上的压力，在围栏里用细密的喷水口对牛进行表层清洗，接受屠宰前的健康筛查，其中包括专业兽医或者当地检验检疫机构，疑似患病的活牛被排除肉类生产，进行隔离或急宰。

牛耳标是用于证明牛只的身份，因其承载每一只牛个体信息的标志，且加施于牛耳部而得名。规模化养殖场一般在牛苗入栏时佩戴耳标，以对肉牛一生健康状况进行信息化管理。

目前，耳标主要采用二维码耳标和电子耳标。二维码耳标采用激光在耳标面刻制编码信息，电子耳标应用射频识别技术（RFID），内置芯片和天线，编码信息存储于芯片内。通过无线射频识别实现定位，通过识读器与标签的空间耦合实现信号传递。电子耳标的识别功能可以跟踪监控动物从出生、喂养、运输、屠宰等过程进行跟踪监控，防疫溯源。

（2）检疫票《动物检疫合格证明》　检疫票即《动物检疫合格证明》，由动物卫生监督机构官方兽医出具的，标示某一动物及其产品检疫合格的证明。依据我国《动物防疫法》第五章第四十二条规定：屠宰、出售或者运输动物以及出售或者运输动物产品前，货主应当按照国务院兽医主管部门的规定向当地动物卫生监督机构申报检疫，动物卫生监督机构接到检疫申报后，应当及时指派官方兽医对动物、动物产品实施现场检疫；检疫合格的，出具检疫证明（图2-9、图2-10）、加施检疫标志。实施现场检疫的官方兽医应当在检疫证明、检疫标志上签字或者盖章，并对检疫结论负责。

跨省运输需开具检疫票A票，如图2-9所示；省/市内运输需开具检疫票B票，如图2-10所示；产品包装上需有检疫合格签（外包装&销售包装均需）；检疫票上信息需与实物一致，不得涂改，如有修改需重新开具。

按照规定，牛检验检疫的疾病包括：

一类疫病包括口蹄疫、牛瘟、牛传染性胸膜肺炎、牛海绵状脑病、蓝舌病。

二类疫病包括伪狂犬病、狂犬病、炭疽病、副结核病、布鲁氏菌病、牛传染性鼻气管炎、牛恶性卡他性热、牛白血病、牛出血性败血病、牛结核病、牛焦虫病、牛锥虫病、日本血吸虫病等。

三类疫病包括牛流行热、牛病毒性腹泻黏膜病、牛生殖器弯曲菌病、毛滴虫病、牛皮蝇蛆病等。生产中，需要进行常规监测的疫病至少包括口蹄疫、结核病、布鲁氏菌病等。

（3）检疫货物运输要求 根据《动物检疫管理办法》第八章第三十九条规定动物凭检疫证明出售、运输、参加展览、演出和比赛。动物产品凭检疫证明、验讫标志出售和运输。禁止屠宰、经营、运输未经检疫或者检疫不合格的动物。禁止生产、经营、加工、贮藏、运输未经检疫或者检疫不合格的动物产品。动物产品检疫合格签如图2-11所示。第四十四条经铁路、公路、水路、航空运输依法应当检疫的动物、动物产品的，托运人托运时应当提供《动物检疫合格证明》。没有《动物检疫合格证明》的，承运人不得承运。根据《中华人民共和国食品安全法》第四章第三十三条第六条，贮存、运输和装卸食品的容器、工具和设备应当安全、无害，保持清洁，防止食品污染，并符合保证食品安全所需的温度、湿度等特殊要求，不得将食品与有毒、有害物品一同贮存、运输。

原农业部发布的《公路动物防疫监督检查站管理办法》第六条表明公路动物防疫监督检查站的主要职责为：查验相关证明，检查运输的动物及动物产

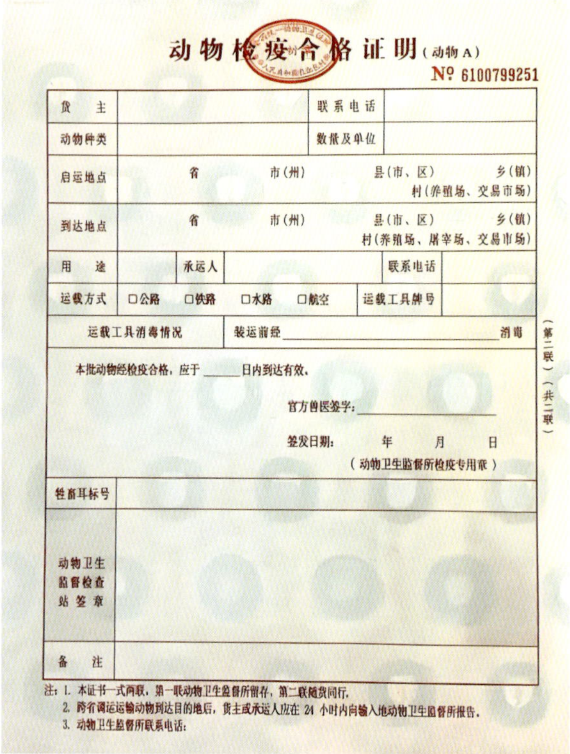

动物检疫合格证明（动物A）
№ 6100799251

货　主		联系电话	
动物种类		数量及单位	
启运地点	省　市（州）　县（市、区）　乡（镇）　村（养殖场、交易市场）		
到达地点	省　市（州）　县（市、区）　乡（镇）　村（养殖场、屠宰场、交易市场）		
用　途	承运人	联系电话	
运载方式	□公路　□铁路　□水路　□航空	运载工具牌号	
运载工具消毒情况	装运前经＿＿＿消毒		
本批动物经检疫合格，应于＿＿日内到达有效。官方兽医签字：＿＿＿ 签发日期：　年　月　日（动物卫生监督所检疫专用章）			
牲畜耳标号			
动物卫生监督检查站签章			
备　注			

注：1. 本证书一式两联，第一联动物卫生监督所留存，第二联随货同行。
2. 跨省调运运输动物到达目的地后，货主或承运人应在24小时内向输入地动物卫生监督所报告。
3. 动物卫生监督所联系电话：

（第二联）（共二联）

图2-9 《动物检疫合格证明（动物A）》俗称“A票”

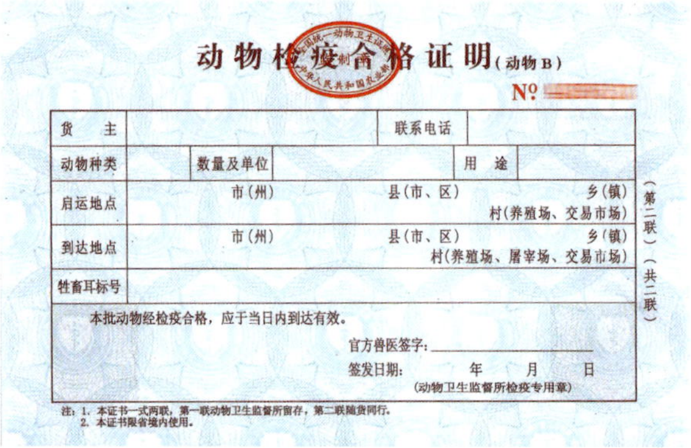

动物检疫合格证明（动物B）
№

货　主		联系电话	
动物种类	数量及单位	用　途	
启运地点	市（州）　县（市、区）　乡（镇）　村（养殖场、交易市场）		
到达地点	市（州）　县（市、区）　乡（镇）　村（养殖场、屠宰场、交易市场）		
牲畜耳标号			
本批动物经检疫合格，应于当日内到达有效。官方兽医签字：＿＿＿ 签发日期：　年　月　日（动物卫生监督所检疫专用章）			

注：1. 本证书一式两联，第一联动物卫生监督所留存，第二联随货同行。
2. 本证书限省境内使用。

（第二联）（共二联）

图2-10 《动物检疫合格证明（产品B）》俗称“B票”
资料来源：北京市动物卫生监督所。

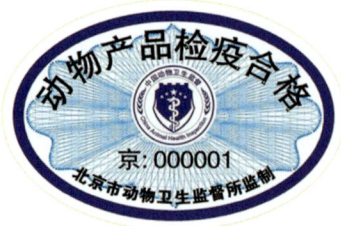

图2-11 动物产品检疫合格签

品；根据防控重大动物疫病的需要，对动物、动物产品的运载工具实施消毒；对不符合动物防疫有关法律、法规和国家规定的，按有关规定处理；发现动物疫情，按有关规定报告并采取相应处理措施；对动物防疫监督检查的有关情况进行登记。

2. 牛屠宰后检验

屠宰肉牛所得的副产物检验按照GB 18393—2001《牛羊屠宰产品品质检验规程》要求执行。肉牛屠宰副产物详细分类可扫二维码查看。

肉牛屠宰副产物（脏器等）

（1）**头部检验** 剥皮后，将舌体拉出，角朝下，下颌朝上，置于传送装置上或检验台上备检；对牛头进行全面观察，并依次检验两侧颌下淋巴结、耳下淋巴结和内外咬肌；检验咽背内外淋巴结，并触检舌体，观察口腔黏膜和扁桃体，将甲状腺割除干净，对患有开放性骨瘤且有脓性分泌物的或在舌体上生有类似肿块的牛头做非食用处理；对多数淋巴结化脓、干酪变性或有钙化结节、头颈部和淋巴结水肿、咬肌上见有灰白色或淡黄绿色病变、肌肉中有寄生性病变的将牛头扣留，按号通知胴体检验人，将该胴体推入病肉盆道进行对照检验和处理。检查鼻唇镜、齿龈及舌面有无水疱、溃疡、烂斑等；剖检一侧咽后内侧淋巴结和两侧下颌淋巴结，同时检查咽喉黏膜和扁桃体有无病变。

（2）**内脏检验** 由于牛的内脏体积比较大，一般可将其分为红白脏进行检验。

红脏检验主要包括心、肝和肺。心脏在正常情况下一般不剖检，主要以视检和触检为主。视检要观察血液的凝固情况、心包液有无变化及心冠脂肪与心尖有无出血点、有无囊虫寄生等。在视检的同时触摸心脏的弹性，必要时沿动脉管切开检验。检验肝脏必须剖检肝门淋巴结，触检其弹性，视检外表色泽和大小等情况；检验肺脏要剖检支气管淋巴结和纵膈淋巴结，同时触检其弹性，视检外表色泽和大小，必要时进行剖检肺实质。

白脏检验主要包括胃、肠和脾。一般情况下对胃肠同时进行检验，主要剖检胃淋巴结和肠系膜淋巴结，必要时剖检胃和肠黏膜，主要观察有无充血、出血、溃疡和痈肿糜烂等，重点注意肠炭疽。在检验胃和肠的同时，可一并检验脾脏。正常情况下脾脏不做剖检，以视检和触检为主，主要观察脾脏的大小和色泽等，触检其弹性，特别要注意败血型炭疽脾脏肿大3～5倍。

（3）**胴体检验** 放血以后进行胴体检查，观察胴体的色泽，对皮肤、皮下组织、肌肉、脂肪和胸腹膜进行认真检查，看有无出血情况，对皮下和肌肉水肿进行观察，看是否正常。对淋巴进行剖检，重点检查充血、出血、水肿和坏死等情况，同时要摘除淋巴结。

（4）**蹄部检验** 主要看蹄冠及蹄丫皮肤有无水疱和溃烂。

（5）**同步检验工艺设备** 如图2-12所示，在载运胴体的传送带近旁设一条与之同步运行的传送带，装设许多长方形的金属盘，用以装运相应胴体的各种脏器。它的左右是红白脏检验与胴体检验同在一个操作平台上进行，便于在发现有病动物肉品或内脏后及时找出相应的内脏和胴体。

该输送装置采用空中悬挂形式，不占用地面空间，实现白脏自动翻盘、红脏自动脱钩并自动进入处理间。该装置每次使用前要用清洗装置对钩、盘进行清洗，预防交叉感染。

GB 40469—2021《畜禽屠宰加工设备 牛屠宰成套设备技术条件》规定就明确指出肉牛屠宰车间要设置同步检验输送设备等。

（1）同步检验盘　　　　　　　　　　　　（2）同步检验轨道

图2-12　同步检验工艺设备

3. 检验后的处理

经检疫合格，胴体上加盖"肉检验讫"章，出具检疫合格证明可上市销售。对于患有一般传染病的牛及轻寄生虫病、普通病理损伤的肉尸或脏器，根据病损性质和程度，经过冷冻、盐腌、产酸和高温等无害化处理后，能使传染性及毒性消失或寄生虫全部死亡的，可以有条件地食用。对于患有严重传染病、寄生虫病和严重病理损伤的肉尸或脏器，可以对其采取炼制工业油的措施加以利用。对于患有炭疽和牛瘟等恶性传染病的肉尸或脏器，必须将尸体进行无害化销毁，主要方法有焚烧、化制和深埋等。

第四节　我国屠宰产业概况

作为人口大国，需要有良性循环的健康大型企业去打造树立优质牛肉品牌，因此我国大型肉牛屠宰企业的存在有着必要的价值与意义。目前，我国肉牛屠宰呈现大型头部屠宰工厂引领，数量庞大的中小型屠宰工厂为主力军的整体格局。进一步的，我们可以发现中国的牛肉产业总产值是乳业的数倍，但是牛肉领域却没有出现乳业领域那样的稳定强势品牌。同时，我国肉牛屠宰不同于肉猪屠宰已有双汇等龙头企业，行业格局基本稳定，而肉牛养殖在国内优势并不明显，使得肉牛屠宰并没有较大的龙头企业。

一、肉牛屠宰企业分布

企查查显示，以"经营范围：肉牛屠宰"为关键词，检索存续企业得到1600家左右，国内大型肉牛屠宰企业主要有长春皓月、内蒙古科尔沁、秦宝牧业、重庆恒都等。

1. 区域分布

我国肉牛屠宰企业呈东多西少，南北总量差异不大的局面。如表2-1所示，山东、河北的肉牛加工企业数量达到了100家以上，其次是内蒙古和河南，有95家。华北地区集中度最高，接近1/4；传统畜牧区西北地区的肉牛屠宰企业数量较少，只有116家。

表2-1 全国不同区域肉牛屠宰企业

地区	省（自治区、直辖市）	数量	合计	占比/%
华北地区	北京	4	328	21.94
	天津	40		
	河北	138		
	山西	51		
	内蒙古	95		
华东地区	山东	161	316	21.14
	江苏	43		
	安徽	55		
	浙江	15		
	江西	42		
华南地区	广东	56	89	5.95
	广西	29		
	海南	4		
华中地区	湖北	65	185	12.37
	湖南	25		
	河南	95		
西北地区	宁夏	30	116	7.76
	新疆	16		
	青海	2		
	陕西	39		
	甘肃	29		
西南地区	四川	85	265	17.73
	云南	74		
	贵州	80		
	西藏	1		
	重庆	25		

续表

地区	省（自治区、直辖市）	数量	合计	占比/%
东北地区	辽宁	82	196	13.11
	吉林	36		
	黑龙江	78		

资料来源：2023年企查查。

2. 企业规模

如图2-13所示，我国肉牛屠宰企业规模整体呈现大型企业少，小微企业为主体的局面。小微企业755家（62.6%），个体工商户194家（16.1%），国有企业9家，新三板/四板上市10家。

3. 企业发展

2021年，全国屠宰肉牛约2975万头，胴体总产量约为758万t。平均胴体重约257kg/头，其中：育肥技术水平较高的育肥场，杂交牛胴体重平均约374kg/头、中大体型本地黄牛胴体重平均约266kg/头、南方本

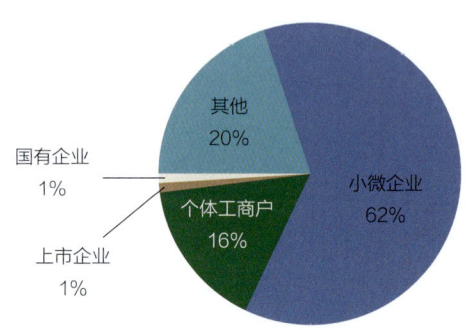

图2-13　肉牛屠宰企业规模分布
资料来源：2023年企查查。

地小黄牛胴体重平均约165kg/头。牛肉总产值约6609亿元。屠宰牦牛约378万头，胴体重平均约128kg/头。胴体产量约48.4万t，牦牛肉总产值约445亿元（肉牛牦牛体系测算）。因此，我国大型肉牛屠宰企业的发展将有广阔的空间。

山东农业大学的王佳等对内蒙古科尔沁牛业股份有限公司、吉林省长春皓月清真肉业股份有限公司、重庆恒都食品开发有限公司等国内不同地区的14家大型肉牛屠宰加工企业进行了调研，其调研论文指出，在14家肉牛屠宰加工企业中，有8家企业的建立时间都在2005年之前，有6家企业建厂时间为2006年之后，十余年的牛肉生产技术积累为产品品质和食品安全控制奠定了基础。14家企业中，有10家企业包含了较为完整的肉牛产业链，由肉牛育肥场、屠宰分割厂和深加工制品厂组成。从以上数据看，规模企业的加工水平在不断发展，产业链相对完善。

14家企业屠宰的肉牛中，37.47%来自合同养殖户，32.12%是社会收购肉牛，30.41%来自自有牧场。其中，来自合同养殖户的肉牛来源占比最多，自有牧场的占比最少。由此可见，现在肉牛屠宰加工企业的肉牛来源还是依赖合同养殖户较多，而企业自有牧场的养殖能力还需要进一步提高和改善。同时，14家肉牛屠宰加工龙头企业年屠宰量均呈现逐年稳步增长的趋势。2014年的平均实际屠宰量为25175头，2015年平均实际屠宰量为28923头，2016年平均实际屠宰量为30135头。

二、肉牛屠宰企业案例

国信昱虹（资中）食品有限公司位于四川省内江市资中县明心寺镇，为新建投产的大型国资肉牛屠宰企业。

1. 概况

国信昱虹（资中）食品有限公司成立于2017年，所属行业为农副食品加工业。经营范围包含屠宰及肉类加工；饲料加工；销售饲料；互联网销售食品；道路货物运输；肉、禽、蛋、乳及水产品批发；加工、销售肉制品及副产品；养殖、收购、销售家禽；正餐服务；进出口贸易；低温仓储。

如图2-14所示，是位于该企业厂区正门的广告牌。表达了该企业"想您所想，供您所需"的经营理念。

图2-14　国信昱虹（资中）食品有限公司

2. 屠宰能力

该企业肉牛全产业链项目于2018年9月建成投用，占地62.4亩，并引进国际、国内一流的先进设备，建成了年屠宰肉牛10万头

图2-15　屠宰车间（局部）

的屠宰、分割流水线，配套建成了万t级的周转型冷储与排酸设施及其相配套的先进化检设备，拥有冷冻、冷鲜、排酸牛肉系列、牛排系列和肥牛系列等产品。以具备屠宰加工肉牛10万头/年、肉类食品2.5万t/年的生产能力成为全国较大的肉牛屠宰企业。

3. 屠宰车间

该企业屠宰车间全套进口德国FREUND公司的屠宰、分割设备，如图2-15所示为屠宰车间分布。屠宰中同步检验，进行自动化和半自动化的生产。屠宰加工生产线具有幻觉引导安乐屠宰，充分放血，程序控制，自动劈半，快速预冷和精确分割等先进工艺方法，同时执行伊斯兰民俗和欧盟EEC卫生标准。

4. 屠宰工艺

如图2-16所示，该企业屠宰工艺过程中，在胴体检验中，企业要求必须保证胴体无疫病及病变组织，工作前按规定洗手消毒。按《宰后检验指导书》"胴体检验"项目对每一个二分体进行切割目测检验检疫，检疫员检疫后，对检疫工具消毒。胴体转入复检线，由主检兽医全面复检。在胴体冲淋中，企业要求确保二分体表面清洁，胴体进入冲淋区后，冲淋箱自动喷淋，水压≥0.2MPa，时间≥12s。在胴体检验中，企业要求排酸车间520m²，单次可排

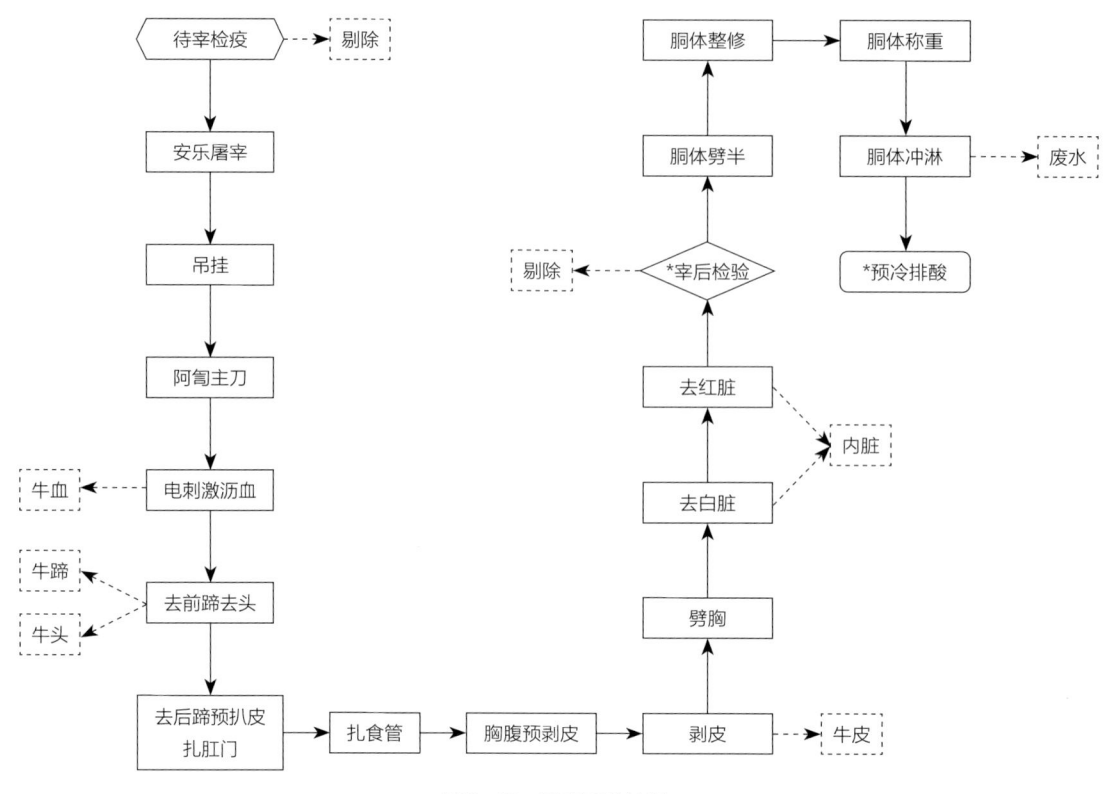

图2-16 屠宰工艺流程
注：*为CCP关键控制点。

酸500头胴体。排酸温度0～4℃，相对湿度80%～90%，排酸时间72h。

该企业拟在四川省资中县投资约50亿元，成立西部肉牛产业投资基金，建设牛肉预制菜精加工生产线、年循环保有存栏10万头肉牛养殖基地、年产30万t肉牛饲料加工厂，升级更新肉牛屠宰流水线，打造万亿级肉牛电子交易平台。

第三章
牛油原料

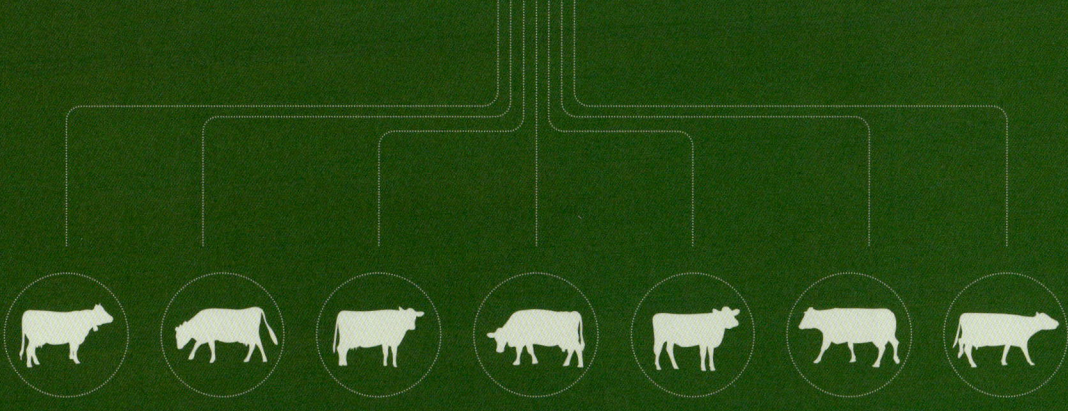

在我国，牛生脂主要来源于国内市场。在原料采购过程中，为保证牛油产品的质量，对牛生脂的标准验收十分重视。对于牛生脂的包装、储存及运输验收都有相关的标准要求，以期尽可能将原料的安全隐患降到最低，企业应具备相应的供应商管理规范文件，以保证供应商的合规性，通过合理化的管控实现牛油产品的持续供应及质量的稳定性。本章将就以上内容进行阐述，为消费者提供清晰、合理的牛生脂采购思路。

第一节 牛生脂

牛生脂有较为细致的分类，根据分割部位的不同分为多种类别，不同部位分割出的油脂有着不同的特点和风味。下文将对牛生脂进行详细的描述及介绍，并对过程中存在的风险点进行阐述，让消费者能够更加了解牛生脂从源头到牛油工厂的全过程。

一、牛生脂的分类

GB 10146—2015《食品安全国家标准　食用动物油脂》规定食用动物油脂是经卫生监督机构检疫、检验合格的生猪、牛、羊、鸡、鸭的板油、肉膘、网膜或附着于内脏器官的纯脂肪组织，炼制成的食用猪油、牛油、羊油、鸡油、鸭油。

该标准明确指出食用牛油的原料来自牛身上的板油、肉膘、网膜或附着于内脏器官的纯脂肪组织，并根据肉牛屠宰分割可将牛生脂分为腹脂/肚油、肾脂/腰油、肠脂/肠油、分割脂肪/分割油、杂油，如图3-1所示，能够比较清楚看到牛生脂来源的部位及相应的名称。

1. 肚油

肚油是指包裹牛整个腹腔的脂肪组织，如图3-2所示，也称为"腹脂"。据统计1头适龄牛屠宰后肚油的出品量为5kg左右。肚油的出油率较高，出油率一般在80%以上。肚油成品

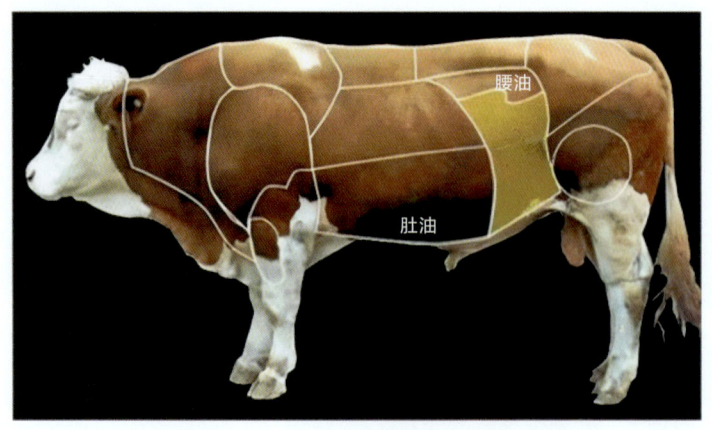

图3-1　牛生脂分布

的硬度介于腰油和分割油之间。肚油的脂香味显著、滋味突出、口感顺滑、唇齿留香，膻味和腥味重，与腰油的风味很相似。

2. 腰油

腰油也称为"肾脂"，为包裹在牛肾表面较厚的大块脂肪，如图3-3所示。成品腰油要求修净血污、粪污及其他污染物，腰油的形状大且完整，是所有牛生脂中最厚实的脂肪。据调研1头适龄牛屠宰后腰油的出品量为6~7kg。腰油的出油率高，一般在80%以上；其熔点较高、硬度大、色泽鲜亮、加工特性稳定。腰油的脂肪味浓郁，滋味香醇爽口、口感香浓。

3. 肠油

肠油是包裹在牛肠道周围的脂肪，带有一股粪便的气味，要求冲洗干净，无粪污及其他污染物。肠油外表具有明显的褶皱，肠油的修割面一般都呈"鸡冠"形态，如图3-4所示，并且还有带血丝的内网，其出油率一般在75%左右。肠油的脂香味明显，腥味和膻味较重，带有肠油特有的风味。

4. 分割油

分割油如图3-5所示，它是从牛红脏、胴体及其他部位修下的脂肪，带有部分碎肉。要求无血污、淋巴及其他杂物。

分割油的出油率较低，一般在60%左右；但是与肾脂、腹脂相比分割脂肪熔炼后得到的牛油风味层次丰富，是肉香、脂香、膻香、奶香、油渣香等多种香味的综合体，具有特殊且不可替代的风味。

5. 杂油

杂油是从内脏周边修割下来的脂肪，它含有部分内脏器官、结缔组织及血液残留，如图3-6所示，其外形各异，大小不均匀。

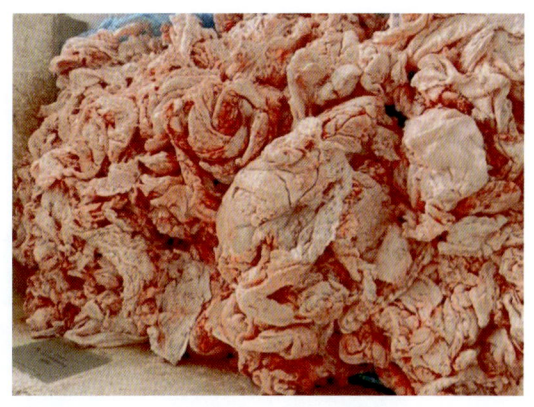

图3-2 肚油

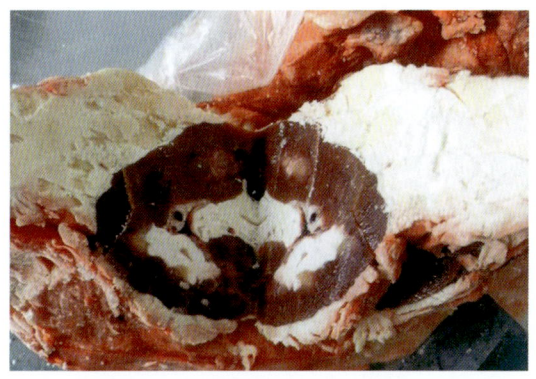

图3-3 腰油及其包裹的肾脏

图3-4 肠油

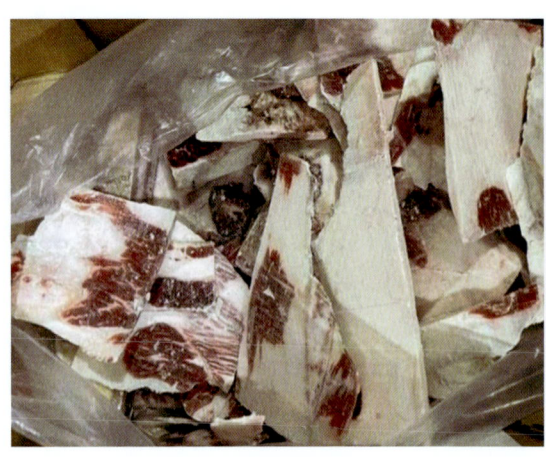 

(1)片状分割油　　　　　　　　　　　(2)块状分割油

图3-5　分割油

6. 统货

如图3-7所示，统货是指未经分类的牛脂肪混合物，一般包括腰油、肚油、分割油、杂油、肥膘油、肠油等。

统货牛油品质是根据原料的组成确定的，品质较好的统货包括腰油、肚油、分割油；品质较低的一般含有一定比例的杂油、肥膘油、肠油等。

统货的出油率和风味一般根据原料中不同类别脂肪的含量和比例决定，不同批次间风味和品质往往差异较大。当统货原料中有大量血水残留时，其出油率较低，炼制成本增加，通常成品牛油颜色较深。

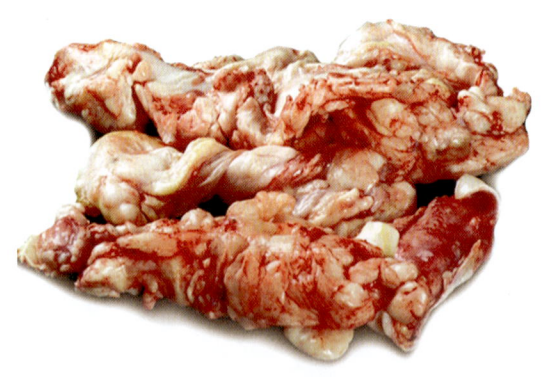 

图3-6　杂油　　　　　　　　　　　图3-7　统货

二、牛生脂的包装及储运

肉牛屠宰场将牛生脂分割、修整、清洗后，就需要及时将牛生脂进行分类包装，然后运入-18℃的冻库储存。

1. 牛生脂的包装

牛生脂在运输过程中通常会有包括内包和外包的完整包装形式,以达到隔绝外部污染、保证产品品质的目的。

（1）**包装形状**　牛生脂包装的形状应为规则平整的方块,为常见形状。

（2）**包装形式**　合格的牛生脂的包装应该具备内包装和外包装。包装应符合相应的清洁卫生要求,不得有大面积污迹。

①外包装：如图3-8所示,牛生脂外包使用白色编织袋或纸箱,包装严密,严禁使用回收袋和杂色袋。

②内包装：一般来说,牛生脂内包应该使用食品级PE袋,并且内包装袋应能完全包裹产品,产品不得受到污染,内膜袋应洁净、透明、无划痕、破碎等现象,在实际生产中,如图3-9所示,部分供应商也会使用透明塑料和装盒编织袋作为内包。

③内包装的PE袋要求：厚度应便于拆包,一般要求使用0.06mm及以上厚度的PE袋。PE袋必须专用、清洁,应符合GB 4806.7—2023《食品安全国家标准　食品接触用塑料材料及

（1）编织袋外包

（2）箱装外包

图3-8　牛生脂外包装袋编织袋

（1）透明内包

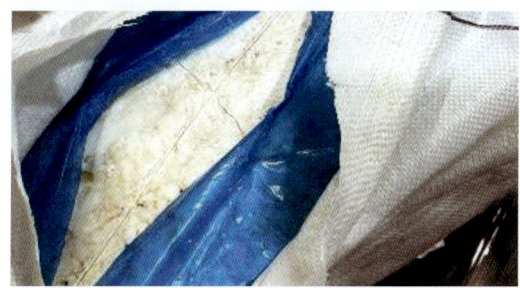

（2）蓝色内包

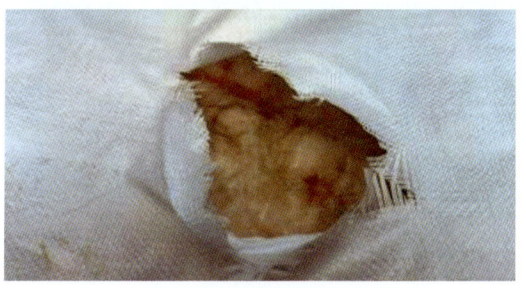

（3）编织袋内包

图3-9　牛生脂内包装袋

制品》、GB 9685—2016《食品安全国家标准 食品接触材料及制品用添加剂使用标准》、GB 4806.13—2023《食品安全国家标准 食品接触用复合材料及制品》、GB 4806.1—2016《食品安全国家标准 食品接触材料及制品通用安全要求》相关规定及要求。

牛生脂完成内包和外包后，厂家必须根据GB 7718—2011《食品安全国家标准 预包装食品标签通则》规定，明确标识牛生脂的对应标签。

2. 储存要求

现行的国家标准中没有对应的标准来规范牛生脂的储存要求，参照GB/T 17238—2022《鲜、冻分割牛肉》对于分割牛肉的储存要求。

鲜牛生脂应该0~4℃的条件下储存，即如图3-10所示的鲜冻库。冻牛生脂的储存应该满足以下条件：在低于-18℃的冷藏库内储存，冷藏库温度一昼夜波动不应该超过±1℃，即如图3-11所示的冻库。参照牛肉的储存时间，牛生脂在-18℃的条件下储存时间最长为12个月。

此外要求牛生脂的储存环境干燥，具备防雨、防水、防潮的设施；牛生脂的冻库要清洁、无毒、无异常气味、无其他污染；牛生脂不得与有毒、有害、有异常气味的货物共同储存。

图3-10 鲜冻库

图3-11 冻库

3. 运输要求

（1）**温度要求** 现行的国家标准中没有对应的标准来规范牛生脂的运输要求，参照GB/T 17238—2022《鲜、冻分割牛肉》对于分割牛肉的运输要求。

鲜牛生脂运输过程中环境温度应保持在0~4℃，产品中心温度应控制在4℃以下。冻牛生脂运输过程中环境温度应低于-18℃。

（2）**资质要求** 牛生脂运输时要求具备完善的资质，其中经营许可证、营业执照、检疫合格证（图2-10）、原料的出厂检验报告缺一不可。

（3）**车辆要求** 对于运输牛生脂的车辆要求如下。

①卫生良好：车体内外清洁、无霉斑、无积水、无异味（如汽油味），或其他味道。

②无异物污染：无外来杂质、金属及碎屑、玻璃及碎屑、木制品及木刺、车厢内严重生锈等现象。

③无虫害污染：无蚊虫、无蜘蛛网、厢体内部无虫害迹象或滋生。
④不得与（有毒有害有异味）化工产品混装。
⑤不得与非食品加工的原辅料及被污染的产品混装。
⑥应使用冷藏车，冷藏车厢体温度≤-18℃，产品中心温度每车抽测≤-10℃。

三、牛生脂的验收标准

1. 资质验收

牛生脂的接收厂家需要查验供应商的营业执照、生产许可证、动物定点屠宰许可证、动物防疫条件合格证、动物检验检疫票、原料出厂检验报告，以上六个资质缺一不可。尤其是检疫证明必须随车同行，要填写运输的车牌号；而且检疫证明数量应不小于到货数量。

2. 批次验收

到货产品应满足产品有三分之二以上的有效保质期，不能超过3个生产批次，而且每个批次都需开具对应的《动物检疫合格证明》。

《动物检疫合格证明》上需要明确说明该批原料是具体名称，例如牛生脂、牛肚油、牛腰油、牛分割油、牛肥膘、牛脂等；如果在《动物检疫合格证明》上标注的是牛副产品或牛产品，必须在备注栏注明是脂肪。

3. 抽检方法

牛生脂的抽检方式有以下两种。
（1）取运输车辆厢内前、中、后、上、中、下进行抽检，厢门位置加严抽检。
（2）从运输车辆卸货，依次码垛至货物托盘，然后在每个托盘上取样抽检。

其中货物托盘主要是分为两种，一种是塑料托盘，如图3-12（1）所示，另一种是木质托盘，如图3-12（2）所示。

上述两个抽检方法的正常检验抽样比例不低于2%，加严检验抽样比例不低于5%，每次抽检必须有平行样。

（1）蓝色塑料托盘

（2）木质货物托盘

图3-12 货物托盘

4. 验收指标

（1）**感官验收标准** 牛生脂的感官包括外观、组织状态、颜色、杂质、气味等，感官检验是需要打开包装袋，先仔细观察牛生脂外表的感官状态，然后对牛生脂进行破碎，观察其内部的感官情况，一般来说正常的牛生脂如图3-13所示。牛生脂具体的感官要求如下所示。

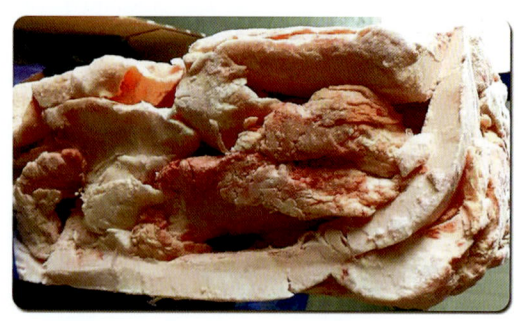

图3-13 正常牛生脂

①外观：表层微干或有少量霜、颜色鲜亮有光泽。

②组织状态：用手触摸时不粘手，有弹性。

③颜色：白色或微红色，有光泽；脂肪呈乳白色、微黄色或黄色。

④杂质：无外来杂质、塑料制品，无伤斑、血瘀、血污、血块、碎骨、碎皮、病变组织、淋巴结、浮毛、粪便、内脏器官等非牛生脂组织的异物。

⑤气味：具有牛生脂正常气味，无发臭、异味。

⑥中心温度：牛生脂的中心温度维持在-10℃以下。

（2）**理化指标** 参照GB 2707—2016《食品安全国家标准 鲜（冻）畜、禽产品》、GB 10146—2015《食品安全国家标准 食用动物油脂》要求，牛生脂的理化指标应该满足表3-1中的条件。

表3-1 牛生脂的理化指标要求

项目	指标	检验方法
挥发性盐基氮/（mg/100g）	≤15	GB 5009.228
酸价（KOH）/（mg/g）	≤2.5	GB 5009.229

（3）**污染物指标** 污染物是指食品在从生产、加工、包装、储存、运输、销售，直至食用等过程中产生的或由环境污染带入的、非有意加入的化学性危害物质。按照GB 2762—2022《食品安全国家标准 食品中污染物限量》规定，牛生脂的主要污染物应满足表3-2中的条件。

表3-2 牛生脂的污染物要求

项目	标准/（mg/kg）	食品类别
总砷	≤0.5	肉类及制品
铅	≤0.2	肉类及制品
镉	≤0.1	肉类及制品
总汞	≤0.05	肉类及制品
铬	≤1.0	肉类及制品

（4）致病菌指标 致病菌是常见的致病性微生物，能够引起人或者动物疾病。牛生脂中的致病菌要求根据GB 29921—2021《食品安全国家标准　预包装食品中致病菌限量》规定的限值进行。牛生脂中的致病菌要求如表3-3所示。

表3-3　牛生脂的致病菌要求

项目	标准	检验方法
致泻大肠埃希菌	不得检出	GB 4789.6
沙门菌	不得检出	GB 4789.4
金黄色葡萄球菌	不得检出	GB 4789.10
志贺菌	不得检出	GB 4789.5

（5）农药残留指标 农药经过食物链和生物富集作用主要积聚于动物的体内，且不易排出。参照牛肉中对于农药残留的要求，结合GB 2763—2021《食品安全国家标准　食品中农药最大残留限量》要求限值，牛生脂中的农药残留指标要求如表3-4所示。

表3-4　牛生脂的农药残留要求

项目	标准/（mg/kg）
林丹	≤1.0
七氯	≤0.2
氯丹	≤0.05
异狄氏剂	≤0.1
狄氏剂	≤0.2
艾氏剂	≤0.2
六六六	≤1.0
滴滴涕	≤2.0

（6）兽药残留指标 兽药残留是指动物产品的任何可食部分所含兽药的母体化合物及（或）其代谢物，以及与兽药有关的杂质。参照牛肉中对于兽药残留的要求，结合GB 31650—2019《食品安全国家标准　食品中兽药最大残留限量》的要求限值，牛生脂中兽药残留的指标要求如表3-5所示。

表3-5　牛生脂的兽药残留要求

项目	标准
沙丁胺醇	不得检出
莱克多巴胺	不得检出
盐酸克伦特罗	不得检出

续表

项目	标准
氯霉素	不得检出
头孢噻呋	≤0.1（mg/kg）
艾氏剂	≤2000（μg/kg）

5. 验收结果

（1）**接收** 牛生脂的资质、感官、理化、污染物、致病菌、兽药残留以及农药残留全部验收合格，即可接收。

（2）**拒收** 常见的原料存在以下问题牛生脂可以拒收。

①指标：感官、理化、卫生指标不合格；例如，牛生脂色泽异常（腐败变质、发绿）、有异物、有血污等感官问题；此外还有厂家以次充好，外层是形状完整、感官优质的腰油、肚油，而内部掺入碎块脂肪、碎骨、碎肉、草料、异物，甚至是粪便，俗称"包心油"。

②证件：未随车送达动物产品检疫合格证，产品包装袋未张贴动物检疫标签或产品标签。

③运输：运输车辆卫生严重不达标，与有毒、有害或者影响产品品质的物品同车运输。

④异味：货物严重解冻或有异味。

⑤异物：产品内含有食品安全危害性异物，如碎玻璃、金属、木刺、石子、淋巴器官。

⑥其他：涉及食品安全的缺陷。

四、牛生脂卫生安全风险控制点

1. 屠宰分割

肉牛屠宰是获取牛生脂的第一步，其环境卫生以及操作规范极其重要；肉牛屠宰车间如图3-14所示，车间要求清洁卫生，地面与操作台无污染、无异物，肉牛的屠宰分割严格按照相关要求标准进行操作。因为不规范的操作，会严重影响牛生脂的品质，例如，屠宰时放血不彻底或者放血操作不当，会导致牛生脂中堆积大量的血块与血污。

2. 检验检疫

肚油、腰油、肠油均来源于牛内脏周边，如果检验检疫时发现牛内脏有病变，其周边的脂肪必会受到感染。因此肉牛的检验检疫要根据相关规定标准严格执行，避免不合格牛生脂流入市场。

图3-14 肉牛屠宰车间

3. 修整包装

牛油作为食用动物油脂，其成品有塑化剂的限量要求，而牛生脂的包装材料是带入塑化剂的重要原因，因此每个批次检验检疫合格的牛生脂要选择合规合法的包装材料单独包装。

包装好的牛生脂表面要有相应的标签，注明该批牛生脂的产品名称、生产日期、包装规格、产品标准代号、生产许可证编号、贮藏条件以及保质日期等信息，不得批次混装、以次充好或者是掺假。此外，要保证牛生脂的包装车间环境整洁、安全、卫生，地面和操作台面上无异物、无杂质，打包的工人需要遵守工作人员着装规定和操作要求规范。

4. 储存运输

包装好的牛生脂要及时送入-18℃的冻库中储存，冻库要求干燥、防雨、防水、防潮、清洁、无毒、无异常气味、无其他污染；此外牛生脂不得与有毒、有害、有异常气味的货物共同储存。

冻结的牛生脂需要使用冷链运输，如果运输温度波动较大，会导致牛生脂变质，感官、理化、卫生安全指标超出规定范围。

第二节 牛生脂原料来源

一、进口牛生脂原料来源

国际活牛贸易以育肥、屠宰牛为主，目前中国牛肉进口国主要有南美的巴西、阿根廷、乌拉圭；大洋洲的澳大利亚、新西兰。如图3-15所示，根据中华人民共和国海关总署2022年发布《符合评估审查要求的国家或地区输华肉类产品名单》中仅包含部分牛脂肪（不包括内脏脂肪），而目前国内用于食用牛油生产的牛生脂基本都是以牛腹腔内部的内脏脂肪为原材料，因此牛油的生脂原料主要是来源于国内。

二、国内牛生脂原料来源

就肉牛屠宰企业分布而言，我国肉牛屠宰产区主要包括东北、中原、西部和南方四个肉牛产区，呈现东多西少，南北总量差异不大的局面。华北地区集中度最高，接近1/4；传统畜牧区西北地区的肉牛屠宰企业数量较少，占比近7.76%。

我国肉牛屠宰加工业发展已基本呈现规模化企业产品满足出口与中高端市场需求为主，企业屠宰能力如图3-16所示，以年屠宰肉牛超过3000头规模企业为例，0.3~1万头/年占47.47%，1~2万头/年占31.31%，2~5万头/年占17.17%，>5万头/年占4.04%，呈现小中型企业为主，大型屠宰企业偏少的现象。

如图3-17所示，国内大型屠宰加工企业84.62%拥有自有养殖场，55.38%的企业有签约养殖场，但多数拥有的养殖场不超过5家。肉牛屠宰品种主要以肉牛杂交后代和本地黄牛为主，屠宰月龄在18月龄以上，活体重500kg以上。由此可见，在屠宰市场上销售的仍以牛肉类产品为主，用于生产牛油的副产物牛生脂的销售占比较小，所以对于牛油生产企业来说，生脂原料市场急需开拓海外市场。

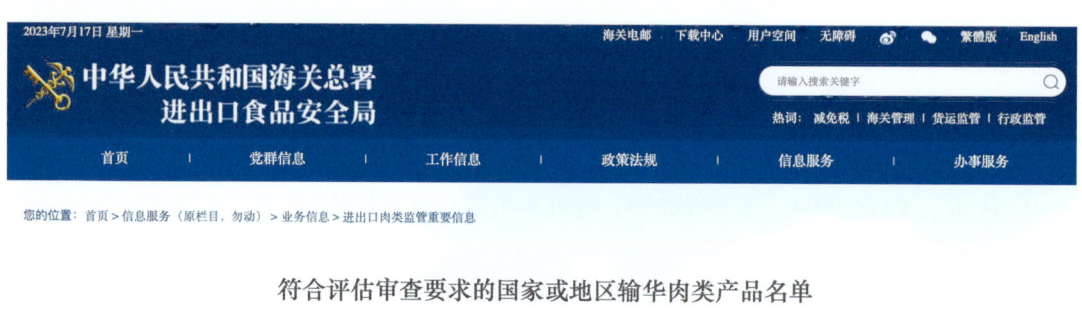

图3-15 《符合评估审查要求的国家或地区输华肉类产品名单》

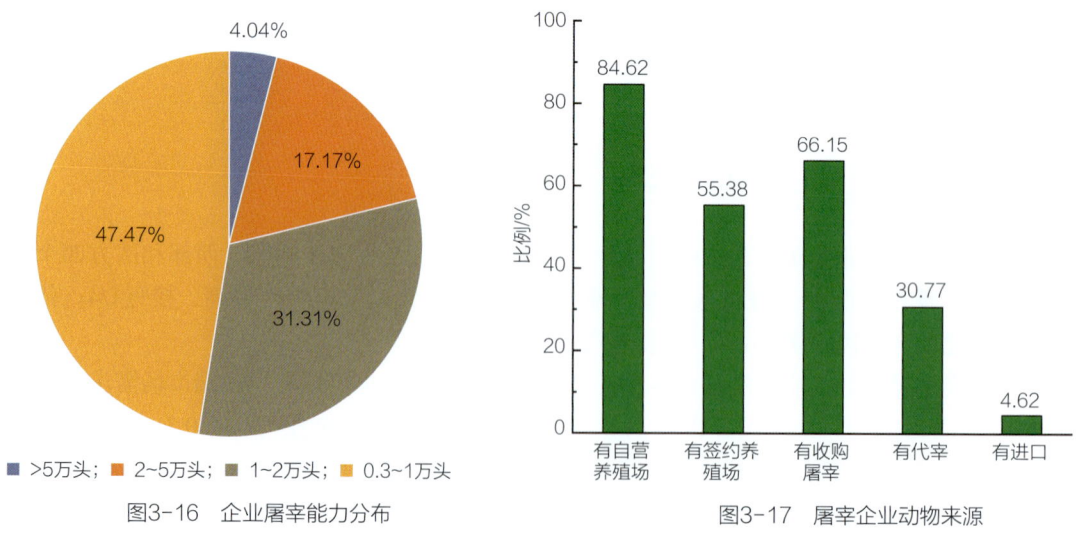

图3-16 企业屠宰能力分布　　　　　图3-17 屠宰企业动物来源

第三节 牛生脂原料采购

牛生脂原料从屠宰加工到进入工厂需要多个环节的流通，牛在养殖场进行养殖育肥后，取得动物检疫合格证明后运输至屠宰场进行屠宰加工，加工后的牛副产物经过相应的收购商进行统一收购，然后分散至相关的贸易公司销售到牛生脂分级分类公司，再通过牛油加工厂进行炼制，最终销售至各类用户，其中牛油加工厂对牛生脂原料的采购对最终销售至客户手中的牛油产品质量起着决定性的作用，因此本节将对采购过程中需要管控的环节进行简单介绍。

牛生脂原料的好坏与采购流程息息相关，因此牛油企业采购牛生脂时应该制定严格的采购流程和采购原则，以保证后端产品的稳定性。

一、采购控制流程

牛生脂原料在采购过程中有严格的采购流程管理，在采购之前需要了解采购需求，根据需求选择相应的合格供应商后，并在合格的供应商处进行原料的采购，供应商交货后根据标准要求进行牛生脂原料的检验，合格的原料入库，不合格的原料进行退货处理，具体的采购流程见图3-18。

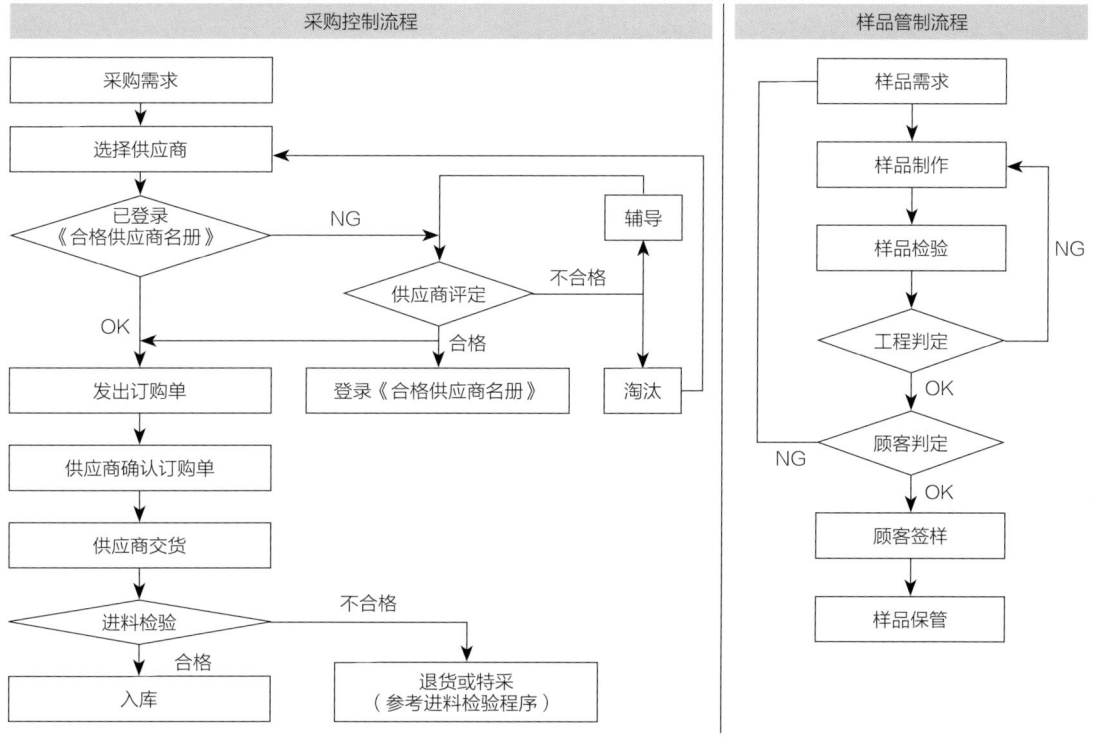

图3-18 采购控制流程
注：OK指合格通过，NG指不通过。

二、采购原则

1．采购计划

根据企业部门的生产需求计划，核实过采购计划的准确性，并与相关计划员或其他负责人沟通确认无误，做出最终的采购计划。

2．询价和议价

（1）发询价函　了解好供应商后，企业发询价函，让供应商对价格、交货时间、付款方式、售后服务等确认后加盖公章回传。

（2）议价　综合考虑价格、交货的及时度、付款条件等方式找出两三家，进一步商谈，以达到与最能保障公司利益的企业进行合作的目的。

3．核查供应商

在牛生脂采购过程中，需要根据供应商提供资料，核查生产许可证、屠宰证以及防疫条件合格证是否齐全，核查检疫票，并核算供应商是否能够达到采购屠宰量。

4．制订采购订单、合同

在询价、议价、核查完成后，需要制作采购订单。同时，做好相应采购合同。合同版本基本是固定的，但要结合公司的要求以及与供方谈判的结果以及不同原材料的要求而变化。

5．跟踪货物

在此环节，要了解整个供应过程是否正常，了解接货人的联系方式、地址，并及时通知供应商；另一方面，供应商发货后，还要了解承运人的联系方式等，便于随时跟踪货物在途中的状态。

6．组织仓储接货

组织仓储接货环节需要注意通知库管人员做好接货准备，如要了解货物何时到货、是否有随货单据等。很多企业采购对此会制订出一个统一的走货单版本，要求发货方抄送到相关部门，采购实时跟进。

7．组织质检验货

组织质检验货环节主要做以下具体工作：合同签订后及时通知检验部门，让其做好验收准备，包括货品状态、货品信息、货品质量等，根据企业具体要求进行检验，验收标准（其中入厂标准、国标、合同标准、部分物资按供应商企业标准），以便货到后及时验收并出具验收合格单，此过程中需要做好前期检验、中期检验、后期检验，避免到货才发现问题影响企业生产计划。

8. 货物达到要求后仓储入库

产品验收合格后，根据验收合格单，库房开具入库单，采购员需收集入库单、检斤单、质检报告单等做好付款准备。

9. 结算

付款前准备相关采购单据，按照合约及时付款。

第四节
牛生脂供应商管理

牛生脂的质量决定了最终牛油产品的质量，因此做好牛生脂供应商的管理是保障产品质量稳定性的关键环节之一。本节将对供应商管理的有效经验及措施进行简要阐述。

一、供应商管理内容

1. 供应商索证

公司采购应该每年一次对供应商证件进行索证更换，证件包括营业执照三证合一、生产许可证、动物检疫证明、屠宰证明等，清真牛油的生产还需《清真经营许可证》，证照年检过期或质量外检报告过期的，需要求供应商及时提供更换。

2. 评价合格供应商标准

供应商应该具备合法的经营许可证和必要的资金能力，应优先选择按国家标准建立质量体系并已通过认证的供应商，除此之外还应对供应商的生产能力和质量保证体系进行考察，主要从以下几个方面考察。

（1）上游原料是否严格按照标准检验。
（2）生产过程的质量关键控制点是否按照质量体系完成。
（3）生产设备、设施、厂区生产环境是否完全达到食品生产许可标准。
（4）出厂检验是否符合我方的检验要求。
（5）考察供应商的历史业绩及主要客户，其产品质量应长期稳定、合格、信誉度较高，主要客户最好是知名企业。
（6）完全响应公司质量标准规范工作的企业。

具有足够的生产能力，能满足本公司的连续需求及进一步扩大产量的需要；售后服务和措施令人满意；同等价格择其优，同等质量择其廉，同价同质择其近；样品通过试用且合格。

3. 建立供应商的初步评价

根据企业实际需求寻找合适的供应商，把质量、价格、背景、服务、交货期等作为筛选依据，采购部对供应商基本资料进行初步评审，对可以进一步评审的供应商，可以召集本部门、质量管理部相关人员对供应商进行现场评审，现场使用《供应商现场评审表》。对供应商进行初步评审时，采购部必须确定采购的原料物料是否符合国家法律法规和食品安全要求；现场评审应根据不同级别供应商的原料采取不同的把控手段，质量管理部人员需要对样品提出详细的质量要求。

样品送达后，质量管理部负责完成样品的感官、味性、理化指标值检测等方面的检验工作，并将结果及时反馈至采购部门，经检验合格的样品贴《样件标签》，注明合格并表示检验状态，合格样品保留两份，一份存在质检部作为依据，另一份返还供应商作为生产依据和标准。

在《供方调查评价表》和《供方现场评审表》两份资料完成后，交由公司上层领导审核批准，原则上一种原料应该至少确定两家及以上合格供应商，以供选择，并适时对供应商进行考核，及时修订《合格供应商名录》。

4. 供应商考核及监督

公司对供应商实行评分制度，主要考核项目包括质量、价格水平、交货期、生产力、服务等方面内容。对关键、重要的原料供应商应半年一次的实地考核工作，对普通原料供应商一年一次考核。考核标准和考核结果采购部以书面通知供应商。

对合格供应商的交期监督：采购人员要督促供应商准时交货，并记录由于供应商不及时供货造成的经济损失。

对合格供应商的质量监督：质量管理部和采购部应保存合格供货方的供货质量记录，产品不合格时应及时向采购部提出警告，连续两批不合格则暂停采购，选择其他供应商，或者待其提高产品质量再行采购。对于不合格供应商，取消其供货资格，从《合格供应商名录》中删除。

5. 供应商政策的执行、反馈及变更

采购部在接到供应商政策执行通知书时，须按规定严格执行，并遵守保察制度，在政策执行过程中，发现任何问题，及时向采购供应部领导反馈；供应商政策临时性的交更出现以下情况，须由公司采购供应部领导书面同意后，才能对某些供应商的政策做重大调整。

（1）某供应商的发展战略或区域销售政策发生对公司有利或不利的重大调整。
（2）某供应商把我公司作为重要客户。
（3）重要客户出现经营危机。
（4）市场供应价格发生剧烈波动，使供应风险骤然加大。引起供需双方相应作出重大政策调整。
（5）供应商发生重大质量安全事故影响产品质量稳定性对公司产生危害或风险必然做出调整。

二、飞行检查

飞行检查，简称飞检，是跟踪检查的一种形式，指事先不通知被检查部门实施的现场检

查。飞行检查是国际上产品认证机构对获证后的工厂最常用的一种跟踪检查方法，也是提高工厂检查有效性的重要手段，在牛生脂的采购中也经常用到这一办法，实现精准地控制后端产品稳定性的目的。

1．飞行检查重要事项

（1）从资料上，检查正在运行的制度和流程要与实际操作是否一致；资质资料是否过期或不全，记录是否按时填写，是否有逻辑性错误；供应商安全制度是否健全及其执行情况。

（2）现场检查。对于化学品管理，工器具管理，食品接触面卫生管理，异物管理，不合格品处置管理是否合规，加工助剂的进出入库和使用记录等是否完备。

（3）检查员工是否按照飞行操作规范进行操作、是否佩戴必要的安全装备。

（4）检查供应商应急救援准备是否完善。

2．飞行检查管理要求

供应商接受采购方检查工作时，需在以下几个方面进行配合。

（1）采购方检查人员有否决权利。否决权包括但不限于拒收该批产品、禁止某批原料投入使用、现场开具不符合整改要求等。

（2）采购方检查人员有权进入供应商所有生产、仓储、质量检验区域。

（3）采购方检查人员有权查阅供应商原料验收、生产、库房管理、质量检验等方面的所有记录。

（4）采购方检查人员有权询问供应商各级人员产品质量控制及食品安全管控相关问题。

（5）必要时采购方有权要求对供应商的上游屠宰厂、饲养基地等供应商进行审核。

（6）必要时采购方有权要求查看供应商物资的财务发票信息。

三、审厂重点关注项

（1）供应商生产能力是一个重要的关注项，其屠宰量应该达到一定标准，保证采购公司生产的顺利连续进行。

（2）供应商提供产品的质量也很关键，要求供应商提供的牛生脂应该干净，无肉眼可见的杂质，并且可以开具相应的检验票据。

（3）供应商提供的样品应该按照要求足货，不可以进行掺假掺杂、以次充好。

（4）屠宰环境应该符合相关国家标准，应该按照现代化、规模化、标准化的肉牛屠宰工艺进行屠宰加工，所用肉牛应该具备检疫报告。

第四章
牛油油脂化学

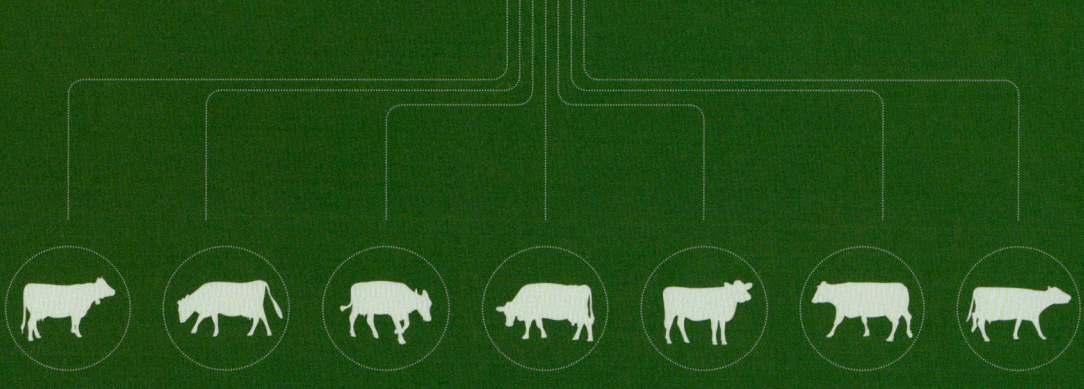

牛油作为一种食品工业中常用的动物油脂，具有丰富的营养价值和多样的应用场景。研究者对牛油油脂化学及其相关科学研究，为牛油在食品工业中的应用提供了理论基础。牛油的理化特性如何适应不同的食品加工需求？牛油的风味特性如何满足消费者差异化的需求？如何有效利用牛油组分来提升产品品质和促进健康？要解决这些问题，就必须了解牛油的组成、理化特性和营养特性，牛油的风味、关键香气化合物及其来源等基本原理。本章将详细阐述。

第一节 牛油的组成

牛油是一种混合物，其组成包括甘油酯、类脂、水分以及其他微量营养成分。甘油酯是牛油的最主要成分，这些甘油酯由饱和脂肪酸、单不饱和脂肪酸和多不饱和脂肪酸与甘油酯化而成。牛油中的脂肪酸组成特点是含有较高比例的饱和脂肪酸，尤其是16个碳原子和18个碳原子的长链饱和脂肪酸（即棕榈酸与硬脂酸）。因此，牛油的特性由其脂肪酸的组成及甘油酯的结构共同决定。

一、牛油的脂肪酸组成

化学组成与结构决定性质表现，作为以甘油三酯为主的混合物，牛油脂肪酸是其产生不同味型、不同质地的主要原因。

牛油由多种脂肪酸组成，主要分为饱和脂肪酸（如硬脂酸、棕榈酸等）和不饱和脂肪酸（如油酸、亚油酸、亚麻酸等）。这些脂肪酸在牛油中各自占据一定的比例，为牛油赋予了特定的物理和化学性质。常见饱和脂肪酸与不饱和脂肪酸基本信息如表4-1所示。

表4-1 常见饱和脂肪酸与不饱和脂肪酸

脂肪酸		化学名称	分子式
饱和脂肪酸	C4:0	丁酸（酪酸）	$CH_3(CH_2)_2COOH$
	C6:0	己酸	$CH_3(CH_2)_4COOH$
	C8:0	辛酸	$CH_3(CH_2)_6COOH$
	C10:0	癸酸	$CH_3(CH_2)_8COOH$
	C12:0	月桂酸	$CH_3(CH_2)_{10}COOH$
	C14:0	肉豆蔻酸	$CH_3(CH_2)_{12}COOH$
	C16:0	棕榈酸	$CH_3(CH_2)_{14}COOH$
	C17:0	十七烷酸	$CH_3(CH_2)_{15}COOH$
	C18:0	硬脂酸	$CH_3(CH_2)_{16}COOH$

续表

	脂肪酸	化学名称	分子式
单不饱和脂肪酸	C16:1	棕榈烯酸	$CH_3(CH_2)_5CH=CH(CH_2)_7COOH$
	C18:1	油酸	$CH_3(CH_2)_7CH=CH(CH_2)_7COOH$
	C18:1	反式油酸	$CH_3(CH_2)_7CH=CH(CH_2)_7COOH$
	C22:1	芥酸	$CH_3(CH_2)_7CH=CH(CH_2)_{11}COOH$
多不饱和脂肪酸	C18:2	亚油酸	$CH_3(CH_2)_4(CH=CHCH_2)_2(CH_2)_6COOH$
	C18:2	反式亚油酸	$CH_3(CH_2)_4(CH=CHCH_2)_2(CH_2)_6COOH$
	C18:3	α-亚麻酸	$CH_3CH_2(CH=CHCH_2)_3(CH_2)_6COOH$
	C20:5	二十碳五烯酸	$CH_3CH_2(CH=CHCH_2)_5(CH_2)_2COOH$
	C22:6	二十二碳六烯酸	$CH_3CH_2(CH=CHCH_2)_6CH_2COOH$

牛油的脂肪酸组成具有多样性，该多样性一大部分来源于牛独特的消化系统。牛属于反刍动物，在牛的瘤胃中生活着密集的、多样的微生物群落，这些微生物进行生物氢化作用能将牛饮食摄入的饲草或者饲料中不饱和脂肪酸改性，如将油酸及亚油酸氢化成为硬脂酸，将使亚麻酸还原成亚油酸、油酸甚至硬脂酸。在微生物的作用下产生的多种多样的脂肪酸最后被牛消化吸收后形成体脂肪，储存在体内。

在日常的生活经验中，我们会发现牛油要比猪油、鸡油更硬，熔点更高。这正是由于以牛油为代表的反刍动物油脂中有着更高含量的硬脂酸等饱和脂肪酸，而猪、鸡等非反刍动物在其食物中得到的脂肪酸很少经微生物群落的消化氢化作用，使其油脂中脂肪酸种类比反刍动物油脂单一，组成上也更接近于所摄入的脂肪酸。

有研究者对上千份牛油样品的脂肪酸组成进行了检测，如表4-2所示，牛油的饱和脂肪酸以硬脂酸（C18:0）和棕榈酸（C16:0）为主，总占比50%以上，而不饱和脂肪酸则主要为单不饱和脂肪酸的油酸（C18:1），其次为多不饱和脂肪酸的亚油酸（C18:2）。除主要脂肪酸成分外，牛油中还含有众多占比≤1%的脂肪酸。与脂肪分布一样，牛油的脂肪酸组成同样受到饲料、牛的品种、气候等诸多因素的影响。

表4-2 牛油中主要脂肪酸及其含量

脂肪酸	化学名称	含量/%
C14:0	肉豆蔻酸	1.60~4.13
C16:0	棕榈酸	19.49~27.98
C16:1	棕榈烯酸	0.18~3.21
C17:0	十七烷酸	0.06~2.43
C18:0	硬脂酸	17.36~34.20
C18:1	油酸	21.71~38.52
C18:2	亚油酸	0.33~3.08

不饱和脂肪酸中至少含一个碳碳双键，这个碳碳双键有顺式和反式两种结构：如图4-1所示，双键上两个碳原子结合的氢原子在碳链的同一侧的称为顺式双键；如果和双键上两个碳原子结合的氢原子分别在碳链两侧的，则称为反式双键。进一步的，在含有多个碳碳双键的脂肪酸中，如果两个双键之间只有一个单键（C=C—C=C），则称之为共轭双键，反之则称之为非共轭双键。因此，不饱和脂肪酸由于不饱和键带来的结构差异，又有顺式脂肪酸、反式脂肪酸与共轭脂肪酸之分。

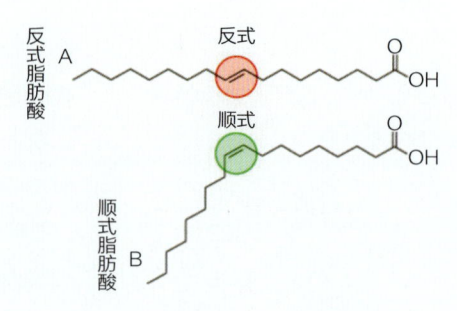

图4-1 反式脂肪酸与顺式脂肪酸

《营养科学词典》关于反式脂肪酸的定义："含有一个或以上非共轭反式双键的不饱和脂肪酸"，油脂加工过程中产生的反式脂肪酸被广泛地认为过量摄入会对人体健康产生负面影响。牛瘤胃中微生物群落在将牛摄入的饲草或饲料中的不饱和脂肪酸生物氢化改性为饱和脂肪酸的同时，也不可避免地产生含有"反式双键"的脂肪酸，被牛吸收储存在体内，形成乳脂或体脂。因此，牛羊等反刍动物的肉、乳及其乳制品脂肪中含有的这类反式脂肪酸，属于天然反式脂肪酸，而天然反式脂肪酸对人体健康的影响目前还存在着争议。经研究统计，牛油中反式脂肪酸占比如表4-3所示，分割油反式脂肪酸含量相对较高，腰油反式脂肪酸含量相对偏低。

表4-3 不同部位牛油中反式脂肪酸占比　　　　　　　　　　　　　　　单位：%

脂肪酸	脂肪酸相对含量		
	肚油	分割油	腰油
反式油酸	4.46 ± 1.15	5.11 ± 1.75	3.71 ± 0.7
反式亚油酸	0.37 ± 0.45	0.25 ± 0.44	0.41 ± 0.42

如图4-2所示，共轭亚油酸是一种多不饱和的、具有特殊空间结构的反式脂肪酸的类似物。具有参与免疫系统调节的生理功能。有关研究报道，瘤胃微生物中的瘤胃厌氧细菌可将

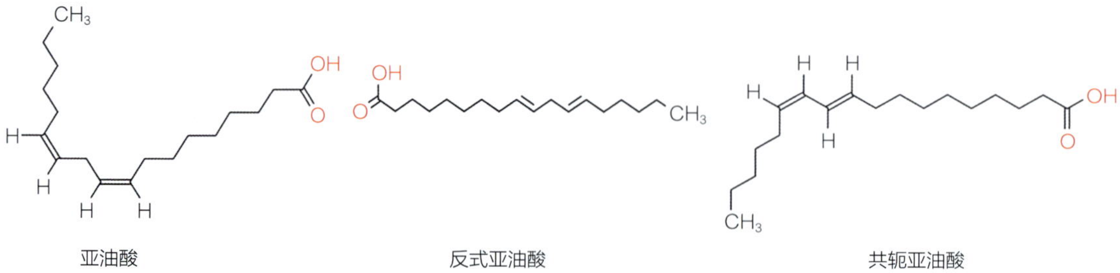

图4-2 亚油酸、反式亚油酸、共轭亚油酸的结构式

亚油酸共轭化后形成共轭亚油酸,被动物体吸收,因此牛、羊动物油脂中含有的典型共轭脂肪酸——共轭亚油酸的含量高于常见食用油。

二、牛油的甘油三酯

牛油的脂肪主要以甘油三酯(triglycerides,TG)的形式存在。甘油三酯是脂肪分子的基本组成单元,由一个甘油分子和三个脂肪酸分子通过酯化反应结合而成。甘油三酯组成对牛油物理特性和应用具有重要影响。脂肪酸的多样性导致牛油的甘油三酯组成也相当复杂,其中约有50余种甘油三酯的含量超过0.1%。牛油甘油三酯中约含有18%的三饱和甘油三酯及将近40%的二饱和甘油三酯。牛油的典型甘油三酯组成如表4-4所示。

表4-4 牛油的典型甘油三酯组成

甘油三酯	典型值/%	牛油中含量/%
S_3(三饱和型)	21.5	15~28
S_2U(二饱和单不饱和型)	49.0	46~52
SU_2(单饱和二不饱和型)	32.5	0~64
U_3(三不饱和型)	1.0	0~2

江南大学王兴国教授团队对不同产地30余个牛油样品的脂肪酸检测发现,牛油中主要存在包括POP、POS和PPS为主的8种甘油三酯,其中POP平均含量17.11%,POS平均含量16.32%,PPS平均含量17.20%;其次PLO平均含量8.75%,POO平均含量7.89%,SOS平均含量6.07%,PSS平均含量6.50%(其中,P代表棕榈酸;S代表硬脂酸;O代表油酸;L代表亚油酸)。

三、牛油中的其他成分

牛油不仅富含脂肪,还是多种营养素的宝贵来源。它包含多种维生素,特别是脂溶性维生素,这些对维护身体健康至关重要。此外,牛油中还含有矿物质和微量元素,如钙、磷和锌,有助于身体各种生理功能的正常运行。

1. 甘油二酯

甘油二酯(DAG)是天然的少量存在的一种油脂,也是人体内脂肪代谢的内源性中间产物,其具有三种不同结构,如图4-3所示。检测表明,牛油中1,3-甘油二酯(1,3-DAG)的含量在0.36%~1.33%,1,2-甘油二酯(1,2-DAG)含量在1.08%~2.24%。

DAG是公认安全的食品原料,常作为亲油性乳化剂使用。在生理活性方面,DAG能补充人体所需油脂,能满足消费者对"油腻"食物的喜爱,不会在人体内累积,还能消除多余脂肪,是火锅牛油健康化的研究方向之一。

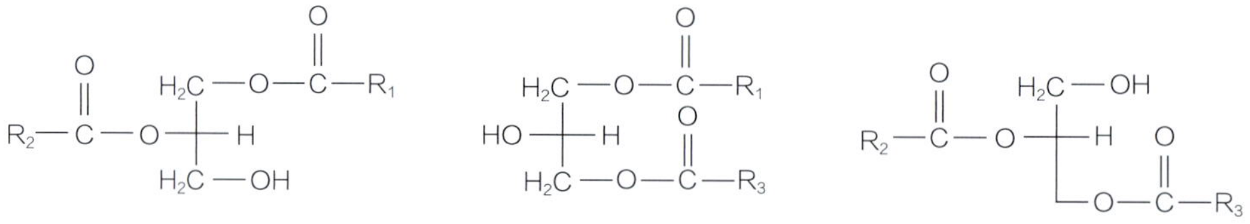

图4-3 甘油二酯的不同结构

2. 维生素

牛油中还含有多种维生素和矿物质,尤其是脂溶性维生素A、维生素D、维生素E和维生素K,食用牛油在一定程度上能促进脂溶性维生素的吸收。

这些维生素对于促进身体的正常生长和发育、维持骨骼健康、保护细胞免受氧化损伤等有着重要作用。牛油的总生育酚含量4.6mg/kg左右,虽然低于植物油的总生育酚含量,但其所含的生育酚种类较全,其中,α-生育酚含量是$\beta+\gamma$生育酚的近41.5倍。

3. 胆固醇

胆固醇是一种重要的动物固醇,存在于动物细胞和血液中,呈游离状态或者以化学键与脂肪酸结合存在。日常生活中一些常见食物的胆固醇含量如表4-5所示,相比之下,牛油中的胆固醇含量其实在众食物中相对较低。

表4-5 常见食物胆固醇含量

食物	胆固醇含量/(mg/100g)	食物	胆固醇含量/(mg/100g)
猪蹄	6200	肥牛肉	194
猪心	158~3640	鳗鱼	186
鹌鹑蛋	640~3100	肥羊肉	125~173
鸡蛋黄	1705~2000	猪肚	159
鱿鱼	1170	腊肠	150
虾子	896	牛肥肠	148
小虾米	738	干贝	145
虾皮	608	泥鳅	136
鸭蛋	560~634	肥猪肉	107~126
鸡蛋	450~608	鲳鱼	120
鱼肝油	500	黄鳝	117
鲫鱼子	460	鸡肉	60~117
蚬	454	鳕鱼	114
猪肝	158~420	猪油	110

续表

食物	胆固醇含量/（mg/100g）	食物	胆固醇含量/（mg/100g）
墨鱼	275～348	★牛油	110
银鱼	361	全脂乳粉	104
带鱼	97～244	瘦羊肉	100
螃蟹	235	黄鱼	98
奶油	163～300	鲫鱼	90～93
虾	154～220	瘦牛肉	91

资料来源：《健康时报》。

胆固醇的存在具有两方面的意义。一方面，人体能通过内源合成来调节胆固醇平衡，因此对大部分人而言，摄入一定量的胆固醇没有健康风险。同时胆固醇在动物的生理活动中具有重要作用，是性激素、蜕皮激素、肾上腺皮质素、胆汁酸和维生素D等许多生理化合物的前体，是维持肠道健康、脑部和神经发育所必需的物质，对于动物维持良好的生长状态以及生活是必需的。但另一方面，摄入大量的胆固醇会增加血浆胆固醇水平，增加心血管疾病和冠心病患病风险。一项围绕膳食中胆固醇与心血管疾病关联的研究发现，每天每额外摄入300mg 膳食胆固醇与心血管疾病发生的风险增加存在显著相关性。基于这方面的顾虑，人们需要控制摄入的胆固醇含量。

如图4-4所示，根据江南大学王兴国教授团队研究，不同来源牛油中胆固醇的含量也有差异。不同地区牛油胆固醇含量在75～125mg/100g，其中湖北地区牛油中胆固醇含量最高，河北地区牛油次之，达到了100mg/100g，甘肃、广东、新疆和安徽四地的牛油中胆固醇含量则近似相等，均在75mg/100g左右。

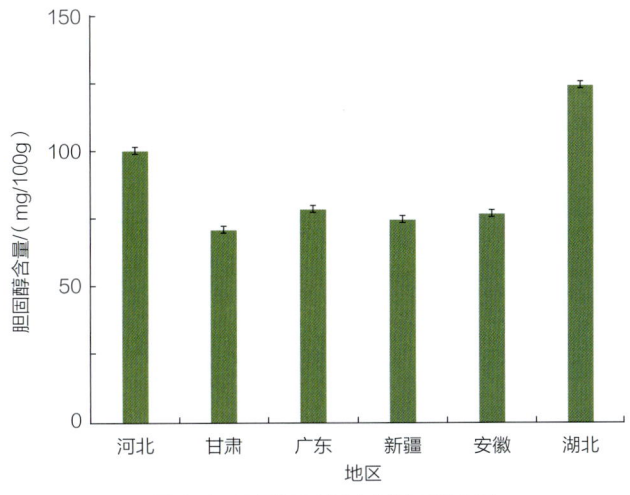

图4-4 不同地区牛油中胆固醇含量

4. 磷脂

牛油中的磷脂成分是其脂质中的一部分，它们在牛油中有重要影响。磷脂是一类含有磷酸基团的脂质，即主链为甘油-3-磷酸，甘油分子中的另外2个羟基被脂肪酸所酯化，磷酸基团又可被各种结构不同的小分子化合物酯化后形成各种磷酸甘油酯。因其结构上的差异使得磷脂具有独特的生理功能。牛油中的磷脂主要有甘油磷脂和鞘磷脂。

①甘油磷脂：甘油磷脂包括卵磷脂、脑磷脂、心磷脂和磷脂酰肌醇等，这些磷脂是细胞膜的重要组成部分，对于细胞的正常功能和细胞间的信息传递至关重要。

②鞘磷脂：如神经鞘磷脂，与卵磷脂并存于细胞膜外侧，尤其在神经髓鞘中含量较高，对于神经系统的健康和功能维持具有重要作用。

（1）磷脂的功能　磷脂具有保护生物膜、延缓衰老、调节血脂、降低胆固醇、健脑益智、改善记忆以及保护肝脏、预防脂肪肝等多种生理功能。

（2）磷脂的来源　人体可以自身合成一部分磷脂，但也需要通过饮食摄入来补充。牛油作为一种动物源性食品，含有一定量的磷脂，可以作为人体磷脂的膳食来源之一。牛油中的磷脂虽然不是主要成分，但它们在牛油的营养构成和生理功能中扮演着重要角色，并且可以通过特定的加工技术改善其应用特性。研究表明，未经精炼处理的牛油含有较多的磷脂类成分。

第二节　牛油的性质

牛油作为一种常见的动物油脂，在物理特性、凝固特性以及加工特性上都有着独特的表现，揭示了其内在规律和加工利用潜力。在物理特性方面，牛油呈现出典型的油脂特性，包括白色至浅黄色的外观、细腻均匀的质地以及较高的脂肪含量。这些特性使得牛油在烹饪中能够保持稳定的口感和风味，为食物增添丰富的口感。

在凝固特性上，牛油表现出一定的温度敏感性。在低温环境下，牛油会逐渐凝固成固态，而在高温下则会融化成液态。这一特性使得牛油在储存和加工过程中需要特别关注温度的控制，以确保其保持适当的形态和品质。

在加工特性方面，牛油具有良好的起酥性和氧化稳定性。在加热过程中，牛油能够均匀受热并易于与其他食材混合，使得烹饪过程更加便捷。同时，牛油的氧化稳定性也使其成为烘焙和制作糕点的理想选择，能够增加食品的口感和风味。

一、牛油的物理特性

牛油生产可采用熬制法、蒸煮法、溶剂法、酶解法等工艺，伴随着加工的进行，牛油的物理特性也会发生相应变化。此外，牛油的宏观物理性质与其脂肪酸、甘油三酯组成密切相关，不同牛油的脂肪酸、甘油三酯组成不同，其表现出来的物理性质，如熔点、硬度等也会不同。

1. 颜色

如图4-5所示,合格的牛油应具有较浅的颜色,液态时牛油呈透亮的浅黄色至黄色,无杂质;凝固的牛油呈白色或者浅黄色,有光泽。而高度精炼的纯净油脂在熔融状态下是无色、无味的液体,凝固时为白色蜡状固体。

牛油颜色深浅按GB/T 22460—2008《动植物油脂 罗维朋色泽的测定》测定,一般用Y(黄值)和R(红值)表示。牛油颜色的影响因素首先在于油脂本身所含的色素。由于青草含有大量脂溶性的类胡萝卜素类色

图4-5 牛油颜色

素,所以牛吃的青草越多,制得的牛油色泽越偏黄,同时牛生脂中含有的类胡萝卜素类脂溶性色素分子,在牛油的加工过程中不饱和甘油酯、蛋白质、糖类等小分子在热加工过程中发生化学反应,产生一部分呈色物质。牛体不同部位的脂肪制得的牛油色泽也有差异,体脂(分割油)牛油色泽深于内脏脂肪(如腰肚油),这也是受牛体中脂溶性色素分布差异的影响。

选料与加工条件也会影响牛油的颜色。生产牛油的原料如果包含大量血水、脏器等,在加热过程中更易产生有色成分而被着色,导致红值升高。牛油热加工特别是在熔炼中若温度过高,油渣焦糊、碳化后将会对牛油的色泽产生巨大的影响,颜色加深甚至呈暗红。牛油精炼过程中脱色工序是为了尽量地减少牛油中的色素分子,使牛油达到应有的色泽标准,但精炼、保存不规范也会使牛油出现返色、着色的现象,使牛油呈现一定的颜色。

如图4-6所示,当牛油过度氧化酸败时,理化指标通常表现为其酸价、过氧化值、丙二醛的升高,在感官更直观地表现为颜色加深、暗黄、凝固性变差、有酸臭、酸败味。牛油的颜色物理特性研究是牛油研究的基本,也为了解牛油内部结构、产品配方设计、质量控制及工艺设计提供了重要依据。

油脂发生酸败,颜色逐渐加深

图4-6 牛油酸败程度与颜色变化

2. 熔点

由于天然油脂都是各种甘油三酯的混合物，所以熔点和凝固点是一个温度范围，其高低与组成脂肪酸的种类有关。例如，油脂的熔点随着所含有的脂肪酸碳链的增长，饱和度提高而提高；所含脂肪酸构型也影响其熔点，如反式结构熔点高于顺式结构、共轭双键结构的熔点比非共轭双键结构的熔点高。因此，牛油相对于植物油而言，饱和脂肪酸含量较高，在室温下常呈固态或固液混合态。

从油脂的晶体物理状态来讲，晶体物理状态发生改变时，存在一个热焓剧变而温度不变的温度点，对于熔化过程来讲，这个温度称为熔点。由于牛油是多种脂肪酸甘油三酯的混合物，熔化时不是固定温度，而是存在一定温度范围，称为熔程。

牛油熔点按照GB/T 12766—2008《动物油脂　熔点测定》测定，如表4-6所示，其熔点范围一般为40～49℃，而滑动熔点为44～47℃，滑动熔点是指脂肪软化并且在敞开的毛细管中能充分流动时的温度，适用于对高饱和脂肪酸油脂熔点的表征。从生理学的角度来讲，脂肪的生理学作用是作为动物的碳源和能量储备，为了能在体温下应用脂肪，就要求脂肪在动物体温环境下呈现液态或者至少是半固态的半流体状态，从这点上来看，过高的熔点或硬度的牛油，对其在人体的消化吸收和生物利用都会产生负面影响。

表4-6　牛油滑动熔点

牛油样品序号	滑动熔点/℃	牛油样品序号	滑动熔点/℃
1	46.3	14	45.6
2	45.2	15	45.4
3	45.6	16	45.6
4	46.4	17	45.7
5	46.0	18	45.5
6	46.1	19	45.8
7	46.1	20	45.1
8	46.0	21	45.2
9	45.6	22	45.0
10	45.3	23	45.1
11	45.1	24	45.0
12	45.8	25	44.9
13	45.7	26	45.1

牛体不同部位的脂肪制得的牛油熔点具有差异：总的来说，牛油的熔点从表皮、肌肉间到肌肉内部、深腹和肾上脂肪是逐步增加。因此，从这些地方获得的脂肪，尤其是肾脏周围的内在脂肪比接近畜体皮下脂肪熔点更高，硬度更高。体表温度一般低于内脏核心温度，因

此为了能在体表温度下进行代谢，皮下脂肪的熔点更低，更软，且相对于体内脂肪，皮下脂肪有着更高的不饱和脂肪含量。据报道，皮下脂肪的饱和脂肪酸含量占总脂肪酸含量的48.7%，而深处于畜体内部的牛肾周围的内脏脂肪则有57.9%的饱和脂肪酸含量。

3. 烟点、闪点及着火点

烟点是油脂在空气中被加热时对其热稳定性进行衡量的指标之一，是指在不通风的情况下，加热油脂至观察到油脂发烟时的温度。牛油的烟点与牛油中所含的游离脂肪酸、甘油一酯、不皂化物等非甘油三酯成分的多少紧密相关，牛油的烟点约为160℃。

闪点是描述可燃物质表面分子随温度变化向空间逃逸能力的物理量。逃逸能力强，在其上方与空气中的助燃气体混合越发容易，可形成燃烧的可能性越大。

牛油的闪点（加热时油脂的挥发物能被点燃且不能持续燃烧的时间温度）约312℃；着火点（挥发物能被点燃且能持续燃烧的时间不少于5s的温度）一般为370℃，油的加热温度应低于闪点10℃。烟点、闪点、着火点是衡量牛油在高温下应用安全性和在高温下化学稳定性的重要指标，当牛油中非甘油三酯成分过多时，烟点、闪点、着火点将会大幅度降低。

4. 硬度

牛油硬度是牛油凝固时表现出的指标，内在的脂肪酸相对含量和外部的环境温度对牛油硬度和质构有着重要的影响，因此，研究牛油的硬度，不仅是在夏季气温高时预防牛油火锅底料的融化变软，也在于如何使牛油火锅底料达到最适的口感。

牛油加工过程中的结晶温度、冷却速率、搅拌和降温、储存温度和时间都会影响脂肪的晶体结构和流变特性，进而影响牛油的硬度。不同部位牛生脂来源的牛油的硬度不同——腰肚油硬度高于分割油，本质上也是脂肪酸饱和度的差异，如表4-7所示，通过质构仪检测大量牛油样品数据得出，在典型的质构检测中，硬度被定义为不同速度下穿透牛油样品的最大力。测定发现，在25℃下，牛油样品硬度61.66~209.15g，不同样品间的硬度指标均存在显著差异（$P<0.05$）。

表4-7 牛油的硬度（25℃）

样品	硬度/g	平均值	变异系数
1	171.56		
2	106.19		
3	148.40		
4	182.13	132.21	33.54%
5	188.05		
6	196.49		
7	209.15		
8	140.59		

续表

样品	硬度/g	平均值	变异系数
9	104.62		
10	93.02		
11	68.23		
12	146.16		
13	125.21		
14	105.27		
15	76.86		
16	151.36		
17	171.91	132.21	33.54%
18	180.83		
19	198.74		
20	138.22		
21	100.59		
22	81.72		
23	61.66		
24	126.07		
25	91.18		
26	73.37		

牛油的硬度也受牛油凝固条件的影响。冯伟玲等研究不同冷却温度下牛油硬度和固体脂肪含量（SFC）测定的变化，指出在一定体积的容器中凝固的牛油的硬度呈现出底部高于上部，四周高于中心的现象，并与油脂熔点、油脂饱和度高低的分布相一致，即熔点高的地方油脂的硬度大，熔点低的地方油脂硬度低；高熔点脂肪酸分布多的地方硬度高，低熔点脂肪酸分布多的地方硬度低。

叶丹等指出在0℃冷却温度下，牛油结晶终点时间长达80min，结晶终点的SFC值最低（80.3%），而-25℃冷却温度下，牛油的结晶终点时间减少至45min，结晶终点的SFC值最高（87%），凝固后硬度显著升高。

5．黏度

如图4-7所示，食物进入口腔后，在牙齿的咀嚼、舌头的搅拌和唾液的溶解下，完整的食品变成小块颗粒物。研究证实，口腔加工既是食物入口后在口腔中分解、消化并吞咽的过程，也是人体感知食物质构和食品风味的过程。口腔加工对油脂风味释放及感知起着至关重

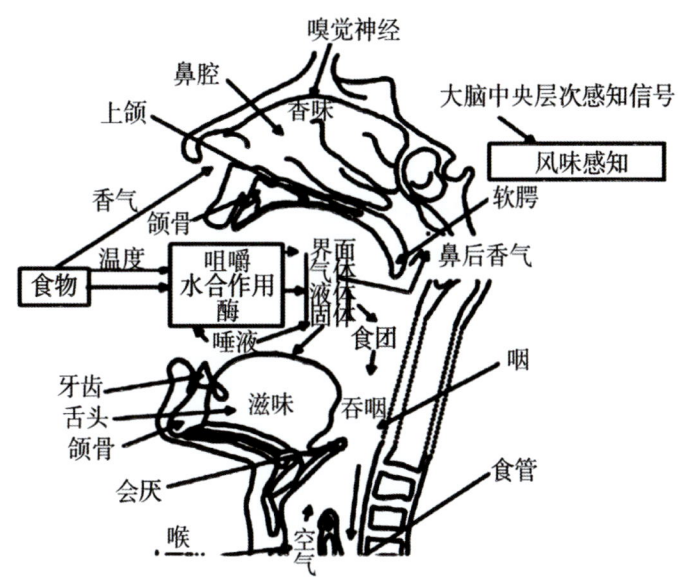

图4-7 食品口腔加工过程

要的作用。油脂在口腔中不断释放风味活性分子，这些活性分子被运输到受体以及黏膜表面进行吸收，当油脂覆盖在舌头、牙齿或嘴的其他部位，与唾液混合后，油脂吸附在唾液蛋白形成的薄膜上，界面的扩大使风味分子或挥发进入鼻腔嗅觉感受器，或传递到特定味觉感受器中。例如，牛油较强的质构对口腔黏膜表面有着更强的相互作用，因此，相较于大豆油，牛油口感更加醇厚、脂肪风味更加浓郁，体验感更强。有报道称唾液可以使甘油三酯水解并释放出可被脂肪受体检测到的游离脂肪酸。因此，脂肪感也被认为是酸、甜、苦、咸、鲜之后的第6种味道。

牛油的黏度也由脂肪酸的链长和不饱和度所决定。在剪切速率为$10s^{-1}$的条件下，测量得到的牛油黏度与人的感知之间有很高的相关性。如表4-8所示，测定发现，在25℃下，黏度在0.055~0.079Pa·s，不同样品间的黏度指标均存在显著差异（$P<0.05$）。

表4-8 牛油的黏度（25℃）

样品	黏度/Pa·s	样品	黏度/Pa·s
1	0.079	12	0.068
2	0.059	13	0.064
3	0.061	14	0.063
4	0.059	15	0.062
5	0.061	16	0.064
6	0.063	17	0.060
7	0.066	18	0.059

续表

样品	黏度/Pa·s	样品	黏度/Pa·s
8	0.063	19	0.059
9	0.063	20	0.061
10	0.060	21	0.060
11	0.058	22	0.059
23	0.056	26	0.055
24	0.057	平均值	0.061
25	0.055	变异系数	7.67%

油脂的流变学性质也能用来表征其外观、结构、硬度、黏度等特性，牛油的黏度较高，有利于食材在牛油火锅烫煮时油脂附着，从而带来牛油特有的口感。

剪切速率、温度影响牛油的黏度。如图4-8所示，在相同条件下，牛油在剪切速率 $0\sim100s^{-1}$ 表现出明显的剪切稀化的非牛顿流体的流变行为，随着剪切速率的增大，其流体黏度逐渐减小并趋于稳定，这主要是因为剪切速率的提高有利于油脂形成一种更加稳定且均匀的流体结构状态。在剪切速率一定时，在50℃、100℃两种温度下，牛油在50℃时的黏度大于100℃的黏度，这是因为随着温度的增加，油脂内部分子的热运动加剧，从而增加了分子之间的流动性，导致分子之间的作用力减小，样品黏度降低。

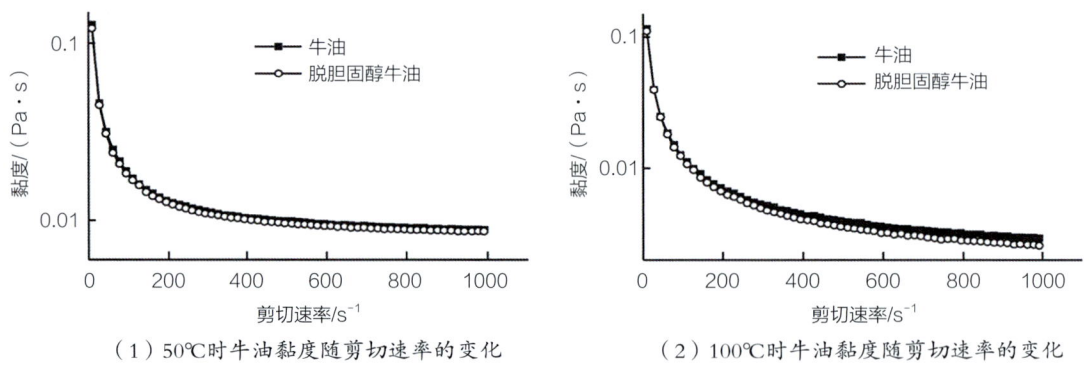

（1）50℃时牛油黏度随剪切速率的变化　　（2）100℃时牛油黏度随剪切速率的变化

图4-8　牛油与脱胆固醇牛油黏度随剪切速率变化的关系

二、牛油的凝固特性

牛油以其独特的凝固特性在烹饪和食品加工中扮演着重要角色。牛油的凝固过程是一个物理变化，不涉及化学性质的改变。在凝固过程中，牛油中的脂肪分子会重新排列，形成更加紧密的晶体结构，从而使整个油脂体系变得更加稳定。

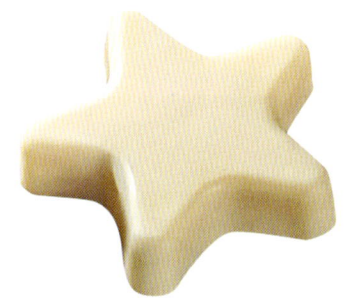  

（1）牛油液态灌装冷冻凝固后状态　　（2）牛油急冷捏合灌装凝固后状态　　（3）牛油自然冷却凝固后状态

图4-9　不同冷却条件下牛油凝固状态

1. 牛油的晶型

当环境温度低于牛油熔点时，熔化状态的牛油会开始结晶。牛油的甘油三酯组成、脂肪伴随物以及结晶环境所处的温度、冷却速率、搅拌剪切情况等因素会显著影响牛油结晶的最终状态。如图4-9所示，分别是液态灌装后冷冻成型、急冷捏合灌装和自然冷却下牛油的凝固状态，呈现出显著差异：液态灌装冷冻成型方式牛油流动性和可塑性较强，成品表面光滑，成型良好；急冷捏合灌装产品成型良好，表面光泽，有浓郁的牛油香气；自然冷却条件下的牛油容易形成鱼子状的颗粒，起砂现象突出，无光泽，松散不易成型；这三种状态都与牛油中甘油三酯的晶型有关。

甘油三酯分子是脂肪晶体网络中最小的结构尺度，不同种类的甘油三酯分子会造成不同模式的晶体堆积，从而出现不同的多晶型，如表4-9所示，当熔化的牛油冷却结晶形成固体时，形成的晶型习惯上用相应的α、β'、β表示，采取哪种形式主要依赖于甘油酯的含量和冷却动力学。一种物质具有多种晶体形态的特性被称为同质多晶现象。需要明确的是，脂肪酸的同质多晶体对熔点没有影响，一种脂肪酸只有一个熔点。

α型为最低熔点、最不稳定的形式。β'型为中等熔点，由非常细微的网络所组成，具有很大的表面积能束缚大量的液体油和液相油滴，因此β'晶型牛油光洁、细腻，具有令人满意的口感。β型为最高熔点，由粗糙砂粒状大晶粒组成，是最稳定的形式，但产品有呈粉状、云雾状，带来不期望的起砂口感。猪油易于形成β结晶，所以猪脂肪颗粒较大、乳化能力差。值得注意的是，β'晶体可自发转化为β晶体，经过一段时间后，细小的结晶将逐渐被大的粗糙的晶体替代。

表4-9　脂肪的同质多晶型、可能的转化及稳定性

晶型	亚晶胞结构	稳定性	晶型大小	特点
α	六方晶型	不稳定	5μm左右	熔点较低 一般熔融的油脂经过高度冷却得到，在油脂的加工初始阶段存在，逐渐转变为β、β'晶型
β'	正交晶型	亚稳定	≤1μm	晶体呈细针状、晶粒细腻
β	三斜晶型	最稳定	25~30μm	熔点最高、晶体较为粗大

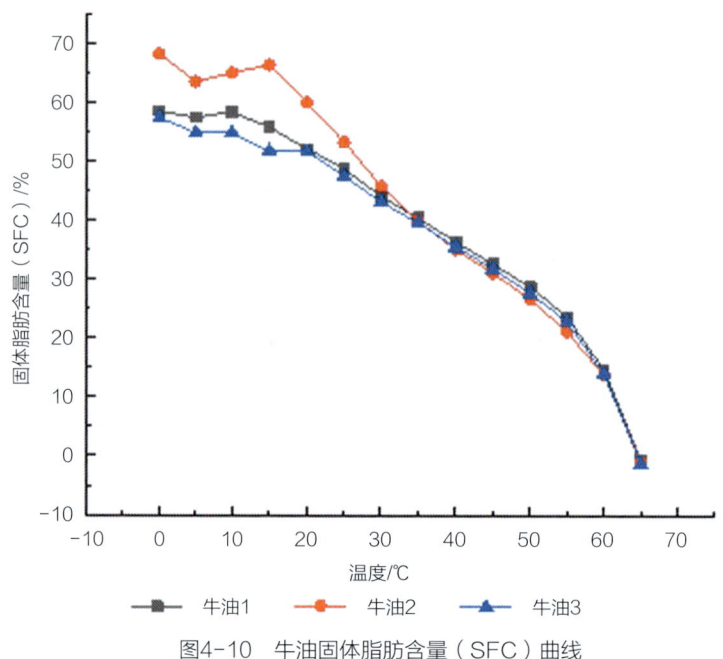

图4-10 牛油固体脂肪含量（SFC）曲线

2. 牛油固体脂肪含量

固体脂肪含量（solid fat content，SFC）是指在一定温度下表现为固态的脂肪含量。对3种牛油样品的固体脂肪含量进行了检测，如图4-10所示，随着温度的上升，牛油的固体脂肪含量呈现先下降（5℃）后略微上升再下降的趋势。可能是因为在5℃左右，牛油的晶核稳定性不强，因此造成了曲线的波动。但是整体而言，随着温度的升高，牛油的固体脂肪含量逐渐降低，在65℃时，牛油全部熔化。

3. 牛油的急冷捏合

牛油的急冷捏合工艺是一种用于改善牛油质地和稳定性的处理方法。在这个过程中，牛油首先过冷却，液态的牛油在过冷条件下先形成极不稳定的非晶质固体（玻璃质固体），急冷捏合中剧烈的搅拌及捏合再将其促进α晶型向β′晶型的转换，形成晶体更加稳定的牛油体系，利用该加工手段提升牛油的硬度，使其温度降低至接近凝固点。然后，通过捏合搅拌装置对冷却后的牛油进行搅拌，使其中的甘油三酯均匀分布，减少分层的现象。

急冷捏合工艺的主要优点是可以提高牛油产品的质量，去除牛油中的硬块颗粒，使其质地更加细腻均匀。此外，急冷捏合还可以帮助牛油在低温下保持稳定的状态，避免因温度变化而导致的油脂分离或凝固。

在生产过程中，可使用急冷捏合设备使牛油达到适合的晶体结构，其工作原理为当牛油缓慢冷却时，发生甘油酯的结晶顺序与它的凝结温度一致，形成粗晶体即β型。而当快速冷却（冷却速度足够快）时，较低熔点、较低稳定性的晶体即β′型的形成渐渐成为可能。

进一步表明，当牛油从急冷设备出来时，它只是部分结晶，还需经过一段时间熟化使结晶继续长大。如果在静止状态下完成结晶，就会形成固脂结晶的网状结构。因此，牛油生产在急冷之后必须采用强烈的搅拌和较长时间的机械加工，以打破形成的网状结构，使细分散的固相晶体进一步分散在液相中形成凝聚结构，这就需要"捏合"。一般来说，脂质在通过捏合机时，因结晶热和由捏合产生的摩擦热使温度上升4~11℃，具体数值依据固体脂肪含量而定。

不同油脂特征性的脂肪酸与甘油三酯差异会显著影响其结晶和熔化特性，为了表征这些差异，在研究上多使用差示扫描量热法（DSC）、X-射线谱等方法。

DSC是油脂研究中最常用的热分析技术，采用DSC能有效反映油脂在程序升温、降温及恒温条件下发生物理变化（结晶、熔化、晶型转变等）或化学变化时的吸热和放热现象，从而推测油脂的物理和化学特性。西南大学食品科学学院的刘琳等探究了牛油的熔化与结晶曲线，得出牛油进行 β-环糊精包合法脱除胆固醇处理后不影响其甘油三酯组分与晶型变化。

三、牛油的加工特性

牛油的加工特性主要体现在其独特的可塑性、起酥性、氧化稳定性上，这些特性对牛油烹饪和加工具有重要的影响和作用。

1. 可塑性

油脂的塑性是指固体脂肪在外力的作用下，当外力超过分子间作用力时，开始流动，但当外力撤去后，脂肪重新恢复原有稠度，表现出固体脂肪具有的抗变形的能力。在室温下表现为固体的脂肪，实际上是固体脂和液体油的混合物，两者交织在一起，用常规方法无法将两者分开。这种脂肪具有可塑造性，可保持一定的外形。

脂肪的塑性主要取决于脂肪的含量、脂肪的晶型和熔点范围。脂肪的含量是指脂肪中的固液比，一般用固体脂肪指数（SFI）表示，固液比适当时，塑性最好；固体脂肪含量过多，则过硬，塑性不好；液体油含量过多，则过软，易变形，塑性也不好。固体脂肪指数与食品中脂肪的功能性密切相关。如固体含量少，脂肪非常容易熔化；固体含量高，脂肪变脆，一般来说，脂肪固体含量在10%~30%。

脂肪的晶型主要表现为 β' 晶型时，可塑性最强。β' 型在结晶时将大量小气泡引入产品，赋予产品较好的塑性和奶油凝聚性质，而 β 型结晶所包含的气泡少且大，塑性较差。

牛油熔化开始与终了的温度相差较大，且硬度随温度的升高而降低，可以赋予产品一定的可塑性，是典型的塑性动物油脂。由于牛油含有的甘油三酯种类较多，易形成熔点适中、颗粒细腻的 β' 晶型，少有后结晶现象，因此牛油的熔化速率较慢，对温度的适应性强，满足加工食品的流动性和延展性要求。

2. 起酥性

牛油具有起酥性，牛油基起酥油持气和酪化作用强，焙烤产品风味厚实，口感酥脆，不易氧化酸败。因此，牛油在起酥油和人造奶油的生产中有着重要的应用。

起酥油是指食用动、植物油脂及其氢化、分提、酯交换油脂中的一种或上述几种油脂的混合物，经过急冷捏合或不经急冷捏合，添加或不添加食品添加剂和营养强化剂制成的固状、半固状或流动状的具有良好起酥性能的油脂制品。油脂起酥的原理主要包括三个方面：其一是油脂具有疏水性，能覆盖于面粉的周围并形成油膜；其二是油脂的隔离作用，油脂使已形成的面筋不能相互结合，形成大的面筋网络，淀粉与面筋之间也不能进一步结合，从而降低了面团的弹性和韧性，增加面团的可塑性；其三是油脂的润滑作用，油脂能层层分布在面团中，起着润滑作用，使焙烤食品产生层次，口感疏松，入口易化。

牛油高饱和度及其恰当的固体脂肪含量，使牛油在室温下具有良好的塑性。牛油的温度适应性强，结晶速度快，后结晶现象少，同时，牛油以POP、POS和PPS为主的甘油三酯组成复杂，易形成细腻的β'晶型，其精细的网络结构可以包裹住气泡，起到持气的作用，有助于保持混合物的塑性和均一性。相比于其他油脂的口感，牛油更加厚重、有明显的糊口感和满足感，同时经高温烘焙后具有典型的风味，留香持久。基于这些特点，牛油在起酥油/人造奶油生产中有悠久的使用历史。

3. 氧化稳定性

在生活中，油脂在不适宜的环境中放置过久，会因氧化产生难闻的"哈喇味"，这种变化称为酸败。酸败的化学本质是油脂水解释放出游离脂肪酸，其中的不饱和脂肪酸易氧化产生过氧化物后再裂解成小分子的醛或酮。而低分子质量的脂肪酸（如丁酸）以及醛和酮常有刺激性异味。

油脂的氧化受到温度、光照、氧气含量、水分和微生物等因素的影响。油脂的氧化也有自动氧化、光敏氧化、催化剂促氧化（如酶、金属离子）以及热氧化降解等类型，其中光敏氧化和催化剂促氧化是自动氧化主要的启动因素。油脂的氧化产物取决于氧化反应条件，在热氧化降解中，氧气存在与否决定了脂肪降解能否发生：无氧条件下，即使受热温度达220℃，脂肪一般也没有明显的降解现象；而在有氧的一般环境条件下进行的食品加工和食品储存通常都会发生脂肪热降解。

目前，脂质的氧化已有多种理论被提出，如经典的自由基链式反应——脂类是通过自由基链式机制发生氧化的，氧化过程经历链引发、链传递和链终止三个阶段。但由于脂质氧化是一个复杂且多路径的生物化学过程，其阶段及其路径中充斥着多种竞争性副反应，这些反应极大地增加了其复杂程度。同时，在氧化过程中，脂质（尤其是不饱和脂肪酸）在氧的存在下，经过一系列酶促或非酶促反应，逐步被氧化分解，典型的自由基链式反应模式过于简单，缺少对各种副反应的表达，因此存在实际观察到的氧化动力学过程和产物分布与链式反应理论不相一致的现象。

当然，除了环境条件以外，油脂的氧化产物也取决于油脂本身脂肪酸的结构。一般认为脂肪酸的氧化速度为多不饱和脂肪酸＞单不饱和脂肪酸＞饱和脂肪酸；顺式脂肪酸的氧化速度大于反式脂肪酸；共轭脂肪酸比非共轭脂肪酸快；游离的脂肪酸比结合的脂肪酸快；sn-1和sn-2位的脂肪酸氧化速度快于sn-3位脂肪酸。此外，不饱和脂肪酸中的C═C易离解形成烯丙基自由基，同时C═C键断裂导致过氧自由基分解生成醛、烃、半缩醛和有机酸等各种挥发性和非挥发性的气味物质。因此，脂肪酸的氧化降解所产生的许多挥发性物质也是牛油风味的重要来源。

牛油的氧化稳定性是油脂抵御自动氧化的能力，即耐贮性。在食品工业中，含较多饱和脂肪酸的牛油具有比其他常见油脂更高的氧化稳定性。当前牛油多用于火锅产业，其在加工及使用过程中需要长时间的加热、水煮，因此更需要关注牛油的热氧化稳定性，以预防、减少在牛油加工和使用过程中有害性氧化产物的产生。朱芳在其硕士论文中对牛油加热不同时长后脂肪酸组成进行了测定，结果显示随着加热时间延长，牛油的饱和脂肪酸含量增加，不饱和脂肪酸的相对百分含量有所降低。加热3h后牛油中具有生理活性的γ-亚麻酸全部发生氧化，α-亚麻酸、顺式油酸分别降低了约70.0%、16.2%，营养价值降低。

综上所述，牛油不仅具有独特的脂香味，而且含有人体所需的营养成分、丰富的脂溶性维生素以及微量元素，这些都是不能用其他油脂所代替的优势。牛油是一种以不同甘油三酯为主体的混合物，甘油三酯中的脂肪酸碳链长度、不饱和程度、双键的构型、位置以及脂肪酸分布不同时，就造成甘油三酯组分在物理及化学性质方面也存在差异，例如牛油的熔点较高，一般在40~49℃，熔化速率较慢，硬度偏高、易于形成颗粒细腻的β'晶型，少有后结晶现象，对温度的适应性强。满足加工食品的流动性和延展性要求。同时具有较强的氧化稳定性，不易氧化酸败，因此，牛油在现代食品工业中有着重要的应用。

然而，也正是因为天然牛油固体脂肪含量高，熔点略高于人体体温，当温度波动时易起砂，从而影响产品的物理性质、风味及口感，因此也限制了其在食品加工行业的大范围应用，导致牛油不能被充分利用。对于此，可以利用油脂改性技术使牛油获得不同的物理和化学性质，改变牛油熔点和结晶形态、延长保质期，还能增加牛油营养成分和附加功能等，拓宽牛油的使用领域，满足牛油在不同食品中的加工利用及适应人体需求。

第三节 牛油的风味

风味是区别牛油与其他食用油脂的特征指标之一，也是不同牛油产品间差异的显著特征，还是评价牛油品质的重要指标。不同品种、不同部位、不同加工工艺得到的牛油风味千差万别；当牛油加工不当、违规储存、超期存放、反复使用等都会导致其风味品质劣化，产生明显的酸败味。

牛油应用于火锅、复合调味料、烘焙等场景时，其风味的特点会影响后端产品的品质，因此探究牛油风味的形成途径、挥发性风味成分、关键挥发性风味物质、牛油评价方法等是非常必要的。

一、牛油风味形成途径

一般牛生脂部分会呈现膻味或者屠宰脂肪特有的生腥味，只有在加热提炼后才会形成令人愉悦的香气物质，牛油熔炼温度通常在100℃以上，在高温环境下牛油原料中的脂肪、蛋白质、糖类之间发生复杂化学反应，形成牛油的特殊风味。这些反应主要包括脂肪氧化、美拉德反应等，而且不同反应的中间体和产物还会彼此反应。

1. 脂肪氧化

牛油中的不饱和脂肪酸如油酸、亚油酸等含有不稳定的双键，相对于饱和脂肪酸来说更易被氧化生成一些氢过氧化物（氢过氧化物是油脂氧化的第一中间产物，本身并无味道），这些反应产物继续反应分解为醛类、酮类、酸类等含有羰基的挥发性风味物质。除此之外，一些含有羟基的脂肪酸经过复杂的脱水和环化最终会生成具有内酯的化合物，产生令人舒服的香气。

脂肪氧化分为三个阶段。

（1）**诱导期** 少量脂肪被光、热或金属催化剂等活化，使其双键相邻的亚甲基碳原子有一个氢原子被解离，形成不稳定的游离基。

（2）**发展期** 当有氧分子存在时，游离基可与氧分子结合生成过氧化物游离基，此过氧化物游离基又与一个脂肪分子反应生成氢过氧化物ROOH和游离基R·。

（3）**终止期** 当游离基与游离基结合，或游离基与游离基失活剂结合，产生稳定的化合物时，反应终止。

2. 美拉德反应

在高温熔炼的条件下，牛生脂上残留的牛肉中含有的蛋白质等氨基化合物能与羰基化合物发生美拉德反应生成氮氧杂环类化合物及类黑色素，氮氧杂环类化合物主要包括吡嗪、吡咯、吡啶、糠醛、呋喃酮等，它们会赋予牛油肉香味、烘烤香以及坚果香；类黑色素是美拉德反应中后期生成的大分子色素物质，它在加深油脂色泽的同时也会提高油脂的氧化稳定性。

美拉德反应过程复杂，简要来说由三个阶段构成。

（1）**初级反应阶段** 氨基和羰基发生缩合加成反应，分子重排后生成风味前体物质。

（2）**中间反应阶段** 风味前体物质经脱水、裂解、缩合等一系列复杂反应后生成风味物质。

（3）**最终反应阶段** 大分子物质——类黑色素形成。

二、牛油的挥发性风味成分

牛油因其独特的风味特点，在食品加工中应用广泛，常被用作火锅、复合调味品等的加工原料，尤其是牛油作为川渝地区火锅的灵魂。此外，牛油因其独特的香气，现在也会被用来制作生产牛油香精，添加到食物中来丰富食物的味道。

牛油独特的风味主要来源于醛、醇、酸、酮、酯类化合物等，牛油中的挥发性风味物质种类繁多，根据现有研究可知牛油中鉴定出的挥发性风味物质有上千种。而这些挥发性风味成分赋予牛油的整体风味主要以油香味、脂香味为主，伴有花果和蔬菜的清香、乳香、膻香、焦香、肉香等，此外还有鱼腥味和辛辣味。牛油的挥发性风味成分复杂多样，各种成分相互作用，共同构成了牛油独特的风味特征。目前，对于牛油风味的研究大都集中在国内，因此本节综述了多位学者（林喆、张杰、吕晓玲、王雪梅、黄玉坤、李贝贝、王仲礼等）研究成果，结果表明牛油中常见的风味物质种类有醛类、醇类、酸类、酮类、杂环类、烷烃类、酯类，以下将对不同的种类进行简单介绍。

1. 醛类

醛类是油脂中重要的挥发性风味物质，其中中等链长度（$C_6 \sim C_{12}$）的挥发性醛，对油脂风味有重要的贡献。油脂中醛类物质的阈值较低，易于嗅闻，通常表现为青香味、柑橘味、豆腥味、坚果味、脂香味、金属味等香味，烯醛类物质主要表现为动物油脂味、油味、油炸味。

醛类由不饱和脂肪酸经过脂肪氧化酶或裂解酶的作用而产生，主要分为饱和醛、单烯醛和双烯醛。根据脂质降解的机制，醛可以由氢过氧化物的β裂解和烷基自由基的进一步反应形成：首先过氧键发生断裂，产生烷氧自由基；然后烷氧自由基的含氧碳两侧的碳碳单键发生β剪切反应，如在羧基（或酯）一侧裂解，并从邻近分子抽氢和重排，则形成酸（或酯）和醛；如在烃基侧裂解，则能产生烷基自由基，它可以继续发生过氧化反应生成新的氢过氧化物，通过过氧键断裂和脱氢重排生成醛。醛的饱和性取决于氢过氧化物所含碳碳双键的位置与数量，进一步来说，取决于脂肪酸所含碳碳双键的位置与数量，也就是说，饱和醛的含量与油酸相关，不饱和醛与亚油酸、亚麻酸，甚至含有更多碳碳双键的脂肪酸相关。除此之外，氨基酸与二羰基化合物发生的Strecker降解反应可以产生比原氨基酸少一个碳的醛，如苯甘氨酸产生的苯甲醛，亮氨酸和异亮氨酸产生的2-甲基丁醛和3-甲基丁醛等。

如表4-10所示，归纳总结各位学者前期的研究，牛油中常检出的醛类化合物有23种，主体风味呈脂肪味、油脂味、清新味、果香味等，都是牛油的主流风味特点，说明醛类化合物对牛油整体风味的贡献最大。

表4-10　牛油中常见的醛类化合物

化合物名称	气味描述
己醛	青草味
庚醛	清新味
辛醛	脂肪味
壬醛	清新味
癸醛	柑橘味
戊醛	杏仁味
十一醛	油脂味
十二醛	柑橘味
苯甲醛	苦杏仁味
异戊醛	巧克力味
2-庚烯醛	—
2-己烯醛	—

续表

化合物名称	气味描述
2-十一烯醛	—
(E)-2-戊烯醛	清新味
(E)-2-己烯醛	清新味
(E)-2-庚烯醛	脂肪味
(E)-2-辛烯醛	脂肪味
(E)-2-壬烯醛	黄瓜味
(E)-2-癸烯醛	脂肪味
(E)-2-丁烯醛	花香味
(E,E)-2,4-庚二烯醛	脂肪味
(E,E)-2,4-癸二烯醛	油炸味
(E,E)-2,4-壬二烯醛	脂肪味

2. 醇类

醇类可由酯类物质水解产生，也可由Strecker醛还原生成，而Strecker降解是美拉德反应的途径之一，所以说醇类物质也是牛油中的主要风味物质。醇类物质的气味类型丰富，如草香味、花香味、肥皂味、脂肪味等，在油脂中的阈值不高，不容易感知。

如表4-11所示，牛油中常检出的醇类物质有15种，而主体的风味特点是果香味、脂香味，说明醇类物质为牛油主要贡献清新的果香味，醇类物质在牛油的香气成分中占比约为5%；总的来说醇类物质的含量不是很高。

表4-11 牛油中常见的醇类化合物

化合物名称	气味描述
正戊醇	脂香味
正庚醇	脂蜡香、果香味
己醇	果香味
糠醇	焦糖味、焙烤味
正辛醇	油脂味、柑橘味
1-辛烯-3-醇	蘑菇味、薰衣草和干草香气
(E)-庚烯-1-醇	—
2-乙基环己醇	—
2-甲基-3-戊醇	—

续表

化合物名称	气味描述
四氢芳樟醇	—
2-乙基己醇	—
芳樟醇	—
α-松油醇	—
2-十二烷醇	—
5-甲基-2-呋喃甲醇	—

3. 酸类

酸类物质大多由酯类水解产生，是牛油中较易被嗅闻到的气味成分，它们通常与几种让人不愉悦的描述有关，如酸臭味、汗臭味、膻味等。

如表4-12所示，根据多位学者的前期研究显示，牛油中常见的酸类化合物有11种，这些物质的风味特点是酸味、汗臭味、乳酪味等，而且上述风味的相互作用还能形成牛油的膻味。牛油的膻味物质主要来源于脂肪的氧化分解，主要与短链低级挥发性脂肪酸（如己酸、辛酸、癸酸）有关，尤其是癸酸成分对牛膻味的影响最为显著。此外，牛油中的支链脂肪酸（如4-甲基辛酸）和硬脂酸也可能与牛膻味的产生有关。

表4-12 牛油中常见的酸类化合物

化合物名称	气味描述
己酸	辛辣味、汗臭味
庚酸	汗臭味
辛酸	腐败味
壬酸	干酪味
乙酸	酸味
丁酸	汗臭味
丙酸	酸干酪味
5-己烯酸	—
癸酸	腐臭味
月桂酸	—
肉豆蔻酸	—

4. 酮类

酮类物质通常由不饱和脂肪酸氧化、脱羧基作用形成。酮类分为二酮类、烯酮类，二酮类是美拉德反应初始阶段的产物，具有浓烈的黄油香气；烯酮类是脂类氧化的产物，有青草的芳香味，酮类物质一般呈现清香味，味道持续时间较久，但是酮类物质风味阈值较高，不易被嗅闻到。

如表4-13所示，根据多位学者前期研究显示，牛油中常见的酮类物质有8种，风味特点是果香味。

表4-13 牛油中常见的酮类化合物

化合物名称	气味描述
2-壬酮	果香味
2-庚酮	果香味
2-十三酮	牛膻味
2-哌嗪酮	—
2-戊酮	—
3-羟基-2-丁酮	乳香味
仲辛酮	花香味、草香味
2-癸酮	—

5. 杂环类

杂环化合物是一类重要的风味化合物，其一般由美拉德反应生成，此外醛类化合物也可通过羰氨反应形成对肉风味有贡献的杂环类物质。杂环化合物通常与食品热处理时体系内复杂的反应相关，所呈现出的味道多种多样，多数与焙烤味、烤香味、肉香味等有关。杂环化合物主要有呋喃、吡啶、吡嗪类等。

呋喃是一种含氧五元环，是油脂和热加工食品中普遍存在的杂环化合物，具有青香味、豆腥味等。吕晓玲等发现在毛牛油、脱酸牛油、脱色牛油中均检出了2-戊基呋喃，它是一种典型的呋喃类物质，可被视为脂质氧化的标志物，而且Min等还研究了亚油酸生成2-戊基呋喃的单线态氧氧化机制，包括脂肪酸的氧化、4-羟基-2-烯醛的形成和脱水，在脱水过程中形成了呋喃环。

吡啶是一种一个含有氮杂原子的六元杂环，2-戊基吡啶具有青香味，在油脂中的阈值较低，仅为0.005mg/L，说明其易于被嗅闻。2-戊基吡啶被认为是氨基与2,4-癸二烯醛热反应的典型产物，氨基酸的氨基与 2,4-癸二烯醛的醛基缩合，然后进行电环反应和芳构化，便形成了吡啶环。

吡嗪是1、4位含两个氮杂原子的六元杂环化合物，是最常见的美拉德反应杂环化合物，通常具有烤香、爆米花香、马铃薯香、可可香等。美拉德反应产生氨基酮化合物，氨基酮化合物相互作用可以形成吡嗪环的基本结构，再与不同的醛类进行反应，经脱水重排后生成不同的吡嗪物质。

如表4-14所示，牛油中的常见杂环类化合物有11种，分别是吡嗪、吡啶、嘧啶、呋喃、噻唑等，风味特点是烤香味、坚果味、肉香味等。在团体标准T/TIC 020—2024《酶解牛油》中，约定了酶解牛油的特征香气包括2-甲基吡嗪等几种吡嗪类物质，说明酶解型牛油在其生产工艺中利用了美拉德反应。

表4-14　牛油中常见的杂环类化合物

化合物名称	气味描述
2-戊基呋喃	青香味、豆腥味
2-戊基吡啶	青香味
2-甲基嘧啶	—
2-甲基吡嗪	—
2-乙基吡嗪	—
2,5-二甲基吡嗪	咖啡味、烤香味
2,3,5-三甲基吡嗪	烤坚果香、巧克力味
2-乙酰基吡嗪	坚果香、肉香味
2-乙酰基呋喃	坚果香味、乳香味、焦糖味
2-乙酰基噻唑	爆米花香
3-羟基-2-甲基吡啶	—

6. 烷烃类

烷烃类物质产生比较复杂，一些有味道的烷烃化合物可能来源于脂质的热降解产物，还有可能是来源于烷基自由基氧化或类胡萝卜素的分解过程中。

烷烃类物质大多香气较弱或无气味，对牛油呈香几乎无太大贡献，但是烷烃类是形成呈肉香味的杂环类风味物质的重要中间体，在无香型和淡香型牛油中均浸出了呈柠檬香、橙香的右旋花二烯（分别为2.92%、8.02%），表明烃类化合物中的右旋萜二烯可能对淡香型牛油的清淡香气做出了较大贡献。

李贝贝采用HS-SPME-GC-MS的方法对9种品牌牛油的挥发性风味物质进行鉴定，共检出12种烷烃类物质，但是由于其阈值较高，不易被嗅闻到，所以对牛油整体风味贡献度不高，对风味起到间接的促进作用。

7. 酯类

酯类物质大部分是脂质代谢过程中生成的羟酸和醇类物质的水解而生成的，也是牛油中酯类化合物的主要来源。

酯类化合物多有特殊气味且具有调味作用，它为主要为牛油提供水果清香、花香和蜂蜜味。

如表4-15所示，根据多位学者前期研究显示，牛油中常见的酯类化合物有13种，其中8种有一定的风味，其特点是花香味、果香味、甜香味、焦糖味等。

表4-15 牛油中常见的酯类化合物

化合物名称	气味描述
γ-己内酯	药草清香、焦糖甜香
丙位庚内酯	椰子香、焦糖甜香
丙位辛内酯	甜果香、燕麦面包香味
甲酸庚酯	花香、果香、甜香
乙酸芳樟酯	花香、果香、甜香
乙酸苏合香酯	花香、果香、甜香
乙酸松油酯	甜香
乙酸橙花酯	花香
乙酸香叶酯	—
乙二醇月桂酸酯	—
丙氨酸乙酯	—
棕榈酸甲酯	—
邻苯二甲酸二异丁酯	—

三、牛油的关键挥发性风味成分

通过前文所述的关于牛油中挥发性风味成分参考文献中所展示的研究结果，将牛油中的关键风味物质集中列于表4-16所示。研究结果显示，牛油中关键风味物质种类是醛类物质，其中，辛醛、壬醛、(E)-2-辛烯醛等十分常见，在牛油挥发物总量中分别占0.1%～1.0%、0.1%～2.0%、0.01%～0.5%。酯类化合物多有特殊气味且具有调味作用，它对增加牛油香气可能具有重要的作用，在牛油挥发物中，丙位庚内酯是常见的酯类挥发物，其相对含量一般介于0.1%～5.0%。大部分醇类化合物含有令人愉快的香气，其中不饱和醇类物质阈值较低，对风味贡献较大，但是在牛油中检测出的醇类大都为饱和醇，说明醇类对牛油风味贡献较小，在牛油中常见的醇类为1-辛烯-3-醇和芳樟醇，其相对含量均在5%以内。酸类物质大多由酯类物质水解产生，通常给人以酸味、汗臭味等感受。研究发现，乙酸等对牛油膻味有重要贡献，杂环类物质通过美拉德反应或氨基酸分解途径产生，该类物质在浓香牛油中种类较多，主要提供焦糖甜香和坚果焙烤的焦香风味，如2-正戊基呋喃对牛油整体风味也具有一定贡献，其在牛油风味物质中的相对含量一般介于1%～3%。

综合前期的研究可知，牛油中OAV值≥1的关键性风味化合物有醛类、酸类、醇类、杂环类，说明这四类物质是构成牛油风味重要成分，并且醛类物质占主导地位。

表4-16　牛油挥发性风味物质的香气活性值

化合物	阈值/（μg/kg）	香气特征	可能对应的感官属性
(E)-2-壬烯醛	0.09	黄瓜味	脂香味、清新味
壬醛	3.10	清新味	脂香味、清新味、乳香味
(E)-2,4-壬二烯醛	0.20	脂肪味	脂香味、焦香味、清新味、乳香味
(E)-2-辛烯醛	2.70	脂肪味	脂香味、清新味
(E)-2-癸烯醛	2.70	脂肪味	脂香味、腥味、清新味、乳香味
(E,E)-2,4-癸二烯醛	2.30	油炸味	脂香味、焦香味、清新味
癸醛	2.60	柑橘味	脂香味、焦香味、清新味、乳香味
辛醛	0.7	脂肪味	脂香味、清新味、乳香味
己醛	4.5	青草味	脂香味、清新味、乳香味、焦香味
庚醛	3	清新味	脂香味、清新味、乳香味、焦香味
月桂醛	112.50	脂蜡味、果香味、天竺葵味、草本味、泥土味	脂香味、清新味、乳香味、腥味
十二醛	1.07	柑橘味	脂香味、乳香味
十一醛	5	油脂味	脂香味、乳香味
异戊醛	0.35	巧克力味	清新味、乳香味
1-辛烯-3-醇	2.36	脂蜡味、黄瓜味、花香味、蘑菇味、泥土味	脂香味、清新味、乳香味、蘑菇味、腥味
芳樟醇	2.40	青香味、花香味、薰衣草味、柠檬味、玫瑰味	清新味、乳香味
庚醇	3	柑橘味	油脂味、辛辣味
十二醇	410.00	脂蜡味	脂香味
乙酸	—	酸味	膻味、汗酸味
丙位庚内酯	400	奶油味、椰子味、坚果的焦甜香味	焦香味
2-正戊基呋喃	19.00	黄油味、花香味、果香味	乳香味
2-乙酰基吡嗪	0.40	焙烤味、烤玉米味、烤麦片味	焦香味、乳香味、干草味
2-乙酰基噻唑	4.00	坚果味、爆米花味、烤肉味	焦香味、乳香味、烤香味

四、牛油风味的评价方法

风味是人们摄入某种食品后产生的一种感觉，主要通过嗅觉和味觉感知。对于牛油来说，气味对风味的贡献尤为重要。这不仅是因为人类的嗅觉灵敏度要远大于味觉，更是因为牛油的气味是判定其品质指标之一，是影响消费者选择的重要评价标准。

牛油因其浓郁独特的香气而受到消费者的喜爱，对其风味组成的分析也从未间断。目前对风味物质的评价方法可分为三类：感官评价方法、仪器分析方法以及分子感官科学技术。

1. 感官评价法

感官评价是人们用来测量、分析及诠释食品及原料当中那些可被他们的视觉、嗅觉、触觉及听觉所感觉到的特征反应的学科。

感官评定的原理起源于生理学和心理学，生理学即是气味分子通过气味结合蛋白到达气味感受器，与气味感受器在多种酶作用下发生反应产生信号分子，通过特定的通路传递至大脑，并在大脑中接收和处理；而心理学上的感官评定难以量化，必须通过测量两个刺激之间的最小可觉差建立一种相对的测量单位。

感官评价法主要有描述性分析、三角检验法、成对比较、二-三点法、二-五点测试、排序法、评分法、偏好测试等。其中描述性分析和三角检验法常用于牛油风味的感官评价。

（1）描述性分析　描述性分析（descriptive analysis evaluation）是要求评价人员将感官所能感知到的风味特征，用专业术语形成对产品的客观描述。这就要求检验员不但对样品的风味描述词足够熟悉，必要时还需要对风味的强度有所掌握。Song等采用描述性感官分析对使用不同氧化程度牛生脂制成的牛肉香精进行分析，得到中等氧化程度的牛生脂美拉德反应效果最好，这一结果得到了GC-MS和电子鼻分析的验证，证明描述性感官分析能够作为可靠的香气评价方法。

如图4-11所示，王雪梅等研究发现浓香牛油和老火锅牛油的感官风味描述词有脂香味、膻味、乳香味、焦香味、腥味、肉香味、清新味、酸败味、蘑菇味、干草味；此外采用适合项勾选法（CATA）后得到浓香牛油的风味感官特点是脂香味、膻味和焦香味；老火锅

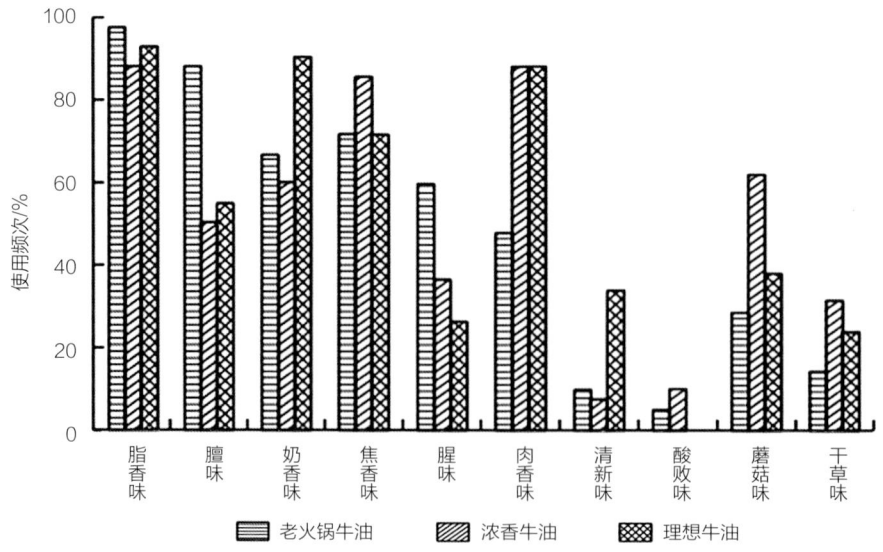

图4-11　在CATA实验中老火锅牛油、浓香牛油和理想牛油的感官属性的使用频率

牛油的风味感官特点是脂香味、焦香味、肉香味。

（2）三角检验法　三角检验法（triangle test）是向测试者提供3个编号的样品，请测试者选出其中不同的一个或相同的两个，由于其选择正确的概率为1/3，表明其较高的敏感度，因此常用于风味成分的阈值测定。Jia等和Yu等都曾采用这种方法来确定油脂中风味物质的阈值。

虽然感官评价是香气评价中必不可少的部分，但也存在一定的局限性：风味感官分析对评价人员有一定的要求，实验成本高；实验时间长，无法获得及时反馈；对气味的分析停留在感觉层面，不能从物质角度分析气味本质等，即感官分析无法全面地评价物质的气味。在实践过程中，三角检验法被广泛应用于测试样品与标准样品或者留样之间的风味差异性、相似度等。

2. 仪器分析法

构成牛油风味的物质复杂多样，所以采用完善系统的研究方法，对牛油的风味物质进行提取、分离、富集，然后使用现代分析仪器对其进行定性、定量是非常必要的。

（1）风味物质的提取、分离和富集方法　目前风味物质的提取方式是基于香气成分的溶解性或挥发性，如溶剂萃取法、蒸馏法、顶空捕集法、吸附萃取法（固相微萃取法）。

①溶剂萃取法：溶剂萃取法是根据各组分在两个互不相溶的液相中溶解度的差异来实现分离。常见的是浸提法（direct extraction，DE）、超临界流体萃取法（supercritical fluid extraction，SFE）。其中超临界萃取法是一种使用CO_2作溶剂来萃取样品中热敏性物质的方法，它能够很好解决溶剂萃取中溶剂峰影响的问题。

Ohnishi等使用二氯甲烷从牛生脂或含甘氨酸的牛生脂中萃取挥发性风味物质，经气相色谱-质谱联用仪（GC-MS）鉴定出15种烷烃、12种烯烃、13种醛、13种酮、12种醇、11种烷基环己烷和10种含氮化合物。

②蒸馏法：蒸馏法是根据混合液体或固-液体系中各组分的沸点不同，使沸点低的组分先蒸发再冷凝，从而实现整个组分分离。常用的是同时蒸馏萃取法（simultaneous distillation and extraction，SDE）、溶剂辅助风味蒸发法（solvent assisted flavor evaporation，SAFE）。

SAFE是一种常用的风味物质提取方法，它能够提升一些低挥发性呈香物质的提取效果，但对于高脂质含量的基质，SAFE对于风味物质的提取效果不佳。Engel等研究发现SAFE对于脂质含量为50%的基质中的许多风味物质的回收率不超过40%。

③顶空捕集法：顶空捕集法是利用气相对样品挥发性成分进行提取分离的无溶剂萃取技术，是将一定量的样品基质放于顶部有一定空间的容器中，然后在一定的条件下（温度、压力条件）收集容器顶部含有目标物质的平衡态气体，从而实现挥发性成分的富集、提取。分别是静态顶空分析法（static headspace extraction，SHS）、动态顶空萃取法（dynamic headspace extraction，DHS）。

黄玉坤等利用电子鼻结合HS-SPME-GC-MS对三种不同香型的牛油中的风味化合物进行了调查，并采用相对气味活性值（ROAV）来探索造成不同香型牛油风味差异的原因。

④固相微萃取法：固相微萃取法（solid phase microextraction，SPME）属于吸附萃取法，它是近30年发展起来的一种快速、无溶剂的样品前处理技术，SPME装置形状类似于一个微

量进样器，由萃取头（fiber assembly）和手柄（holder）两部分构成。根据有机物与溶剂之间"相似相溶"的原理，利用萃取头表面的色谱固定相的吸附作用，将组分从样品基质中萃取富集起来，完成样品的前处理过程。

（2）仪器检测风味物质　风味物质提取完成后就要借助高精密仪器对其进行定性、定量分析。常见的是气相色谱-质谱联用法（GC-MS）、全二维气相色谱-质谱联用法（GC×GC-MS）。

①GC-MS：GC-MS是一种将气相色谱和质谱相结合的方法，能够快速鉴别出不同物质，具有高灵敏度、高选择性的特点。

冯伟玲采用活性炭吸附和加热升温两种方式从牛油中筛选特征风味化合物，采用顶空固相微萃取及气相色谱-质谱联用（HS-SPME-GC-MS）方法测定挥发性物质，综合分析得出26种物质可作为牛油风味改善的研究参考物质。

虽然GC-MS能够有效鉴定食品中挥发性物质，但其无法确定化合物的气味特性和对风味感觉的贡献度，并且分析耗时较久，因此需要继续探究新的方法。

②GC×GC-MS：GC×GC-MS是一种新兴的食品风味检测方法。全二维气相色谱由Liu等于1991年提出，它在一维气相色谱的基础上对挥发性物质进行二次分离，因此具有高灵敏度、高峰容量、高分辨率。当GC×GC串联质谱后，仪器不仅能提供样品挥发性物质的二维轮廓图，还能够借助质谱谱库快速定性，因此非常适合用于挥发性物质的定性表征。Stilo等使用GC×GC-TOFMS法测定了橄榄油中的挥发性物质；Adahchour等使用SPME联用GC×GC-TOFMS法测定了黄油中的挥发性组分。

虽然GC×GC-MS是一种快速、简便的挥发性风味物质检测技术，但其局限性与GC-MS相似，无法确定化合物的气味特性和贡献度。

3. 关键香气活性化合物的鉴定

关键的香气活性化合物，又称强效气味物，是食品中挥发物的复杂混合物中的一小部分，影响食品的整体气味。而全面研究食物中的所有气味是困难及昂贵的，因此在进一步深入分析（定量分析、比较分析、相关分析等）前，有必要确定最有效的关键香气活性化合物。目前常用的方法是稀释分析法、气味活性值、香气重组。

（1）稀释分析法　稀释分析法分为香气提取物稀释分析（AEDA）和动态顶空稀释分析（DHDA），是气相色谱-闻香器（GC-O）检测技术中较常用的分析方法，通过对所提取浓缩液的逐步稀释，然后通过GC-O对各稀释梯度样品进行评估并描述气味，直到不能闻到气味为止。计算每种化合物的香气稀释因子（FD）的值（即可以闻到气味的最大稀释比例），根据FD值的大小来确定关键香气活性化合物。

①AEDA：AEDA是在1993年由W. Grosch教授团队提出的，它已被应用于评价许多食品的香气特征，如橄榄油、黄油、瑞士干酪、加热牛肉、面包、啤酒、绿茶等。

AEDA就是使用溶剂以一定的稀释度（$1, n, n^2, n^3$等）来稀释挥发性组分，每次稀释后的样品由3名经验丰富的评价员进行GC-O分析，每个评价员至少接受两年间每周一次的GC-O培训，直到GC-O不再检测到这种香味物质的存在则停止稀释。通过AEDA可决定每种香味化合物的香气稀释因子（FD），即初始提取物中香味化合物的浓度与最大稀释后提取物中该化合物浓度的比值。一般来说FD越大，则化合物的浓度或香气强度越大，即具有较高FD因子的化合物被认为是更重要的。

②DHDA：DHDA是为动态顶空制样（DHS）设计的一种香气稀释分析方法，可用于食品顶空挥发物提取物中关键的香气活性化合物的鉴定。在一个典型的操作过程中，样本是放置在一个密闭容器中的。在平衡（水浴循环）后，样品分别以恒定的流量以n、n^2、n^3……min的氮气流吹扫。被Tenax捕集的香气活性化合物被热解吸下来后注入GC-MS进行分析，气相色谱毛细管柱流出物在质谱与嗅闻端口之间1∶1分流（体积比）。

某一化合物的FD因子是这样确定的，即在一个稀释度（1，n，n^2，n^3等）下没有一位评价员可以检测到化合物在嗅觉检测器口的气味。GC-O一般由3名受过训练的评价员进行操作。

（2）气味活性值（aroma active value，OAV） OAV是香气物质的浓度与其阈值的比值，阈值是一个参数，即能嗅到该物质的最小浓度。当化合物的比值≥1，则认为该化合物对其香气有作用；当0.1≤OAV＜1时说明它是重要风味物质；即OAV值越大，对整体香气的贡献度就越大。OAV已被广泛应用于水果、干酪、葡萄酒等中的重要香气活性化合物的测定，其中FD因子和OAV是衡量各化合物在食物整体香气中作用的两个主要参数。

$$OAV = \frac{C_i}{OT_i} \qquad (4-1)$$

式中　C_i——化合物的含量，μg/g；
　　　OT_i——该化合物在对应的食品基质中的嗅觉阈值，mg/kg。

（3）香气重组　在进行AEDA时，香气化合物在工作过程中会有一些损失，因此在AEDA之后应该进行更可靠的定量实验和香气重组实验。

在一个典型的AEDA鉴定气味活性化合物步骤后，需要对最重要的气味（例如，FD＞16）进行定量分析，并对OAV进行计算并进行关键香气化合物对整体香气的贡献度评价。然后，利用样品中测定的浓度中的所有量化香气化合物（OAV＞1）制备香气模型。最后根据OAV（从低到高）逐一缺失气味物，得到一系列不完全香气模型，并对完整模型的两个样本进行评价。

缺失试验可用于评估单个气味对整体香气的贡献，这种方法被称为分子感官科学。

4. 分子感官科学技术

分析风味单纯依靠感官或仪器都是片面的，如果只依靠感官分析，则无法从分子层面对其进行客观定性定量，而单一的仪器分析，会忽略物质给人带来的主观感受，因此结合感官与仪器分析的结果，二者互为佐证，才能对物质的风味进行较为全面的了解。

气相色谱-闻香器（GC-O）是一种将气相色谱的分离能力与人类嗅觉结合起来的仪器，在1964年由Fuller等首次提出改装。GC-O的诞生标志着食品风味研究领域的一个突破，它能够辨别气味活性化合物，并在一定程度上确定不同气味活性化合物的贡献程度，最重要的是，它提供了一种量化感官特征的方法。GC-O是一种适宜用于分析风味活性物质的方法，但其也有不足，对香气物质定性定量效果不佳，需结合频率法、稀释法以及质谱等方法和仪器来弥补不足。

随着研究的深入，感官与仪器的结合分析逐渐延伸成了分子感官科学，分子感官科学是分析化学、感官评价科学多学科交叉的系统科学，核心是在分子水平上定性、定量和描述风味，精确构建食品的风味重组物。分子感官科学主要包括风味物质的鉴定、感知阈值的确定、对整体风味的贡献度的评定及它们之间交互关系的描述等。

王丽金等使用分子感官科学的概念和手段，通过GC-O-MS明确了不同部位牛生脂所制牛油中的关键香气活性化合物。

Sun等利用分子感官科学分析四种市售牛油火锅底料，发现其中牛油部分的关键风味有2-糠硫醇、2-乙酰噻唑、茴香脑、(E)-2-癸烯醛、1,8-桉叶醇。

基于上述研究实例，说明分子感官科学技术是鉴定和分析牛油中关键风味物质组成的一种非常有效的方法。

五、牛油风味的影响因素及控制措施

牛油风味物质形成过程复杂，受到多种条件的影响，例如，不同生产厂家的牛油选用的牛的品种不同，取自牛不同的部位，以及加工工艺会影响产香反应的反应程度；储存、运输条件不同，使得牛油产品氧化程度上会有所差异，这种差异会影响到中（$C_6 \sim C_{12}$）长碳链醛等氧化产物的种类和含量而决定牛油的风味。

1. 牛的品种

生产牛油所使用的牛生脂均分割于被屠宰的肉牛，而我国养殖的肉牛种类繁多，例如，本土品种鲁西黄牛、秦川牛、蒙古牛、晋南黄牛等；还有引入的品种西门塔尔牛；此外还有我国的特有品种牦牛。

现在关于牛的品种对于风味研究处于薄弱状态，对于牛品种与风味的关系尚未见报道，但是对不同地区的牛油风味有相关的研究。根据牛油生产企业的经验所得，不同品种的黄牛牛油均呈脂香味、油香味，而牦牛油的膻味较重，水牛油的乳香味更浓。

林喆结合SPME-GC-MS分析了蒙古牛、奶牛、黄牛、牦牛牛生脂熬制不同牛油的风味成分，认为(E)-2-戊烯醛、(E)-2-己烯醛、(E)-2-庚烯醛、(E)-2-辛烯醛、(E)-2-壬烯醛、(E)-2-癸烯醛、(E,E)-2,4-庚二烯醛、(E,E)-2,4-癸二烯醛、(E)-2-十一烯醛等对脂香味和肉香味的形成具有重要贡献；辛醇、己酸、庚酸、辛酸、壬酸、癸酸、月桂酸对牛膻味有重要贡献。结合GC-MS-O的分析结果分析，可初步判断不同品种牛的牛生脂熬制牛油的特征性风味前体物质为己醛、庚醛、辛醛、壬醛、癸醛、己酸、癸酸、肉豆蔻酸、(E)-2-戊烯醛、(E)-2-己烯醛、(E)-2-庚烯醛、(E)-2-辛烯醛、(E)-2-壬烯醛、(E)-2-癸烯醛、(E,E)-2,4-庚二烯醛、(E,E)-2,4-癸二烯醛、(E)-2-十一烯醛、1-己醇、1-庚醇、1-辛醇。推测长链脂肪酸以及长链酰胺的降解产物也能为牛肉风味的形成做贡献。

2. 原料部位

根据前面章节的介绍可知，牛油的原料根据来源部位的不同可分为腰油、肚油、肠油、分割油等，采用相同条件熔炼不同部位牛生脂得到的牛油风味差异显著。

王丽金等研究发现牛腰油和牛肚油呈现明显的乳香味、甜味、油脂味；牛分割油呈现明显的膻味和汗酸味，其中以膻味最为突出；牛肠油呈现出明显的汗酸味、膻味与油脂味。

王冲等通过研究牛腰油、肚油和分割油的风味，发现牛油挥发性风味成分以醛类、酸类为主，分割油较高的不饱和脂肪酸占比使其产生的挥发性风味成分丰富并具有较高的酯类、杂环类占比，所以呈现多层次的风味；腰油中挥发性风味成分总量最高，其高含量的醛类、酸类为其带来膻味和脂肪味；肚油中醛类含量占比显著，达到59.90%，表明其脂质氧化裂解程度高，香型更突出和集中。

3. 加工工艺

在牛油风味形成的过程中，对脂肪氧化、降解以及美拉德反应有影响的因素都能够影响牛油风味的形成，例如牛油中甘油三酯组成成分、氧化体系中微量成分、抗氧化剂、金属离子以及氧化温度等都是牛油脂质氧化裂解产生香味特征的挥发性物质和非挥发性氧化产物的影响因素。

牛油加工过程中的不同加工工艺直接决定牛油的风味品质，包括熔炼工艺、油渣分离方式、精炼工艺、精炼程度以及储存条件等。

（1）熔炼工艺　牛脂肪组织含有丰富的蛋白质和脂质等物质，是牛油炼制过程中形成独特的牛油风味的物质来源。

牛生脂熔炼前要对其进行破碎处理，而破碎后粒径大小会影响牛油的风味。冯伟玲研究发现随着原料脂肪组织切割粒径的增大，风味化合物种类和峰面积减小。原料处理粒径由1cm变到2cm时，油脂风味物质种类不变，峰面积总量从8.15×10^7变为7.62×10^7，减少了6.6%；粒径由2cm变到4cm时，油脂风味物质种类减少6种，降低了9.5%，峰面积总量从7.62×10^7变为7.19×10^7，减少了5.7%。在该研究中，原料处理粒径为1cm是最理想的切分尺寸，粒径在1~2cm时牛油风味物质种类以及风味物质的含量呈现较好趋势，粒径大于3cm时，风味物质的种类和含量明显降低。

如图4-12所示，殷永玲等采用传感器载荷分析（LA）、主成分分析（PCA）、线性判别分析（LAD）不同熔炼参数对牛油风味的影响，结果表明熔炼参数对牛油风味的影响程度是炼制温度＞炼制时间＞炼制压力＞炼制时加水量。

郭坤伦研究了牛油在不同炼制温度下风味的变化，其主要内容概述如下。通过图4-13可知，牛油的乳香味、膻味、油脂味、甜味、焦香味、汗酸味和哈败味的气味强度在熔炼终温140℃时较弱。随着熔炼温度的升高，乳香味、膻味、油脂味、甜味和焦香味的气味强度在155℃时达到了最高。进一步的，如图4-14所示，熔炼温度在140℃和145℃，牛油中的醛类、醇类、酸类、酯类和杂环类的含量较低。当温度升高到150℃时，这些化合物的含量明显增加。随着熔炼温度的升高，牛油的乳香味、膻味、油脂味、甜味和焦香味在155℃时达到了最高。研究分析在熔炼的过程中以脂肪酸为前体物质，高温促使其氧化成氢过氧化物，再进一步裂解生成多种醛；而随着熔炼温度的不断升高，酸类物质的含量无显著性变化。通过计算气味活性值，明确了熔炼过程中影响牛油风味的18个关键气味化合物，包括(E)-2-辛烯醛、己醛、辛醛、庚醛、辛酸、戊醛、壬醛、(E)-2-庚烯醛、丁酸、(E,E)-2,4-癸二烯醛、苯甲醛、(E)-2-壬烯醛、1-辛烯-3-醇、2-正戊基呋喃等。

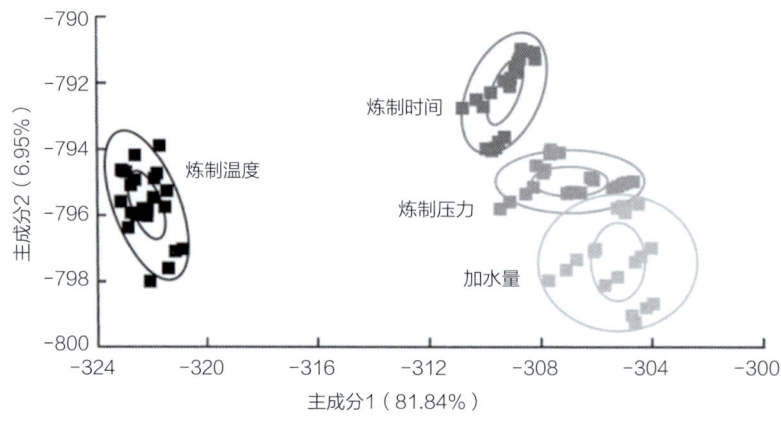

图4-12 不同炼制条件下牛油电子鼻LDA图

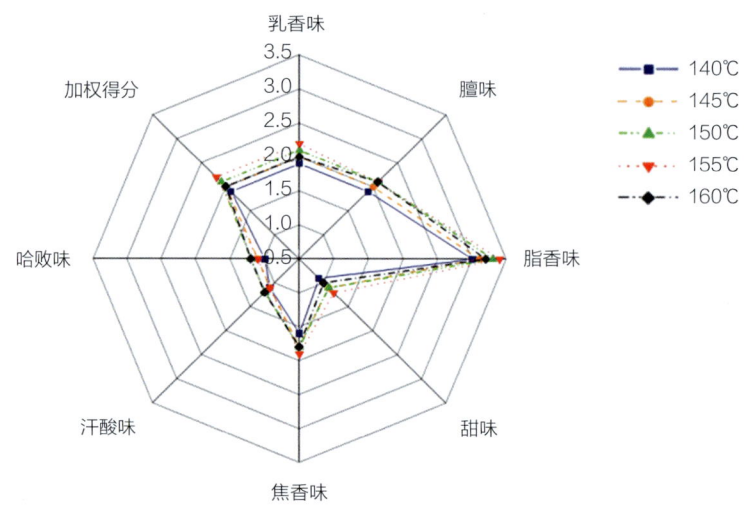

图4-13 牛油在不同熔炼温度下的香气轮廓

不同种类的牛生脂的最佳熔炼温度有差异,其中肚油在145℃熔炼后香气品质最佳;腰油在150℃下熔炼的香气品质最佳;肠油在155℃下熔炼的香气品质最佳;分割油在145℃下熔炼的香气品质最好;统货在155℃下熔炼香气品质最佳;综合分析可得在140~160℃下熔炼得到的牛油中香气化合物的种类最丰富、含量最高、香气更浓郁。

(2)油渣分离方式 牛生脂熔炼结束后,在较高温度下用离心、过滤和压榨等手段进行油渣分离以去除牛油中的不溶性杂质。在此期间,牛油的风味也会发生一定的变化:其一牛油会继续发生脂肪氧化产生香气物质,其二牛油中原有的香气物质会散失。

郭坤伦等对牛油炼制中油渣分离工艺对牛油风味的影响,分别取经过振动筛分离、立式离心分离、卧螺离心分离后牛油进行风味分析,综合感官评价和SPME-GC-O-MS分析,结果如图4-15和图4-16所示。经过叶片过滤器和板框过滤器分离后,牛油中的乳香味、膻味会有所降低，脂香味、甜味、焦香味以及汗酸味基本保持不变。在深加工油渣分离方式中，叶片过滤使得牛油的甜香味增加得更多，板框过滤使得牛油的膻味降低得更多。经过叶片过滤器后，牛油的香气化合物含量没有显著性变化；经过板框过滤后，醛类和酸类化合物的含量显著增加。二者相比，叶片过滤器对牛油原有的香气保留效果较好。

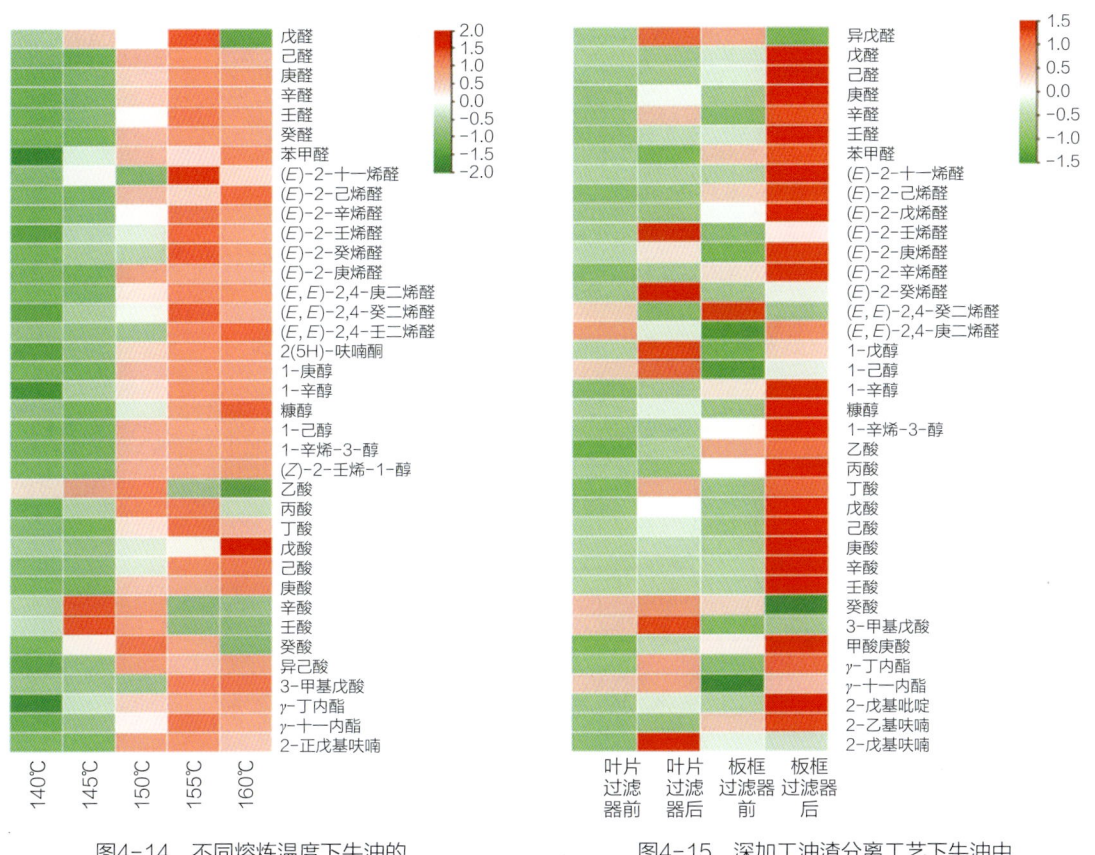

图4-14 不同熔炼温度下牛油的气味化合物含量变化热图

图4-15 深加工油渣分离工艺下牛油中气味化合物含量热图

（3）精炼工艺和精炼程度 牛油的精炼包括脱胶、脱水、脱色、脱酸、脱臭等，精炼工艺的方式和精炼程度都会影响牛油的风味变化。

吕晓玲等采用HS-SPME-GC-MS对精制各阶段牛油的挥发性物质进行分析，各个阶段的挥发性风味总离子流如图4-17所示，风味图谱差异显著；分别在毛牛油、脱酸牛油、脱色牛油、精制牛油中测得54、56、63、26种挥发性物质，说明牛油随着精制工艺的进行，其挥发性风味物质会逐渐减少。

该研究指出毛牛油含较多醇类、烃类、酮类和酸类物质，牛油经脱酸、脱色处理后，醇类物质种类发生较大变化，且相对百分含量减少；醛类物质的种类和含量随精制工艺的进行先升高后降低，脱酸牛油中的醛类物质含量达到最高。

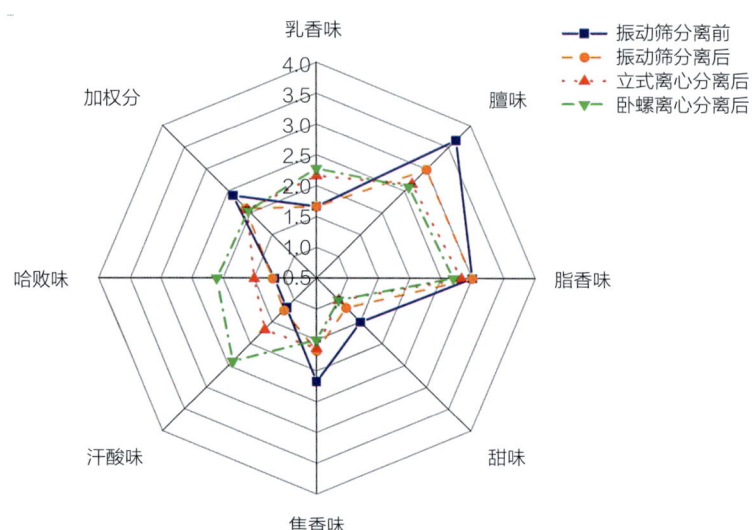

(1)振动筛、立式离心分离、卧螺离心分离后牛油风味变化

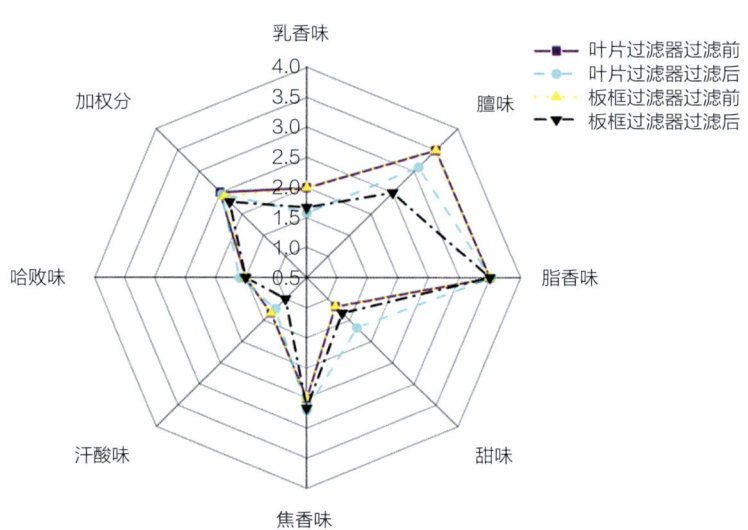

(2)叶片过滤器和板框过滤器过滤后牛油风味变化

图4-16 不同装置油渣分离后风味变化

吕晓玲等推断牛油在精制过程中,其挥发性风味的变化主要表现在正面、消减两个方面。

①正面作用:精炼工艺后牛油原有的不良气味物质被有效除去,如图4-18所示,具有杂醇油气味的正戊醇,在毛油和脱酸、脱色油样中均有检出,而在精制牛油(经脱臭)中并无检出;呈油腻味的4-甲基己醛,仅在毛油中有检出;具有刺激性及难闻气味的丁酸经精制过程逐渐降低,在精制牛油中无检出;作为脂肪氧化产生异味的2-庚酮在精制牛油中也无检出。

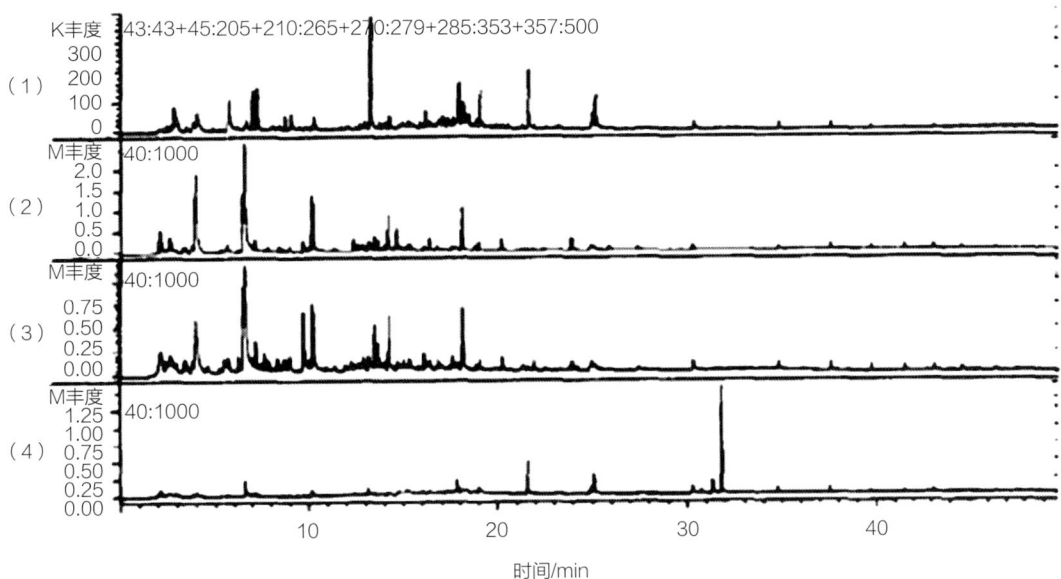

图4-17 （1）毛牛油、（2）脱酸牛油、（3）脱色牛油、（4）精制牛油的总离子流对比

②消减作用：精制工艺对油脂原有优良风味物质消减作用，如图4-19所示，具有类似黄瓜样青香香气并具牛生脂底蕴脂肪风味物质顺-2-壬烯-1-醇仅在毛牛油中被检出。牛生脂加热香气风味物质顺-2-庚烯醛在精制牛油中无检出；具有苹果、梨、香蕉和奶油等香型调香功能的丁酸丁酯在精制牛油中无检出；具有脂肪香和内酯香气的2-正戊基呋喃的相对含量在最后的精制阶段大幅下降。

疏松多孔的活性炭或活性白土是牛油精炼过程中常用的吸附剂或脱色剂，研究表明，活性炭或活性白土在吸附杂质的同时，也会吸附牛油风味化合物，导致风味的变化。

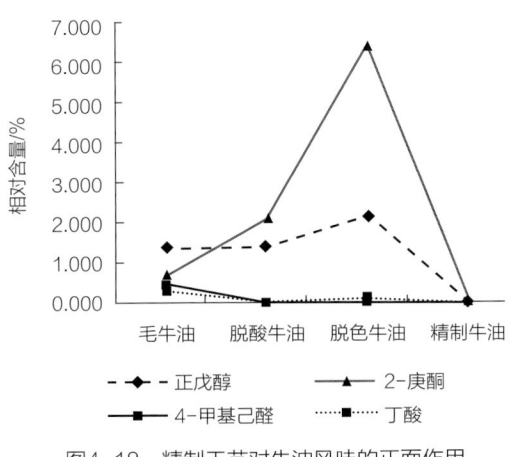

图4-18 精制工艺对牛油风味的正面作用

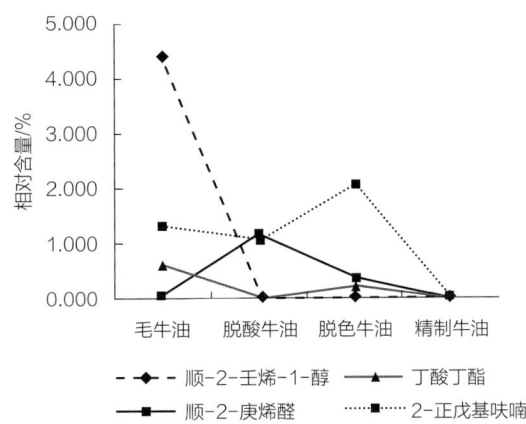

图4-19 精制工艺对牛油风味的消减作用

如图4-20所示，冯伟玲研究发现随着活性炭吸附时间的延长，牛油挥发性风味物质的种类、数量以及牛油的感官评价均不断降低。

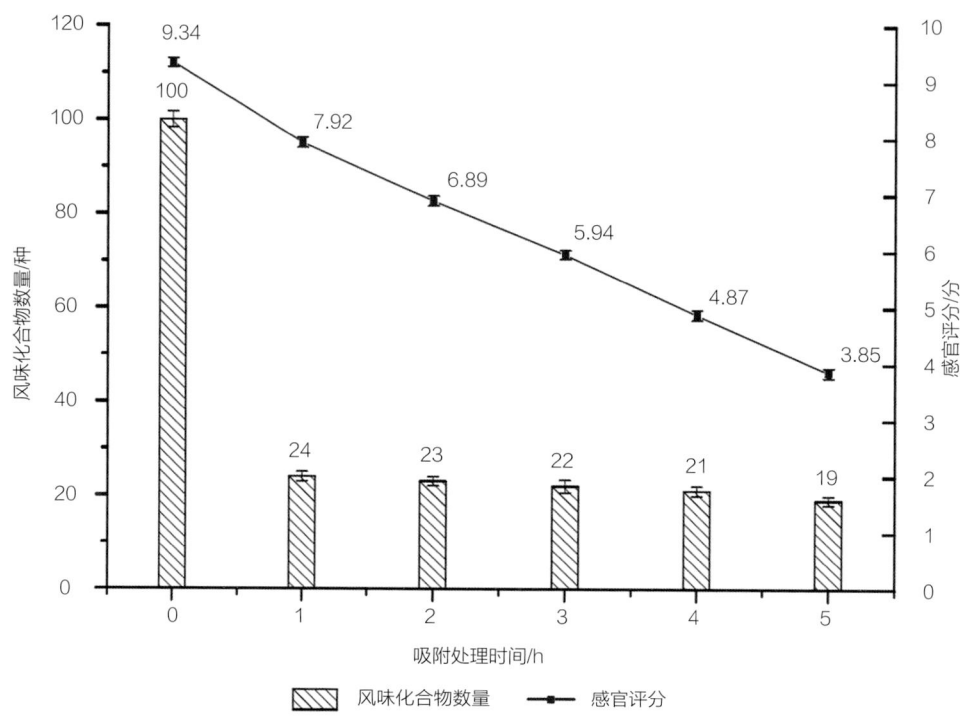

图4-20 活性炭吸附处理过程牛油风味感官结果随吸附处理时间的变化

（4）储存条件　牛油在储存期间，其风味会因为温度、光照、氧气等环境因素而发生变化，首先是牛油特有的、为人所喜爱的风味往往在储存期间会慢慢消散；然后如果储存不当或者超出保质期会产生如哈喇味等令人不愉快的气味，该气味经常与牛油的氧化酸败有关。

秦雅丽对比4℃和25℃储存条件下牛油的风味变化，结果显示，4℃时牛油中辛醛、2-(E)辛烯醛、1-辛烯-3-醇、2-戊基呋喃、2-戊基吡啶随储存时间延长而增加，乙酸、2,4-(E,E)-壬二烯醛呈减少趋势；25℃时牛油中辛醛、1-辛烯-3-醇、2-戊基呋喃、2-戊基吡啶呈增加趋势，2,4-(E,E)-二烯醛、乙酸反之；在1个月内4℃和25℃的储存效果相差不大，而3个月后4℃下牛油中的总体强度得分分别由3.43分下降至3.22分，25℃下牛油得分下降至2.56，说明在4℃下储存风味稳定性更高。

如图4-21所示，郭坤伦等研究60、70、80、90、100℃的储油罐中牛油的风味变化可知随储存时间的增加，乳香味、膻味、脂香味、甜味和焦香味的风味感知降低；汗酸味增强；而且随着储存时间的增加，牛油整体风味得分在不断降低。

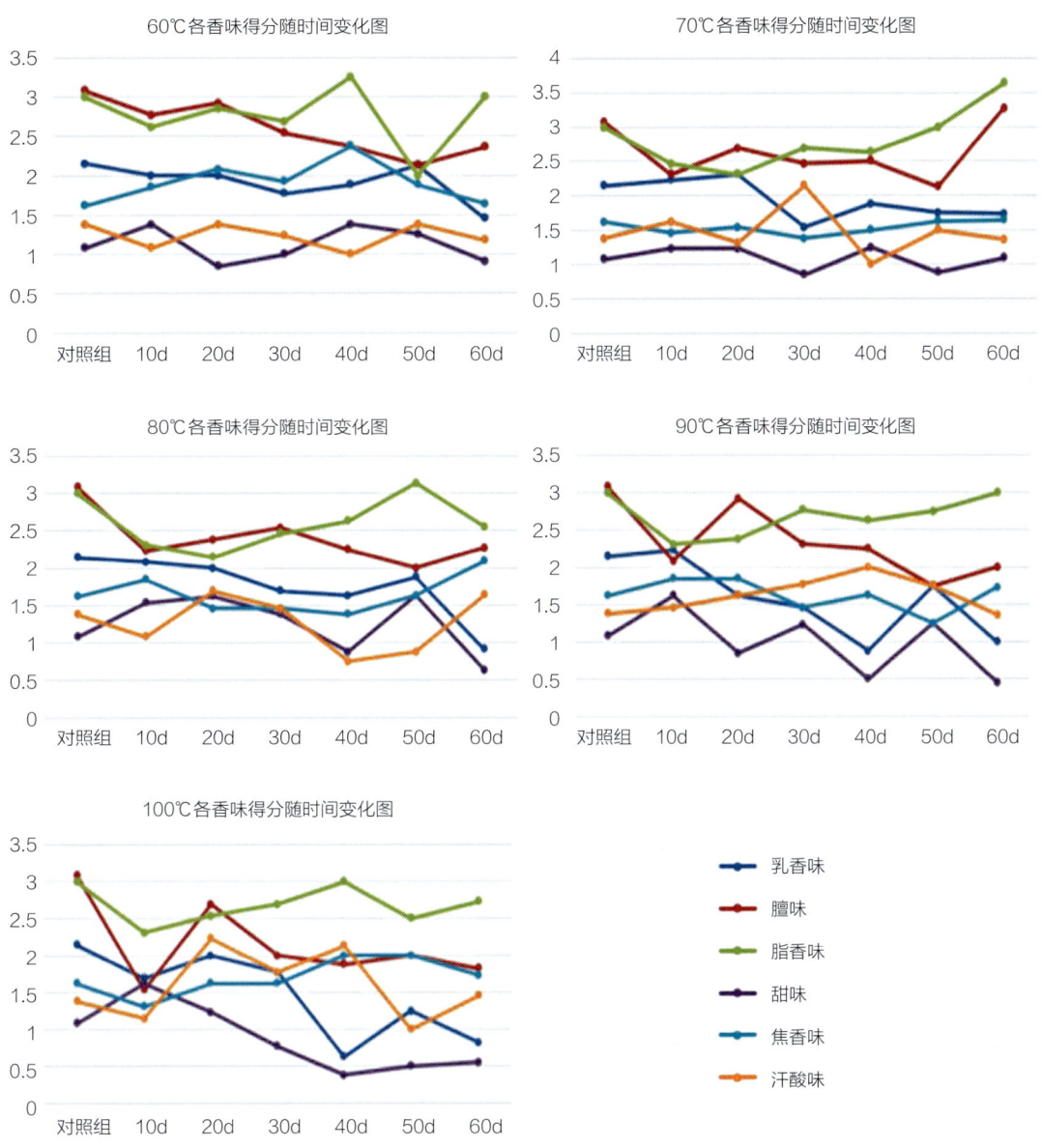

图4-21 储油罐中不同温度、不同储存时间牛油的香气轮廓

六、牛油风味指纹图谱

指纹图谱技术是用于描述和区分复杂体系中各种成分特征的有效手段。在牛油风味指纹图谱的构建中，我们通常采用气相色谱-质谱联用（GC-MS）技术对牛油中的风味成分进行精确地分离和鉴定，进而构建出全面反映牛油风味特性的指纹图谱，揭示其风味组成的变化规律。

在牛油风味指纹图谱中，我们识别出了一系列关键风味成分，包括特定种类的脂肪酸、醛类、酮类、酯类以及含硫化合物等。这些成分在含量和比例上的变化，直接影响着牛油的整体风味。通过指纹图谱技术，我们对牛油中的风味成分进行了深入的分析。我们发现，不同来源、不同加工方式的牛油，其风味成分的种类和含量存在显著差异。这些差异不仅体现在主要风味成分上，还反映在微量风味物质上，这些微量物质虽然含量较低，但对牛油风味的形成却具有不可或缺的作用。

牛油风味指纹图谱的构建和应用，对于牛油工业生产具有重要的意义。首先，它能够帮助我们更准确地评价和比较不同牛油产品的风味品质，为消费者提供更优质的产品选择。其次，通过图谱分析，我们可以优化牛油的加工工艺和配方，提升产品的风味特性。此外，指纹图谱技术还可以用于牛油的溯源和真伪鉴别，保障消费者的权益。

1. 指纹图谱

"标准指纹图谱"是指在固定的分析方法（包括仪器配置、操作条件、色谱柱及分离条件等）下，能够稳定、真实、全面地反映分析对象个性特征的唯一性图谱。

指纹图谱技术研究是建立在现代仪器分析、数学统计手段以及计算机模拟方法的基础之上的。通过有效的质量控制模式和信息处理技术对食品挥发性风味物质进行检测鉴定，可以得到能够得到标志该产品特征的图像或者图谱。这些图像或图谱就好比每个人的身份证或者指纹具有代表性和专一性，因此被形象地称之为指纹图谱。指纹图谱能够比较全面、直观地展示出产品的优缺点，对产品的综合性和整体性进行评价。

整体性是指纹图谱的基本属性，同时指纹图谱还具有准确性、稳定性、重现性、有效性、实用性等特征。随着样品前处理技术和检测分析技术的发展，食品指纹图谱的表现形式会越来越多样化，在肉制品、植物油和果蔬等食品的质量控制和产品识别以及环境分析、医学诊断和药物分析等领域广泛应用，在食品中应用较为广泛的就是食物的香气指纹图谱。

（1）整体性　香气指纹图谱是一种可以直观地表征食物中不同香气成分物质含量的图表。它建立在大量研究样本体系的基础上，强调同一物种群体内的整体相似性，反映的质量信息是综合的。

（2）准确性、稳定性　香气指纹图谱基于食品的固有风味品质特性，运用HS-SPME/GC-MS、SPME/GC-O-MS、GC×GC-O-MS等精密仪器检测得到，具有准确性和精密性高、特征性和稳定性强的特点。因此，指纹图谱能有效解决牛油风味成分众多且不易定性或定量这一难题，更科学地应用于牛油分析和质量控制。

（3）重现性　香气指纹图谱不仅依赖于先进的分析技术，而且还与数学统计手段以及计算机模拟的方法学密切相关，通过大量基础工作建立的食品质量指纹图谱具有有效的重现性。

（4）有效性　食品风味成分分析多采用气相色谱—质谱联用（GC-MS）法。气相色谱具有分离效率高、分析速度快、受外界影响较小、稳定性好等特点，质谱能够快捷而灵敏地在线提供指纹图谱中主要成分的化学结构信息，是建立食品挥发性风味成分指纹图谱的有效方法。

（5）实用性　香气指纹图谱结合多种手段技术能够获得食品化学成分、香气成分的特征谱图，是食品产地鉴别、真伪鉴别、优劣鉴别的有效工具，还可用于生产过程的质量控制：追踪化学成分的变化、监测各批次产品质量的一致性和稳定性。

2. 构建风味指纹图谱的方法

目前，构建风味物质指纹图谱的方法主要包括固相微萃取技术、气相色谱-质谱联用技术、气相色谱-质谱-嗅闻法、电子鼻技术。

（1）固相微萃取（SPME）技术　固相微萃取（SPME）技术是一种高效、简便且无需溶剂的样品预处理技术，广泛应用于环境、食品、医疗等领域痕量物质的分析。该技术基于涂有固定相的熔融石英纤维，能吸附并富集样品中的待测物质。SPME集采样、萃取、浓缩、进样于一体，大大加快了分析检测的速度。

SPME的萃取头涂层有多种固定相，如图4-22所示，如液体（聚合物）、固体（吸附剂）或二者混合。萃取头装在保护针口中并装在外观像注射器的支架上。萃取头接触样品时，样品中的分析物将从样品基质分配到固定相中，直到建立平衡为止。萃取头涂层通过吸收（液体涂层）或吸附（固体涂层）从样品中提取化合物。规定的萃取时间过

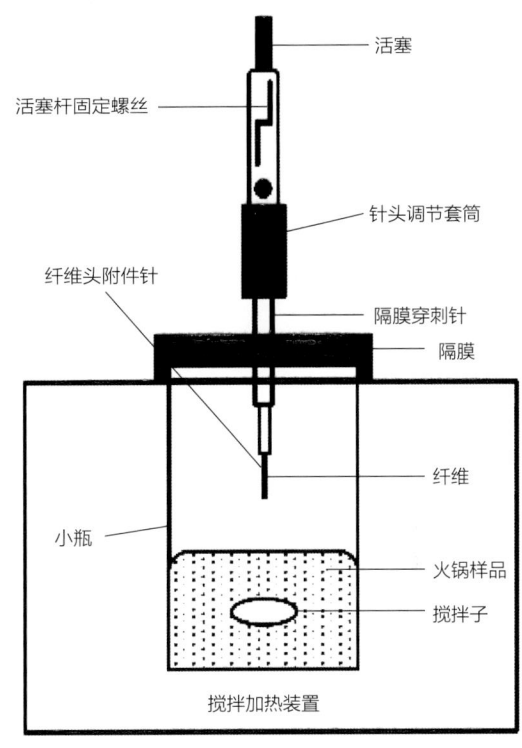

图4-22　顶空固相微萃取装置

后，移出萃取头并直接插入色谱仪（通常为气相色谱或液相色谱仪），以进行解吸和分析。这种技术特点对食品风味成分，尤其是痕量成分的检测具有明显的技术优势，在实际研究中得以替代传统的顶空技术（head space，HS）、氮气扫捕集法、固相萃取、同时蒸馏萃取法和超临界流体取法等技术。

（2）气相色谱-质谱联用（GC-MS）技术　气相色谱法（GC）是分析化学领域中发展最快、应用最广的分析方法之一。这是因为现代色谱法具有分离和分析两种功能，能排除组分间的相互干扰，逐个将组分进行定性、定量分析。而且还可以制备纯组分。因此，食品的气味指纹图谱构建过程中，色谱法尤其是GC-MS联用是首选的方法气相色谱虽然具有很强的分离和分析化合物能力，但它对未知化合物定性能力差，而质谱（MS）对未知化合物具有独特的鉴别能力，几乎能检出全部化合物并能给出相应的结构信息。

因此将气相色谱较强的分离能力与质谱仪的鉴定物质的能力相结合，组成气相色谱-质谱联用仪，能完成对于气味指纹图谱的构建工作。首先气相色谱将食品中挥发性气味物质分离成一种纯物质或2~3个组分的混合物，是质谱理想的"进样器"；然后质谱可以弥补气相色谱所用检测器的局限性，例如，热导检测器（TCD），电子捕获检测器（ECD）等，质谱更精确地鉴定了食品中挥发性组分，是气相色谱理想的"检测器"。

（3）气相色谱-质谱-嗅闻法（GC-O-MS）　GC-O-MS通过将特征色谱峰与多组分挥发性混合物相关联，从而对食品中的挥发性呈味物质进行测定。GC-O是根据香味化合物中的

香味强度或对总体香气的贡献来进行排序的，它可以解决MS在检测香味化合物时遇到的一些难题。

GC-O-MS的原理就是在气相色谱柱末端安装分流口，分流样品组分一部分进入质谱检测器，另一部分进入嗅闻检测仪中。流入质谱检测器中的组分经分析后得到相应的色谱峰，流入嗅味检测仪的组分由人进行嗅觉识别，通过气味评价员对闻到的挥发性气味记录与检测器测测得的色谱峰相结合，从而获得对食品气味的关键挥发性成分。

（4）电子鼻（Electric Nose）技术　电子鼻是模仿人和动物的鼻子，被用于分析、识别、检测复杂气味和挥发性成分的新型器，与常用的分析仪器（如色谱仪、光谱仪等）相比，电子鼻具有客观、准确、快捷地评价气味，并且重复性好的特点。电子鼻的气味感知部件往往采用多个具有不同选择性的气敏传感器组成阵列，利用其对多种气体的交叉敏感性，将不同的气味分子在其表面的作用转化为方便计算的与时间相关的可测物理信号组来实现混合气体分析。电子鼻已被广泛应用于食品品质测定中，国内外一系列研究表明，电子鼻是对食品挥发性气味分析的客观"嗅觉"仪器，能够辅助专家快速地对食品品质进行系统化与科学化的气味监测、鉴别、判断和分析。

3. 牛油风味指纹图谱

指纹图谱在医学领域起步早，已经形成了系统的体系运作与图谱的建立；而食品指纹图谱是在近十几年内才开始起步，并且不断发展。

因此将风味指纹图谱分析与感官评价技术的相结合，除了能有效地评价牛油的风味特点，可以用于牛油品牌、产地、香型、掺假鉴别等方面的判别，也能对火锅牛油的共性和特性进行整体的反映，为火锅牛油风味定制化提供重要方向。实现火锅牛油风味的数字化控制，为新产品的研发和规范化生产，为行业标准的制定提供技术支撑。为促进牛油产品质量稳定提供理论支撑，也为牛油的鉴别、风味定向生产提供了强大的数据支撑。

大量的中外文献研究表明，截至目前还没有形成系统的牛油风味指纹图谱，目前关于牛油风味的研究还是处于碎片化、区域化的研究。

森态牛油与北京工商大学的产学研合作项目，通过收集大量牛油样品的风味数据，初步建立了小部分的牛油风味指纹图谱，其方法如图4-23所示。

如图4-24和图4-25所示，该项目在72个牛油样品中共检测到74种香气化合物，其中包含23种醛类、6种酮类、8种醇类、15种酸类、11种酯类、9种杂环类和2种其他类。

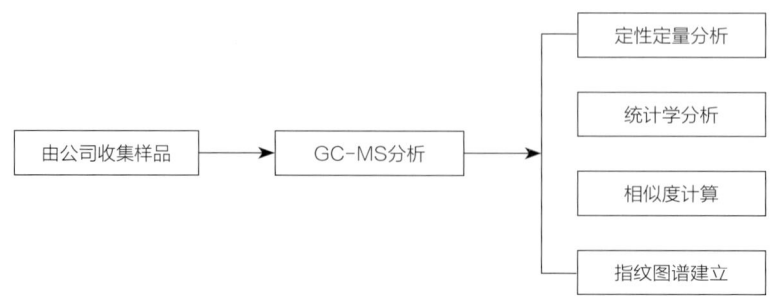

图4-23　牛油风味指纹图谱建立方法

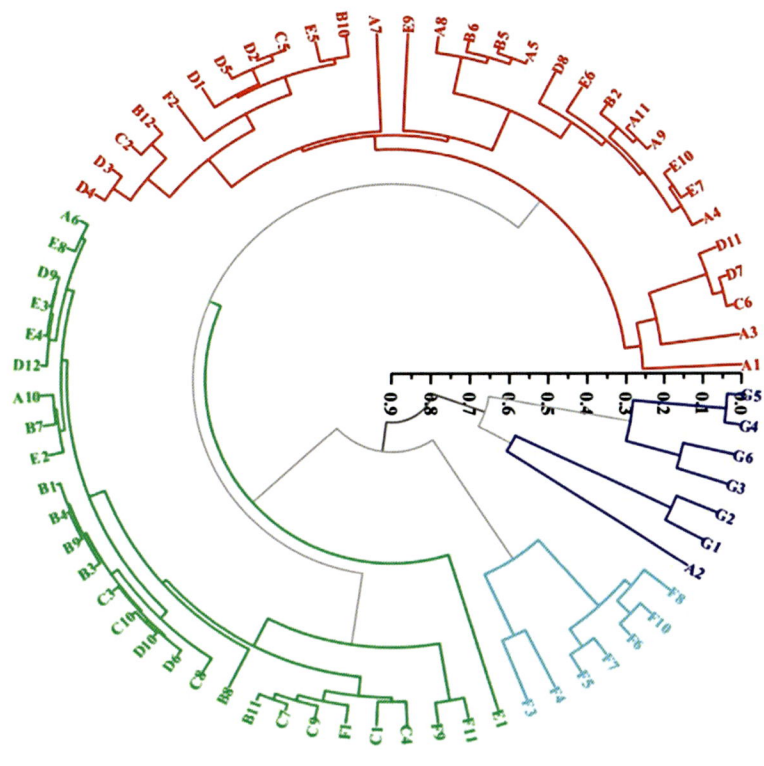

图4-24 牛油聚类分析

根据结果分析,脂肪味的壬醛、杏仁味的苯甲醛、脂肪味的辛醛、干酪味的丁酸和清新味的壬酸等化合物是所有牛油中共有的成分,它们是牛油香气的基本组成。

郭坤伦根据聚类分析将72个牛油样品分为4大类,其不同类型的风味特点是:

(1)类型Ⅰ:**样品的烤香味和甜味更加浓厚** 可可味的2-甲基丁醛和糠醇、巧克力味的异戊醛、蘑菇味的1-辛烯-3-醇、果味的γ-十二内酯、肥皂味的(E)-2-庚烯醛和十一醛、烤马铃薯味的6-甲基-2-乙基吡嗪、烤坚果味2,6-二甲基吡嗪等香气化合物的含量相对偏高。

(2)类型Ⅱ:**样品呈现强烈的清新味和果味** 黄瓜味的(E)-2-壬烯醛、清新味的1-庚烯-3-醇、2-丙基吡啶和2-乙基吡啶、香草味的γ-己内酯、青草味的己醛、果味的己酸丁酯和桃子味的γ-十一内酯的含量相对较高。

(3)类型Ⅲ:**样品呈现较浓厚的脂肪味、乳香味和油炸味** 发酵味的戊醛、金属味的亚硝酸乙酯、黄瓜味的(E)-2-辛烯醛和(E)-2-壬烯醛、油炸味的(E,E)-2,4-癸二烯醛、清新味的2-戊基呋喃、脂肪味的5-甲基己醛、奶油味的2-十一烷酮和十一烷酸和脂肪味的辛醛等香气化合物的含量较高。

(4)类型Ⅳ:**样品整体呈现出更强烈的动物脂肪味、汗味和酸味** 樱桃味的甲酸庚酯、黄瓜味的(E)-2-壬烯醛、(E)-2-辛烯醛、(E,E)-2,4-壬二烯醛和甲酸辛酯、酸臭味的癸酸清新味的2-丁基吡啶、庚醛、脂肪味的辛醛、壬醛和(E)-2-己烯醛、肥皂味的癸醛、汗臭味的戊酸、庚酸和己酸、动物脂肪味的(E)-2-癸烯醛等香气化合物的含量较高。

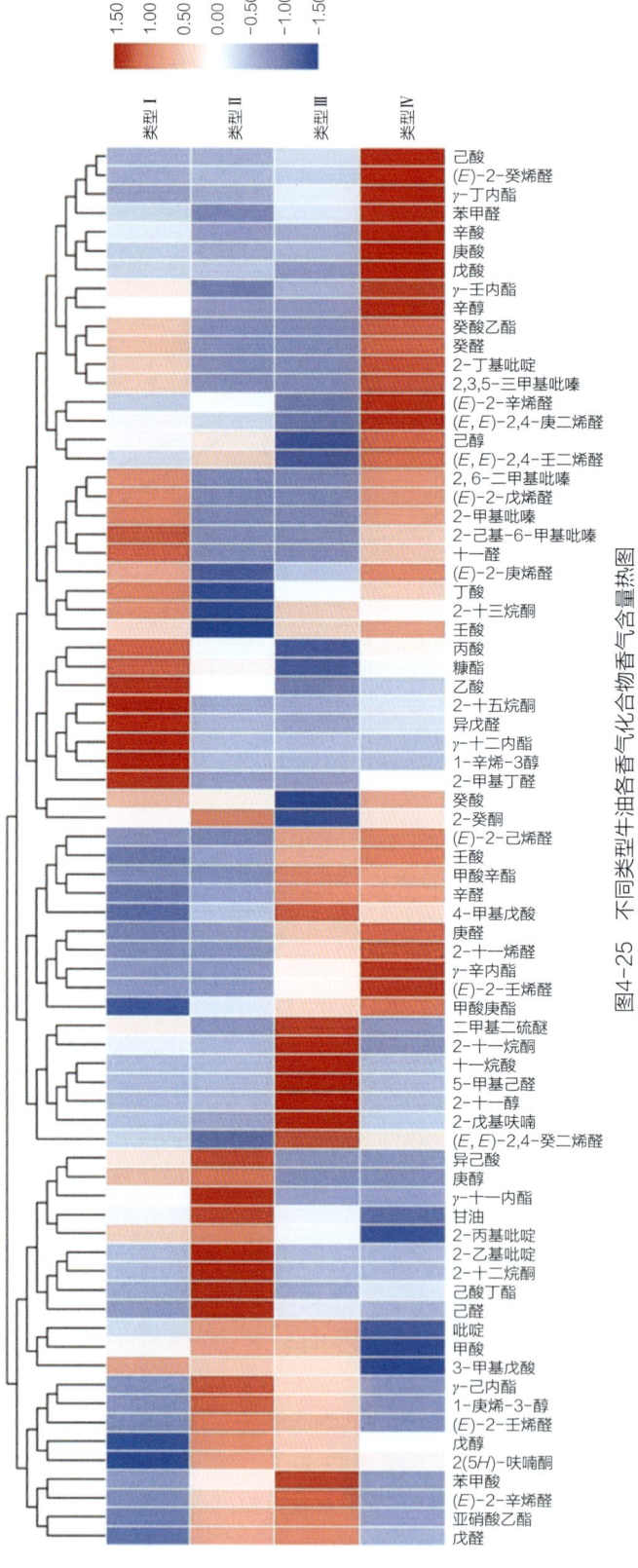

图4-25 不同类型牛油各香气化合物香气含量热图

七、牛油风味轮

在食用牛油感官描述分析研究中,"风味轮"作为一套风味特征的描述术语以及对应参比物质的评价标准,是食用牛油定量描述型分析标准化的重要标志。如图4-26所示,风味描述术语按照类型归类整理成圆盘形状。风味轮内圈为宏观分类的风味描述词(如脂香、烤香等),外圈为具体的描述词(如油脂香、牛膻味等)。同时对应具体的香气描述,有对应的标准品或制备方法,一般采用天然物质(油脂)、香精或者单体化合物加入对应溶剂中,形成特定的风味参考物。

"风味轮"描述术语体系以及对应的风味参考物质是感官描述分析中必备的参考标准,也是食用牛油感官评价者筛选训练的工具。品评者对某种牛油感官评价前,需要利用香气标准品训练筛选,评价时从"风味轮"中选择合适词汇描述牛油样中的丰富风味感受(油脂香、牛膻味等),并评价相应的感受强度,形成网状剖面图。利用其定性、定量的风味信息,产生客观的描述报告,从中既可以看到其特征风味,又可以发现其风味缺陷。借此牛油间相互比较,分析产品定位与优势,推动食用牛油产业多样化发展;内部客观评价,作为原料或配方重组、储存产品稳定性的评价;进一步分析消费偏好,用于新产品开发、包装改善、消费市场调查。

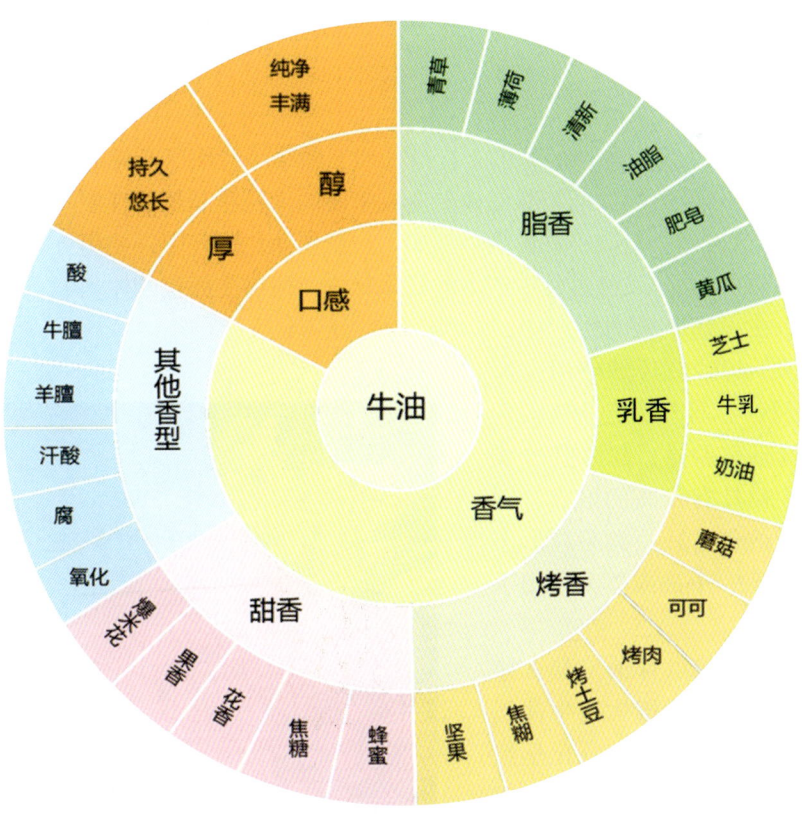

图4-26 牛油风味轮

近年来，随着牛油生产工艺的现代化、牛油使用场景的多元化，牛油使用者对牛油的品质要求也逐渐提高，要得到"高品质"牛油，在常规控制的基础上，对牛油进一步改性也是有用的。

第四节 牛油的起砂改善

牛油起砂现象是指在特定条件下，牛油中的脂肪颗粒发生结晶，形成肉眼可见的微小颗粒，即所谓的"起砂"。这一现象通常发生在牛油的储存、运输或加工过程中，对牛油的品质和使用性能产生一定的影响。目前，牛油起砂现象在食品行业多有涉及。在食品行业中，牛油作为重要的油脂原料，其起砂现象对食品品质和口感产生一定的影响。起砂后的牛油外观变得粗糙，影响消费者的购买意愿；口感方面，起砂可能导致牛油变得不滑顺，影响食用体验；在使用性能方面，起砂现象可能导致牛油在加工过程中不易均匀分散，影响产品的品质。因此，对牛油起砂现象的研究具有重要的理论意义和实践价值。通过深入研究牛油起砂现象的产生机制、影响因素和解决方法，可以为提高牛油品质、优化加工工艺和开发新型抗起砂剂提供理论依据和技术支持。同时，可以进一步探索牛油起砂现象的微观机制、开发新型抗起砂技术和拓展牛油在更多领域的应用。

一、牛油起砂

起砂（sandiness）是指牛油产品由于自身甘油三酯结晶特性以及储运过程中温度的波动产生砂粒般的晶粒以及由较大的粒状晶体转变成坚硬的米粒状晶粒的现象。在烘焙产品中使用起砂牛油产品会对产品造成不良影响。例如，在制作面包过程中，使用有砂粒的产品，会将面皮顶破，进而将面包发酵过程中产生的气体释放，最终使面包的体积缩小，面包也不再松软可口。而在火锅底料的生产中，如图4-27所示，起砂的巧妙应用也可以产生"鱼子状"，具有特色外观。

根据晶粒感官差异，起砂其分成两类：一类砂粒具有较高的熔点，用手揉搓时不易熔化；另一类晶粒形态偏大，可以长至2~3mm或更大，用手指揉搓易于熔化。

起砂砂粒中高熔点甘油三酯含量会显著上升，孟宗在分析劣质牛油基起酥油起砂部分和未起砂部分化学组成的基础上，对比了两部分的晶体形态及等温结晶动力参数，通过实验结

图4-27 牛油起砂

果推断，高熔点甘油三酯是劣质起酥油中砂粒形成的关键因素，特别是对称型高熔点甘油三酯（POP、POS、SOS）聚集形成更大的晶束，最终导致起酥油产品中出现肉眼可见的砂粒。周胜利研究发现高熔点对称型甘油三酯结晶速率慢，使得β'晶型向β晶型转化。当温度波动时，低熔点甘油三酯融化，高熔点甘油三酯再聚集，晶体生长形成砂粒。

从本质上看劣质牛油起砂的关键因素是对称型单不饱和甘油三酯的迁移聚集。因此，可以认为起砂现象主要是牛油甘油三酯受温度的影响高低熔点甘油三酯晶体的形成和生长，而呈现脂肪酸分布不均：当温度降低时高熔点甘油三酯会进一步地生长，最终形成肉眼可见的小颗粒。其次，温度的变化也会使甘油三酯晶体向形态更加稳定的β晶型转变，最终形成砂粒。

二、牛油起砂的改善方法

为改善牛油的起砂现象，改变牛油甘油三酯组成（改性）来改善其结晶特性是一种方向。而脂肪酸碳链长短、双键数目、顺反构型以及甘油三酯饱和程度、甘油三酯组成及结构，甘油三酯熔点的高低，甘油三酯的脂肪酸分布都影响着油脂的结晶习性。其次是改变体系中甘油三酯的种类，如调整脂肪熔点、固体脂肪含量。

油脂改性就是通过对动植物油脂加工，改变甘油三酯的组成和结构，使油脂的物理性质和化学性质发生改变，以能适应某种用途的有效手段。在食品工业上油脂改性分为氢化、分提、酯交换等。由于牛油不适于氢化，因此，关于牛油改性处理方面，分提、酯交换等手段更有潜力。

1. 分提

基于热力学的完全可逆的物理改性方法，利用油脂中甘油三酯熔点差异，通过控制冷却温度及速率使目标甘油三酯结晶，再采用过滤或离心分离得到固液组分，根据分提产物用途不同可将某种油脂分提成两种或多种组分。分提工艺可分为表面活性剂法、溶剂法、干法分提法。但是各种分提工艺各有局限性：干法分提法工艺液油得率有限，效率偏低；表面活性剂法工艺成本高，且产品受表面活性剂污染，部分国家已经禁止表面活性剂工艺用于植物油的生产；溶剂法虽然分提效率高，但存在投资成本大、生产费用高的弊端，且溶剂通常具有易燃性，这要求工厂在设计、生产时提供额外的安全保障。

由于牛油的甘油三酯组分复杂，结晶条件的微小变动也会导致所得分提产物组成差异，这也限制了牛油分提在实际生产中的应用，但是对牛油分提的研究一直在进行。益海嘉里公司开发了分提牛油产品，实际生产中液油得率在30%～40%，目前还在探索分提牛油的商品价值。

2. 酯交换

酯交换是指油脂与脂肪酸、醇或其他酯发生脂肪酸基团的交换而产生新酯的一类反应。由于油脂是各种甘油三酯分子的混合物，因此改变甘油三酯组成即可改变油脂的理化性质，在专用油脂领域中使用较多的是酯-酯交换。根据反应过程中催化剂类型不同，主要分为化学酯交换和酶促酯交换。酶促酯交换通常采用的催化剂是1,3-特异性酶，可使脂肪酸酰基仅在1位和3位重排，而化学酯交换中所有甘油三酯分子的排布是随机的，非定向的，最终按概率规则达到一个平衡状态。酶促酯交换具有专一性强、催化活性高、污染小、安全性能高等优点，但是成本较高，在目前条件下难以实现工业规模化生产。

第五节　牛油的熔点提升

牛油熔点的提升，主要源于对牛油品质要求的提高以及对牛油应用领域的拓展。熔点作为评价牛油质量的重要指标之一，其提升有助于增强牛油的稳定性、延长保质期，并拓展其在高温环境下的应用范围。为了提升牛油的熔点，提纯技术的应用起到了关键作用。通过先进的物理和化学方法，如蒸馏、结晶、吸附等，可以去除牛油中的杂质和低熔点成分，从而提高其纯度和熔点。这些提纯技术的应用不仅提高了牛油的质量，还为后续加工和利用提供了更好的原料基础。

一、牛油的熔点

牛油的熔点差异主要是以下几个因素造成的，一是牛生脂来源的差异，即南北方的牛油熔点是有差异的，这主要是因为南北方气候及生长环境的差异所导致的，在实践过程中发现，北方牛的牛生脂硬度更高，说明其熔点更高。二是牛的品种及性别的差异，牛与牛之间的不同是由于遗传基因存在差异，牛油的生产原料为牛生脂的脂肪酸组织，牛油的脂肪酸也来自生产该牛油所用的牛生脂，因此，牛生脂的来源及品种对牛油的熔点性质有直接的影响。从牛的性别上来讲，有研究认为由于雄性激素能够促进牛体内脂肪消耗分解、减少脂肪沉积，因此母牛脂肪中饱和脂肪酸含量更高，所制备的牛油的熔点也相应更高。三是牛生脂部位的差异，脂肪在牛体内所处位置不同对其不饱和程度也有影响，对于牛生脂来说，肾周脂肪、深腹、肌肉内部、肌肉间、表皮的饱和脂肪酸的含量逐渐降低，其熔炼加工得到的牛油硬度也逐渐降低，而且由于内脏脂肪含有较少的不饱和脂肪酸，双键氧化的程度降低，因此由它加工得到的牛油风味稳定性更优。四是牛油脂肪酸的组成差异，脂肪酸的碳链长度、饱和程度、脂肪酸的正反式结构、侧链位置的不同都影响脂肪酸的熔点。进一步的，油脂的熔点也受其含有的脂肪酸熔点的影响，因此，牛油中脂肪酸熔点从根本上决定了牛油的熔点。五是甘油三酯的差异，也会影响牛油的熔点。

二、牛油熔点的提升方法

牛油脂肪酸组成从根本上决定了牛油的熔点，同时，牛的品种、产地、性别、饲料种类、饲喂条件以及不同部位的脂肪是影响牛油脂肪酸组成的重要因素，因此可以通过增加高熔点的脂肪酸比例和调和两种方法从源头上对牛油的熔点进行改善。此外可以通过冷却工艺、油脂的改性技术以及凝胶化技术等从加工端控制牛油的硬度。

1. 增加高熔点的脂肪酸比例

提高牛油的熔点，主要是通过增加其中高熔点脂肪酸的比例来实现的。这些高熔点的脂肪酸，通常具有较长的碳链和较高的饱和度，使得它们在较低的温度下就能够保持固态，从而提高了牛油的整体熔点。

（1）原料选择　牛生脂原料的选择，本质上是影响牛油的脂肪酸组成，以改善牛油熔点。为得到高熔点牛油，在部位上可选择腰油、板油；在牛品种上可选择温暖环境中是饲养的黄牛。此外，饲喂条件也会影响牛生脂的脂肪酸组成，尤其是对不饱和脂肪酸的影响异常显著，如食用挤压大豆的阉牛脂肪组织中，亚油酸和亚麻酸的含量明显升高，降低牛油中饱和脂肪酸含量。

（2）分提　利用构成牛油中甘油三酯的熔点及溶解度的不同，把油脂分成固、液两部分，固体部分的熔点通常更高。例如，舒适采用溶剂法分提牛油得到分提液油，其碘值增加、熔点减小。刘佳敏利用梯度降温对牛油分提得到22.2℃、34.1℃、46.5℃、50.75℃四种熔点的组分。邢田等采用干法分提得到液态牛油的得率是49.91%，熔点38.95℃，与未分提的牛油相比，液态牛油的不饱和脂肪酸增加了7.94%，饱和脂肪酸降低了3.94%。

（3）酯交换　油脂酯交换是通过改变甘油三酯中脂肪酸的分布与种类来改变油脂的结晶及熔化特征。例如，江南大学的周胜利发现当菜籽油与牛油质量比为1∶4，在60℃下酯交换反应90min时，酯交换产物在能形成更多稳定的β'晶型，且SFC满足固脂塑性要求。

（4）凝胶化　油脂凝胶是将凝胶因子加入液态油脂（例如植物油）中通过机械缠绕形成的具有三维网状结构的脂质固形物，以提高油脂的熔点。

例如，2013年Stortz等在熔融的可可脂可中加入乙基纤维素（乙基纤维素是唯一一种可以使用直接分散法制备凝胶油的纤维素类凝胶因子），由此制得熔点显著提升的耐热巧克力，在40℃以上的温度下也具有抗变形强度，解决了巧克力在炎热季节和热带地区的热融化问题。

就现有文献报道，凝胶油主要应用于植物油中，而动物凝胶油脂的研究性进展不多，还处于探索阶段，少见报道。

2. 调和

调和与分提、酯交换等改性手段不同，这种方法不改变原料油本身的物理、化学性质，只是改变混合油体系中各种甘油三酯的含量，使得总体上甘油三酯的组成更加丰富，因此，调和与分提、酯交换一样会改变脂肪的宏观性质。

牛油可以调和棕榈硬脂以提高产品的熔点与硬度，然而调和牛油的主要问题在于，由于不同油脂间脂肪酸差异及甘油三酯结晶特性差异，会影响牛油结晶状态，如起砂、起霜、析油等现象。调和的比例也受到客观因素的制约，不恰当的比例可能导致油脂结晶受阻，硬度反而降低，影响牛油产品品质。

第六节 牛油的二酯化

牛油作为一种优质的天然油脂，主要由甘油酯组成，其中饱和脂肪酸含量较高。作为二酯化反应的原料，牛油具有稳定性好、来源广泛、可再生等特点。牛油经过精炼加工后，可得到适用于二酯化反应的牛油原料。二酯化反应是指通过酯交换或酯化反应，使牛油中的甘油酯转化为二酯的过程。在反应中，牛油与适量的醇类或酸类化合物进行反应，生成二酯产物。这一反应机制有助于改变牛油的物理和化学性质，拓宽其应用领域。经过二酯化反应，牛油的物理和化学性质发生显著变化。二酯化产物具有熔点高、热稳定性好、氧化稳定性强等特点，可广泛应用于食品、化妆品、医药等领域。例如，在食品工业中，二酯化牛油可用作高级烘焙油脂，提升食品的口感和品质；在化妆品领域，可作为滋润保湿成分，增强产品的护肤效果。

牛油二酯化反应的技术成熟度和应用范围不断提升，为相关产业带来了广阔的市场前景。尽管反应过程中涉及的设备、催化剂等成本可能较高，但随着技术的不断进步和规模化生产的实现，生产成本将逐渐降低。同时，二酯化牛油的高附加值和广泛应用将为其产业发展提供有力支撑。

一、甘油二酯

对于减少肥胖和保健的需求，除了减少油脂的摄入量外，找到更"健康"的食用油脂成为国内外学者的研究热点。自20世纪60年代起，越来越多的研究人员开始关注起甘油二酯（diacylglycerol，DAG），以普通油脂为原料制取具有营养保健功能的DAG是近年来油脂研究开发的热点。

甘油二酯是天然植物油少量存在的一种油脂，也是体内脂肪代谢的内源中间产物，其在橄榄油中含量约为2%，大豆油中约为1%，菜籽油中约为0.8%，是公认安全的食品原料成分。研究发现，甘油二酯具有减少脂肪累积、抑制体重增加、降低血脂的作用，也就是说甘油二酯是"吃不胖"的油脂，并在一定程度上具有预防及缓解肥胖症、心血管疾病、脂肪肝等疾病的能力。

DAG有两种同分异构体，即1,3-DAG和1,2-DAG。通常，脂肪酸组成相同的情况下，1,3-DAG的熔点比1,2-DAG高约10℃，而且具有减肥作用的主要是1,3-DAG。美国食品与药品监督管理局（FDA）在2000年，通过了DAG的公认安全物质认证。2005年，欧盟食品安全局通过了DAG安全认证。2008年，甘油二酯油在我国获批新资源食品。

二、二酯化技术

甘油二酯的规模生产报道于1999年日本花王株式会社，其成功利用化学-酶法偶联工艺规模化生产了DAG。2021年国家卫生健康委员会修订了DAG油质量要求，明确其生产工艺以大豆油、菜籽油等为原料，以脂肪酶制剂、水、甘油等为主要辅料，通过脂肪酶催化，经蒸馏分离、脱色、脱臭等工艺而制成，DAG油中DAG含量应≥40%。

目前，在研究与生产应用中，甘油二酯的制备方法主要为化学法和酶法。化学法常采用碱（氢氧化钾/氢氧化钠等）作为催化剂，在高温下反应，能耗高，DAG产量相对较低，此外高温操作容易产生缩水甘油酯，从而引发食品安全问题。由于生物酶的选择性和高效性，酶法制备甘油二酯具有反应条件温和、选择性强、环境友好、能耗低、副产物少等优点。根据反应路线，制备DAG有酶促酯化合成、酶促甘油解反应、酶促水解反应等途径。

1. 酶促酯化合成甘油二酯

将游离脂肪酸与甘油混合于反应罐中，在脂肪酶催化下直接合成DAG，当然，在不同的控制条件下，也会生成部分甘油一酯和甘油三酯。

统计显示脂肪酶使用较多的是诺维信脂肪酶435。由丹麦诺维信酶制剂公司开发的商业脂肪酶，其功能如表4-17所示。

表4-17 常见商业脂肪酶及功能

脂肪酶	功能
诺维信脂肪酶435	一种热稳定脂肪酶的固定化制剂。特别适用于酯类和胺类化合物的合成。它具有宽广的底物专用性；可以促进范围很广的伯醇和仲醇与羧酸之间的应用
诺维信固定化脂肪酶	固定化脂肪酶制剂。它能催化酯化和酯交换反应。它特别适用于包括三甘油酯中的1，3位酯交换反应。可应用于分批反应的工艺过程；也可以用于连续柱式反应器的工艺过程中
Lipozyme TL IM	Lipozyme TL IM 用于大批量脂肪的酯交换，生产煎炸油、起酥油和人造黄油
Lecitase Ultra	Lecitase Ultra 羧酸酯水解酶的应用场合是：植物油脱胶、卵磷脂水解、蛋黄的改性
LIPOZYME	液体脂肪酶，用于酯交换
Lipex 100 L	液体脂肪酶，用于降解动植物油甘油三酯，作用力强
Lipolase 100L	脂肪酶可催化甘油三酯类脂肪酸、甘油酯、甘油二酯以及甘油中的酰基团发生水解反应

2. 酶促甘油解反应制备甘油二酯

酶促甘油解反应是指在游离或固定化酶的催化下甘油三酯与甘油的反应。甘油解反应过程简单、原料来源容易，是制备甘油酯（MAG、DAG）的主要反应路径。在牛油的甘油二酯生产中，Yamane等以氢化牛油为原料，通过控制酶催化甘油解反应的温度（48~60℃），经过长时间反应，产物中DAG产率高达90%。但是由于反应时间长、制备不饱和脂肪酸为主的DAG，其凝固点很低。

3. 酶促水解反应制备甘油二酯

酶促水解反应是指在酶作用下，将甘油三酯部分水解释放出游离脂肪酸，生成产物DAG

和MAG，彻底水解将得到甘油和游离脂肪酸。酶促水解法制备DAG过程中，通过控制反应条件（如水分含量），可以获得较高含量的DAG。水解法制备DAG过程简单，无需增加其他底物，易于生成，但是需要控制好反应条件，且产物中含有的游离脂肪酸需要进一步分离。

4．牛油的二酯化

牛油中含有0.36%～1.33%的1,3-甘油二酯和1.08%～2.47%的1,2-甘油二酯，总的甘油二酯含量在1.5%～4%。然而当食用油中的DAG含量＞27.3%才会在降低血脂、抑制体重增长等方面对人体的健康起作用，因此，为了达到营养要求，需要增加牛油中甘油二酯的含量，使之成为功能性油脂。

在国内，延边大学农学院的曲可心等以延黄牛牛生脂为原料，利用固定化Lipozyme RM IM脂肪酶在无溶剂体系中催化发生酯交换反应，并运用弗罗里硅土吸附法进行提纯，得到了延黄牛牛生脂制备高纯度1,3-甘油二酯工艺，为延黄牛牛生脂制备新型火锅底料油的开发和应用提供了依据（图4-28）。

通过酶法酯交换和弗洛里硅土法纯化，该研究制备的牛油甘油二酯中亚油酸升高了13.65%、油酸含量升高了6.47%，饱和度降低了7.17%。研究者认为可能是特异性脂肪酶RM IM制备甘油二酯时，不饱和脂肪酸乙酯干扰了饱和脂肪酸乙酯与甘油的结合，从而降低了饱和度。

受制于生产效率以及市场认可度，牛油的二酯油的商业化应用前景并不乐观。

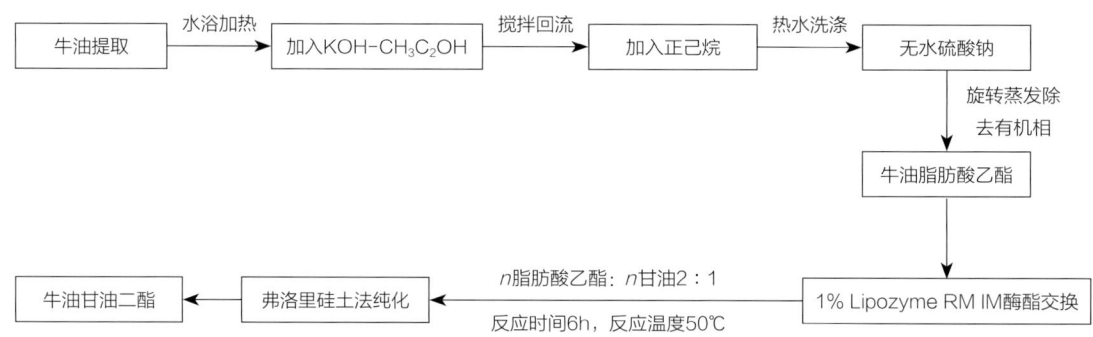

图4-28　延黄牛牛生脂制备和提纯1,3-甘油二酯工艺流程

第五章
食用牛油的加工技术

如前文所述，生脂肪是屠宰肉用动物时从其皮下组织、大网膜、肠系膜、肾周围等处摘取下的脂肪组织。就其组织结构而言，生脂肪是由脂肪细胞及起支持作用的结缔组织基架构成。生脂肪的理化特性与动物的品种、年龄、性别、生活条件、饲料种类、肥育程度及脂肪组织在动物体内蓄积的位置有关。

牛油原料一般为冻板原料，动物屠宰和切割时分离得到的脂肪组织，由连有蛋白质和水的结缔组织基质的沉积脂肪组成，原料含油65%~85%、含水10%~30%，其他含量5%~25%，从屠宰企业冷链运输至牛油加工厂，冻板外部覆有塑料膜或编织袋，投料时，需要将其剥除干净，避免塑化剂污染。

食用牛油质量的高低除制备工艺外很大程度取决于原料的选择及预处理，动物性脂肪氧化变质，产生对人体健康不利的成分。牛油最简单的制备工艺是将牛油脂肪组织洗净切成小块，放入不锈钢锅中，加入部分水后加热熬炼，然后冷却凝固成型保存。这种粗炼牛油杂质含量较多，膻味重，限制了牛油产品的应用。

随着市场的发展，牛油需求量增大，企业产能扩大，先进的预处理和熔炼生产技术是实现牛油规模化生产和产品质量保障的最佳之选。然而，目前绝大多数牛油生产企业都以人工操作为主，在人员和食品质量方面都存在很大的安全隐患。因此对牛油生产线进行设计和优化，实现全自动化控制各个系统，精准设置各项参数，才能把握牛油产品的品质，保证生产安全，提高牛油生产和相关企业运作效率。

因此，要想提炼出品质好的牛油，不但要选择品质好的牛生脂原料，还需要科学的加工工艺。

第一节 牛生脂的预处理

在新鲜、洁净、完好的健康牛生脂组织被收集、整理、运输至牛油生产工厂并检验合格后，牛生脂被签收入冻库储存。当生产指令下达，牛生脂就开始正式经历从生脂到牛油的"历练"。处理牛生脂的第一步是预处理工序，在该过程中，整块的牛生脂经过解冻脱包（内包装、外包装）、挑选、破碎处理，其目的是进一步剔除脂肪组织之外的异物，完成对牛生脂熔炼的准备，然后才能进入熔炼设备进行高温熔炼。

牛生脂预处理工艺技术的发展是食用牛油生产技术更新发展的重要组成。约在2004年之前，在食用牛油加工发展前期的手工作坊阶段，牛生脂的预处理基本上只是对收购来的牛生脂切割后即投入锅中熔炼。在2006年前后，随着牛油市场规模的扩大、牛生脂供应和交通运输网络的改善，以及新建立的食用牛油加工工厂的牛油生产规模化、食品安全要求严格化，牛生脂的冷链运输和储存、熔炼前的预处理被牛油生产商所重视。

经历近20年的发展，目前完整的牛生脂预处理包括牛生脂解冻、脱去外包装、残留异物的挑除、机械破碎、牛生脂预熔这5个主要步骤。下面将按步骤对牛生脂的预处理进行介绍，如图5-1所示。

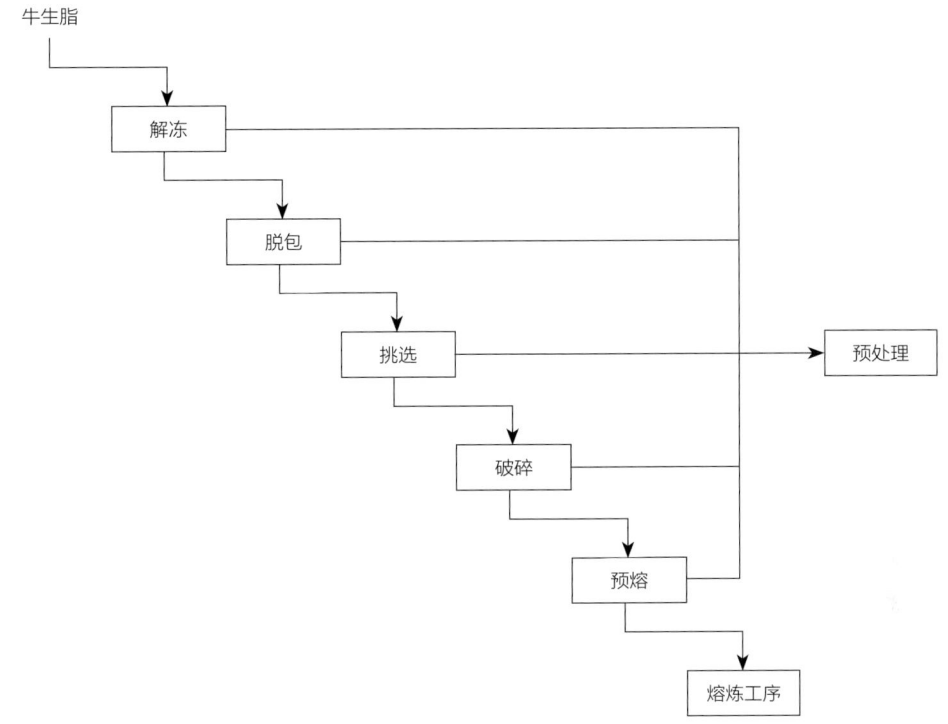

图5-1 牛生脂预处理工艺流程

一、解冻

包装完整的牛生脂组织在低于-18℃的冷藏库内贮藏保鲜，在该状态下，组织上残留的水分与内包装材料相冻结、粘连，导致内包装材料难以脱除；此外，坚硬的冻结牛生脂难以破碎，因此，对牛生脂组织的解冻就成了预处理的第一个步骤。通过解冻，使内外包装易于脱离牛生脂组织，同时达到提高牛油破碎效率，降低熔炼能耗的作用。目前，生产企业对牛生脂组织的解冻方法可分为自然解冻和外部干预解冻两种。

自然解冻方法即将冷冻的牛生脂移出冻库后直接放置于空旷场地，通过环境温度进行解冻。该方法在具有单次处理量大，不耗能的优点，但也存在牛生脂被环境异物污染的情况。在环境温度较低时，如冬季，自然解冻的解冻时间延长，生产效率降低。

牛生脂的外部干预解冻方法有微波解冻、真空解冻等手段，这些通过能量的输入和降低饱和蒸气压来达到冰块的熔化。专利号为CN201911263029.8和CN202111135366.6的两项中国专利就分别公开了各自的冻牛生脂块真空微波解冻方法。但实际生产中，最经济的方式还是常温解冻，从冻库放入常温环境12h左右，在夏季应该按照实际温度缩短解冻时间。

解冻环节比较影响产品品质，夏季过度解冻，牛生脂在高温环境下会腐败变质，血水溢流，滋生蚊蝇，最终导致其无法使用；在冬季解冻时间不够，会使生脂在脱包过程中塑料袋脱除不完全，最终导致牛油产品具有塑化剂超标隐患。

二、脱包

牛生脂组织经过包装从屠宰企业冷链运输至牛油加工厂。如图5-2（1）所示，牛生脂组织冻板的包装物有外包装（白色编织袋或纸箱）、内包装（食品级PE袋）两部分，因此，为了防止投料时包装材料对牛油的污染，就需要在解冻后进行脱包工作。脱包也分为人工脱包和机械脱包两种，其中人工脱包如图5-2（2）所示，这种方式更能保证脱包完全，并能对脱包的牛生脂进行目视检查挑选出不符合要求的原料（主要挑选出不干净的油脂），挑选合格的送至投料仓。

（1）牛生脂包装

（2）脱包工段

图5-2 牛生脂脱包

三、挑选

破碎后的牛生脂可进一步进行人工的挑选，以保证对异物的去除，如图5-3（1）所示，经过第一轮的挑选后，一般还会在传送带上进行第二轮的挑选，如图5-3（2）所示。在挑选环节，异物主要为残留的包装碎屑，如塑料，在生脂中混入的肉块及金属杂物、骨头、内脏组织。

（1）生脂挑选

（2）生脂传送带

图5-3 生脂挑选

四、破碎

冻板原料/新鲜原料脱包后,由输送机将冰冻鲜牛生脂自动送入破碎机内进行机械破碎,以此来增加原料表面积,提高熬炼速度和出油率。

破碎环节常规有两种做法,一种采用冻板破碎机,一种采用绞肉机。冻板破碎机处理量大,粉末度低,适用于冻板的加工。绞肉机处理量较小,适用于鲜肉的加工,但加工粉末度较高,易损件(刀具)消耗较大。另一种采用大型冻板破碎机,双电机大功率驱动,可将冻板破碎至颗粒度为40~60mm的冻块,该破碎机进料不打滑,吃料稳定,可破碎最大厚度至40cm,处理量可达6t/h。传统破碎机平齿对于物料的咬合能力较差,破碎冻块时,容易打滑,处理量低(3t/h)。有新型破碎机弧形刀齿可正常破碎各种软硬物料,不打滑(处理量≥6t/h)(图5-4)。

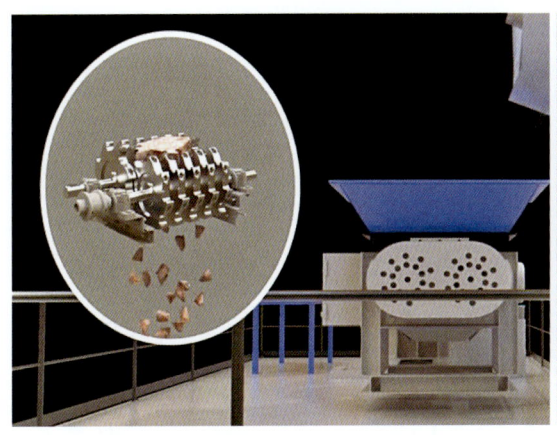 

(1)破碎机内部结构动画　　　　　　　　(2)破碎机内部结构

图5-4　破碎机示意图

牛生脂这种体积较大的物料不同于一般体积小、黏度小的食品物料,其对破碎装置有更高的要求:脂肪块进入装置后,脂肪块常"架桥"堵塞在碾碎筒上部,导致其不能顺利实现碾碎,若只通过碾磨筒进行碾碎,会黏结成块,直接堵在漏料口难以取出。

脂肪的破碎程度对于牛油的品质也有显著的影响。破碎程度过大,脂肪粒过小,在熔炼中脂肪组织会快速焦糊,使牛油产生焦糊味并加深色度;破碎程度过小,脂肪块大,无疑会增加熔炼时间,提高油渣残油量。所以在实际生产中,我们一般控制脂肪的破碎粒度在40~60mm,可以获得最好的熔炼效果。脂肪粒度的大小与炼制方法紧密相关,例如,在开式真空锅炉或螺旋式的装置中,脂肪的粒度大一些反而能得到更好熔炼效果。因为在干式炼油中会产生油和油渣两种物质,油渣的表面会吸附一部分油,因此,原料的块径越大,其吸附油的表面就越小,出油的效果也就越好。

为了克服现有技术的不足,已有部分牛油破碎的技术被公开。CN202122085614.2提供一种火锅牛油加工用碾碎装置,其设置了碾碎辊,能对大块的牛生脂直接进行碾碎,还设置有搅拌装置,可对从碾碎辊碾碎的牛生脂进行进一步碾碎,使其碾碎得更加细腻,同时还可防止牛生脂结块，使其出料更加顺利。CN202111135366.6提供了高效的牛油提炼方法，将解冻后的牛生脂块放入破碎机中进行破碎，并对原料牛生脂进行破碎后过筛网，使脂肪颗粒大小均匀，可以对脂肪粒进行均匀切割，避免在炼油过程中过大的颗粒造成生渣和过小的颗粒造成焦糊，方便在炼油的过程中进行搅拌，使得牛生脂粒受热均匀。

五、预熔

破碎后的冰冻脂肪通过螺旋输送机送入预熔罐内进行预热熔炼，经加热搅拌化冻后，达到固液混合状态，从而进行管道输送，便于后续油脂熬炼，提升熔炼速率，预热温度为50~80℃。

预熔锅组成为罐体、加热装置、搅拌叶，将冰冻的动物脂肪组织放于罐体中，通过加热装置加热，通过搅拌叶搅拌增加预熔效率。

专利CN202022474689.5报告了一种牛脂的预熔装置，设备结构如图5-5所示，该预熔锅设有自动温控系统，对鲜脂进行预熔，达到一定要求后，预熔锅自动打开开关阀，使物料进入熔炼阶段，熔炼温度和时间根据牛油产品的需求进行设置，以得到最终的产品。

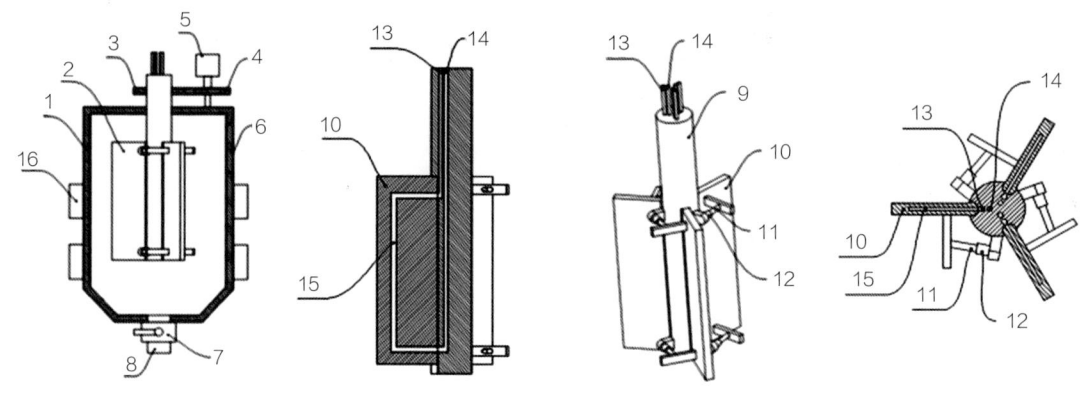

图5-5 动物脂肪组织预熔锅内部结构

1—罐体 2—搅拌装置 3—齿环 4—齿轮 5—电机 6—密封盖 7—阀门 8—出料通 9—转轴 10—搅拌板
11—螺杆 12—螺纹套 13—导热油通道A 14—导热油通道B 15—导热油通道C 16—电磁线圈

第二节　牛油熔炼

预熔后的物料再经管道送至熔炼锅内进行熔炼，熔炼是通过加热的方式破坏脂肪细胞膜，使油脂流出和分离出来的过程。熔炼是一种典型的热质交换过程，它的效果要取决于加工时间的长短、温度的高低，以及被加工物质表面的状态等诸因素。在这个过程当中，具有决定性意义、影响成品产量的因素，是热加工时间的长短，这也是能源消耗的重要考虑因素。

伴随技术的发展，牛油的熔炼已有多种方式，按熔炼方式分类可分为湿法熔炼和干法熔炼（敞口锅熔炼、立式真空熔炼、卧式真空熔炼）两大类型。湿法中是最常用的直接接触熔炼法，即使脂肪与热载体（蒸汽或水）进行直接接触，干法则是通过热导法，使牛生脂的表面与热源接触。

一、湿法熔炼

据考证，古人利用水与蛋白质的亲和力比油与蛋白质的亲和力大的原理，通过将肥肉浸入水中，加热使水浸入而带出油脂，或者用水蒸肉，肉中的脂肪会被水蒸气带出，这便是湿法炼制与蒸煮法，这两种方法依然是当今动物油脂提取的主要方法之一。

湿法炼制又称蒸汽熬炼、水煮式炼油，即在反应釜、密闭式蒸煮罐中使锅炉蒸汽直接与物料动物油脂接触换热，从而使油脂熔炼、分离的一种炼制工艺。蒸煮法主要用于鱼油或内脏油脂的提取，在牛油的炼制中应用还较为少见。

1. 工作原理

将原料放入压力罐中，在压力条件下，加入水蒸气，通过加热使蛋白质变性，破坏脂肪组织细胞，油脂从脂肪组织细胞中释放出来，然后离心分离杂质，经过沉淀后得到粗油。

2. 工艺流程

原料→修整→粗切→洗涤→绞碎→蒸煮→离心去杂→沉淀→毛油

3. 优点

成本低、操作简便、颜色好、出油率高。

4. 缺点

油水分离不彻底且效率低；高压废气污染；动物油本身的醇香味发挥不出、油脂不易保存；不能将与蛋白质结合的脂肪分离开来，提取率相对较低。

二、干法熔炼

干法熔炼即将动物脂肪放在容器中，通过对容器加热，容器再对动物脂肪加热的方式使油脂熔炼、分离的一种炼制工艺。干法熔炼由于加热热源方式不同、熔炼气压压强不同而有不同的分类。

1. 热源分类

（1）明火熔炼　用特制的或普通锅炉在火上直接加热，使动物脂肪融化成液态，并持续烘烧使液态油脂中的水分挥发，最终剩下液态油脂和蛋白残渣，是一种传统的牛油炼制工艺。

优点　设备简单，固定资产投资小，适用于无蒸汽设备的小型生产。

缺点 影响油脂质量，成品的酸价、过氧化值、色泽指标难以达到国家标准；浪费热能，导致容器局部受热产生变形继而损坏；效率低下，操作人员劳动强度大；受热不均匀，易于使油渣变焦而降低成品质量，所以温度一般不超过120℃，熔炼的时间视原料的不同而定。

（2）**高压蒸汽、导热油** 导热传热是在双层熔炼锅中，将导热油或者高压蒸汽作为热源，对容器内表面进行加热，通过容器再对动物脂肪加热，使动物脂肪融化，水分挥发，最终剩下液态油脂和蛋白质残渣的动物油脂炼制工艺。

高压蒸汽、导热油是工业常用的传热介质，由于两者最高温度（导热油260℃，水蒸气160℃）和比热容的不同，在牛油的炼制中，企业一般将两者结合使用，在不同熔炼阶段使用不同的传热介质。

优点 温度稳定、可控、加热均匀，利于牛油品质的控制；闭式循环系统，热散失少，节能能源，降低能耗；能有效降低火灾、烫伤等安全隐患。

缺点 由于多次热传递，热效率低于明火熔炼。

2．常压熔炼

（1）**小锅熔炼** 小锅熔炼一般使用大铁锅，人工搅拌，直接对牛油进行炼制。小锅熔炼单次熔炼能力在400kg以下，是目前牛油的最简单最传统的制备工艺。即将牛生脂洗净切成小块，放入铁锅中，加入水低温加热熬炼，然后冷却成型保存。这种方法只是对牛生脂简单熬炼，杂质含量多，且膻味重。

（2）**敞口锅熔炼** 目前动物油脂的生产领域，大多数动物油加工厂普遍采用的炼油设备是"敞口型火炼自翻熬制锅"，如图5-6所示，即小锅熔炼的扩大版、工业化版，其热源为导热油，单次熔炼量可达1～2t。在敞口锅熔炼中，可不需要对原料进行粉碎，将冻板原料直接送入敞口熔炼锅熔炼，操作环境较差，卫生指标等难以保证，在生产熬制的过程中产生的大量废气直接散发至环境中，气体污染较大。

优点 操作简单，设备投资小；熔炼得到的牛油风味非常浓郁。

缺点 熔炼体积较小，有异物风险，对环境气体污染较大。

图5-6 敞口熔炼锅

3．真空熔炼

真空熔炼就是在低于大气压力下进行的熔炼操作（-0.085～-0.065MPa视为真空状态）。真空熔炼可配合预熔工序，以加快熔炼速率与提升牛油品质。将预熔成固液混合状态后的脂肪原料打入真空熔炼锅，并打开真空泵使锅内出现负压状态，熔炼温度为130～160℃；真空熔炼过程中热源为锅炉房的蒸汽锅炉和导热油锅炉，通过密闭式隔热保温管道间接加热熔炼。真空熔炼也被认为是目前行业中最先进的动物油脂提炼设备。

优点　可实现全封闭自动化生产，避免外界污染；真空状态下动物油脂不跟氧气接触，油品颜色浅，无气味散发；降低水分的饱和蒸气压，减少生产时间和工序，降低人耗、物耗和能耗；油脂不与氧气接触，避免油脂氧化。

缺点　存在风味损失。

根据设备的差异，真空熔炼进一步分为立式真空熔炼（图5-7）和卧式真空熔炼两种。立式真空熔炼单次熔炼量可达到5t，具有节约耗能，可DCS动态控制，产线先进，设备自动化程度高；精准控制牛油香气的形成与回填的优点；卧式真空熔炼的单次熔炼量进一步提高，可达到10t左右。产出的牛油耐煮，香味持久，符合市场主流风味，但由于熔炼量大，所以存在排料时间长、设备投入大、操作复杂的问题。

图5-7　立式真空熔炼锅

第三节　牛油精炼

牛油是麻辣火锅底料等调味品的主要食用油脂，牛油脂肪酸组成中，饱和脂肪酸以棕榈酸、硬脂酸为主，不饱和脂肪酸以油酸为主。按前文所述，如果牛生脂组织品质好，制取工艺科学，则其毛油的品质是较好的，经过粗炼也能达到食品要求。

虽然经去杂处理后的净油基本可满足食用要求，但由于脂肪组织的自身组成、熬制工艺的选择等原因往往会使毛牛油具有明显膻味、色泽深黄浑浊、酸价较高和水分多等问题，使牛油容易变质，极大地降低了牛油的食用价值和食品安全品质；同时较高的磷脂等胶溶性杂质含量也使牛油在火锅炒制时泡沫多、油烟大，在底料煮食等应用场景中容易"浑汤起泡"，降低了牛油的食用价值。为了提高产品质量，增加保质期限，并满足火锅、快餐调料等不同应用场景对牛油的食用要求，必须对熔炼得到的毛牛油进行精炼加工。

一、毛牛油

毛牛油是指从牛生脂组织中提取的、没经过精炼加工的初级油,又称粗油。毛油由于加工工艺简单,含杂质多、易氧化变质,不宜长期储存。质虽然量小,但影响油脂品质和稳定性。为了更好地去除杂质,就要先对杂质进行分类。

1. 悬浮杂质

油渣分离残留的微小的颗粒状固体,如油渣微粒等。

2. 水分

油与水不相容,但残留的水分会在牛油中形成油包水结构而悬浮在牛油中,改变折光率使牛油浑浊。一般而言,油中含水量超过0.1%时,牛油的透明度就会变差,同时油中所含水分还容易引起油脂水解。

3. 胶溶性杂质

胶溶性杂质主要包含磷脂、脂蛋白、糖及其低级分解物,也称胶杂、胶质。胶质易吸水,使油浑浊,有絮状沉淀。在熔炼过程中,磷脂以胶束的形式与甘油三酯一起被提取出来,由于具有双亲性,这些磷脂具有乳化剂的作用,是牛油在火锅底料炒制时"溢锅"、火锅煮食中起泡沫、浑汤的一大原因。

4. 脂溶性杂质

脂溶性杂质包含游离脂肪酸(FFA)、胆固醇、生育酚、色素、脂肪醇、蜡等。游离脂肪酸是甘油酯水解的产物,使油具有微辣涩口的味道,同时会促使油脂酸败。

5. 色素和有嗅物质

色素和有嗅物质主要为脂溶性色素和挥发性有机化合物,它们使油的外观和气味受到影响,色素含量过多,油就出现一种令人厌恶的深褐色,影响油的外观;有嗅物质能使油脂出现异味。

6. 污染物

毛牛油的污染物是对人体有毒害的物质,如3,4-苯并芘、重金属、残留农兽药等。

二、精炼的目的与作用

牛油精炼的目的在于除去毛油中影响牛油色泽、滋味、品质的非甘油酯组分,使其品质达到国家标准,即达到酸价低于2.5mg/g,过氧化值低于0.20g/100g,丙二醛含量低于0.25mg/100g等指标要求,并提高油脂的质量、口感。

精炼的最终目的为:增强油脂储存稳定性,改善油脂风味,改善油脂色泽,提高牛油附加值,为精深加工提供原料。

三、牛油精炼工艺

牛油的精炼工艺流程如图5-8所示，牛油精制一般包括脱胶、脱水、脱色、脱酸、脱臭等步骤。一般在牛油的生产中，根据成品的用途与质量要求，应用不同的精炼工序。油脂精炼的方法大体上可分为化学法和物理法两大类。

物理精炼与化学精炼的目的相同，其分别的加工工艺流程如图5-9所示，两者的区别是脱除原理存在差异，化学精炼中脱酸以碱炼进行，在脱胶油中加入碱液，使碱液与游离脂肪酸反应并以皂脚的形式沉淀去除；物理精炼是将高温水蒸气通入食用油中，蒸馏除去游离脂肪酸，并利用油脂与嗅味物质的挥发性差异，去除油脂中的嗅味物质。

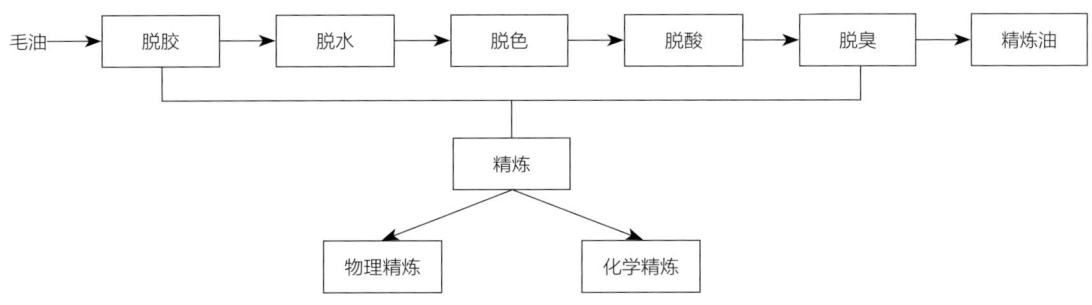

图5-8 牛油精炼工艺流程

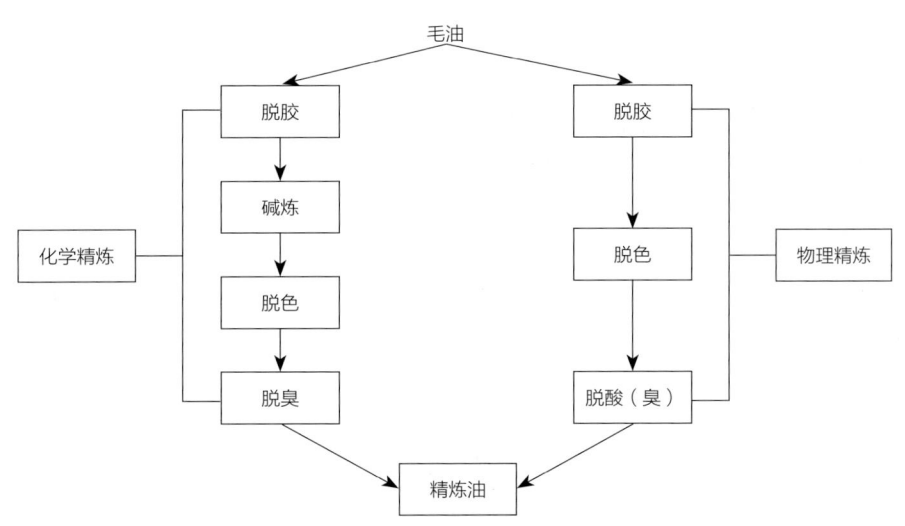

图5-9 油脂化学精炼与物理精炼工艺流程

下面，将在精炼的工艺中详细介绍物理精炼与化学精炼的异同。

1. 脱胶

脱胶是指用物理和化学方法，将毛油中磷脂等胶溶性杂质脱除的工艺过程，脱胶是油脂精炼的第一步。

牛油中胶溶性杂质不仅影响油脂的稳定性，而且影响油脂精炼和深度加工的工艺效果。在牛油的碱炼过程中，胶溶性杂质会促使乳化，增加操作困难，增大炼耗和辅助剂的耗用量，并使皂脚质量降低。胶溶性杂质尤其对物理精炼脱酸工艺的影响更为突出，不但在脱色过程中增大吸附剂耗用量，降低脱色效果，还会高温脱臭时会产生泡沫，使脱臭油焦化发黑。同时，将脱胶不完全的食用牛油作为火锅底料用油，也会导致该火锅底料在煮食应用中发生"浑汤、起泡"现象。因此，在牛油的生产加工中脱胶主要是指脱除磷脂。

（1）磷脂　磷脂一端为亲水的含氮或磷的头，另一端为疏水（亲油）的长烃基链，磷脂是细胞中细胞膜的主要组成部分。毛牛油不可避免地会含有一定量的磷脂成分。

磷脂分子主要分为磷脂［图5-10（1）］和溶血性磷脂［图5-10（2）］。无水时，磷脂呈脂溶性，在油中呈内盐式结构溶解并分散于油中。当水分增多时，胶体由于内盐式结构被打开，油溶性下降，吸水膨胀使胶体粒度增大，形成较大的胶团，造成胶体表面积减小。宏观表现即为胶体吸水后膨胀絮凝，由于密度的差异，最终导致油胶分离。利用磷脂的这个性质，目前，牛油加工行业中常见的脱胶工艺是水化脱胶。

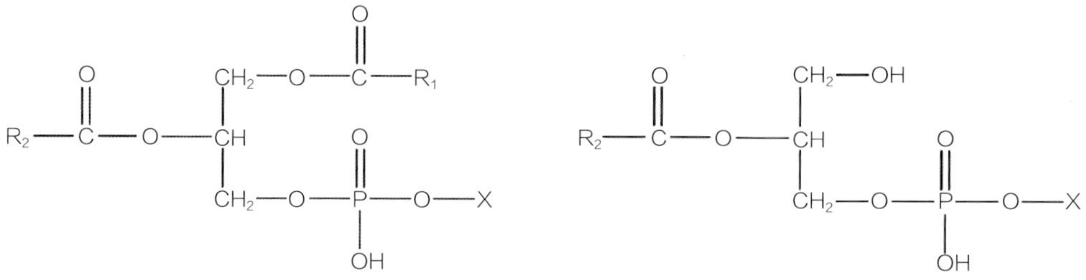

（1）磷脂结构通式　　　　　（2）溶血性磷脂结构通式

图5-10　磷脂与溶血性磷脂的结构通式

注：式中R_1和R_2代表$C_{12} \sim C_{22}$的饱和或不饱和脂肪酸；X表示与磷酸羟基连接的取代基，X的不同构成了不同的磷脂。

根据磷脂的水化特性，毛油中的磷脂可分为水化磷脂（hydratable phospholipids，HP）和非水化磷脂（non hydratable phospholipids，NHP）两大类。通常情况下，由于磷脂含有极性较强的亲水官能团，例如胆碱、乙醇胺、丝氨酸、肌醇等，当油中有水存在时，就会吸水膨胀并沉降，通过油水分离即可将其脱除。资料表明，毛油中大部分的磷脂都是HP，其与水的作用形式见图5-11。NHP主要以钙、镁等复式盐的形式存在，由于磷酸根羟基上离子化程度较高的氢离子被钙、镁、铁等二价金属离子取代，形成了不带电荷的复式盐，因而降低了磷脂的亲水性，这使NHP难以使用简单的水化脱除。

（2）脱胶的方法

①水化脱胶（湿法脱胶）：水化脱胶是将一定量的热水或电解质稀溶液（稀的碱、盐或其他电解质）加入毛油中，利用磷脂等胶溶性杂质具有亲水性能够吸水膨胀，从油中沉淀，利用两种物质密度的不同，把油和吸水后的胶质分开的方法将磷脂去除。在水化脱胶过程中，大部分与磷脂结合在一起的蛋白质、黏液质和微量金属等物质也会被去除。因此，水化脱胶仅能脱除毛油中的能水化的胶质（如HP），NHP仍保留在脱胶后的油中。

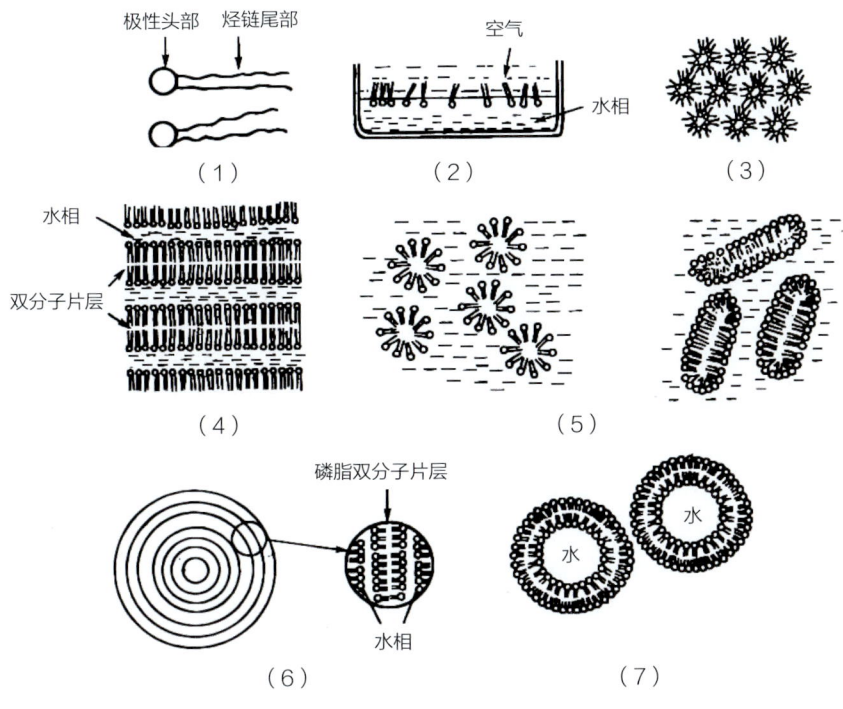

图5-11 磷脂分子与水作用时表现的特殊排列

以高温水化为例，其基本流程如下。

过滤毛油 → 预热（80~90℃）→ 加水（或7%盐水）→ 静置沉淀（保温80℃）→ 油胶分离 → 得成品油和盐析磷脂。

②酸水化脱胶：酸水化脱胶法即先在毛油中加入一定量的酸（无机酸和有机酸），使不能水化的胶质（磷脂）转化为能水化的胶质（磷脂），再加水进行水化，这一脱胶方式主要是为了在水化中脱除非水化磷脂。其中可用的酸有磷酸、硫酸、稀盐酸、无水醋酸、柠檬酸、顺丁烯二酸等，最常用的是磷酸。

磷酸的酸水化脱胶典型方法为：将牛油加热到70~80℃，加入油重0.05%~0.5%的磷酸，搅拌升温至80℃，反应15~25min，加入油重2%的水搅拌15min，保温沉淀，磷脂和水沉淀在底部，几小时后将磷脂和水与油分开。

离心机是实现油脂脱胶中油水分离的主要设备之一，目前国外主要是阿法拉伐和韦斯伐利亚两家公司独占鳌头，也许是受中国引进第一套50t/d阿法拉伐离心机及配套碱炼设备的影响，几乎牛油市场所有的同行都对阿法拉伐离心机感兴趣，阿法拉伐高速离心机如图5-12所示。

图5-12 阿法拉伐高速离心机
图片来源：阿法拉伐。

③干法脱胶（吸附脱胶）：水化脱胶应用广泛，已有成熟的工艺。然而，水化脱胶存在明显的应用问题，如造成大量的中性油的损失；产生大量含盐废水，污染环境、增加废水处理成本；脱胶后的毛油仍含有大量水分，需要进行干燥脱水，增加能耗。

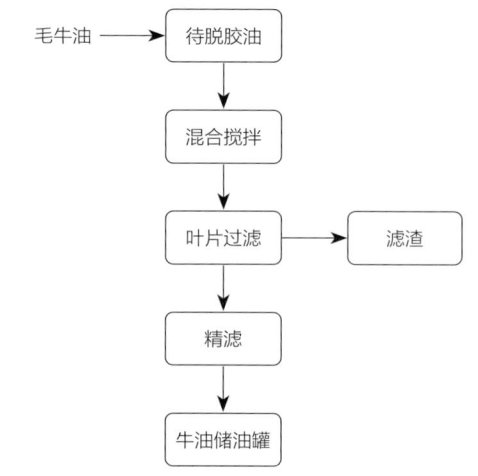

图5-13　牛油干法脱胶工艺流程

干法脱胶又称为吸附脱胶，主要是指利用吸附剂表面吸附作用，达到物理精炼要求，其关键在于吸附剂的选择，具体的脱胶工艺流程如图5-13所示。目前比较有实用价值的吸附材料有二氧化硅、珍珠岩等。二氧化硅（SiO_2）具有介电性能优异、热膨胀系数低、高耐热、高耐湿、低应力、低杂质等优越性能，它表面存在硅羟基，使得其粉体表面呈亲水性。而含水二氧化硅（$SiO_2 \cdot nH_2O$）又称硅胶，是一种孔结构很发达的多孔物质，对油脂中的磷脂、皂化物及其他杂质具有较强的吸附能力。

目前，在一些方法如CN201910974897.0公开了一种使用吸附剂吸附牛油中磷脂组分的脱胶方法，减少了化学污染，具备低成本、高收益的优势，但由于吸附剂非特异性吸附，也导致食用牛油中风味成分损失的隐患，同时，吸附剂会带出大量油脂，降低生产得率，在大规模生产中会大大提高隐形成本。

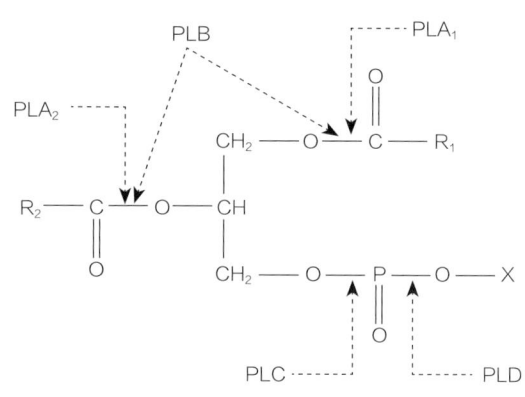

图5-14　不同磷脂的作用位点

④酶法脱胶：与传统脱胶相比，酶法脱胶因其反应条件温和、适用范围广、精炼得率高、污染物排放少等特点，一经问世就受到了广泛的关注。

磷脂酶是一类广泛存在于生物体内，能够特异性水解甘油磷脂的酶。采用磷脂酶，将毛油中的非水化磷脂水解掉一个脂肪酸，提高磷脂亲水性，使非水化性磷脂转化为水化性磷脂，进而彻底脱磷。

根据磷脂酶与磷脂作用位点的不同，可将磷脂酶分为磷脂酶A_1（PLA_1），磷脂酶A_2（PLA_2），磷脂酶B（PLB），磷脂酶C（PLC）和磷脂酶D（PLD）。目前，在食用油脂脱胶过程中，主要使用的是PLA_1、PLA_2、PLB和PLC。

如图5-14所示，PLA_1和PLA_2能特异性水解磷脂的$sn1$或$sn2$位酯键，生成相应的溶血性磷脂；PLB能将$sn1$和$sn2$位的酯键都水解，生成相应的甘油酰磷脂。溶血性磷脂和甘油酰磷脂都具有很强的亲水性，通过水合作用可以方便地除去。PLC能特异性水解磷脂$sn3$位上甘油磷酸酯键，生成相应的甘油二酯（DAG）和磷脂酸，而DAG作为中性油在后续的精炼过程中不会被去除，因而能有效提高油脂精炼后的得率。

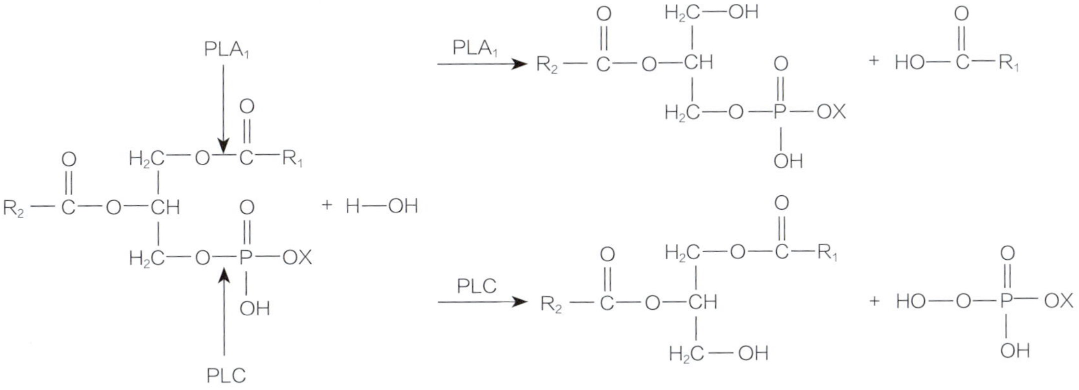

图5-15 牛油的磷脂酶A_1和磷脂酶C联合酶解脱胶原理图（CN202211259140.1）

酶法脱胶在植物油生产加工中的应用已有大量报道，在动物油脂脱胶领域，CN202211259140.1公布了一种用于牛油的酶法脱胶方法，证明了酶法脱胶在反刍动物油脂加工中应用的可能性，具体的脱胶原理如图5-15所示。在牛油的酶法脱胶中，用到的磷脂酶为PLA_1和PLC。PLA_1将牛油毛油中的非水合磷脂水解为亲水的溶血性磷脂，并大幅减小胶体黏度，PLC在酶解磷脂的同时，产物为甘油二酯，从而减少了中性油的损失，在两种酶的作用下，毛油中磷脂脱除更彻底。

牛油的酶法脱胶被认为是牛油脱胶工艺的重要发展方向，其优点如下。

首先是能降低生产成本、提高出油率。利用高效率的磷脂酶，将牛油毛油中的非水合磷脂水解掉一个脂肪酸，从而提高磷脂的亲水性，以达到油脂生产企业降低生产成本、提高出油率，增加经济效益的目的。

其次是绿色环保、能耗低。与传统的脱胶方法相比，酶法脱胶优势明显，操作温度低，能耗低，节省了酸碱化学品的消耗，水的使用可降低70%~90%。

最后是对油脂理化、风味品质影响更小。能最大限度地保留牛油中的天然抗氧化等有益成分、减少风味物质的损失。

2. 脱水

脱胶特别是水化脱胶后，牛油毛油还含有一定量的水分（2%~3%）。水分的存在会使油脂颜色加深、产生异味、加速酸败、降低油脂的品质及使用价值，不利于其安全储存，并影响后续脱色等精炼工序。因此，需要进行脱水干燥，控制含水率。

牛油脱水干燥最广泛的方法为真空干燥法，常用的设备为真空干燥罐，如图5-16所示。利用水的沸点随气压的降低而降低的原理，将系统内抽成负压真空状态（降低水的饱和蒸气压，并避免油脂与氧气接触，避免

图5-16 真空干燥罐

氧化反应），使得油脂内的水分充分蒸发剥离。（除了干法脱胶之外，所有的脱胶方式之后都会涉及脱水）。

牛油脱水的典型方法为：将脱胶分离后的牛油泵入真空干燥塔，真空干燥塔夹层通入热源，进行干燥（真空干燥，干燥温度约100～110℃）。干燥30min后，再进入下一工序。干燥过程中废气引至净化装置处理后排放。

3. 脱色

动物油脂本身无色，但由于油脂中的不饱和脂肪酸和脂肪组织中蛋白质、糖类、磷脂等物质在炼制过程中发生氧化、聚合或降解反应，生成了红、褐、黄色体产生颜色，或由于提取及保存条件较差而导致有色污染物的进入，都会使干燥后的油脂色泽尚不洁白。图5-17所示的就是不同反应后产生颜色深浅不一的牛油。因此，为除去油脂中的色素，糖类、蛋白质的反应、降解产物，改善色泽，清除杂质，改善油脂稳定性和有利于后道脱臭工序的操作，牛油的精炼中通常需要进行脱色处理。

图5-17 不同颜色深浅的牛油

脱色工序脱去的物质有氧化产物（甘油酯氧化产物、极性物质和维生素E、色素等类脂氧化产物），脂类化合物（磷脂、糖脂）以及其他物质，如皂类、金属离子、部分农兽药、多环芳烃等。

（1）**脱色的方法** 在食用油脂的脱色工序中，按作用原理分为吸附脱色、萃取脱色、氧化加热法脱色、氧化还原法脱色、氢化法、离子交换树脂吸附法等。其中应用最普遍的是吸附脱色法，其他方法均有一定的局限性。

（2）**牛油的吸附脱色** 牛油脱色常用吸附脱色法，它是一个物理化学过程。使用吸附剂在热油中吸附色素及其他杂质，在过滤去除吸附剂的同时也把被吸附的色素及杂质除掉，从而达到脱色净化的目的。

①吸附脱色原理：利用强有力的吸附剂，如天然白土、活性白土、活性炭和硅藻土等在热油中能吸附色素及其他不纯杂质（过氧化物、二次氧化产物、残皂、部分金属离子和硫）的特性进行脱色净化。为了完成这个过程，需要满足以下条件。

吸附剂颗粒小，具有较大的表面能；物理吸附：分子间的范德华力，无选择性，吸附速度和解吸速度快；化学吸附：吸附剂表面和被吸附物间发生化学反应，发生化学结构上的变化。

因此，对于牛油的吸附脱色，吸附剂的选择直接影响脱色效果和脱色效率。

②吸附剂的选择：在牛油的加工中，对吸附剂的要求是吸附能力强，选择性好，吸油率低，对牛油不发生化学反应，无特殊气味和滋味，以及价格低廉，来源丰富。

③吸附剂的种类：吸附脱色是利用某些强有力的吸附剂，如活性白土、活性炭和硅藻土、珍珠岩等在热油中能吸附色素及其他不纯杂质（过氧化物、二次氧化产物、残皂、部分

金属离子和硫)的特性进行脱色净化的过程。

同时,吸附剂也具有助滤的作用,可实现较为合理的过滤液流速,从而提高牛油的脱色效率。

硅藻土:硅藻土比表面积大,吸附能力强,活性低,不与油等化学物质发生化学反应。现在是广泛的食用油脱色剂。天然硅藻土是由单细胞类的硅酸钾壳动物遗骸在自然力的作用下演化而来的。纯度较好的硅藻土为白色,一般为浅灰色或红棕色,首要化学成分为二氧化硅,对色素有较强的吸附能力,但脱色系数在中等偏上,吸油率高,因此在油脂工业生产中常作为助滤剂运用。硅藻土助滤剂具有完备的微孔结构和良好的吸附性能。它不仅可以形成高渗透性的过滤层,还可以捕集细颗粒,滤液具有良好的透明度。

珍珠岩:珍珠岩助滤剂是一种具有固定粒径的粉末状产品,主要元素组成为钾、钠和铝硅酸盐等组分通过产品种类的扩展而形成的堆积密度,粒度搭配以及不同孔径的选择。珍珠岩具有有害金属少,化学稳定性强,其径粒内部的堆积密度低等优点,同时精深加工后所表现出的过滤效果较为优异。

珍珠岩的堆积密度相较于硅藻土较低,但其优点是渗透性更为优异。在外部环境相同的条件下,珍珠岩助滤剂的有效过滤程度较为可靠,但是存在其滤液的澄清度不够完善的弊端。

活性白土:活性白土又称漂白土,如图5-18所示,是以膨润土为原料,经过酸活化处理天然白土加工而成的一种具有较高活性的吸附剂。对于色素及胶态物质的吸附能力较强,特别是对于一些碱性原子团或极性基团具有更强的吸附能力。因此,牛油脱色的吸附剂中以活性白土应用最广泛。

活性炭:活性炭是由木屑、蔗渣、谷壳、硬果壳等物质经化学或物理活化处理而成,其实物如图5-19所示。它具有疏松的孔隙,比表面积大、脱色系数高,并具有疏水性,能吸附高分子物质,对蓝色和绿色色素的脱除特别有效,对气体、农药残毒等也有较强的吸附能力。活性炭的吸附能力与活性炭的孔隙大小和结构有关。一般来说,颗粒越小,孔隙扩散速度越快,活性炭的吸附能力就越强。但活性炭价格昂贵,吸油率较高,可与活性白土混合使用。

图5-18 活性白土

图5-19 活性炭

④吸附脱色的应用：据悉，森态牛油采用活性白土吸附脱色、硅藻土作为复合助滤剂。脱色在脱色塔内进行，脱色塔配套有活性白土自动投加装置、真空泵和塔内自动搅拌系统。脱色时，毛油经管道输送至脱色塔，同时开启脱色塔搅拌机、活性白土自动投加装置和真空泵，搅拌后，通过油泵泵至叶片过滤机进行过滤，过滤后的脱色油泵入储油罐进行恒温暂存（恒温70~80℃），以备进入下一道工序。过滤后的滤渣主要为废活性白土和硅藻土的混合物，采取袋装储存后外售肥皂厂处理。

4. 脱酸

牛油中总是有一定数量的游离脂肪酸，在毛油阶段，其量取决于脂肪组织的质量，牛生脂组织不新鲜是造成高酸值油脂的原因。脱酸主要为去除牛油中含有的游离脂肪酸（含量为0.5%~2%），游离脂肪酸能够提高酸价，容易促使油脂发生氧化和水解，会严重影响油脂的适口性、稳定性。

脱酸的主要方法为碱炼法和蒸馏法。

（1）碱炼法脱酸　碱炼法是牛油化学精炼的典型步骤，利用在油脂中加入NaOH、KOH或Na_2SiO_3等碱性溶液中和毛油中的游离脂肪酸，生产脂肪酸盐（皂）和水，并将其析出分离的一种精炼方法。碱炼中生成的皂同时具有较强的吸附能力，能将相当数量的其他杂质形成沉淀物，称为皂脚。

①碱炼脱酸的原理：毛油或脱胶油加碱（NaOH）后产生的中和反应：$RCOOH+NaOH \rightarrow RCOONa+H_2O$，这是碱炼所希望的反应。

如图5-20所示，碱炼过程实际上是一个十分复杂的过程，其中主要反应是游离脂肪酸与碱的中和反应，它在本质上是一种胶体界面化学反应。一开始在碱滴表面反应形成单分子肥皂膜，通过扩散、继续反应，并能吸附毛油中的色素、胶质及其他杂质形成一定厚度的胶态离子膜。固然，在肥皂分子的碳氢键之间还分布着油分子。胶态离子膜不断吸收反应生成的水，逐步膨胀扩大。最后在搅拌作用下，膜内多余的碱滴分离而出，继续反应生成新的皂膜，直到反应完全为止。在此过程中，皂膜在搅拌、电解质等作用下，相互碰撞、吸引、聚

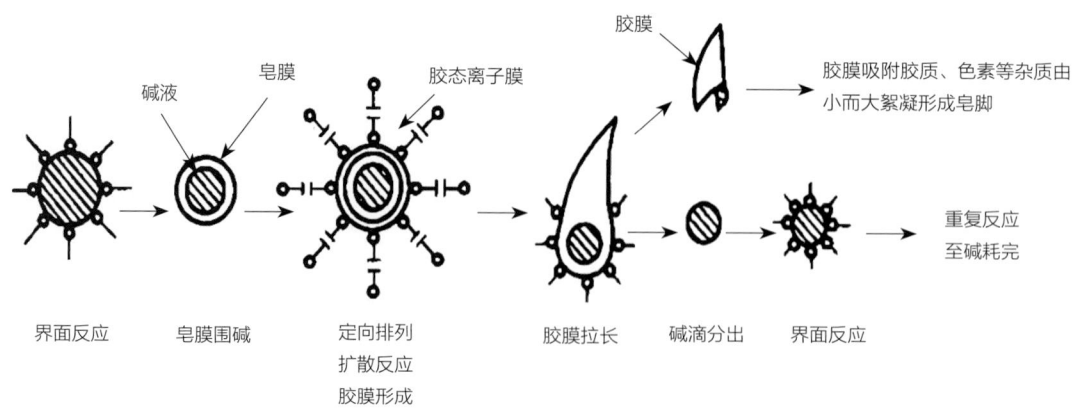

图5-20　碱炼法脱酸过程

集，由小变大形成皂脚。由于其密度大，因而能利用密度差分离法（沉降或离心分离法）从油中析出。

②碱炼脱酸的作用：烧碱能中和粗油中的绝大部分游离脂肪酸，生成的钠盐在油中不易溶解，成为絮状物而沉降。生成的钠盐为表面活性剂，可将相当数量的其他杂质也带入沉降物，如蛋白质、黏液质、色素、磷脂及带有羟基和酚基的物质。甚至悬浮固体杂质也可被絮状皂团携带下来。因此，碱炼具有脱酸、脱胶、脱固体杂质和脱色素等综合作用。

③碱炼脱酸的缺点：碱炼脱酸最大的缺点就是牛油的损耗大，尤其不适用于高酸价毛油。烧碱与油脂产生皂化反应生成甘油与肥皂，引起炼耗的增加。因此，必须选择最佳的工艺操作条件，力求避免这一过程中产生不必要的油脂损失，以获得碱炼油的最高得率。

（2）**蒸馏脱酸法** 蒸馏脱酸法其原理是在相同条件下，游离脂肪酸的蒸气压远大于甘油三酯的蒸气压，根据这一物理性质，利用它们在相同温度下相对挥发性（分子质量及沸点）的不同进行分离，可使游离脂肪酸和低分子气味物质随着蒸气一起排除，也称汽提脱酸。蒸馏脱酸的条件一般根据实际情况，控制真空度在-0.099MPa左右，温度为240~260℃，时间大约为1h。

蒸馏脱酸设备将填料塔和板式塔组合在一起，既保持了填料塔的物理脱酸效果，又具有高效脱臭功能，而且填料部分和板式部分能够分开单独使用，常见的蒸馏脱酸设备如图5-21所示。牛油从脱酸脱臭塔顶进入，通过分油盘均匀地分布在填料上形成油膜，自上而下流动，与逆流的汽提过热蒸汽在填料上汽液逆向接触，首先在填料段蒸馏出脂肪酸和一部分臭味组分，通过真空抽走，牛油再通过管道流入板式段。板式段中的蒸汽从牛油中呈鼓泡状喷出，再次与牛油进行接触汽提，牛油在板式段中通过高真空降低臭味物质的沸点，并通过过热水蒸气的蒸馏达到脱臭的目的，脱臭油从底部排出脱臭塔。

蒸馏脱酸法的优点是它不用碱液中和，中性油损失少；降低废水对环境的污染；工艺简单，设备少，精炼率高；同时具有脱臭作用。蒸馏脱酸法更适用于原料油酸价较低，且对成品油酸价要求较高时使用更经济。

（3）**其他脱酸方法** 在植物油等食用油脂的精炼中，脱酸方法还包括泽尼斯脱酸法、海尔沃本法和混合油脱酸法等。例如，海尔沃本法是基于碱炼脱酸的改进，所用的海尔沃本溶液与中性油相比，对碱炼时生成的皂脚溶解能力更强，因此，在碱炼时可优先溶解皂脚，减少了中性油的损失，此法对精炼高酸价油尤为有利。

图5-21 蒸馏脱酸设备

5. 脱臭

所有让人不喜欢的气味，都可以称为"臭味"，利用有嗅物质多为挥发性小分子物质的特点，利用真空把不良气味从油中脱出的工序称为脱臭。

脱酸工序脱去的物质有游离脂肪酸、微量过氧化物等。

（1）**牛油中有嗅物质的来源** 纯净的甘油三酯本身没有颜色，也没有气味。我们所闻到的各种油脂不同的气味来自油脂在制取和储存过程中的非甘油酯成分和甘油三酯的氧化产物，如低分子醛、酮、酸，含硫化合物，低分子脂肪酸等；制油和加工过程产生的工艺性气味，如焦煳味、白土味、汗酸味、异味等。因此为了提高油脂品质，需要对油脂进行脱酸脱臭。

（2）**脱臭的原理** 脱臭的机制是基于相同条件下，臭味小分子组分的蒸汽压远大于甘油三酯的蒸汽压这一特点，即臭味物质更容易挥发的原理。因此在真空下，可利用水蒸气为媒介，蒸馏脱臭：水蒸气通过含有臭味组分的油脂时，汽-液表面相接触，水蒸气被挥发的臭味组分所饱和，并按其分压的比例逸出，从而达到了脱除臭味组分的目的。

牛油脱臭塔基于植物油脱臭塔的改进。国内最早用于植物油连续脱臭的脱臭塔为多层盘式脱臭塔，后又设计了卧式脱臭塔，目前在一定范围内仍有应用。但随着油脂设备的不断更新、规模的不断扩大，多层立式脱臭塔以其浅料层结构和各层真空不会互串、能适用于不同处理量的特点，得到了广泛的推广应用，常见立式脱臭塔如图5-22所示，它也是一个真空脱臭塔。

（3）**脱臭方法** 目前，在食用油脂精炼领域中，脱臭的方法有真空汽提法（真空蒸汽蒸馏法）、气体吹入法、加氢法聚合法等。在牛油的脱臭中，最常用的是真空汽提法，即采用高真空、高温结合直接蒸汽汽提等措施将油中的气体成分蒸馏除去。

（4）**影响脱臭的因素**

①温度：汽提脱臭时，操作温度的高低，直接影响到蒸汽的消耗量和脱臭时间的长短。在真空度一定的情况下，温度增高，则油中游离脂肪酸及臭味组分的蒸汽压也随之增高。但是，温度的升高也有极限，因为过高的温度会引起油脂的分解、聚合和异构化，影响产品的稳定性、营养价值及外观，并增加油脂的损耗。

②操作压力：脂肪酸及臭味组分在一定的压力下具有相应的沸点，随着操作压力的降低而降低。操作压力对完成汽提脱臭的时间也有重要的影响，在其他条件相同的情况下压力越低，需要的时间也就越短。蒸馏塔的真空度还与油脂的水解有关，如果设备真

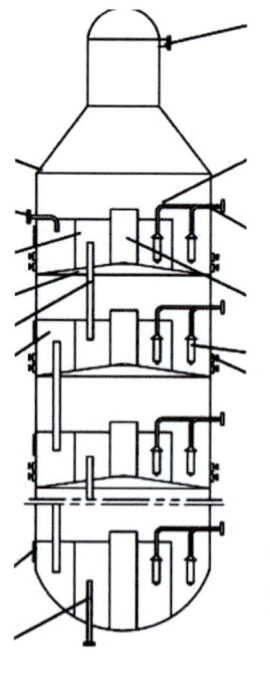

图5-22 立式脱臭塔

空度高，能有效地避免油脂的水解所引起的蒸馏损耗，并保证获得低酸值的油脂产品。生产中一般为300~400Pa的残压。

③通汽速率与时间：在汽提脱臭过程中，汽化效率随通入水蒸气的速率而变化。通汽速率增大，则汽化效率也增大。但通汽的速率必须保持在油脂开始产生飞溅现象的限度以下。汽提脱臭操作中，油脂与蒸汽接触的时间直接影响蒸发效率。因此，欲使游离脂肪酸及臭味组分降低到产品所要求的标准，就需要有一定的通汽时间。但同时应考虑到脱臭过程中油脂发生的油脂聚合和其他热敏组分的分解。

（5）脱臭前处理要求　牛油的品质及其脱臭前处理方法对脱臭成品油的稳定性具有关键的影响。脱色油在汽提脱臭前的处理包括脱胶、脱酸、去除微量金属离子和热敏性物质。热敏性物质、色素及胶质，如果不在汽提脱臭前除去，会在脱臭过程中受高温而分解，进而影响精制油的质量。

（6）真空蒸汽脱臭的应用　前面提到，真空蒸汽脱臭法可在脱臭的同时实现脱酸，这是利用脂肪酸和臭味组分的蒸汽压远大于甘油三酯的蒸汽压，采用高真空、高温结合直接蒸汽汽提等方式将油中的脂肪酸和臭气组分蒸馏除去。

据悉，森态牛油采用连续脱酸脱臭工艺，脱酸脱臭过程均在密闭状态下进行。连续脱酸脱臭主要过程：首先，脱色后的油料通过泵以恒定的流量泵入析气器中，析气器中维持高真空度以使油中混入的少量空气被释放，达到脱除油中空气的目的。然后，油脂以恒定的流量进入油-油热交换器，与从脱臭塔出来的热油进行热交换，被加热到120~140℃，再进入脱酸脱臭塔，导热油加热，通过直接蒸汽汽提出脂肪酸和其他相对易挥发的臭味组分。最后，毛油从塔底部流出，泵入热交换器与待脱酸脱臭的毛油进行热交换，再进入冷却器冷却至约70℃后，通过精滤器（袋式过滤），精滤后即为精炼油，再经检验后进入成品油罐。

6. 影响精炼油得率的主要因素

在精炼过程中，不仅会影响牛油的风味和理化指标，对于最终精炼牛油的得率也会有影响，其中影响精炼牛油得率的主要因素包括碱炼损耗、脱色损耗、脱臭损耗、其他损耗等。

（1）碱炼损耗　简练损耗为脱除毛油中存在的胶质、游离脂肪酸、水分、杂质等形成的损耗，它是处理过程中由于中性油皂化、乳化引起的损耗，其理论计算公式：碱炼损耗$=0.2+1.25\times$（FFA%+磷脂含量%+水分%+杂质%+0.3%）。

（2）脱色损耗　脱色损耗主要为吸附脱色时废活性白土吸油所引起的损耗，计算公式为：脱色损耗=废活性白土×废活性白土干基含油率，因此想要降低脱色损耗，应尽量降低废活性白土含油率。

（3）脱臭损耗　脱臭损耗主要包括脱臭过程中脂肪酸以及小分子的醛、酮等物质，固醇、维生素E等不皂化物，甘油三酯的蒸馏挥发损失，以及在汽提过程中油脂的飞溅损失。计算公式为：脱臭损耗$=0.2+1.1\times$（进脱臭塔FFA%+POV/80+水杂%）。

（4）其他损耗　在生产过程中由于操作不当或因设备等原因引起的跑、冒、滴、漏等现象造成的损耗，此类损耗应该尽量避免。

第四节 油、渣分离

牛生脂熔炼结束后,将毛油与油渣的混合物从熔炼罐底部输送出来,进入油、渣分离系统,去除牛油毛油中的油渣、骨头、意外落入的包装物等机械杂质的过程称为油、渣分离。

一、油、渣分离设备

1. 捞渣机

捞渣机是牛油毛油与油渣分离的粗滤设备。牛油捞渣机现在多用刮板捞渣机,主要由本体、关断门和驱动装置三部分组成,其在实际生产中的连接情况如图5-23所示。

捞渣机结构紧凑,处理量大,运转平稳,动力消耗低,分离效果好,毛油含渣少,一般毛油中含渣(%)≤0.5%。

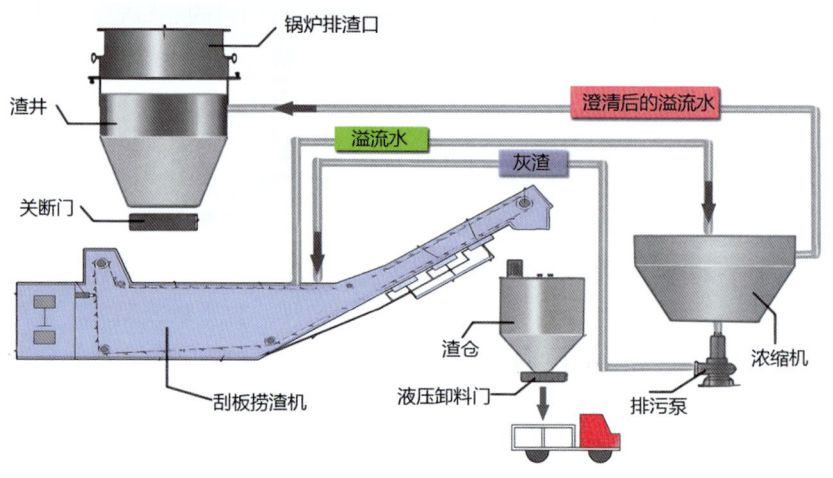

图5-23 刮板式捞渣机连接

2. 振动筛

油脂振动筛是一种高精度细粒筛分机械,适用于油脂中的大块油渣的过滤,可连续作业,常见的振动筛如图5-24所示。

振动筛主要分为直线振动筛、圆振动筛、高频振动筛。振动筛按振动器的型式可分为单轴振动筛和双轴振动筛。单轴振动筛是利用单不平衡重激振使筛箱振动,筛面倾斜,筛箱的运动轨迹一般为圆形或椭圆形。双轴振动筛是利用同步异向回转的双不平衡重激振,筛面水平或缓倾斜,筛箱的运动轨迹为直线。振动筛有惯性振动筛、偏心振动筛、自定中心振动筛和电磁振动筛等类型。

3. 离心机

利用离心力的作用进行过滤分离或沉降油渣的方法称为离心分离法。与过滤法相比，具有分离效果好，滤渣含油少（10%以下），生产连续化，处理能力大等优点。

离心机工作原理是转鼓与螺旋以一定差速同向高速旋转，牛油毛油与油渣由进料管连续引入输料螺旋内筒，加速后进入转鼓，在离心力场作用下，较重的固相物，例如油渣沉积在转鼓壁上形成沉渣层。输料螺旋将沉积的油渣连续不断地推至转鼓锥端，经排渣口排出机外。较轻的牛油毛油物则形成内层液环，由转鼓大端溢流口连续溢出转鼓，经排液口排出机外。

离心机在全速运转下，可实现连续进料、分离、洗涤、卸料；具有结构紧凑、连续操作、运转平稳、适应性强、生产能力大、维修方便等特点。适合分离含固相物粒度大于0.005mm，浓度范围为2%~40%的牛油油渣混合物。

离心机一般分为立式离心机、碟式离心机（图5-25）和卧式离心机（图5-26），其中卧螺离心机是一种高效的离心分离设备，一般可分为卧式螺旋过滤离心机和卧式螺旋沉降离心机。

图5-24　振动筛

图片来源：新乡市大汉振动机械有限公司。

图5-25　碟式离心机

（1）外形

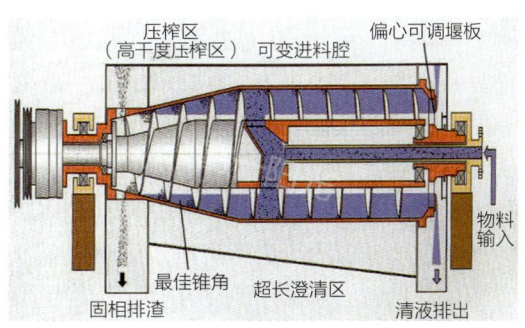

（2）内部结构

图5-26　卧螺离心机

图片来源：浙江三联环保科技股份有限公司。

4．过滤机

借助重力、压力、真空或离心力的作用，在一定的温度条件下，使用滤层过滤，从而达到油、渣（或其他杂质）分离的目的。板框压滤机、立式叶片过滤机、卧式叶片过滤机的原理均为过滤法。

板框压滤机由交替排列的滤板和滤框构成一组滤室，图5-27所示为板框压滤机。滤板的表面有沟槽，其凸出部位用以支撑滤布。滤框和滤板的边角上有通孔，组装后构成完整的通道，能通入毛牛油油渣混合物、洗涤水和引出毛牛油。板、框两侧各有把手支托在横梁上，由压紧装置压紧板、框。板、框之间的滤布起密封垫片的作用。由供料泵将毛油油渣混合物压入滤室，在滤布上截留油渣，直至充满滤室。滤液毛牛油穿过滤布并沿滤板沟槽流至板框边角通道，集中排出。过滤完毕，可通入清洗涤水洗涤滤渣。洗涤后，有时还通入压缩空气，除去剩余的洗涤液。随后打开压滤机卸除滤渣，清洗滤布，重新压紧板、框，开始下一工作循环。

图5-27 老式板框压滤机
图片来源：江苏苏东化工机械有限公司。

立式叶片过滤机的滤叶（滤叶是用来截留和吸附硅藻土等助滤剂的唯一基础，并且具有疏液流畅，截留可靠等特殊性能，滤叶可重复使用）主要是采用特制的不锈钢筛网定制，形似叶片，其中面网根据过滤的要求可以选择其精度，中间夹层起支撑作用，面网和中间夹层借助框架连接（并附有密封件，紧固件等组成），图5-28所示为一款常见的立式叶片过滤机及内部结构。

图5-28 立式叶片过滤机及内部结构

立式叶片过滤机用于牛油油渣分离时的优点如下：无需滤布、滤纸，降低过滤成本；全密闭操作、环保、无物料损失；振动掉渣，降低工人劳动强度；毛油中的油渣、活性白土过滤或脱色过滤可完全替代板框过滤机；不仅适用于毛油过滤，还能用于脱色过滤等。

卧式叶片过滤机是一种高效、节能、自动密闭过滤的精密澄清设备，图5-29所示为一款卧式叶片过滤机，其主要特点为：

图5-29 卧式叶片过滤机

①完全密闭过滤，无泄漏，无环境污染。
②滤网板自动拉出结构，便于工作于观察和清渣。

③双面过滤，过滤面积大，容渣量大；振动排渣，降低劳动强度。
④液压控制，实现操作自动化。

二、油渣处理

油渣分离后，毛油输送至储油罐，进一步检测相关内控指标；而过滤后的牛油渣中含有残留牛油，需要用压榨设备将油渣中的残留牛油压榨出来，提高牛生脂的提取率。

1. 油渣压榨

熔炼后的油渣被输送到压榨机进行压榨，常见的榨油机有液压榨油机（图5-30）和热榨螺旋榨油机（图5-31），进入压榨机的油渣温度需在80℃以上。压榨后的牛油流入底部的小捞渣机中暂存，压榨后油渣饼则输送至风冷处理系统。

2. 压榨油离心分离

压榨得到的压榨毛油被泵送至立式离心机进行离心分离，除去压榨毛油中残留的油渣，得到压榨油。

3. 压榨油储存

经过立式离心分离后的油被泵送至压榨油储存罐中，等待进一步检测、加工。

4. 油渣饼冷却

常见的牛油渣呈现两种状态，一种是如图5-32（1）所示的块状，另一种是如图5-32（2）所示的片状，压榨后的牛油渣饼被输送到油渣处理系统进行冷却破碎。

5. 油渣饼装袋

将冷却破碎后的油渣装入统一的编织袋，堆放至指定的区域进一步处理。如果油渣未在冷却后进行装袋，可能会出现由于中心温度过高而导致起火的安全隐患。

图5-30 液压榨油机
图片来源：洛阳洛丰液压科技有限公司。

图5-31 热榨螺旋榨油机
图片来源：农机通。

（1）块状牛油渣　　　　　　　　　　　　　（2）片状牛油渣

图5-32　牛油渣

第五节
牛油灌装及包装

牛油完成精炼、调配后暂存在储油罐，然后根据不同的包装需求泵送至灌装包装生产线，进行对应的灌装和生产，图5-33所示为实拍森态牛油的储油罐，储油罐具体的内部结构如图5-34所示。

 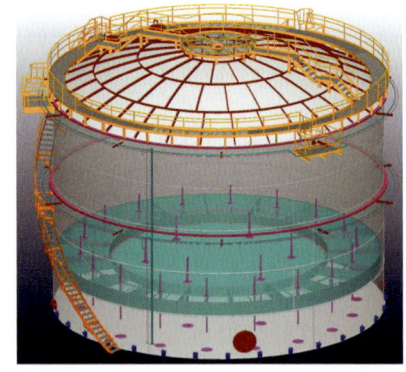

图5-33　森态牛油储油罐　　　　　　　　　图5-34　储油罐内部结构

一、牛油灌装

1. 牛油灌装前处理

牛油储油罐中的牛油为液态，而灌装包装后牛油成品均为固态，因此需要借助技术手段加快牛油的凝固速度、提高灌装效率，并且保证牛油凝固感官品质均匀一致。

现在牛油加工中最常见、最有效的冷却结晶方式就是急冷捏合技术，液态的牛油在过冷条件下先形成极不稳定的非晶质固体（玻璃质固体），它可以依次向α、β'、β晶型转移，急冷捏合中剧烈的搅拌及捏合将促进α晶型向β'晶型的转换，形成晶体更加稳定的牛油体系，利用加工手段加速牛油的凝固速度，增强牛油的硬度（表4-9）。

牛油加工过程中的结晶温度、冷却速率、搅拌和降温、储存温度和时间都会影响脂肪的晶体结构和流变特性，进而影响牛油的灌装和包装效果。

有学者研究不同冷却温度下牛油硬度和固体脂肪指数（SFI）的变化，如图5-35所示，其中1~16分别代表16个不同地方来源的牛油。随着冷却温度的降低脂肪结晶经过成核和晶核形成初期，当油脂在较低温度下时，过冷度降低，脂肪迅速形成晶核，油脂迅速达到结晶终点；在0℃冷却温度下，牛油结晶终点时间长达80min，结晶终点的SFC值最低（80.3%），而-25℃冷却温度下，牛油的结晶终点时间只需要45min，结晶终点的SFC值最高（87%），因此借助极冷捏合工艺对牛油快速结晶，提高产品品质是合理有效的。

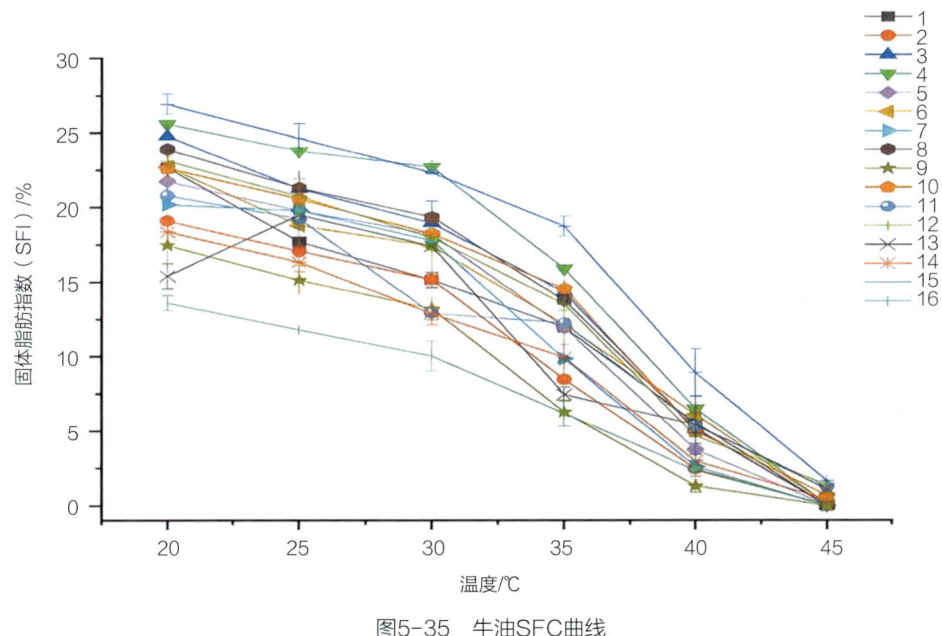

图5-35　牛油SFC曲线

2. 灌装生产线

根据包装规格的不同，牛油灌装生产线也有差异，例如20kg的大包装、4.5kg的中等包装以及50g的小规格包装。

现在牛油的加工企业的灌装生产线均较为先进，图5-36所示为森态牛油包装生产线实拍图。据悉，牛油灌装机均采用微电子技术和液体流量计量控制技术，采用电子水平元件控制灌装，抗压力强、灌装精度高、可连续化工作、达到0.1%的灌装精度。

此外，灌装生产线还会采用智能双流快速填充技术，保证牛油灌装不起泡、不溢出，采用防滴漏油嘴和真空回吸技术，解决填充后油嘴滴油的问题。

图5-36　牛油工厂灌装车间局部图

二、牛油包装

目前，根据牛油的特点，其包装形式有液态、固态两种。

1. 液态包装

液态包装就是将成品牛油以液态形式从储油罐泵送入液态罐车，然后在保证牛油处于液态的状态下运输至客户要求的地点，直接输送入对方的储油罐或者加工车间。

牛油液态罐车的温度一般保持在60~70℃，储量为30~40t；液态罐车每运输一次，需要进行全罐清洗；而且每车液态牛油出厂前，都需要进行出厂检验和铅封。

液态包装的优点在于风味损失小，包装工艺简单，而且运输过程中不会造成产品损坏，包装成本低，节约成本。

液态包装的缺点是不能长距离运输；而且由于牛油长时间处于高温状态下，需尽快使用，建议在1周内使用为宜。

2. 固态包装

固态包装就是牛油包装后呈固态，其优点还是牛油产品可以长时间存放、长距离运输。固态包装的缺点是包装成本高，炒料化油时二次加热造成风味损失。

现在市面上常见的固态牛油产品包装规格有20kg、4.5kg、100g等，图5-37~图5-40为森态牛油固态包装生产实拍图及其生产产品实拍图，分别为小包装100g锅锅香及20kg的固态箱装牛油。

图5-37 森态牛油100g装锅锅香包装线（局部）

图5-38 100g装锅锅香

图5-39 森态牛油固态箱装牛油包装线（局部）

图5-40 20kg固态箱装牛油

第六节 牛油的仓储物流

牛油的仓储物流主要包括验收（入库）、仓储（在库管理）、出库、物流（配送）等环节。

一、牛油验收

牛油验收主要是对牛油产品数量、质量和包装的验收，检查入库牛油数量是否与系统上入库数量相符，规格、牌号等有无差错，商品质量是否符合规定要求，物流包装能否符合要求。

验收工作的基本要求是必须做到及时准确，即在尽可能短的时间内，准确地验收牛油产品的数量、质量和包装。验收的标准和依据根据各个企业的内控指标要求进行。

牛油验收的方法包括一般物理性检验、外观检验、包装完整性检验、化学指标检验。其中牛油的感官、理化、污染物、兽药残留、食品添加剂指标需要符合GB 10146—2015《食品安全国家标准 食用动物油脂》规定。

二、牛油仓储

牛油成品的仓库要整洁有序、经常保持清洁，严禁灰尘或异物污染食品，此外仓库应装有精确地控制湿度、温度的装置，如图5-41所示为一般货物仓库。

牛油成品仓库的要求。

（1）存放须分类分架、离墙30cm、离地15cm以上，货架之间有间距，中间留有通道，以利于通风和检查。

（2）不得存放有毒有害物质。

（3）入库牛油产品需要建卡登记，按照规定地点储存。

图5-41　仓储内部图

（4）建立入库、出库食品登记制度，按入库时间先后分类存放，先进先出。

（5）每一批次入库的产品要注明品名、入库时间。

（6）建立库存食品定期检查制度掌握食品的保质期，防止发生霉烂、软化发臭、鼠咬等现象。

（7）仓库要定期打扫。

三、牛油出库与物流

牛油出库与物流程序包括一般出库准备、备货、核对出库凭证、复核、装车、物流、配送。

1. 出库准备

仓储部门在线收到客户的订单申请，为保证货物能按时发给客户，仓库清点库存量与产品种类，做好货物出库的准备。

2. 备货

根据订单需求，确认出库货物的货位，注意规格、批次和数量，按先进先出的原则进行备货。

3. 核对出库凭证

出库凭证有货物出库申请单、提货单、调拨单等。

4. 复核

检查牛油产品外观质量是否完好合格，检查证件是否齐全（营业执照、食品生产许可证、检验报告）；核对出库凭证上所列货物名称、规格、数量是否与实物相符。

5. 装车、物流、配送

根据收货地点，制定最适宜的物流配送方案，确保牛油产品能够准时、完好的送至客户手中。

第七节 浓香牛油生产技术

牛油是川渝麻辣火锅的重要原料之一，牛油的风味会影响火锅的整体品质，目前市场上的牛油存在风味单一、层次感不丰富、牛油的香气不足等问题。

随着市场的变化，消费者对牛油产品提出更多的需求，现阶段对于浓香牛油的需求最大。浓香牛油就是使用不同工艺、不同加工技术所获得的牛油产品，再次进行不同比例的配比调和，搭配出一套市场需求大、性价比高，并解决行业痛点的浓香型牛油。

适度的脂肪氧化和美拉德反应是牛油风味的主要形成途径，而异戊醛、己醛、庚醛、辛醛、壬醛等挥发性香气物质是造成无香、淡香、浓香牛油风味差异的主要原因，而通过研究消费者喜好度发现浓香牛油的风味特点是脂香味、焦香味、肉香味。

现在浓香牛油的生产工艺主要有传统浓香牛油生产工艺、酶解牛油生产工艺和温和脂肪氧化生产工艺。

一、传统浓香牛油生产工艺

传统工艺生产的牛油风味类型有油香味、脂香味、膻香味、乳香味、焦香味、肉香味、酸味等，但是由于牛生脂原料、加工方式、加工流程的差异而牛油会呈现不同的风味。传统浓香牛油生产工艺流程见图5-42。

图5-42 传统浓香牛油生产工艺流程

其特点在于：

（1）在熔炼阶段多采用敞口熔炼法，即火炼法，牛生脂在敞口熔炼时会与空气中的氧气充分结合，发生适度的脂肪氧化，形成更多的挥发性风味物质，得到的浓香牛油呈明显的油香味、脂香味、肉香味。

（2）不同风味牛油的调配，将不同牛生脂原料、不同生产工艺的牛油进行一定比例的调配，得到浓香牛油。

二、酶解牛油生产工艺

牛油的原料有腰油、肚油、分割油等,其中分割油中有残留的肌肉组织,主要成分是蛋白质,因此以分割脂肪和其他脂肪为原料,在不改变火锅牛油传统加工工艺的基础上引入生物酶解技术,酶解牛油的生产工艺流程如图5-43所示,在预熔工段加入酶制剂后,酶制剂会将肌肉组织中大分子的蛋白质降解成小分子的多肽和氨基酸,即发生美拉德反应的前体物质,使得牛油在高温熔炼的时候发生美拉德生香反应,提升火锅牛油风味,增加牛油的特征香气,丰富牛油风味的层次感,为牛油增添肉香味,最终得到浓香牛油。

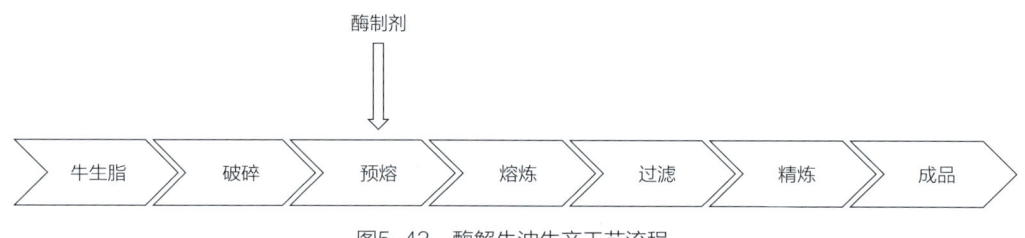

图5-43 酶解牛油生产工艺流程

现阶段,市面上应用生物酶技术和美拉德生香技术生产浓香牛油的典型产品就是森态牛油的味极香(图5-44)、张兵兵生物科技开发的太火多肽牛油。

三、温和脂肪氧化生产工艺

目前,牛油增香方面工艺的研究工作还比较匮乏。川渝火锅中使用的牛油主要是经过精炼之后的牛油。粗牛油经过脱酸、脱色、脱臭和精炼等制作工艺之后,即为火锅底料生产的牛油,经过上述工艺加工后的牛油色泽清亮、风味醇厚,含有多种挥发性风味成分,如醛、醇、酮等化合物,这些物质与牛油中蛋白质、氨基酸等继续反应,产生某些特殊的气味,最终形成牛油独特的挥发性风味。牛油独特的风味主要来源于醛、醇、酯、酮类化合物等。牛油风味物质形成过程复杂,受到多种条件的影响,首先,牛的产地或者牛的种类决定了牛油在挥发性风味物质呈现上的差异;其次,牛油在精炼过程中,炼制温度、时间等加工方式会影响美拉德反应和热降解分解反应的反应程度,最

图5-44 森态牛油味极香产品

终也会影响其挥发性风味物质的形成。

为了生产出浓香牛油，采用温和氧化与脂肪酶解技术相结合的形式，获得香气比普通牛油更加浓郁的牛油产品从而使其风味达到最佳状态。图5-45就是温和牛油氧化的基本流程，在预熔及熔炼阶段，通氧及酶解过程中也会发生一些脂肪氧化降解、美拉德反应等，会使得挥发性化合物的种类及含量发生一定程度的改变，从而引起风味上的变化。

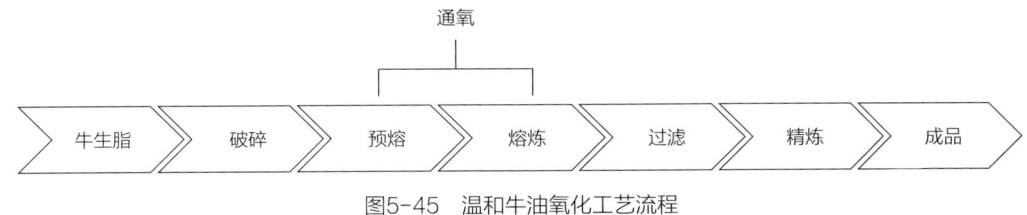

图5-45　温和牛油氧化工艺流程

第八节　牛油生产的发展趋势

随着我国信息化进程迅速推进，传统的生产制造模式带来的效率低、成本高、信息反馈处理不及时等问题正在严重影响我国生产制造企业的发展，在牛油生产加工行业也存在该问题，而智能制造、绿色加工是牛油生产企业转型的必经之路。

一、智能制造

智能制造工厂由设备、机器人、自动搬运、网络、信息数据等构成，集成了产品制造过程和工厂模型的数据库，提高牛油产品的质量和生产过程所涉及的质量和动态性能。

通过借助计算机数据控制，对牛油生产全过程进行数据采集，进一步扩展到整个牛油产品制造过程的全生命周期，打通牛油产品的全产业链，实现信息的集成。

在油脂加工行业，龙头企业益海嘉里一直探索数字化转型之路，从2018年起开始实施工厂级数字化改造，在2019年，其浙江工厂就入选了"浙江省数字化车间/智能工厂"，初步实现了核心业务流程的数字化连接和运行管理，截至目前益海嘉里金龙鱼内外规模化小包装生产线已经全部自动化，整个生产过程都由计算机控制。

据悉，在牛油加工行业，森态牛油（广汉市迈德乐食品有限公司）率先实现了智能化加工制造，图5-46所示为企业的数字化控制系统平面图，森态牛油现拥有全套的牛油自动化加工生产线，这是动物牛油行业首家引入智能制造的企业，也是牛油行业产能最大、设备最先进、自动化程度最高的生产线，图5-47所示为其智能化车间，可以看到车间完全是通过管道运输，基本不需要工人，大大节约了人力成本，提高了生产效率。

图5-46　车间数字化控制（局部）

图5-47　森态牛油智能化车间（局部）

二、绿色加工

绿色加工是动物油脂加工的发展趋势，而现在油脂加工流程中存在较多的安全隐患。

（1）精炼时加碱量大、活性白土添加量多等，这不仅造成资源和能源浪费，加剧环境污染，增加油脂损失，而且也损失了牛油中绝大部分天然有益油脂伴随物，例如维生素E，使得牛油的整体营养价值降低。

（2）精炼过程中，如果工艺处理不当，除降低油脂的营养品质外，还会产生新的风险因子，如反式脂肪酸、苯并芘等。

油脂领域的龙头企业益海嘉里率先实现了油脂的绿色加工，例如采用酶法脱胶耦合物理脱酸、适温长混轻度碱炼、两步脱色、双塔双温脱臭和两级捕集等多项核心技术，开发出具有自主知识产权的食用油绿色精准适度加工工艺。并且按照GB/T 36132—2018《绿色工厂评价通则》等标准引导和规范工厂加快构建绿色制造体系，围绕"厂房集约化、原料无害化、生产洁净化、废物资源化、能源低碳化"不断打造生态智慧的现代工厂，践行工业绿色发展理念、实现绿色转型升级。

绿色加工的前提是满足食品安全要求，并且兼顾成品牛油的营养、口感、外观、出品率和成本。绿色加工不仅需要降低牛油中的反式脂肪酸含量、保留微量营养成分，还要在加工时降低蒸汽消耗、废水排放、碳排放，达到节能减排的效果，符合绿色低碳循环发展理念。

第九节

牛油加工中的"三废"处理

牛油生产过程产生的"三废"分别为固废、废水和废气，本节对"三废"的处理方式和相应的设施设备进行归纳。

一、固废处理

1. 处理方法

目前工业上常见的固废处理方法主要有三种，即填埋法、焚烧法、固化法。

（1）填埋法　土地填埋是最终处置废活性白土的一种方法。此方法包括场地选择、填埋场设计、施工填埋操作、环境保护及监测、场地利用等方面。其实质是将废活性白土铺成一定厚度的薄层，加以压实，并覆盖土壤。这种处理技术在国内外得到普遍应用。

填埋法的优点是：此法为一种完全的、最终的处置方法，若有合适的土地可供利用，此法最为经济。该法的缺点是填埋场必须远离居民区，回复的填埋场将因沉降而需要不断地维修，填埋在地下的废活性白土，通过分解可能会产生易燃、易爆或毒性气体，需加以控制和处理等。

（2）焚烧法　焚烧法是高温分解和深度氧化的综合过程。通过焚烧可以使可燃性的废活性白土氧化分解，达到减少容积，去除毒性，回收能量及副产品的目的。

焚烧法的优点是能迅速而大幅度地减少可燃性废活性白土的容积，此外有害废物通过焚烧处理，可以破坏其组成结构或杀灭病原菌，达到解毒、除害的目的。但是焚烧法也存在缺点：废活性白土的焚烧会产生部分的酸性气体和未完全燃烧的有机组分及炉渣，如将其直接排入环境，必然会导致二次污染。而且该法的投资及运行管理费高，为了减少二次污染，要求焚烧过程必须设有控制污染设施和复杂的测试仪表，这将进一步提高处理费用。

（3）固化法　固化法是将水泥、塑料、水玻璃、沥青等凝结剂同废活性白土加以混合进行固化，使得废活性白土中所含的有害物质封闭在固化体内不被浸出，从而达到稳定化、无害化、减量化的目的。固化法能降低废物的渗透性，并且能将其制成具有高应变能力的最终产品，从而使有害废物变成无害废物。

2．设施设备

（1）废弃物分类收集容器　如塑料桶、编织袋等，用于收集不同类型的固体废弃物。

（2）破碎机、筛分机　用于将固体废弃物破碎、筛分，减少体积和重量。

（3）生物反应器、发酵罐　为微生物发酵提供适宜的环境，将有机废弃物转化为肥料或饲料。

（4）焚烧炉、烟气净化装置　用于焚烧固体废弃物，并通过烟气净化装置减少二次污染。

3．废活性白土二次利用

脱色废活性白土中含有较多脱酸油，由于工艺及设备的不同，其含量为18%~30%，从脱色废活性白土中回收的脱酸油可作为饲料或化工原料。

二、废气处理

牛油工厂生产加工产生的废气主要是牛油熔炼过程中产生的油烟废气，含有脂类、醚类等分子组成的臭味气体、颗粒物等，如果直接排放，不仅对人体嗅觉造成一定的影响，还会进一步影响人们的工作和生活情绪。因此废气的处理对牛油生产企业至关重要，需要有独立的烟气处理装置，解决牛油生产过程中油烟废气对环境的污染问题。

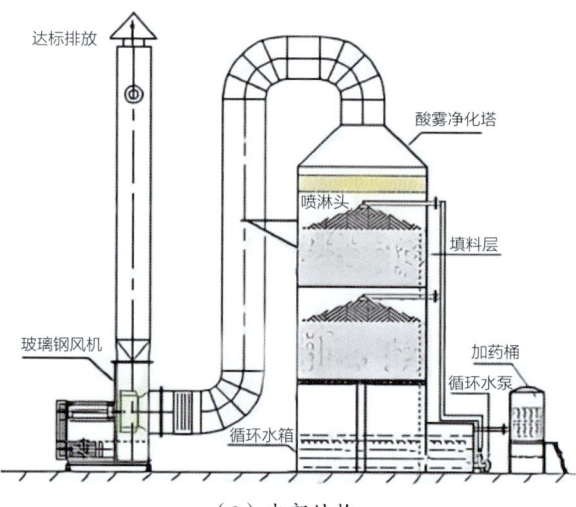

（1）外观　　　　　　　　　　　　　　（2）内部结构

图5-48　高频电离氧化分解塔

处理废气的设施设备大致有以下四类。①吸附塔、活性炭床：用于吸附废气中的有害物质，净化废气。②吸收塔、洗涤器：利用溶液吸收废气中的有害物质，达到净化废气的目的。③催化氧化反应器、催化剂床：为催化氧化反应提供适宜的环境，将废气中的有害物质转化为无害物质。④生物滤池、生物洗涤塔：利用微生物的降解作用，处理废气中的有机污染物，实现废气的生物净化。

常见的设备主要是喷淋洗涤+高频电离氧化分解塔及湿式电除尘器。

高频电离氧化分解塔为高频电离氧化分解一体塔，详见图5-48，分别为其内部结构及外观样式，它可以用来除去废气中的油烟、脂类、醚类等分子组成的废气。

首先通过塔体底部的喷淋去除废气中较大的颗粒物，同时起到一定的降温效果。废气通过电离区时发生静电吸附：阴极放电使得油烟、粉尘颗粒、水汽等带负电荷，在电场力作用下，由阴极向阳极筒移动，最后在阳极管壁沉积，沿管壁向下流走。发生高频电离分解：生产过程中临时合成的异味分子进入电离区后，由于电场的能量高于异味分子的能量，使临时合成的异味分子发生裂解，分解成无味的小分子气体，排到空气当中。发生氧化分解：在高频电场的作用下高能电子、原子、离子等物质高速运动，与未发生裂解的脂类、醚类等分子碰撞，从而打开异味分子的化学键，形成小分子结构并与电离产生的羟自由基和O_3发生氧化反应，形成CO_2和H_2O，排放到空气当中。

湿式电除尘器是一种用来处理含微量粉尘和微颗粒的新除尘设备，详见图5-49，它主要用来除去含湿气体中的尘、酸雾、水滴、气溶胶、臭味、PM2.5等有害物质，是治理大气粉尘污染的理想设备。湿式电除尘器是用电除尘的方法分离气体中的气溶胶和悬浮尘粒，主要包括以下四个物理过程。

①气体的电离；②气溶胶、悬浮尘粒的凝并与荷电；③荷电尘粒与气溶胶向电极移动；④水膜使极板清灰。

在湿式电除尘装置的阳极和阴极线之间施加数万伏直流高压电，在强电场的作用下，电晕线周围产生电晕层,电晕层中的空气发生雪崩式电离,从而产生大量的负离子和少量的正离子,这个过程称为电晕放电;随烟气进入湿式电除尘装置内的尘(雾)粒子与这些正、负离子相碰撞而荷电,荷电后的尘(雾)粒子由于受到高压静电场库仑力的作用,向阳极运动;到达阳极后,将其所带的电荷释放,尘(雾)粒子就被阳极所收集,收集粉尘形成水膜,靠重力或冲洗自上流至下部积液槽或者吸收塔,而与烟气分离。

湿电除尘器具有除尘效率高、压力损失小、操作简单、能耗小、无运动部件、无二次扬尘、维护费用低、生产停工期短、可工作于烟气露点温度以下、由于结构紧凑而可与其他烟气治理设备相互结合、设计形式多样化等优点。

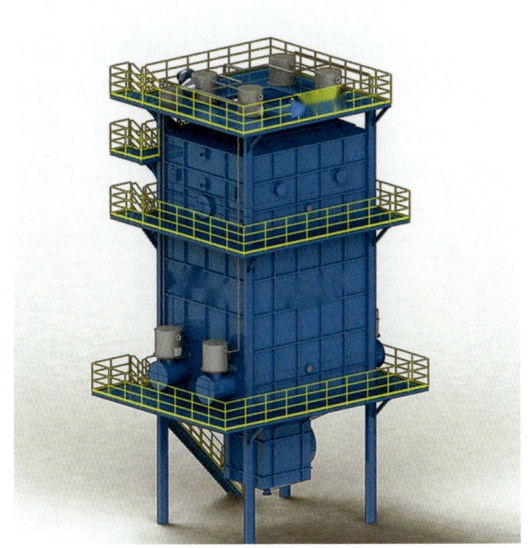

图5-49 湿式电除尘器
图片来源:油岩环保科技。

湿式电除尘器采用液体冲刷集尘极表面来进行清灰,可有效收集微细颗粒物(PM2.5粉尘、SO_3酸雾、气溶胶)、重金属(Hg、As、Se、Pb、Cr)、有机污染物(多环芳烃、二噁英)等。使用湿式电除尘器后含湿烟气中的烟尘排放可达$10mg/m^3$甚至$5mg/m^3$以下,收尘性能与粉尘特性无关,适用于含湿烟气的处理。

三、废水处理

牛油加工废水主要包括精炼车间的碱炼废水、冲洗水、冷凝器排水等加工过程排放的污水。其特点是高浓度有机物和油脂含量高,如油脂碱炼废水中pH变化大、水质变化大、可生化性好、废水化学需氧量高。

目前生物处理技术仍是油脂废水处理的主要工艺,其工艺流程见图5-50。但由于很多油脂废水中油脂含量高,影响水体富氧及其自然净化过程,危害水体生态系统,造成严重的水环境污染。因此牛油企业产生的污水必须做净化处理,才可进行排放,目前牛油企业常用的污水处理方式是预处理、二级处理与接触氧化好氧池法。

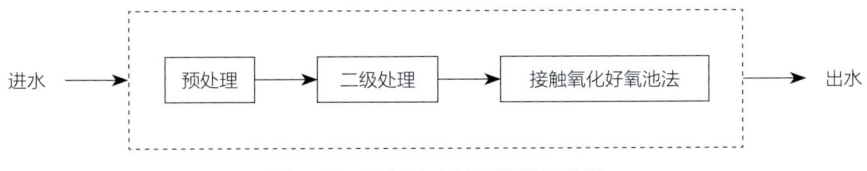

图5-50 油厂废水处理的常规流程

1. 预处理

（1）油脂污水由格栅进入隔油池，经隔油处理后可回收大量的油脂，既可减轻后续处理工艺的有机负荷，同时还可回收有价值的油脂。

（2）污水经过隔油池去除表层浮油后，泵入气浮池去除污水中的浮化油、磷脂、皂脚、有机污染物、悬浮物等，同时加入混凝剂和絮凝剂，进一步使水质澄清。

2. 二级处理

污水生物处理属于二级处理，以去除不可沉悬浮物和溶解性可生物降解有机物为主要目的，其工艺构成多种多样，可分成生物膜法和活性污泥法（AB法、A/O法、A2/O法、SBR法、氧化沟法）、稳定塘法、土地处理法等多种处理方法。

基本原理是利用各种微生物的分解作用，将废水中的有机物和某些无机物分解，使之转化为无害无毒的无机物，通过沉淀池沉淀并进行固液分离，从而达到废水净化的目的，是目前废水处理中应用最广泛和较经济的一种方法。

二级处理的优势在于利用厌氧菌的酸化水解作用，将污水中的高分子有机物分解为有机酸等小分子有机化合物，以利于后续好氧生化降解，厌氧池出水进入接触氧化好氧池，水中各种有机污染物通过好氧生物的氧化分解作用被转化为CO_2、H_2O等无害物质，从而达到去除污染物的目的。厌氧能提高污水的可生化性，能对传统好氧工艺不能处理的难降解有机污染物进行处理，提高整体水质排放标准，更有利于环境保护。

3. 接触氧化好氧池法

接触氧化好氧池法即好氧生物处理法是在有游离氧的条件下，利用好氧微生物来降解有机物，从而达到处理废水的效果。目前在处理废水过程中，常用的好氧生物处理法有活性污泥法、生物膜法。

接触氧化法是一种兼有活性污泥法和生物膜法特点的新的废水生化处理法。主要设备是生物接触氧化滤池。在不透气的曝气池中装有塑料蜂窝填料，填料被水浸没，用鼓风机在填料底部曝气充氧；空气能自下而上，夹带待处理的废水，自由通过滤料部分到达地面，空气逸走后，废水则在滤料间格自上向下返回池底。活性污泥附在填料表面，不会随水流动，因生物膜直接受到上升气流的强烈搅动，不断更新，从而提高了净化效果。具有处理时间短、体积小、净化效果好、出水水质好而稳定、污泥不需回流也不膨胀、耗电小等优点。

4. 设施设备

（1）隔油池　用于去除水中的悬浮物、颗粒物和有色物质，净化水质。

（2）气浮池　用于添加化学药剂，使水中的有害物质发生化学反应，转化为无害物质或易于处理的物质。

（3）沉淀池　将污水中的污染物质转化为可沉淀的有机物后进行固液分离。

（4）接触氧化好氧池　为微生物提供适宜的生长环境，利用微生物的降解作用去除水中的有机污染物。

各种处理技术在不同程度上都能有效地减少环境污染。然而，随着环保要求的不断提高和废弃物处理技术的不断创新,油脂加工行业仍需要继续探索更加高效、环保的废弃物处理方法。未来,油脂加工行业应关注以下几个方面的发展:一是加强废弃物分类收集和资源化利用,实现废弃物的减量化、无害化和资源化;二是推动废弃物处理技术的创新和升级,提高处理效率和效果;三是加强环保法规的宣传和执行力度,提高行业整体的环保意识和责任感。

第六章

食用牛油的质量控制

随着食用牛油的需求量逐步增加，人们对食用牛油的要求也越来越高。评价食用牛油食品安全的基础指标主要有酸价（AV）、过氧化值（POV）和丙二醛，这3个指标用于衡量油脂的新鲜度和氧化程度，而如何控制油脂氧化酸败也是所有油脂工厂最基础且最重要的目标。牛油中含有30%~40%的不饱和脂肪酸，在高温、有氧、光照等条件下发生自动氧化和分解，产生醛、酮类物质，当这些成分积累到一定数量后会发出强烈的刺激性气味，俗称"哈喇味"。目前，国内大多数食用牛油加工厂生产规模比较小，设备简陋，对质量管控的不细致造成生产出的食用牛油质量难以保证，因此食用牛油生产过程中的质量控制显得尤为重要。

生产过程中要想保证食用牛油产品的品质，需要完整且系统的管控，本章对食用牛油生产过程中会产生的安全隐患进行阐述，并对其质量控制相关的指标及措施进行了简要介绍，旨在为大家提供清晰的食用牛油质量控制方法。

第一节 食用牛油的生产关键控制点

食用牛油的食品安全品质规范管理是食用牛油加工企业的第一要素，对于具有规模的食用牛油生产加工企业而言，从原料到生产过程再到成品灌包及储存都需要得到可靠的安全保障，从如图6-1所示的牛生脂预处理及炼制到如图5-8所示的毛油精炼，每一个环节都不容忽视，因此探讨食用牛油的质量控制对其在生产加工过程中的应用具有重要意义。

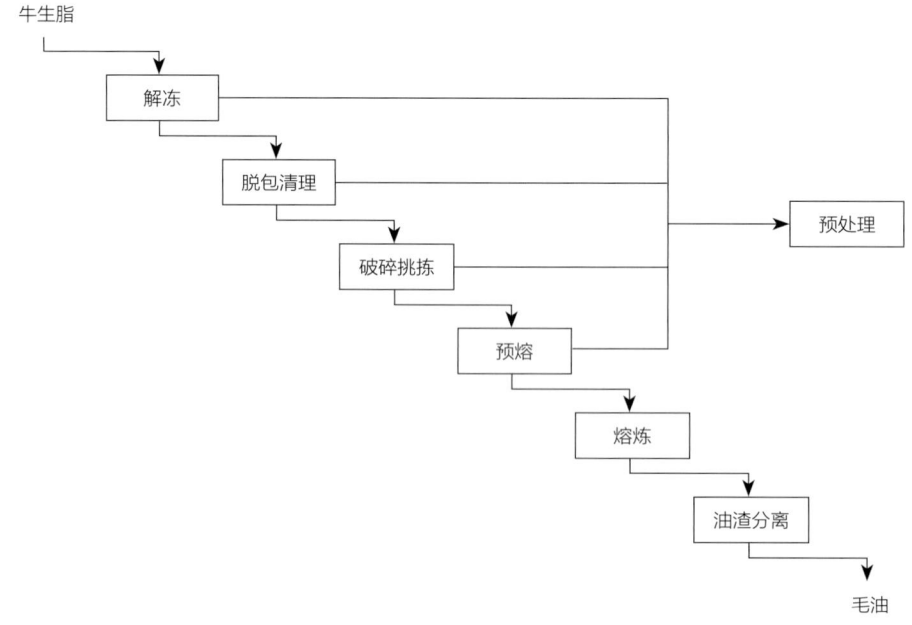

图6-1 牛生脂的预处理及炼制工艺流程

国内食用牛油工厂多以高温熔炼法制得牛油，再进行相关的除杂精炼工作，以此为例，食用牛油生产过程中的关键控制点包括①原料验收；②原料储存；③原料预处理；④熔炼提油；⑤油脂精炼；⑥包装；⑦成品储存；⑧出厂检验。

一、原料验收

原料验收是牛油生产的第一道质量控制关口，在原料验收时首先需要关注供应商的资质与原料的检验检疫证明，即"六个资质"（表6-1）齐全后，再进行后续验收步骤。原料的新鲜度、洁净度、完好度、品质度直接决定着食用牛油成品的应用品质及风味口感，因此对牛生脂的感官评价（表6-2）和理化验收（表6-3）也是不可或缺的，GB 10146—2015《食品安全国家标准 食用动物油脂》指出食用牛油的原料来自牛身上的板油、肉膘、网膜或附着于内脏器官的纯脂肪组织，在原料验收环节，验收人员还需重点关注牛生脂的感官评价和基础的理化指标是否符合国家及企业标准，能否达到验收合格的条件，如果供应商资质、牛生脂的感官评价及理化指标均满足要求，即可对原料进行接收。

表6-1 牛生脂供应商资质（示例）

资质名称	资质名称
营业执照	动物防疫条件合格证
生产许可证	动物检验检疫票
动物定点屠宰许可证	原料出厂检验报告

表6-2 原料验收感官评价表（示例）

项目	标准内容		检验方法	检测频率
	干货	冰盘货		
组织状态	板油、肚油、肥膘油，触摸不粘手，有弹性，外表微干或有风干膜；不得有发霉、腐烂	板油、肚油、肥膘油，外表湿润，触摸不粘手，不得有发霉、腐烂	目测、触摸	每批
颜色	乳白色或淡黄色或淡红色，不得有变色		目测	每批
气味	具有牛生脂正常气味，无发臭、异味		鼻嗅	每批
异物	不得有内脏器官、淋巴、骨头、毛发、粪便、泥巴、血块、石块、塑料制品等其他非牛生脂的异物		目测	每批
中心温度	≤-10℃（冻板）		温度计检测	每批

表6-3 原料验收理化指标表（示例）

项目	指标	检验方法	检测频率
水分/%	≤35	GB 5009.3—2016	每批
酸价（KOH）/（mg/g）	≤2.5	GB 5009.229—2016	每批

二、原料储存

储存条件对食用牛油品质具有重要影响,原料在储存期间会受很多因素的影响,包括但不限于温度、氧气含量、光照、虫害等,包装完好的牛生脂要及时送入-18℃的冻库中储存,冻库要求干燥、防雨、防水、防潮、清洁、无毒、无异常气味、无其他污染;此外牛生脂不得与有毒、有害、有异常气味的货物共同储存。同时,冻库中货物对方应遵循离地、离墙原则,每垛原料之间保留合适的距离,确保冷存效果。在生产过程中牛生脂原料要求进行先进先出的原则,储存时间不超过12个月,不得导致原料积压,使牛生脂变质,感官、理化、卫生安全指标超出规定范围,造成严重的食品安全事故。

三、原料预处理

原料预处理一般是指对牛生脂的处理,是牛油食品安全与牛油品质的重要保证工序。主要包括牛生脂解冻、脱包清理、破碎挑拣,部分工厂还经过牛生脂预熔步骤。

1. 牛生脂解冻

牛生脂解冻过程中需要严格把控解冻的环境,应防雨、防水、防尘、清洁、无毒、无虫鼠害,避免露天解冻。由于脱离了低温环境,在解冻过程中牛生脂中的高蛋白、高脂肪、高水分含量,会成为有害微生物滋生的天然培养基,易使生脂原料发生严重的腐败变质,因此在牛生脂解冻环节应控制解冻时间。解冻时间过短,解冻不完全,导致后续脱包环节不易脱包及破碎能耗和炼制能耗的增加;而解冻时间过长又导致生脂原料腐败变质,最终使生产的食用牛油品质变异。

2. 脱包清理

牛生脂脱包环节也应作为食用牛油生产过程中的关键控制点之一进行严格管控。外包装接触外部环境,可能沾染外部污染,因此脱除外包装时应避免外包装与原料的直接接触、避免外包装碎屑进入破碎机。对于内包装,由于食用牛油有塑化剂的限量要求,而牛生脂的包装材料是带入塑化剂的重要原因,因此牛生脂塑料袋包装应符合GB 4806.7—2023《食品安全国家标准 食品接触用塑料材料及制品》、GB 9685—2016《食品安全国家标准 食品接触材料及制品用添加剂使用标准》,可选用PE袋包装。

3. 破碎挑拣

冻板原料/新鲜原料脱包后,一般由输送机将冰冻鲜牛生脂送入破碎机进行机械破碎。因牛生脂物料体积较大,韧性较强,在破碎环节中可造成原料堵塞、破碎机卡死、粘连,产生安全隐患,并且生脂原料的破碎度与后续熔炼加工息息相关,所以在设计这些设备时,应该能满足使物料容易破碎、易于清理和与后续工艺相匹配的设计要求,避免影响产品质量。

破碎后的牛生脂经过传输带进入熔炼前还需进行残留异物的挑除,如塑料碎屑、混入牛生脂的毛发、粪便及金属等杂物,以及骨头、内脏组织,以保证产品的洁净度。

4. 牛生脂预熔

部分企业增加了预熔化工艺，即牛生脂组织破碎后，经输送带运至预熔锅罐体中，通过加热装置加热，在搅拌叶的搅拌下增加解冻效率。此过程中需要控制预熔时间和预熔温度，防止牛油的氧化酸败，使酸价和过氧化值超标。

四、熔炼提油

牛生脂的熔炼提油过程在第五章已有详细的介绍。熔炼是通过加热的方式破坏脂肪组织，使油脂流出和分离出来并去除水分的过程。熔炼时间的长短、温度的高低以及被加工物料表面的状态等因素影响了产品的理化质量、风味效果。实践证明，熔炼条件不合适会导致牛油的酸价、过氧化值、色泽指标的剧烈变化，因此牛油生产企需要根据目标产品品质，因地制宜地控制熔炼温度、熔炼时间及熔炼过程中牛油与空气接触的面积和时间等参数。

五、油脂精炼

毛油由于加工工艺简单、含杂质多、易氧化变质，进一步影响油脂品质和稳定性，不宜长期储存。毛油中主要存在悬浮杂质、水分、胶溶性杂质、脂溶性杂质、色素和有嗅物质等杂质，因此牛油精炼就是为了除去毛油中影响牛油色泽、气味、品质的非甘油酯组分，使其品质达到国家标准，进一步提高油脂的质量、口感。根据牛油的组成特点，并综合考虑所处地理位置、市场需求等因素，选择最佳的精炼物料、适宜的精炼工艺及精炼工艺条件，以最少的投入获得最大效益，保持食用牛油最佳的风味和品质。精炼工段要对热能进行合理利用，节约能源，对各项运行设备及时观察检查，发生异常和管道堵塞要及时排除，以免发生安全事故。

六、包装

目前，根据牛油供需方对成本、运输条件的要求，国内牛油企业的包装形式主要有液态、固态两种。液态包装就是指牛油在整个储存及运输过程中均呈液态的状态，运输工具为液态罐车，牛油进入液态罐车的温度一般保持在60~80℃，防止牛油凝固。液态罐车每运输一次，需要进行全罐清洗，每车液态牛油出厂前，都需要进行出厂检验。固态包装即牛油包装后呈固态，包装方式有盒装、袋装和箱装3种。固态包装一般分为内包和外包，内包直接接触牛油，应使用符合GB 9685—2016《食品安全国家标准 食品接触材料及制品用添加剂使用标准》规定的食品用包装复合膜密封，外包使用切边整齐，无异味，无破损的纸箱封装，牛油封装过程中需注明产品编号、名称、批号、规格、生产日期，检验不合格的产品应及时进行处理，不得流入库房和市场，包装时认真检查成品外观质量，严禁混入其他杂物，确保包装产品质量，避免出现质量不足或过量现象，包装全程应保持包装袋干净美观，包装后成品按规定区域摆放整齐。

七、成品储存

经密封包装后的固态牛油需要入库储存,为确保在储存时不受污染破坏,储存环境应做到相应要求,如温度<40℃,湿度47%~75%,避免阳光直射且环境通风。成品需单独存放,不得与其他物料、器具一同存放,远离污染源(如垃圾、易串味物品、化学试剂等),同时应做好虫兽防范工作,保证产品不受破坏,产品货架高度必须离地15cm或以上,且不同批次、不同成品存放之间留有一定空间,方便人员进出。

液态成品牛油需进入储油罐进行暂存,储油罐需要控制温度,不得泄露,应避光保存,以免影响牛油品质变化,产生不良物质。

八、出厂检验

成品牛油出厂检验需要质检员按检验标准,对入库前的成品牛油进行批检,并将检验后的结果填写在成品检验报告中。表6-4与表6-5所示为成品出库感官评价与理化指标标准。对检验不合格的产品,应做好再加工或者报废处理。通常来说,检验合格的产品应具有检验合格证证明,已按验收标准通过了检验的牛油出厂产品应开具出厂检验报告。

表6-4 成品出库检验感官评价标准(示例)

项目	标准	检验依据	检测频率
色泽	凝固态呈乳白色或淡黄色膏体,液体为淡黄色,清澈透明	GB 10146—2015	每批
滋味气味	具有牛油固有的气味和滋味,无异味,无酸败味	GB 10146—2015	每批
组织形态	常温下为固态,超熔点状态(60℃以上)为液态	GB 10146—2015	每批
杂质	无肉眼可见外来杂质	GB 10146—2015	每批

表6-5 成品出库检验理化指标标准(示例)

项目	标准	检验依据	检测频率
酸价(KOH)/(mg/g)	≤2.5	GB 5009.229—2016	每批
过氧化值/(g/100g)	≤0.2	GB 5009.227—2023	每批
水分/(g/100g)	≤0.5	GB 5009.236—2016	每批
熔点/℃	43~48	GB/T 12766—2008	每批
邻苯二甲酸二丁酯(DBP)/(mg/kg)	≤0.30	GB 5009.271—2016	每批
邻苯二甲酸二(2-乙基)己酯(DEHP)/(mg/kg)	≤1.50	GB 5009.271—2016	每批
邻苯二甲酸二异壬酯(DINP)/(mg/kg)	≤9.0	GB 5009.271—2016	每批

注:虚线框中的指标并非成品出库检验的必检项目,有相应检验设备及手段或对该食安问题有检测需求的企业可将此列为出库检验的检测项目。

第二节 食用牛油的质量控制指标

本节主要就牛油的关键质量控制指标,以及在牛油加工过程中可以进行抽检的指标进行阐述,其中包括不同指标的定义、标准限量、检测方法及影响因素等,为解决食用牛油质量问题提出管控思路。

一、酸价

油脂酸价(酸值),通常以中和1g油脂中游离脂肪酸所需要氢氧化钾毫克数来表示。一般情况下,食用油脂在光照、加热、催化剂等条件下会加速发生氧化,降低油脂品质,酸败严重时甚至不能食用。因此酸价是油脂最基础也是最重要的安全指标之一,其符合标准显得十分重要。

1. 牛油酸价限量

食用牛油酸价过高时影响产品品质,酸价过高的食用牛油还会导致后端产品(如火锅底料)保质期变短,品质受损。GB 10146—2015《食品安全国家标准 食用动物油脂》中明确规定食用牛油的酸价应该≤2.5mg/g,因此牛油在酸价上必须按照国标的限定,才能满足出厂的基础条件。

作者对市场在售牛油的酸价进行检测,结果部分列于表6-6,可以看到牛油的酸价差异较大,但均在国家标准限定范围内,其中大部分的牛油酸价低于2mg/g,表明市场流通的牛油产品酸价均较低。

表6-6 牛油酸价

牛油样品	酸价/(mg/g)	牛油样品	酸价/(mg/g)
样品1	2.00	样品11	0.23
样品2	0.28	样品12	1.02
样品3	1.81	样品13	0.97
样品4	0.51	样品14	1.74
样品5	2.04	样品15	1.16
样品6	1.43	样品16	1.63
样品7	1.88	样品17	0.98
样品8	1.36	样品18	1.44
样品9	1.58	样品19	1.32
样品10	1.38	样品20	1.67

2. 牛油酸价的检测方法

GB 5009.229—2016《食品安全国家标准 食品中酸价的测定》规定了食品中酸价的测定方法包括冷溶剂指示剂滴定法（第一法）、冷溶剂自动电位滴定法（第二法）和热乙醇指示剂滴定法（第三法）。其中第一法是利用指示剂的颜色变化来判断反应的终点，操作过程相对简单，是牛油中酸价测定最常用的方法。其原理是用有机溶剂（乙醚-异丙醇）将油脂试样溶解成样品溶液，再用氢氧化钾或氢氧化钠标准滴定溶液中和滴定样品溶液中的游离脂肪酸，以指示剂相应的颜色变化来判定滴定终点，最后通过滴定终点消耗的标准滴定溶液的体积计算油脂试样的酸价。

3. 影响牛油酸价的因素

食用牛油酸价可能会因为不合格的原材料、错误的生产过程和不合理的储存方式而变高，甚至酸价会随着时间的推移而持续升高，在保质期内超过国家标准。

（1）原料选择不符要求　按GB/T 8937—2023《食用动物油脂 猪油》中对猪生脂原料描述：应取新鲜、洁净、完好的脂肪组织为原料。类似的，如果使用超过产品保质期的牛生脂原料，或未超保质期但是因存放原因已腐败变质的牛生脂为原料，可因油料中蛋白质和碳水化合物分解而产生大量游离脂肪酸，导致酸价过高，甚至超标，并且不合格原料由于自身降解、微生物滋生容易产生油溶性生物毒素，危害人体健康。

（2）炼制时间及温度　生产过程中，对操作工艺控制不严，熔炼温度过高、时间过久，促使牛油加速和持续分解，导致毛油酸价超标。生产实践证明，在临时性的设备故障（例如排油困难、停电）等情况，若在熔炼锅里的油长时间无法及时排空，这种情况下，酸价可能会上涨6%~10%，过氧化值也会显著增加，牛油的香气损失明显。

（3）牛油的入罐方式及温度　刚炼制出来的牛油温度通常在100℃以上，这个时候如果直接进入储存罐，会导致毛油在罐内温度很难下降，高温使罐内的毛油氧化水解反应加快，同时毛油入罐的时带入的空气也会加速罐内毛油的氧化。因此在实际生产中，需要对进罐前的油温进行严格控制，通常在60~80℃。

（4）牛油的储存方法与条件　成品油脂在储存期间，由于包装材料和包装形式的不同，可能会影响成品油脂所受环境的水分湿度、温度、光线等因素的作用程度。有研究表明，储油罐中不同储存温度和时间、不同包装形式对牛油的酸价具有明显的影响，例如，罐存是牛油企业主要的牛油暂存方式，由于罐存牛油的状态为液态，具有一定的温度，储存时间超过1周就可能会导致牛油指标发生变化。如图6-2所示，在储油罐中随着储存温度及储存时间的升高，牛油的酸价会呈现逐渐升高的趋势，说明储存条件的控制对于牛油酸价的管控十分关键。又如固态包装的体积大小也影响牛油储存中的酸价，在图6-3中，包装越小，牛油的酸价越高，这与包装中牛油比表面积的差异有关。因此，储存条件的控制对于牛油酸价的管控十分关键。

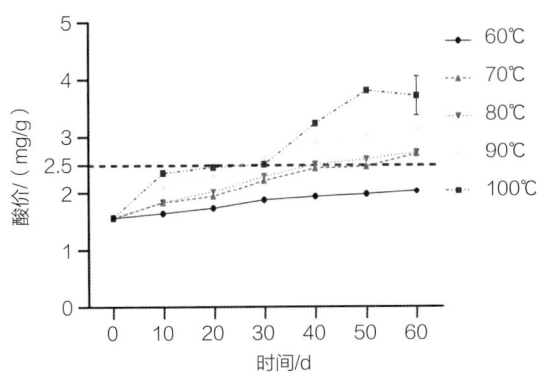

图6-2 储油罐不同储存温度及时间对牛油酸价的影响

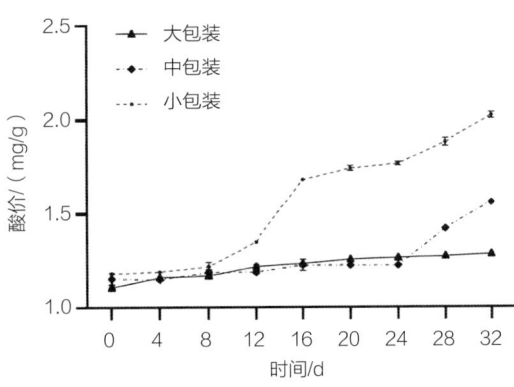

图6-3 保质期实验下包装大小对牛油酸价的影响

二、过氧化值

过氧化值是油脂和脂肪酸被氧化程度的一种指标。牛油与其他食用油脂一样,在光照、加热、催化剂等条件下会加速发生氧化。按照GB 5009.227—2023《食品安全国家标准 食品中过氧化值的测定》规定,用过氧化物相当于碘的质量分数或1kg样品中活性氧的毫摩尔数表示过氧化值的量。过氧化值也是油脂是否酸败或酸败程度的表征指标。

1. 牛油过氧化值限量

GB 10146—2015《食品安全国家标准 食用动物油脂》规定了食用牛油中的过氧化值≤0.2g/100g。因此牛油在过氧化值上必须按照国标的限定,才能满足出厂的基础条件。

作者对市场在售牛油过氧化值进行检测,在表6-7中部分罗列如下,可以看到商品牛油的过氧化值几乎没有显著性差异,均在国标限定范围内,说明在保质期内市面在售牛油氧化程度均较低。

表6-7 牛油过氧化值

牛油样品	过氧化值/(g/100g)	牛油样品	过氧化值/(g/100g)
样品1	0.034	样品11	0.022
样品2	0.034	样品12	0.076
样品3	0.035	样品13	0.042
样品4	0.034	样品14	0.051
样品5	0.027	样品15	0.036
样品6	0.027	样品16	0.036
样品7	0.103	样品17	0.029
样品8	0.044	样品18	0.043
样品9	0.016	样品19	0.036
样品10	0.025	样品20	0.033

2. 牛油过氧化值的检测方法

GB 5009.227—2023《食品安全国家标准 食品中过氧化值的测定》规定食品中过氧化值的两种测定方法：滴定法（第一法）、自动电位滴定法（第二法）。牛油中过氧化值测定方法主要是采取第一法，它具有操作简单、不需要大量仪器、使用范围广、比较可靠等优点，原理是将制备的油脂试样在三氯甲烷-冰乙酸中溶解，其中的过氧化物与碘化钾反应生成碘，用硫代硫酸钠标准溶液滴定析出的碘，最后用过氧化物相当于碘的质量分数或1kg样品中活性氧的毫摩尔数表示过氧化值的量。

3. 影响牛油过氧化值的因素

油脂的氧化会导致过氧化值超标。影响油脂氧化速度的因素除食用牛油自身特性外，还与温度、氧气含量和光照等外界环境因素相关。一般来说，贮存温度越高，氧化速度越快；氧气含量越高，氧化速度越快；光照也会加快油脂的氧化速度。过氧化物超标的主要危害表现在：口感气味的改变（哈喇味）和营养物质的流失（脂肪变质）；牛油严重变质时，所产生的醛、酮、酸会破坏脂溶性维生素，导致肠胃不适、腹泻并损害肝脏；而长期食用过氧化值过高的食物，会加大心脑血管疾病、肿瘤等慢性病对身体的危害。

（1）熔炼温度 不同熔炼温度对牛油的过氧化值具一定的影响，如图6-4所示，当熔炼温度在140～160℃时，不同部位牛油的过氧化值有变化但在国标限定范围内，说明在生脂原料、熔炼温度控制得当的情况下，牛油是不容易出现过氧化值超标情况的。

（2）油渣分离工艺 在牛油加工工艺中，油渣分离是重要的环节，也是容易忽略的环节，有研究表明不同的油渣分离方式也对牛油过氧化值有显著的影响，图6-5可以看出油渣分离后的牛油过氧化值均高于油渣分离前的牛油，其中振动筛过滤后的牛油过氧化值是所有过滤方式中最低的，说明随着油渣分离方式的精进、过滤时间及温度变化对牛油的过氧化值都有影响。

（3）储存条件 成品油脂在储存期间，储存温度、时间甚至包装材料和包装形式的不同，都可能会影响成品的过氧化值。如图6-6所示，随着罐内储存时间和温度的增加，牛油的过氧化值呈现逐渐上升的趋势。包装大小也会影响牛油的过氧化值，如图6-7所示，大包装比小包装的牛油更稳定，过氧化值更低。对牛油成品来说，如果是采用液态储存的形式，

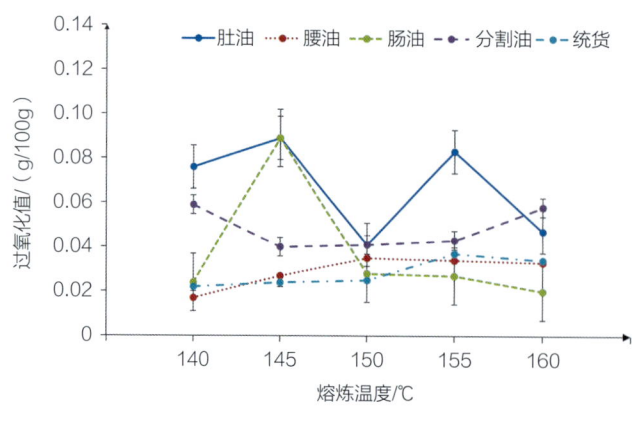

图6-4 熔炼温度对牛油过氧化值的影响

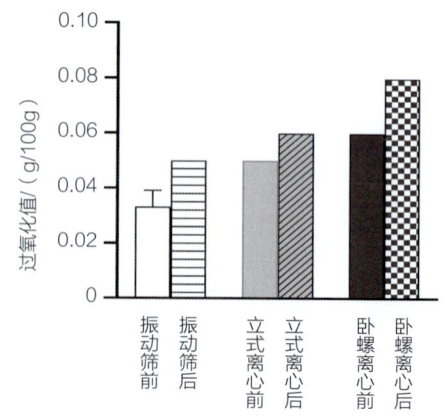

图6-5 不同油渣分离工艺对牛油过氧化值的影响

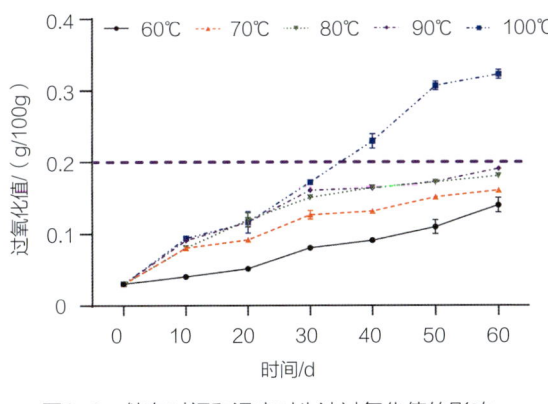

图6-6 储存时间和温度对牛油过氧化值的影响

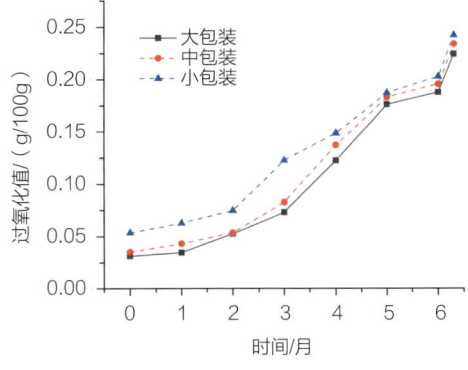

图6-7 包装大小对牛油过氧化值的影响

可将储存温度控制在60~80℃，暂存时间<1个月，对于牛油包装的选择可采用大包装的形式，能够进一步延长牛油的保质期。

三、丙二醛

丙二醛是油脂酸败最终产物的代表之一。游离不饱和脂肪酸的过氧化物经过降解可生成丙二醛等物质，是油脂氧化的次级降解产物。丙二醛对食品风味产生不良的影响，其多聚或缩合生成新的化合物经水解反应产生具有刺激性气味的乙醛和甲酸。如图6-8所示，丙二醛与食品或生物体内的蛋白质反应生成席夫碱（Schiff base），最终对机体产生细胞毒性，为3类致癌物。

1. 牛油丙二醛限量

GB 10146—2015《食品安全国家标准 食用动物油脂》规定食用牛油中的丙二醛应≤0.25mg/100g。因此食用牛油丙二醛指标必须符合国标的限定，才能满足出厂的基础条件。

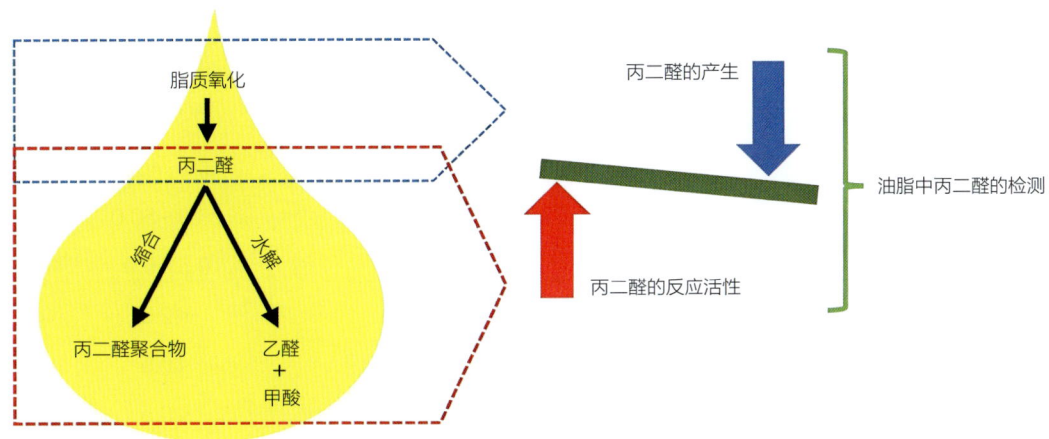

图6-8 丙二醛反应性动力学模型

2. 牛油丙二醛的检测方法

GB 5009.181—2016《食品安全国家标准 食品中丙二醛的测定》规定食品中丙二醛的测定方法：高效液相色谱法（第一法）、分光光度法（第二法），第一法适用于食品中丙二醛的测定，第二法适用于动植物油脂中丙二醛的测定。因此牛油中丙二醛测定方法主要采取分光光度法，原理是丙二醛经三氯乙酸溶液提取后，与硫代巴比妥酸（TBA）作用生成粉红色化合物，测定其在532nm波长处的吸光度值，与标准系列比较定量。丙二醛的检出限为0.05mg/kg，定量限为0.10mg/kg。

四、牛油的脂肪酸组成

每一种油脂都拥有其独特的脂肪酸组成，通过脂肪酸组成分析是判断油脂中是否真实、是否掺杂的重要手段。研究表明牛油具有特殊的脂肪酸组成，如表6-8所示，饱和脂肪酸主要为棕榈酸占17%～37%、硬脂酸占6%～40%，不饱和脂肪酸总量占26.5%～57.5%，主要是油酸。不同来源的牛生脂所炼制得到牛油具有不同的风味，这主要是因为脂肪酸组成的差异所造成，在后续章节我们会详细讲述。所以可以根据最终检测的牛油脂肪酸组成结果，初步判定牛油的真实性、氧化稳定性及风味差异。

表6-8 牛油的脂肪酸组成

脂肪酸	典型值/%	范围/%
月桂酸	0.1	<0.2
肉豆蔻	3.2	1.4～7.8
肉豆蔻烯酸	0.9	0.5～1.5
十五碳酸	0.5	0.5～1.0
棕榈酸	24.3	17.0～37.0
棕榈油酸	3.7	0.7～8.8
十二碳二烯酸	—	<1.0
十七烷酸	1.5	0.5～2.0
十七碳烯酸	0.8	<1.0
硬脂酸	18.6	6.0～40.0
油酸	42.6	26.0～50.0
亚油酸	2.6	0.5～5.0
亚麻酸	0.7	<2.5
花生酸	0.2	<0.5
二十碳烯酸	0.3	<0.5
二十碳四烯酸	—	<0.5

GB 5009.168—2016规定食品中脂肪酸的测定方法：内标法（第一法）、外标法（第二法）、归一化法（第三法）。牛油中脂肪酸的测定法大都采用归一化法，其原理是试样经水解-乙醚溶液提取其中的脂肪后，在碱性条件下皂化和甲酯化，生成脂肪酸甲酯，经毛细管柱气相色谱分析，面积归一化法定量测定脂肪酸百分含量。其中面积归一化法中我们常用水解-提取法，试样经水解-乙醚溶液提取其中的脂肪后，在碱性条件下皂化和甲酯化，生成脂肪酸甲酯，经具有氢火焰离子检测器的毛细管柱气相色谱分析，面积归一化法定量测定脂肪酸百分含量。动植物油脂试样不经脂肪提取，直接进行皂化和脂肪酸甲酯化。

五、水分

牛油熬制加工过程中，生脂原料中的水分被蒸发，但仍有0.1%左右的残留。在精炼过程中，牛油又会和水分直接接触（如碱炼、水化脱胶），过高的水分含量影响牛油的脱色，因此需控制好牛油熬制工序，真空干燥工序，使牛油的水分含量能够达到最适宜的范围。成品牛油水分含量一般在0.10%~0.20%，相对密度为0.894~0.904。

牛油中水分测定的原理是在(103 ± 2)℃的条件下，对测试样品进行加热至水分及挥发物完全散尽，测定样品损失的质量。GB 5009.236—2016《食品安全国家标准 动植物油脂水分及挥发物的测定》第一法为沙浴法（电热板）适用于所有的动植物油脂；第二法为电热干燥箱法仅适用于酸价<4mg/g的非干性油脂。在实际生产中，企业可选择第二法进行检测，通过计算加热前后质量减少比例，得到牛油中水分及挥发物的含量。

六、熔点

熔点是固体将其物态由固态转变（熔化）为液态的温度。天然油脂是甘油三酯等的混合物，因此天然油脂的熔点是一个温度范围，牛油常温下呈固态，牛油的熔点介于40~49℃。牛油的熔点主要与饱和脂肪酸的含量有关，饱和脂肪酸的含量越高，熔点越高。

GB/T 12766—2008《动物油脂 熔点测定》中显示动物油脂熔点测定原理是在规定条件下，将含有已凝固的脂肪柱的毛细玻管浸入规定深度的水中，按规定速率加温，观察毛细玻管内脂肪柱开始上升时的温度，该温度即为熔点。

七、塑化剂

1. 牛油塑化剂限量

目前受最多关注的塑化剂是邻苯二甲酸酯类化合物（PAEs），这类化合物的游离状态极易迁移溶出到外界环境中，并通过多种途径对食品、水和土壤造成大范围污染。其中以邻苯二甲酸二（2-乙基己基）酯（DEHP）使用最多，占塑化剂产量的3/4，其次是邻苯二甲酸二丁酯（DBP）。DBP和DEHP为无色无臭液体，不溶于水，溶于乙醇、油脂等，急性毒性很低，但人体长期接触塑化剂或食用被塑化剂污染的食品，在体内积累具有致癌、致畸、致突变等危害，还会造成性早熟和生殖危害。目前对牛油并没有国家标准上的限量，《卫生部办公厅关于通报食品及添加剂中邻苯二甲酸酯类物质最大残留量的函》（卫办监督函〔2011〕551号）规定，一般限定食品中DBP≤0.3mg/kg，DEHP≤1.5mg/kg，邻苯二甲酸二异壬酯（DINP）≤9.0mg/kg，因此在牛油中也按照此函规定对牛油中塑化剂进行限定。

2. 牛油塑化剂的检测方法

邻苯二甲酸酯检测技术有高效液相色谱法（HPLC）、气相色谱法（GC）、气相色谱-质谱联用法（GC-MS）以及液相色谱-质谱联用法（LC-MS）等。其中基于GC-MS的检测是实际生产中常用的方法，也是GB 5009.271—2016《食品安全国家标准 食品中邻苯二甲酸酯的测定》规定食品中邻苯二甲酸酯的测定确定的检测设备。在牛油生产企业中一般采用第二法——气相色谱-质谱法外标法测定食品中18种邻苯二甲酸酯类物质含量，其原理是将各类食品提取、净化后采用气相色谱-质谱法测定。采用特征选择离子监测扫描模式，以保留时间和定性离子碎片丰度比定性，外标法定量，此方法的定量限为：邻苯二甲酸二异壬酯（DINP）的定量限为9.0mg/kg，邻苯二甲酸二正丁酯（DBP）定量限为0.3mg/kg，除DINP和DBP外其他16种目标化合物定量限均为0.5mg/kg。

3. 牛油中塑化剂污染的来源

食用油脂在加工、运输、储存过程中，很容易因接触塑料制品而受到塑化剂污染。食用油中PAEs的来源主要有以下几个途径。

（1）原料　相关调查研究显示，目前我国水体土壤中塑料污染严峻，尤其各大牧区、农区农用地膜、塑料袋等塑料制品的广泛使用，使其中的塑化剂迁移至水体、土壤中，可被作为饲料的植物吸收，通过食物链而富集至牛体内（由于塑化剂是脂溶性物质，牛的脂肪组织中塑化剂往往含量较高），造成牛生脂原料本身PAEs含量超标，从而带来牛油食用安全隐患。

（2）加工过程　牛生脂从预处理，熔炼到精炼过程中不可避免地会接触一些有塑料、橡胶材料制成的设备或管道、容器，在此过程中，如果塑料制品中含有PAEs，在温度较高，以及不同的pH条件下，就有可能迁移到牛油中，从而使牛油中PAEs的含量增加。在油脂加工过程中，可能接触到塑料制品或者橡胶材料制成的部件主要有：离心机以及各个容器中的橡胶垫片，如果密封差将会与油脂接触，从而会有PAEs溶出；油脂精炼过程中使用的加工助剂、吸附剂也有可能将PAEs带入油脂中，例如，油脂脱色活性白土中含有少量的PAEs，因此，油脂在脱色过程中，PAEs也有可能从活性白土中迁移到油脂中。

（3）包装　油料包装材料中使用的塑料制品，存在较大的迁移风险。在流通过程中，由于部分包装材料本身存在安全问题，食品长期保存在有安全问题的塑料包装内，塑化剂随时间会缓慢迁移至食品中，因此接触牛油的包装应选用符合标准的食品级包装材料。也有研究表明，包装材料中的塑化剂迁移与物料温度和状态有相关性，牛油在常温下通常为固体，即使与包装材料有直接接触，其迁移量也极少。

4. 塑化剂控制方法

从牛油中PAEs污染的来源入手，切断或控制PAEs迁入食用牛油的途径，可有效较少牛油中PAEs残留量。

（1）控制牛生脂原料质量　牛生脂在饲养过程中的质量控制可以参考绿色食品或有机食品的环境质量标准和生产技术标准来实施。控制被塑化剂污染的饲料进入养殖场，控制养殖基地无水土流失及其他环境污染问题，周边及上游附近地区不得有工厂污水排放口及废气排放烟囱。饮用水的质量需要严格把控，避免食用已经受污染的地下水或河水。对于食用牛油生产企业来说，为了防止受塑化剂污染的牛生脂而导致牛油中PAEs的超标，在制备牛油之前必须对牛生脂进行抽样检测，未受到塑化剂污染的原料才能进行油脂制取。

（2）改进加工设备部件　考虑根据实际情况，将加工环节可能与食用牛油直接接触的塑料部分进行替换，换成非塑料材质或是换成不含邻苯二甲酸酯类增塑剂的塑料。这些部件包括压榨机塑料引管，板框过滤机的导油管，灌装机的灌装头引管，各类管道、阀门的密封件等，防止与食用牛油直接接触的设备部件及管路使用含PAEs类塑化剂制品，导致食用牛油塑化剂含量超标。

（3）控制加工助剂及添加剂　食用牛油加工过程中可能用到如强碱、活性白土和助滤剂等加工助剂，而成品牛油则可能添加抗氧化剂。这些加工助剂和添加剂中同样可能含有PAEs，在使用或者添加前需要进行严格检验，防止其成为食用牛油中PAEs的污染源。

（4）改进包装材料　目前牛油包装为形成密闭状态，延长保质期难以避免要用到塑料材料，对于这些塑料材料，应加强其安全性评估，选用符合标准GB 4806.7—2023《食品安全国家标准　食品接触用塑料材料及制品》、GB 9685—2016《食品安全国家标准　食品接触材料及制品用添加剂使用标准》的包装容器，避免包装迁移导致的塑化剂超标。目前牛油企业常用0.06mm及以上厚度的透明或蓝色食品级PE塑料膜/袋，同时低温灌装避免可能得塑化剂迁移。

八、苯并［a］芘

苯并［a］芘（BaP）是一类多环芳香烃类化合物，其中3,4-BaP相对稳定，分布广泛。是油脂加工中产生的最具有代表性的强致癌物，可以通过呼吸摄入和接触等途径进入人体，可损伤生殖系统，导致癌变、动脉硬化和不育症等疾病。苯并芘在自然界中广泛分布，在油料加工和油脂生产中的不当操作以及苯并芘的亲脂能力可能使其污染食用油。同时，BaP的产生与油温有重要关系，普遍认为油脂在高温缺氧环境下，油脂发生裂解，生成烃类自由基并生成乙炔，乙炔通过聚合反应得到1,3-丁二烯，然后通过环化形成苯乙烯，进一步得到丁基苯和四氢化萘，最后通过中间体丁苯基四氢化萘生成苯并芘。GB 2762—2022《食品安全国家标准　食品中污染物限量》规定油脂及其制品中BaP的限量为10μg/kg。

由于牛油成分复杂，其中苯并芘含量又极低，同时还存在着大量的干扰物质，因此无论使用哪种分析方法，都必须对样品进行分离、富集等处理。

在GB 2762—2022《食品安全国家标准　食品中污染物限量》中，苯并芘按GB/T 5009.27—2016《食品安全国家标准　食品中苯并［a］芘的测定》方法进行测定，测定方法是荧光分光光度法和目测比色法。这两种方法存在着操作复杂、溶剂毒性大、费时和准确度低等问题，以至于很难对油脂中苯并芘残留进行有效的检测。随着分离和分析技术的发展，出现了商品化的固相萃取柱子，固相萃取与液相或者气相色谱-质谱联用技术已经应用于油脂中苯并芘的检测。与传统方法相比，固相萃取可以提高重复性、节约溶剂消耗，但是同样操作比较烦琐。因此，寻求并研究快速、准确的食用油中苯并芘检测技术具有十分重要的意义。

第三节　食用牛油的质量控制措施

牛油的质量控制主要为原料管控、生产过程控制、成品储运等，贯穿一整条产品线始终，当追溯到原料采购前和成品销售后，有利于产品质量的完全控制。

一、原料管控

原料的预处理和收集过程至关重要，过程控制要求严格，很多牛油厂家忽视这方面以至于工艺如何改进都解决不了产品的质量问题。原料方面要把控三个原则：①原料牛要健康、无疫病；②分割工序要干净卫生，符合国家标准；③分割效果要好，不能将瘦肉、下脚料（牛血、淋巴）带入原料。此外，即使对于健康、无疫病的牛，要注意货物的保质期是否已过，尽量采购分割日期近的生脂原料。

选择优质的原料是对品管和采购同时提出的高要求。既要避免工业牛油原料混入，也要对进购原料进行二次检测以检出运输及储存中引起变质的原料。

现实生产原料中，血块和淋巴常会出现，对此不仅可以依靠二次质检，也可以在选料时有所取舍。大型工厂在屠宰技术方面先进成熟，牛电击昏厥，生脂淤血少。另外在成本得以控制的情况下还可选择淋巴少的部位，如脊膘、网油、板油。原料要及时修整，修去瘀血、淋巴结等病变组织，再进行粗切，并及时放入冷库冷藏。

二、生产过程控制

生产过程控制涉及面较广，可以通过对生产过程中各个环节进行调控，从而提高油脂的质量。下面主要从进料、生产工艺、生产环境三个方面展开探讨。

1. 进料

进料是生产方面容易忽视的点，很多好原料就因为进料过程的不恰当而变质。原料调控主要从4个方面控制：①不使用变质、污染严重的生脂原料，进料前不能解冻过度，否则会导致生脂酸败；②进料前要沥干水分，可通过绞肉过程中沥干；③进料过程中不能污染；④由于原料是冷冻肉块，所以切块前要检验淋巴结、瘦肉、血块等。

2. 生产工艺

炼制、油渣分离与精炼直接影响牛油产品质量，应严格控制各个关键控制点，达到最优效果。如在炼制中温度、时间是炼油的关键因素，在生产过程应该对炼油温度、炼油时间严格控制，温度过高会导致油渣焦煳，牛油颜色变黄变红、透明度降低、产生焦煳味，同时产生极性脂等有害物质；温度过低会导致出油率、香气不足。

3. 生产环境

生产环境的控制，就是对生产过程中环境可能造成的污染进行控制，其管控方向主要分为以下几点。①生产及外来人员的管理，避免人员带来的污染物，如首饰、头发等；②生产设备常检验，避免矿物油、螺栓、螺帽、垫圈等进入油脂内，造成污染；③注意虫害管理，避免蚊虫、老鼠等污染物。

三、成品储运

出于对食品安全和质量的考虑，成品牛油的储存和保鲜是非常重要的。严谨的成品油管理方法，不但可延长其保质期，也能进一步提升牛油产品品质。

1. 控温

油脂比较容易在高温下发生氧化、裂解，在成品牛油储运环节，控制储存的温度有利于提高成品牛油的品质。针对还未加工成终成品的牛油，其罐藏温度不宜超过60℃；固体的箱装牛油储存库要保持通风阴凉25℃为宜。

2. 控水

成品中水分的存在会加速油脂氧化和水解，因此成品牛油水分控制是一个重点。大型工厂中都运用大型成品罐进行贮藏，在这些成品罐中，牛油的水分会随时间逐渐下沉到底部，这时，顶部的水分减少，底部的水分却会增加，这增大了底部牛油水解酸败的风险，牛油企业可每隔一段时间用油泵将底部水分含量相对较高的牛油作精炼处理，除去水分，可以有效解决这个问题，达到降低整体水分、抑制酸败，提升品质的效果。在储运过程中还应该避免因下雨、管道漏水、包装进水等突发情况引起的牛油被水分侵入的情况。

3. 隔氧

氧气控制主要通过输送牛油过程中隔氧及除去成品罐中氧气来控制。①送油过程运用密封管道，直接打入成品罐中牛油液面以下，使温度较高的成品牛油不接触氧气，抑制氧化达到保证品质的效果。②在成品罐中充入氮气，排出氧气、水蒸气来实现无氧保藏。运用多罐串联技术，在开盖前将氮气充入其余罐，在关盖后再将氮气抽回，可有效节约氮气。③将成品罐抽真空以除去罐体中的氧气及水蒸气，同样运用串联技术进行真空的转移，可节约电能，提高保藏效果。

4. 避光

成品牛油暂存的罐体或者液态运输的罐体通常采用密闭且不透光的材质,这样能够有效地防止成品牛油的氧化哈败,进一步延长牛油的保质期。

以固态进行保存的牛油,包材也会选择食品级塑封袋进行内包塑封,隔绝氧气,除此之外,还会用纸箱进行外包,进一步减少光照,降低牛油氧化变质的风险。

牛油暂存的仓库也应选择通风透气,干燥恒温且避光的场所进行储存,从各方面控制牛油的品质质量的变化。

四、其他

动物油脂多以添加没食子酸(PG)、二丁基羟基甲苯(BHT)、丁羟基茴香醚(BHA)、特丁基对苯二酚(TBHQ)等合成抗氧化剂来保证油脂的氧化稳定性。

当前关于抗氧化剂对牛油质量控制的研究较少,这可能在于牛油实际生产中对于抗氧化剂的使用情况较少,而关于抗氧化剂在动物油脂中的应用常见的动物油为猪油。例如,张慧慧等将没食子酸丙酯添加到猪油中,并探究其不同添加浓度对猪油抗氧化效果进行研究,结果如图6-9所示,抗氧化剂的添加能够有效改善猪油氧化的情况,并且随着添加浓度的增加,氧化程度也逐渐减缓。因此,在动物油脂中按国标要求添加适量的抗氧化剂能有效延长其保质期,减缓氧化程度。

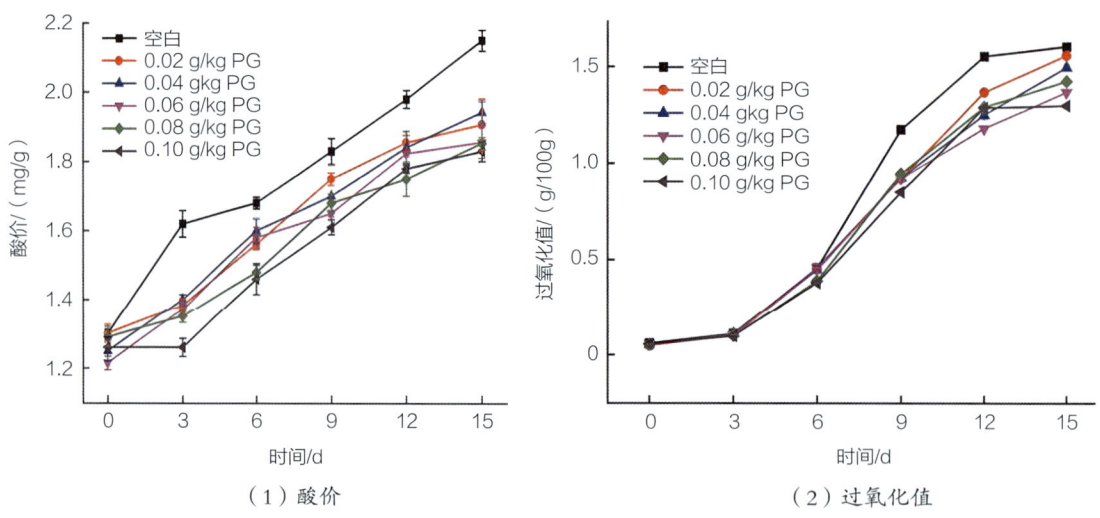

图6-9 不同浓度没食子酸丙酯(PG)对(1)猪油酸价和(2)过氧化值的影响

第七章

商品牛油市场与产品分析

人类食用牛油的历史十分久远，可以追溯至远古时代。在现代食品工业中，与植物油相比，牛油有不可替代的加工特性（起酥性、可塑性）以及特殊的动物脂肪香味，因而广泛用于调味品、火锅底料和烘焙食品等领域。牛油是麻辣火锅不可替代的配料，这是川渝地区长期以来逐渐形成的一种饮食习惯，并已经成为川渝地区的饮食特色。实践证明，牛油对火锅底料中各种原辅料的风味物质有着良好的溶解性，且这些香气可以与牛油的脂香味形成令人愉悦的复合香味，相比植物油，牛油火锅风味更受消费者欢迎。因此有不少企业看准了这一赛道的市场潜力，大大小小的牛油加工企业逐渐显现。

总体来看，我国牛油产业发展迅猛，其技术革新为火锅产业的爆发式增长提供了原动力，但具有万t级规模化生产和牛油精深加工能力的、规范化、规模化、能够持续稳定供应、产品品质可靠的牛油生产加工企业在国内仍然是凤毛麟角，其产品十分紧俏。尤其是随着消费升级，市场对高品质产品的需求日益凸显。本章将从市场分析和产品分析两个角度重点阐述我国商品牛油市场情况。

第一节　牛油市场分析

本节首先从宏观角度描述了火锅行业、牛油加工业的整体情况，然后根据市场公开信息，以川渝地区5家专门从事火锅牛油加工的企业为例，解析牛油企业的经营能力、创新水平以及品牌势能，重点阐述川渝地区5家专门从事火锅牛油加工企业的品牌势能。

一、牛油市场概述

2023年全国中式餐饮总收入5.1万亿元。火锅由于其标准化程度高、管理体系成熟及广泛的群众基础，在餐饮行业中一直占有较大的市场份额。据《2024中国火锅经营发展报告》，如图7-1所示，火锅品类的市场规模在2023年回升至6213亿元左右，火锅行业仍然是当之无愧的餐饮第一大赛道。

根据火锅餐见提供的数据，2023年全国餐饮累计新增注册量为410.3万家，同时，2023年餐饮相关企业吊销、注销量达到136.1万家。如图7-2所示，聚焦到火锅赛道，2023年全国火锅门店总数达到48.3万家，相比2022年，增长11.5%，横向对比近年火锅新增注册数量，2023年全国火锅新增企业为4年之最，达到8.1万家，说明火锅产业的发展态势仍呈现良好的状态（截至2023年年底）。

川渝麻辣火锅以其鲜、香、麻、辣的特征占据整个火锅产业的半壁江山，牛油素有"火锅的灵魂"之称，牛油火锅在重庆占到68.36%，成都占到了62.6%，其他城市也基本维持在50%左右。其中川渝麻辣火锅50%的原料均是牛油，因此，川渝地区食用牛油的需求量也相对比较旺盛，占据了全国食用牛油产量的主要份额。

在2023年9月，以经营范围包括"牛油""食用动物油脂"等关键词，并选择制造业和农林渔牧业为检索条件，一共检索到440家，而2022年8月统计为306家。其中存续、在业的

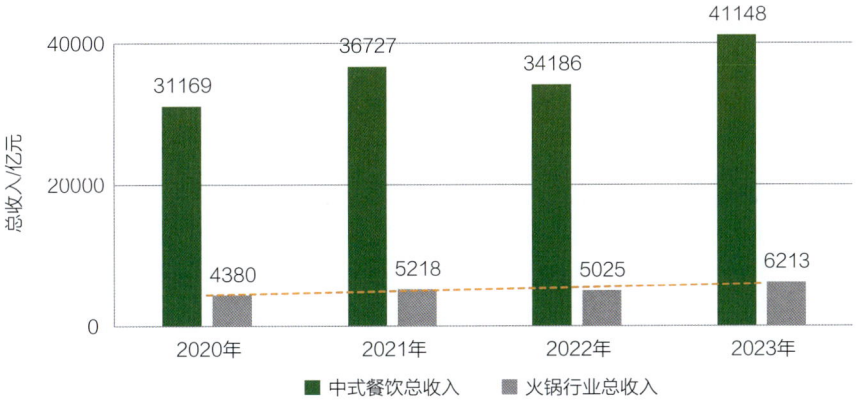

图7-1 2020—2023年中式餐饮总收入与火锅行业总收入对比

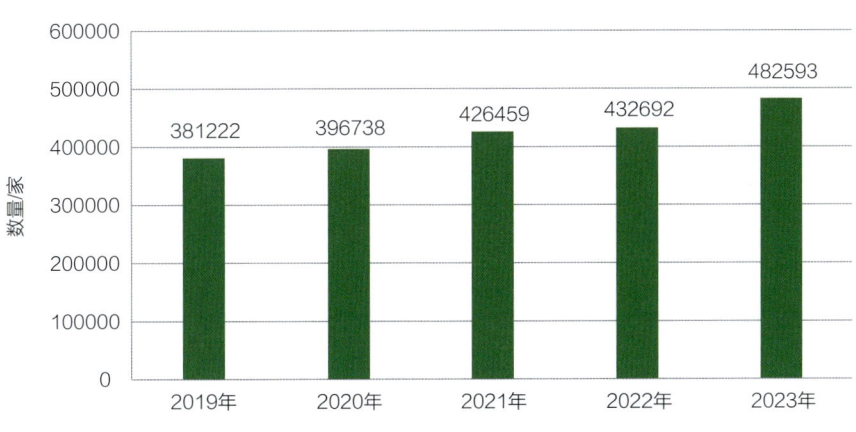

图7-2 2019—2023年全国火锅相关存续企业数量

有228家。在这些企业中，门类为农副食品加工业的企业165家，而食品制造业企业有41家。经营范围包括牛油的企业存续数量前6的省市依次是广东（16家）、四川（14家）、山东（18家）、河南（16家）、河北（11家）、重庆（8家），详细情况如表7-1所示。我国从事使用牛油加工的企业总体上呈现出小而分散的局面，注册资本超过3000万元，年产能达到万t及其以上的牛油生产企业不足10家。

表7-1 牛油加工企业存续情况

	门类	广东省	四川省	重庆市	山东省	河南省	河北省
存续企业	副食品加工业	13	6	4	13	8	9
	食品制造业	3	8	4	5	8	2
	存续企业共计	16	14	8	18	16	11

资料来源：企查查，统计数据截止日期为2023年9月。

二、牛油企业经营能力

基于川渝地区独有的饮食习惯和饮食文化，巴蜀人民将牛油作为火锅底料、方便食品酱包、复合调味品以及烹饪使用，其中火锅底料也是食用牛油最大的应用市场。在西南川渝地区，火锅行业的蓬勃发展铸就了牛油行业的发展，而牛油的持续供应，也进一步拉动了火锅行业的经济，两者相辅相成。虽然上游的分散导致牛油加工企业集中度较低，但是消费场地的集中化又给行业带来前所未有的机遇。

为给火锅底料厂、火锅餐饮门店、准备入局火锅事业的创业者以及一些求知欲旺盛的火锅爱好者们提供一些洞察行业的思路，本书重点对比了川渝地区5家专注于火锅牛油的生产企业及产品的情况，以点带面，以期广大读者对我国牛油行业商业情况有个基本的了解。

通过表7-2可以看出，早在20世纪80年代重庆就有企业开始从事牛油加工生产，且规模相对较大的企业都集中在川渝地区，这得益于川渝地区喜食火锅的饮食习惯，因此将厂址选在川渝境内，可以方便原料的供应，大大节约运输成本，提高销售总量，实现牛油企业与餐饮行业的链接与双赢。

表7-2　2023年川渝地区5家火锅牛油企业基本情况对比

公司名称	广汉市迈德乐食品有限公司	四川张兵兵生物科技股份有限公司	重庆牧哥食品有限公司	重庆市帅克食品有限公司	大邑县万年红食品厂
主打品牌	森态牛油	张兵兵牛油	牧哥牛油	肖佬五牛油	刘伟伟牛油
创始时间	2004年	1996年	1984年	1989年	1998年
注册时间	2011年	2014年	2001年	2001年	2009年
注册资本	3324万	8231万	1000万	2000万	600万
注册地点	四川广汉市	四川广汉市	重庆市合川区	重庆市江津区	四川省成都市
人员规模/人（参保人数）	174	376	199	128	企业选择不公示
所属行业	肉制品及副产品加工	科技推广和应用服务业	食品制造业	食品制造业	食品制造业

资料来源：企查查，统计数据截止日期为2023年9月。

如表7-3所示，是以上5家牛油生产企业的食品生产许可证情况列表，大多集中在食用油、油脂及制品、调味品上，说明牛油加工生产企业生产的专一性较强，基本专注于牛油及牛油范围以内的食品生产。

企业拥有的资质证书一定程度上反映了该企业的经营管理能力、技术水平和市场信用情况。如表7-4所示，在有效资质建立方面，大部分牛油企业都通过了食品安全管理体系认证、质量管理体系认证（ISO 9001），说明企业对食品安全管控十分重视，也具备规范管理化生产的条件。其中规模化、规范化企业还进行了危害分析和关键控制点认证、职业健康安全管理体系认证、环境管理体系认证及实验室CNAS认可，这也让公司的安全管理更加系统

表7-3　川渝地区5家火锅牛油企业食品生产许可证情况

公司	食品生产许可证编号	发证日期	有效日期	食品类别
张兵兵生物科技	SC10251068100027	2023-07-13	2028-07-12	食用油、油脂及其制品、调味品
迈德乐食品	SC10251068100035	2021-08-04	2026-08-03	食用油、油脂及其制品
牧哥食品	SC10250011727751	2019-02-28	2023-05-30	调味品；食用油、油脂及其制品
帅克食品	SC10250011612105	2021-11-29	2026-11-28	食用油、油脂及其制品；调味品
万年红食品	SC10251012900661	2018-05-21	2023-05-20	食用油、油脂及其制品

表7-4　川渝地区5家火锅牛油企业有效资质

公司	序号		证书名称	证书编号	发证日期	截止日期
迈德乐食品	1	体系认证	食品安全管理体系认证	001FSMS1400995	2023-04-19	2026-04-18
	2		危害分析与关键控制点认证	001HACCP1400608	2023-04-19	2026-04-18
	3		质量管理体系认证（ISO 9001）	00120Q35699R2M/5100	2023-04-19	2026-04-17
	4		职业健康安全管理体系认证	30321S20894R0M	2023-04-03	2024-11-15
	5		环境管理体系认证	30321E20894R0M	2023-04-03	2024-11-15
	6		企业知识产权管理体系认证	165IP221727R0S	2022-12-27	2025-12-26
	7		CNAS认可实验室	CNASL19128	2023-09-22	2029-09-21
	8		高新技术企业	165IP221727R0S	2023-04-03	2024-11-15
	9	其他	国家知识产权优势企业	—	2023-11	2026-10
	10		省级企业技术中心	—	2021-10-28	2024-10-28
	11		省级"专精特新"中小企业	—	2022-01-14	2025-01-14
牧哥食品	1	体系认证	食品安全管理体系认证	002FSMS2100351	2021-11-16	2024-11-15
	2		危害分析与关键控制点认证	002HACCP2100260	2021-11-16	2024-11-15
	3		质量管理体系认证（ISO 9001）	00221Q27366R3M	2021-11-16	2024-12-19
	4	其他	创新型中小企业		2023-01-19	2026-01-19
张兵兵生物科技	1	体系认证	质量管理体系认证（ISO 9001）	00123Q31389R2M/5100	2023-03-09	2026-03-05
	2		危害分析与关键控制点认证	001HACCP1700158	2023-03-01	2026-03-07
	3	其他	重点龙头企业	—	2020-12-24	2023-12-24
	4		省级企业技术中心	—	2021-10-28	2024-10-28
帅克食品	1	体系认证	危害分析与关键控制点认证	011HACCP1800852	2022-12-05	2024-09-16
	2		高新技术企业	001HACCP1800852	2021-09-22	2024-09-16
	3	其他	企业技术中心	—	2022-07-25	2025-07-25
	4		"专精特新"中小企业	—	2021-12-13	2024-12-13
万年红食品	1	体系认证	食品安全管理体系认证	290FSMS2100499	2023-02-03	2024-11-28
	2		质量管理体系认证（ISO 9001）	29021Q01537-11R0S	2021-11-29	2024-11-28

化、制度化，检验检测也更具国际认证化。除上述体系认证以外，牛油生产龙头企业还在技术方面具有很大的突破和创新，获得高新技术企业、企业技术中心、"专精特新"中小企业等称号，说明目前牛油行业不仅重视质量，更注重技术与产品的革新。

三、牛油企业创新水平

技术创新是企业不断满足客户需求，创造提升产品和服务品质的体现，一定程度上反映了企业核心竞争力。技术资质、企业知识产权、产学研合作创新、实验室硬件设施是一个企业技术创造能力和成果的重要表征。其中知识产权是衡量一个企业硬实力和软实力是否有效结合的指标，是企业技术创新水平的直接提现，如表7-5所示，对比了川渝地区5家火锅牛油企业知识产权的数量情况，主要包括商标、专利以及著作权。

表7-5 川渝地区5家火锅牛油企业知识产权信息（2023年9月）

类别	迈德乐食品	张兵兵生物科技	牧哥食品	帅克食品	万年红食品
注册商标/件	75	133	137	168	2
有效专利数/件	58	50	6	18	0
发明专利/件	10	4	2	1	0
实用新型/件	34	38	0	14	0
外观设计/件	16	8	4	3	0
作品著作权/件	13	14	3	5	0

1. 商标

如表7-5所示，不难发现张兵兵生物科技、牧哥食品、帅克食品在商标布局方面比较领先，说明其重视产品品牌的打造。

2. 专利

专利是知识产权中十分重要的板块之一，也是企业创新能力的重要体现之一。目前我国牛油行业的龙头企业对知识产权板块的重视度也逐渐提升，通过法定程序确定发明创造的权利归属关系，从而有效的保护发明创造成果，在市场竞争中争取到主动地位，确保自身生产和销售的安全性，国家现在也十分注重高质量创新发展，在企业专利申请上都有扶持政策，也进一步激发了牛油企业申请专利的积极性。如表7-5所示，迈德乐食品有效专利数量、发明专利数量均领先于同行，做到了创新引领、知识引领、技术引领的作用。通过统计，牛油行业企业在知识产权授权类型上基本集中在外观专利及实用新型专利上，在发明专利授权上数量较少，这主要是基于食品行业的现状，尤其是牛油加工行业已经是一个较为成熟的食品制造行业，因此想要在发明上推陈出新较困难，但是仍有不少企业在积极推动这个板块的进步和发展，发明专利授权数仍呈现逐渐上升的趋势。

3. 作品著作权

作品著作权也是知识产权板块的重要一环，不仅能够保护企业的相关版权，为解决著作纠纷提供直接有效的证据，也是企业创新实力的有力体现。目前为止，我们上述所提到的牛油加工企业大都拥有自己的著作权，有个别龙头企业还拥有计算机软件著作，一般来说，计算机软件著作是使计算机运行达到某种或某些功能而设计的编程软件作品及其说明文档，这说明牛油加工企业也开始了自动化的生产与中央控制系统的建设，以提高产品质量稳定性、生产效率。

4. 技术标准

因为牛油行业早期的不规范加工生产，也没有标准文件进行质量管控，因此牛油行业的产品质量呈现良莠不齐的乱象，但随着国家对食品安全的严格管控，以及企业逐渐加强对自身产品质量把关的现状下，在多年前，牛油行业龙头企业就开始布局行业标准和国家标准的制定，以期让牛油行业的加工生产更加规范化和标准化，产品的质量更加可控化，如表7-6、表7-7中所示，为迈德乐食品和张兵兵生物科技参与制定的标准情况。截至目前，与牛油相关的国家标准《食用牛油》正等待批复。此外，火锅相关的行业标准和团体标准也逐渐增加，现行有效的T/CCOA 20—2020《火锅用油》T/CCIAS 012—2023《川式火锅底料》T/CCIAS 013—2023《牛油火锅底料》等都有上述牛油龙头企业参与联合起草的身影，以期引领食用牛油产业的健康化及规范化发展。

表7-6 迈德乐食品参与制定的标准

序号	名称	标准类型	标准号	主持或参加	颁布日期
1	食用牛油	国家	—	参加	—
2	食用羊油	国家	—	参加	—
3	食用鸡油	团体	T/CCOA 22—2020	参加	2020-12-21
4	食用鸭油	团体	T/CCOA 23—2020	参加	2020-12-21
5	火锅用油	团体	T/CCOA 20—2020	参加	2020-12-21
6	牛油火锅底料	团体	T/CCIAS 013—2023	参加	2023-2-1
7	川式火锅底料	团体	T/CCIAS 012—2023	参加	2023-2-1
8	半固态复合调味料	团体	T/SPFA 002—2023	参加	2023-10-25
9	预制川菜分类与术语	团体	T/SCSSX 1.0—2023	参加	2023-3-5
10	预制川菜标准与规范编制指南	团体	T/SCSSX 2.0—2023	参加	2023-3-5
11	预制川菜分级评价技术规范	团体	T/SCSSX 3.0—2023	参加	2023-3-5
12	预制川菜生产通用技术规范	团体	T/SCSSX 4.0—2023	参加	2023-3-5
13	预制川菜质量安全追溯规范要求	团体	T/SCSSX 5.0—2023	参加	2023-3-5
14	火锅节约管理规范	地标	DB51/T 3107—2023	参加	2023-8-22
15	酶解牛油	团体	T/TIC 020—2024	主持	2024-2-28

表7-7　张兵兵生物科技参与制定的标准

序号	名称	标准类型	标准号	主持或参加	颁布日期
1	食用牛油	国家	—	参加	—
2	食用羊油	国家	—	参加	—
3	火锅用油	团体	T/CCOA 20—2020	参加	2020-12-21
4	食用鸡油	团体	T/CCOA 22—2020	参加	2020-12-21
5	食用鸭油	团体	T/CCOA 23—2020	参加	2020-12-21
6	火锅节约管理规范	地方	DB51/T 3107—2023	参加	2023-8-22
7	油脂塑化剂	团体	T/CPPC 1074—2023	参加	2023-12-26

5．研发创新

采用合作创新的产学研创新研发模式，对于企业来说目的是减少企业消耗资金和人力，获取较为先进的技术，尽早赢得市场机遇，这样做既可以节约大量的时间和物力、人力、财力又可以提高企业的技术含量和技术创新能力。通过调查发现，部分牛油生产企业非常擅于利用社会科技力量，注重与大专院校和科研院所的结合，联合攻克生产经营中的疑难问题，不断改进工艺，改进装备，创新品牌，提质增效，实现食用牛油产业的高质量发展。通过检索产出可以发现，部分牛油龙头企业在产学研项目结束后会有大量的技术产出，包括学术论文、专利、成果检定证书、产品落地等，实现了企业与高校的互利共赢，将理论转化为实际，推动牛油行业的稳步发展。

现在牛油行业也有自己的CNAS认可检测中心、牛油加工工程技术研究中心，说明企业不仅为了盈利，更是为了引导我国牛油产业绿色加工、科学生产、健康可持续发展，补足我国在动物油脂加工及应用方面的基础研究、加工技术革新、生产设备研制的短板，并形成技术标杆而做大力贡献。目前大部分牛油龙头企业实验室引入了大量仪器设备，特别是精密分析设备，它代表了企业对技术创新研究和产品品质保证，不仅可以极大地提高产品检验的精确度，更让创新研发不断地数字化、一体化，让产品品质更加优质健康。

四、牛油企业品牌势能

品牌势能简单概括为消费者感知到的品牌能量。势能是一个状态量，因此，品牌势能本质上是对品牌状态的描述。品牌一定程度上能够反映该企业在所在行业中的市场地位。同一个品类的不同品牌都有自己区别于竞品的定位，目的是做出差异化的产品扩大销售或增加客户黏性。本部分将从品牌知名度、活跃度、美誉度和忠诚度方面客观描述几家牛油企业的品牌情况。

1．品牌知名度

在牛油行业，如表7-8所示的几家川渝具有代表性的牛油生产企业中，有偏向中低端的工厂生产路线以及经销商批发市场,当然也有部分企业坚持打造中高端品牌。它们在品牌的设计上,往往会突出企业的形象及态度,并且在品牌战略定位、商业模式及经营策略打造品牌差异化。

在品牌的宣传上,大部分企业还是在积极对公司进行宣传,包括利用各个媒体资源进行报道、参加食品相关展会以及自媒体账号的管理等,提升品牌知名度。

表7-8 川渝地区5家火锅牛油企业品牌定位及差异化

品牌名	品牌战略定位	定位语
森态牛油	中国火锅牛油引领者	森态 中国火锅牛油引领者
张兵兵牛油	安全才是好牛油的标准	火锅牛油 安全才是好牛油的标准
肖佬五牛油	做领先全国的专业火锅牛油、火锅底料研发生产企业	重庆肖佬五 牛油就是牛
牧哥牛油	耐高温不怕煮的好牛油	牧哥出品 品质代言
刘伟伟牛油	放心、健康、信誉、服务	刘伟伟牛油,为火锅加油!

2. 品牌活跃度

部分企业为了加大宣传,会以公司的名义参加或赞助相关活动,以此与客户进行密切的联系,进而将其转化落地为产品销售订单,增加产品的客户群体及客户范围。截至目前,牛油的客户群体已经从火锅行业扩散至食品工业、复合调味料行业。牛油企业通过官方网站对自己业务进行详细介绍,通过各自媒体平台进行知识分享、新产品展示、节日祝福等宣传推广,为客户赋能。

3. 品牌美誉度

牛油因其产品的特殊性,在日常生活中很少会涉及,因此主要是针对B端销售,但是随着宣传力度的增加,以及人们对美食研究的深入,也有不少消费者想要通过网络购买牛油产品应用于日常生活,因此牛油行业也开拓了淘宝等电商平台的销售路径,整体来说,我们所查的几家规模较大的牛油企业在网络上销售的总体评价较好,店铺评分都能达到4.7～4.9,说明牛油对于C端客户而言,可接受度较强。

4. 品牌忠诚度

牛油行业大部分为作为To B的企业,及时响应客户需求并且快速交付产品,也是品牌的核心倚仗,在这方面,个别龙头企业在满足个性化的定制过程当中,积极响应客户需求,因此积攒了不少的忠实客户,一是火锅、串串连锁品牌,例如海底捞和袁记串串;二是复合调味料企业,如天味、德庄;三是食品工业类,如今麦郎、统一、白象等,也有部分牛油企业会生产To C的产品(复合调味品),因此其电商平台的销售转化量更高。

第二节 市售牛油产品分析

为给牛油的后端消费者提供真实可靠数据依据与理论支撑，本书通过实验研究和分析测试的方法，对相关企业从2022—2024年对市售牛油产品进行了广泛调研，并从感官、应用、化学、食品安全、成分及风味指标全方位、多维度地分析市售的牛油品质，可以基本反映市售商品牛油的特点和差异。

一、市售牛油产品分析指标

1. 感官指标

参照GB 10146—2015《食品安全国家标准 食用动物油脂》感官评价的方法，具体方法如表7-9所示。

表7-9 食用动物油脂的感官要求

项目	要求	检验方法
色泽	具有特有的色泽，呈白色或略带黄色、无霉斑	取适量试样置于白瓷盘上，在自然光下观察色泽和状态，将试样置于50mL烧杯中，水浴加热至50℃，用玻璃棒迅速搅拌，嗅其气味，品其滋味
气味、滋味	具有特有的气味、滋味，无酸败及其他异味	
状态	无正常视力可见的外来异物	

2. 应用指标

使用牛油在炒料的过程中，首先需要对其进行二次熔化，并且炒料过程中长时间的高温可能会对牛油的品质造成一定的影响，因此通过三升三降试验能在一定程度上判定牛油在炒料过程中的品质变化以及风味的持久度。三升三降试验温度指标见表7-10，试验结束后对三升三降后的牛油进行感官评价及化学指征进行检测。

表7-10 三升三降试验过程列表

升温次数	1	2	3
升温/℃	150~155	150~155	150~155
降温/℃	65~70	65~70	65~70

3. 化学指标

牛油中酸价及过氧化值的检测方法参考相应的标准进行测定，具体检测方法及标准如表7-11所示。

表7-11 食用动物油脂化学指标检测方法

类别	检测方法	标准
酸价（KOH）/（mg/g）	GB 5009.229—2016《食品安全国家标准 食品中酸价的测定》	≤2.5
过氧化值/（g/100g）	GB 5009.227—2023《食品安全国家标准 食品中过氧化值的测定》	≤0.2

4. 食品安全指标

参考GB 5009.271—2016《食品安全国家标准 食品中邻苯二甲酸酯的测定》中的第二法进行检测。

5. 成分指标

参照GB 5009.168—2016《食品安全国家标准 食品中脂肪酸的测定》的方法进行检测。

6. 风味指标

采用GC-O-MS检测竞品的挥发性风味物质。

称取样品5g（精确至0.001g），加入1μL内标（2,4,5-三甲基噻唑，1.013μg/μL）。采用SPME自动进样，条件为：样品平衡温度60℃，平衡时间30min，萃取时间30min，解吸5min。每个样品做3个重复。

（1）气相色谱条件参数　设定初始温度为40℃，保持温度恒定3min，之后按照下列方式进行升温：首先以3.5℃/min的速度升温至142℃，其次2℃/min的速度升温至150℃，然后以3.5℃/min的速度升温至177℃，之后6℃/min的速度升温至200℃，最终以10℃/min升温至230℃，并保持温度恒3min。使用高纯度氦气（99.9990%）作为载气，以1.2mL/min的速度作为载气的恒定流速，进样口的温度250℃，设置为不分流状态。

（2）质谱参数条件　电子轰击（EI）离子源，电子能量为70eV，离子源温度为230℃，四极杆温度设置150℃，传输线温度为280℃，质量扫描范围m/z设置为40~250，溶剂延迟为4min。

二、市售牛油产品品质分析

1. 感官指标

如图7-3所示，所有的牛油均无肉眼可见的异物；有的牛油产品凝固型一般，打开包装可以明显观察到有发软、析油现象［图7-3（3）］；在固态时，基本所有牛油均呈淡黄色，光泽度良好［图7-3（1）］；有部分呈乳黄色，光泽度较亮［图7-3（2）］；但是也有几款呈深黄色，光泽度较差，不明亮［图7-3（3）］。这是由于不同厂家不同地域牛油的加工炼制方式、精炼程度不同所造成的。

图7-4所示为16个市售牛油样本的初次熔化（50℃）状态（烧杯a）和各自经过三次升温三次降温后的状态（烧杯b）。市售牛油熔化后的颜色多为淡黄色或金黄色，颜色清澈透亮，有部分牛油呈现深黄色、黄褐色且较为浑浊［图7-4（2）］。16个市售牛油样本在三升三降过后，颜色会较初次熔化的牛油颜色更深［图7-4（1）③］或更浅［图7-4（3）②］，但是大部分没有肉眼可见的差别。

所有牛油样品固态、液态及三升三降后感官评价结果如表7-12所示。说明市售牛油颜色大多在乳白色与深黄色之间，凝固状态参差不齐，其呈液态时，呈现透亮或浑浊的状态，颜色一般介于黄色与黄褐色之间，三升三降后牛油色泽变化不同，主要跟牛油自身的组成有关。

（1）牛油呈淡黄色，光泽度良好

（2）牛油呈乳黄色，光泽度较亮

（3）牛油的发软、析油现象，呈深黄色，光泽度较差，不明亮

图7-3 市售固态成品牛油外观形态

图7-4 市售牛油初次熔化状态（烧杯a）及其三升三降后状态（烧杯b）

表7-12 市售牛油样品感官评价结果

牛油样品编号	成品牛油		三升三降牛油
	固态	液态	
牛油1	呈浅黄色、凝固型良好	无杂质、透亮的黄色	无明显变化
牛油2	呈浅黄色、凝固型良好	较浑浊的黄色	色泽明显变成红褐色
牛油3	呈乳白色、凝固型良好	无杂质、较透亮的深黄色	无明显变化
牛油4	呈乳白色、凝固型良好	无杂质、透亮的黄色	无明显变化
牛油5	呈乳白色、凝固型良好	无杂质、透亮的黄色	状态更加清澈透亮
牛油6	呈浅黄色、凝固型良好	无杂质、透亮的黄色	状态更加清澈透亮
牛油7	外观呈浅黄色、凝固型良好	透亮的黄色	无变化

续表

牛油样品编号	成品牛油		三升三降牛油
	固态	液态	
牛油8	外观呈浅黄色、无光泽、凝固型一般	较浑浊的黄褐色	色泽变深
牛油9	外观呈浅黄色、无光泽、凝固型一般	较浑浊的黄褐色	色泽变深
牛油10	外观呈深黄色、凝固型一般	较浑浊的黄褐色	色泽变深
牛油11	外观呈深黄色、凝固型一般	较浑浊的黄褐色	色泽变深
牛油12	外观呈浅黄色、凝固型良好	透亮的黄色	无变化
牛油13	外观呈浅黄色、凝固型良好	透亮的黄色	色泽变浅
牛油14	外观呈浅黄色、凝固型良好	较浑浊的黄色	色泽变浅
牛油15	外观呈浅黄色、凝固型良好	透亮的黄色	更清澈透亮
牛油16	外观呈浅黄色、凝固型良好	透亮的黄色	色泽变浅
牛油17	外观呈浅黄色、凝固型良好	透亮的黄色	更清澈透亮
牛油18	外观呈浅黄色、凝固型良好	透亮的黄色	更清澈透亮
牛油19	外观呈浅黄色、凝固型良好	透亮的黄色	更清澈透亮
牛油20	外观呈浅黄色、凝固型良好	透亮的黄色	更清澈透亮
牛油21	外观呈浅黄色、凝固型良好	较浑浊的黄色	色泽变浅
牛油22	外观呈浅黄色、凝固型良好	透亮的黄色	更清澈透亮
牛油23	外观呈浅黄色、凝固型良好	透亮的黄色	色泽变浅
牛油24	外观呈浅黄色、凝固型良好	透亮的黄色	无变化
牛油25	外观呈深黄色、无光泽、凝固型一般	较浑浊的黄褐色	色泽变深
牛油26	外观呈深黄色、无光泽、凝固型一般	较浑浊的黄褐色	色泽变深
牛油27	外观呈深黄色、无光泽、凝固型一般	较浑浊的黄褐色	色泽变深
牛油28	外观呈浅黄色、凝固型一般	较浑浊的黄褐色	色泽变深
牛油29	外观呈浅黄色、凝固型一般	较浑浊的黄褐色	色泽变深
牛油30	外观呈浅黄色、凝固型良好	透亮的黄色	无变化

2. 化学指标

（1）**酸价** 如图7-5所示，42个牛油测试样本酸价均在国家标准限定范围（≤2.5mg/g），各个牛油生产企业十分重视产品基础理化指标的控制，市售牛油酸价基本控制在1.47～1.50mg/g范围内，说明市场畅销的牛油产品是相对较高酸价系列产品，这与川渝地区传统老火锅的饮食习惯有关。同时，经过三升三降处理后的牛油酸价小幅度增加，牛油产品性能较稳定，反复加热降温后对于酸价影响不显著。

（2）**过氧化值** 过氧化值表示油脂和脂肪酸等被氧化程度的一种指标，可以用来衡量油脂酸败程度。如图7-6所示，42个牛油测试样本的过氧化值水平虽然表现参差不齐，但均小于GB 10146—2015《食品安全国家标准 食用动物油脂》中的0.2g/100g要求限量，且基本

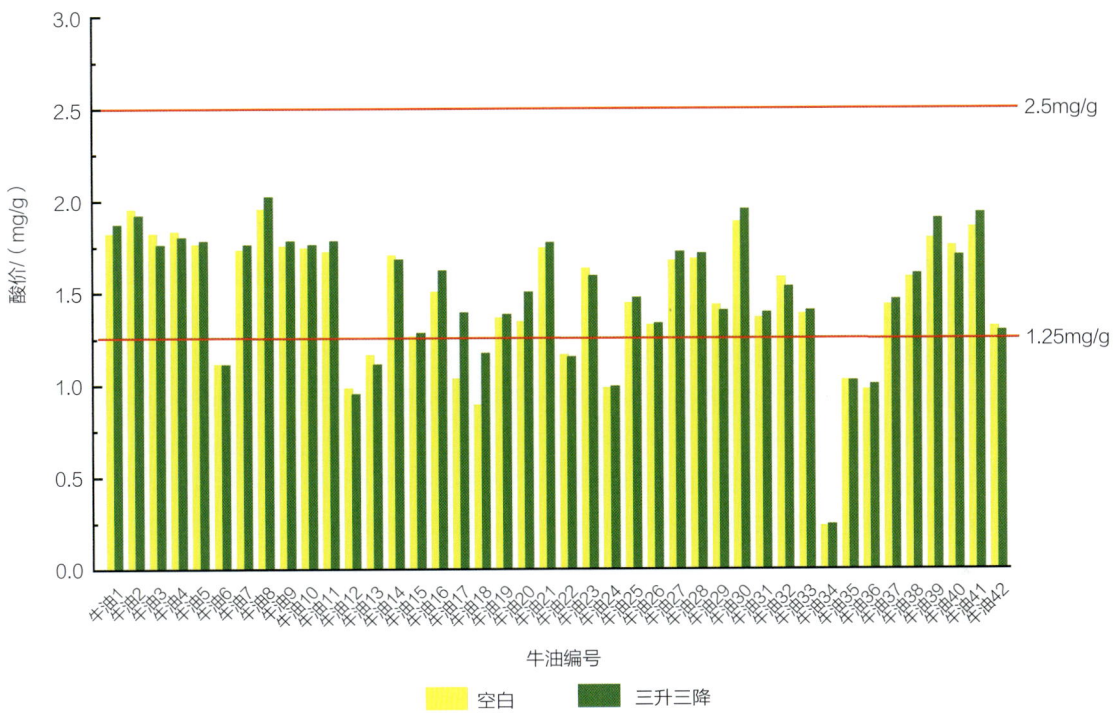

图7-5 市售牛油初始及三升三降后酸价

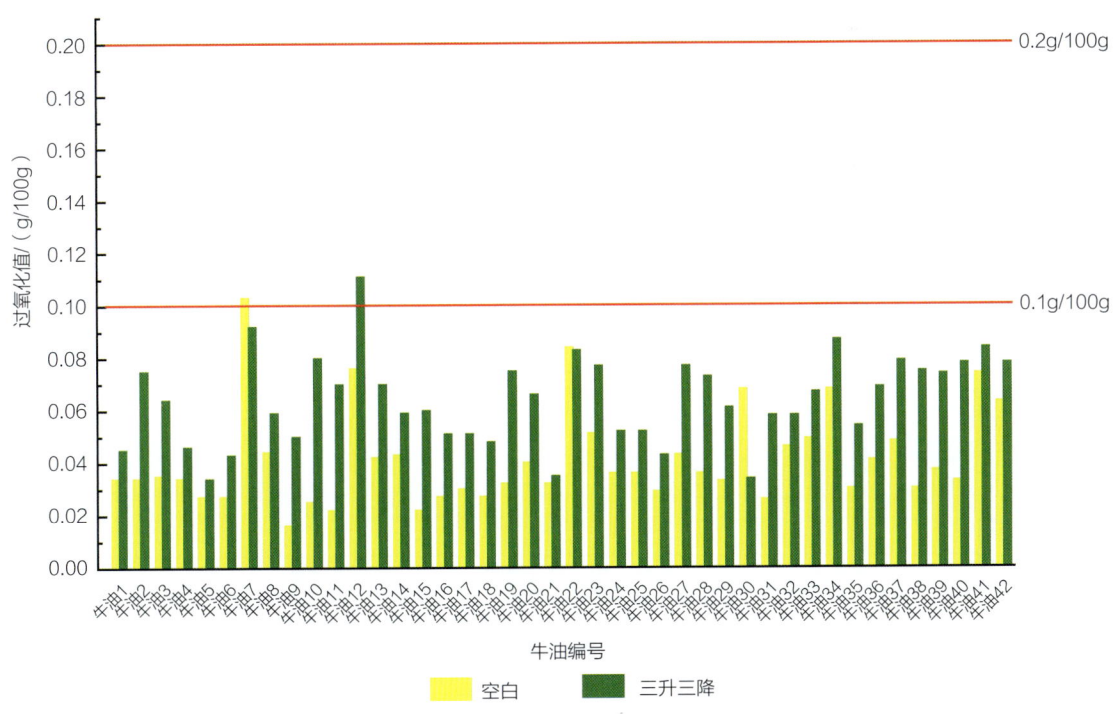

图7-6 市售牛油初始及三升三降后过氧化值

维持国家标准限定量一半的0.1g/100g范围之内,说明市面上的牛油酸败现象较少,品质有一定的保障。

3. 食品安全指标

(1)邻苯二甲酸丁酯(DBP) 在18项塑化剂限量管控中,DBP由于其相对分子质量较小,极易迁移,所以是最易超标的塑化剂。如图7-7所示,在个别市售牛油样品中,检测出了DBP含量严重超标的产品,超标的牛油数量占总样本数的14.29%,其检测结果最高可达到3.52mg/kg,超过国家标准限定量10倍。说明市面上在售的牛油存在塑化剂超标的现象,存在一定食品安全隐患。但大部分市售牛油产品DBP含量控制在国家标准限定量范围之内,推测规模型牛油生产企业在塑化剂方面做到了严格控制,品质更有保证。牛油产品中塑化剂残留量与牛生脂原料质量及生产中食品安全控制有极大关系,只有从原料端到产品端全流程的质量控制与保障批次检验,才能确保牛油重要食品安全指标塑化剂控制在安全红线以下。

(2)DEHP 在牛油的国家标准限量塑化剂中,邻苯二甲酸二(2-乙基)己酯(DEHP)检测限为1.5mg/kg。如图7-8所示,所有测试牛油样本的DEHP值波动较大,在研究检测的所有牛油样品中,DEHP超过国标限定范围的仅有1个,达到1.55mg/kg,超过检测定量限,说明市面上牛油DEHP超标的情况较少且存在一定的不稳定性,这可能是来源于包材中塑化剂的迁移导致,因此对于牛油而言,不仅需要从牛油原料进行管控,也需要重视所用包装材料的品质及安全性。

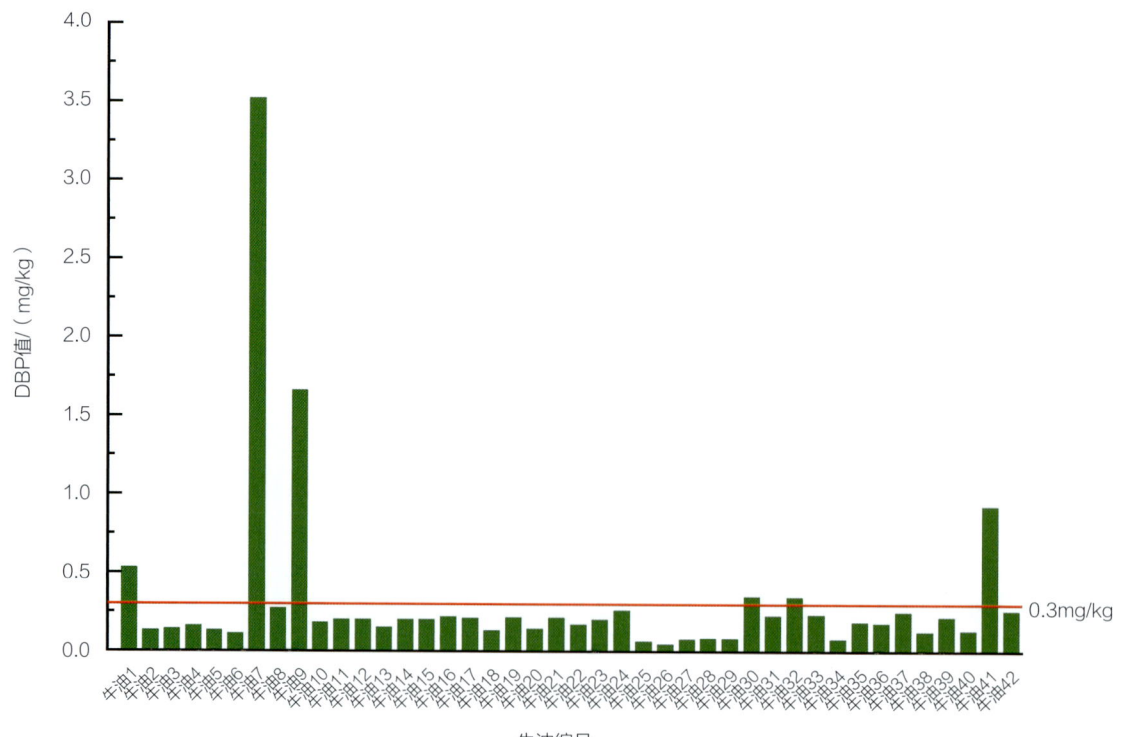

图7-7 市售牛油DBP值

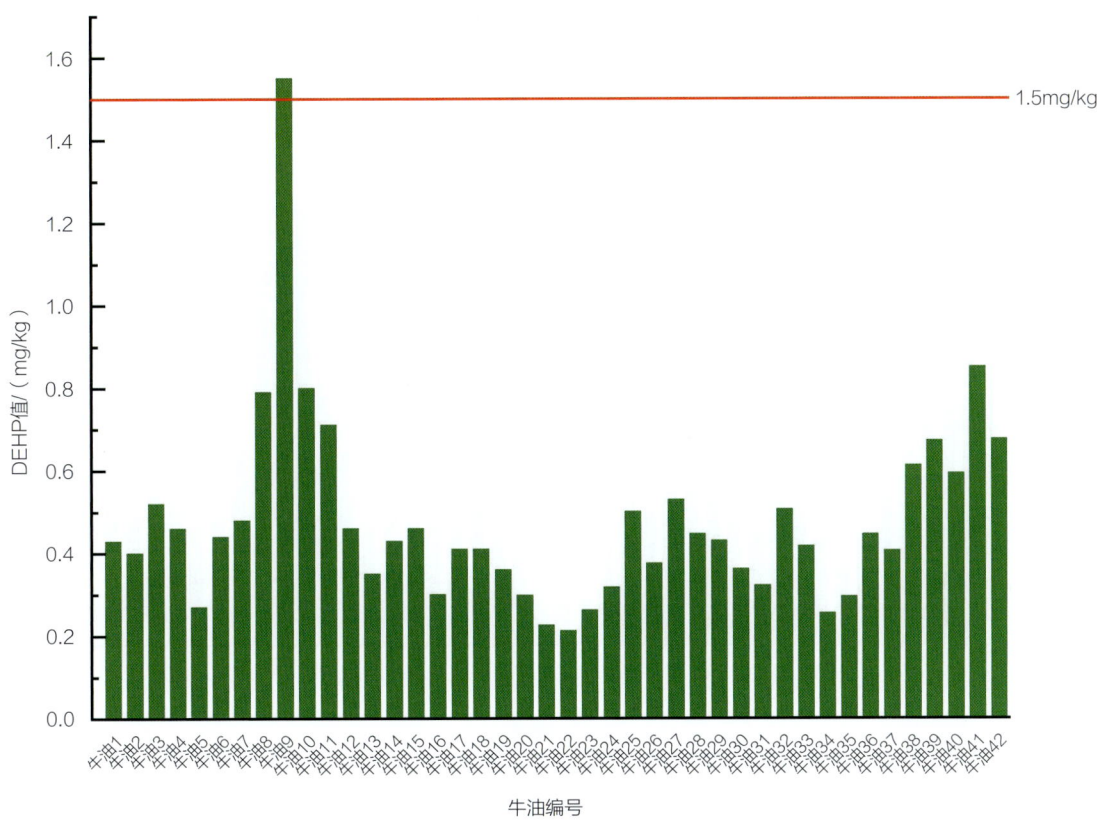

图7-8 市售牛油DEHP值

4. 成分指标

(1) **棕榈酸** 棕榈酸又称软脂酸,学名为十六(烷)酸,是一种饱和高级脂肪酸,以甘油酯的形式普遍存在于动植物油脂中。国际食品法典委员会在CXS 211—1999《特种动物油脂标准(2019版)》中规定牛油中的棕榈酸(C16:0)含量在20%~30%。

如图7-9所示,在研究检测的所有牛油样品中,大部分牛油样品棕榈酸含量在上述范围内,所有牛油样品棕榈酸含量波动范围为24.07%~43.45%,其中有28.57%的样本超过标准范围,说明市售牛油可能存在掺伪情况,消费者在购买时应注意辨别。

(2) **硬脂酸** 硬脂酸又称十八烷酸,属于高级饱和脂肪酸,国际食品法典委员会在CXS 211—1999《特种动物油脂标准(2019版)》中规定牛油中的硬脂酸(C18:0)含量在15%~30%。

如图7-10所示,在研究检测的所有牛油样品中,硬脂酸含量基本在这一区间范围内,其波动范围在14.21%~28.61%,仅有一个样品硬脂酸含量低于15%,说明市售牛油硬脂酸含量虽波动范围较大,但基本都在限定范围内波动。虽然硬脂酸是牛油中较重要的指标,但是如果仅参考这一个脂肪酸含量,其结果准确性不高,消费者在购买牛油产品时应该综合考虑。

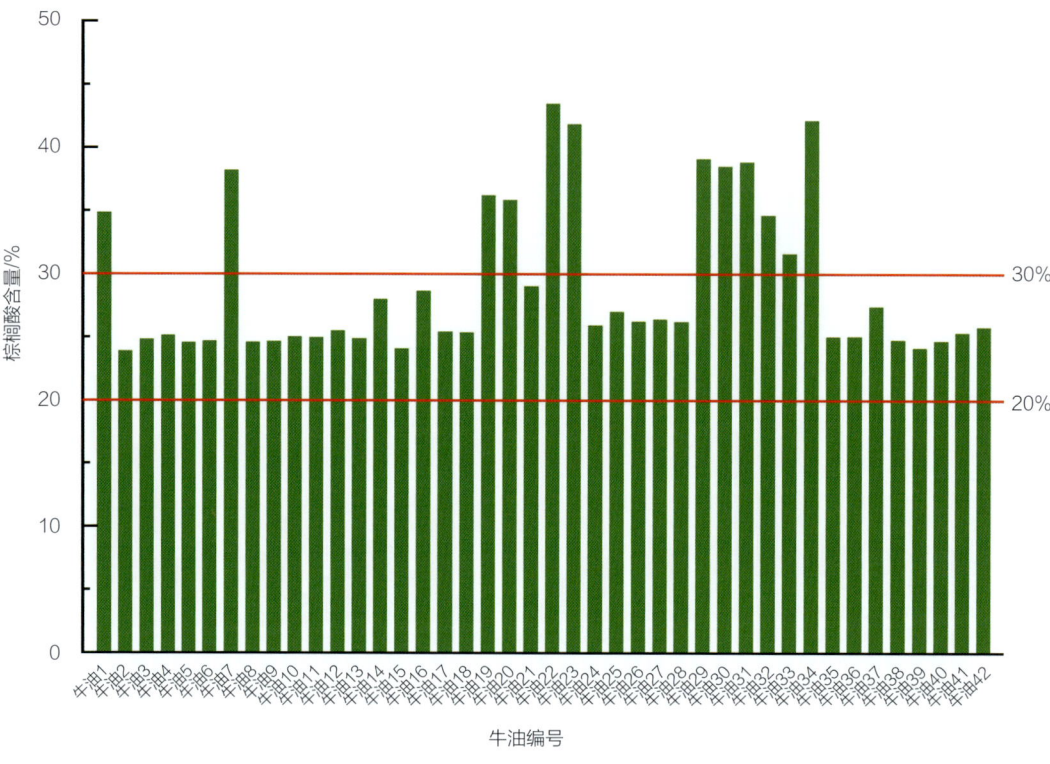

图7-9　市售牛油棕榈酸含量

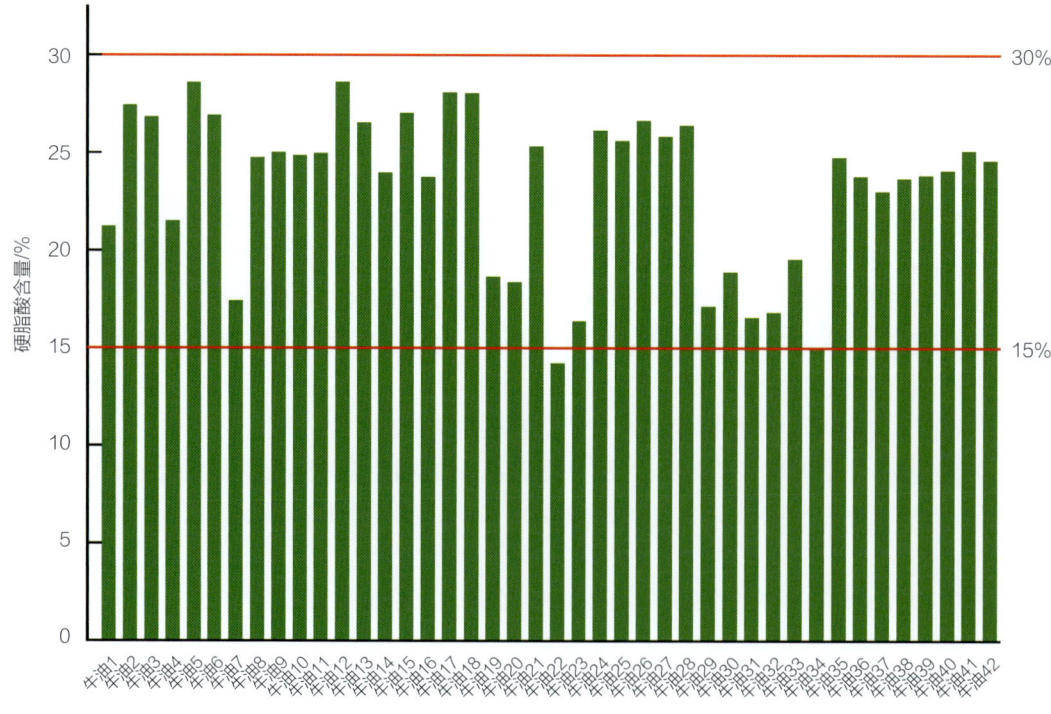

图7-10　市售牛油硬脂酸含量

（3）油酸 油酸又称顺式十八烯-9-酸、十八烯酸，是一种单不饱和脂肪酸，广泛存在于动植物体内。国际食品法典委员会在CXS 211—1999《特种动物油脂标准（2019版）》规定牛油中的油酸（C18：1）含量在30%～45%。

如图7-11所示；在研究检测的所有牛油样品中，所有牛油样品的油酸均在上述标准范围内，且整体波动范围为30.15%～38.17%，整体波动范围不大，说明市售牛油油酸含量较为稳定，不能单独作为判别牛油真实性的因素。

（4）亚油酸 亚油酸是十八碳链不饱和脂肪酸，化学名称为顺,顺-9,12-十八碳二烯酸，主要以甘油酯的形式存在于动植物油脂中；人体不能合成亚油酸，亚油酸是必须通过饮食获得的ω-6必需脂肪酸。

国际食品法典委员会油脂法典委员会（CCFO）在CXS 211—1999《特种动物油脂标准（2019版）》规定牛油中的亚油酸（C18：2）含量在1.0%～6.0%。

牛油中亚油酸含量较低，如图7-12所示，在研究检测的所有牛油样品中，亚油酸含量的波动范围为2.49%～6.28%，仅一个牛油样品超过标准区间范围，说明可能掺加了其他亚油酸含量较高的油脂，但也不能作为牛油真实性判定的标准。

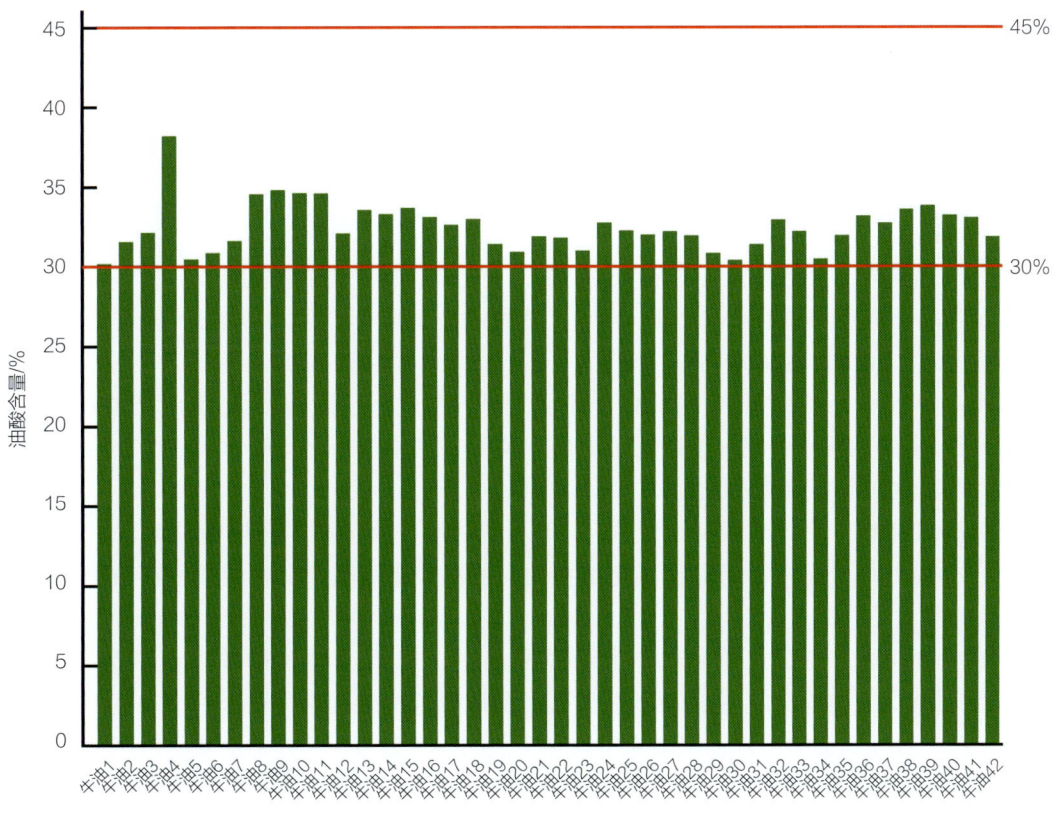

图7-11　市售牛油油酸含量

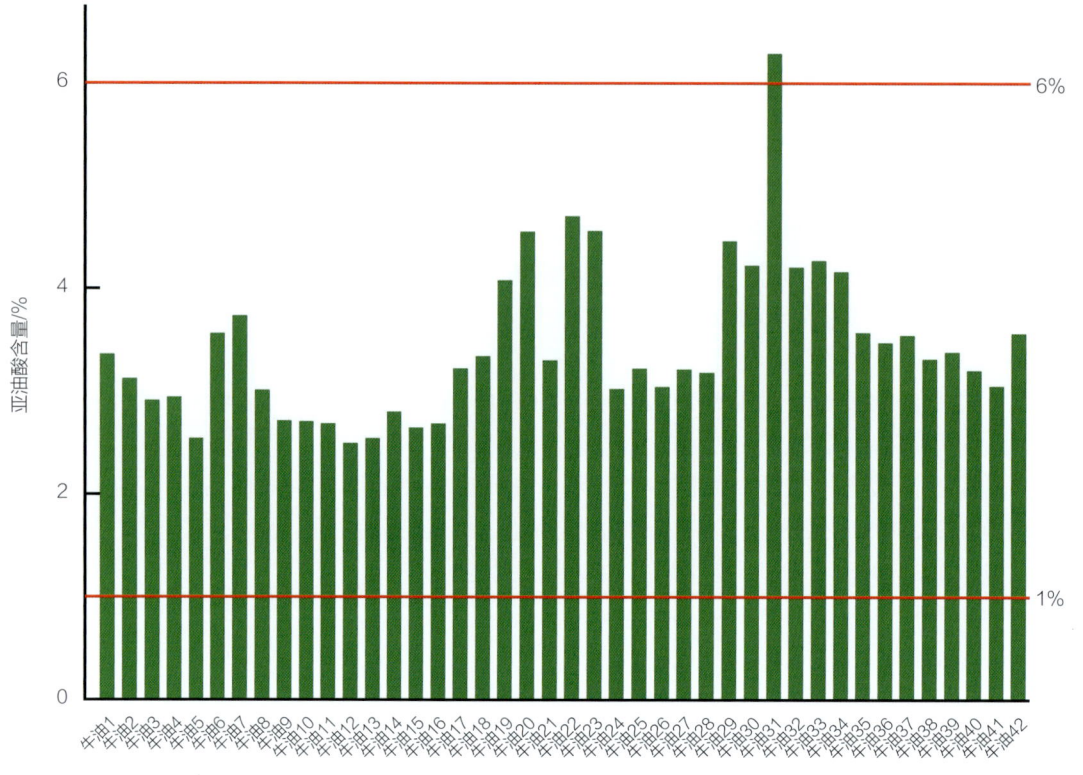

图7-12 市售牛油亚油酸含量

（5）十七碳酸 十七碳酸又称为十七烷酸、十七酸，是一种奇数脂肪酸。

国际食品法典委员会在CXS 211—1999《特种动物油脂标准（2019版）》规定牛油中的十七碳酸（C17：0）含量在0.5%~2.0%。

如图7-13所示，在研究检测的18个牛油样品中，十七碳酸的波动范围在0.72%~1.68%，仅一个牛油样品不在标准限定范围内，说明牛油中的十七碳酸含量较为稳定，可以作为牛油真实性判定的参考依据之一。

（6）反式油酸 反式油酸又称反式-9-十八碳烯酸、凝油酸、洋橄榄油酸、十八碳烯酸，分子式$C_{18}H_{34}O_2$。是一种常见于氢化植物油内的反式脂肪酸。反式油酸也在山羊乳、牛乳和一些肉类食品中微量存在。

如图7-14所示，在研究检测的18个牛油样品中，反式油酸含量波动范围为2.26%~5.97%，牛油中天然含有5%左右的反式脂肪酸，所以反式油酸的含量在这一波动范围下属正常现象，但一般反式油酸的含量仅作为牛油真实性的一个参考，不作为主要的辨别因素。

（7）肉豆蔻酸 十四烷酸，是一种饱和脂肪酸。国际食品法典委员会油脂法典委员会在CXS 211—1999《特种动物油脂标准（2019版）》规定牛油中的肉豆蔻酸（C14：0）含量在2%~6%。

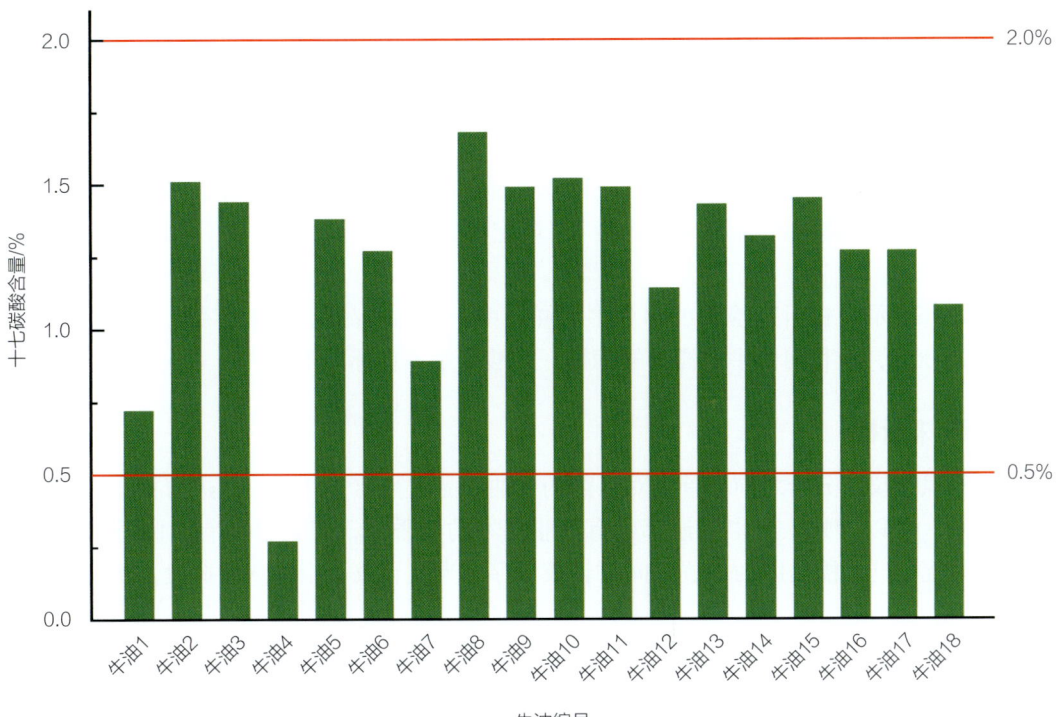

图7-13　市售牛油十七碳酸含量

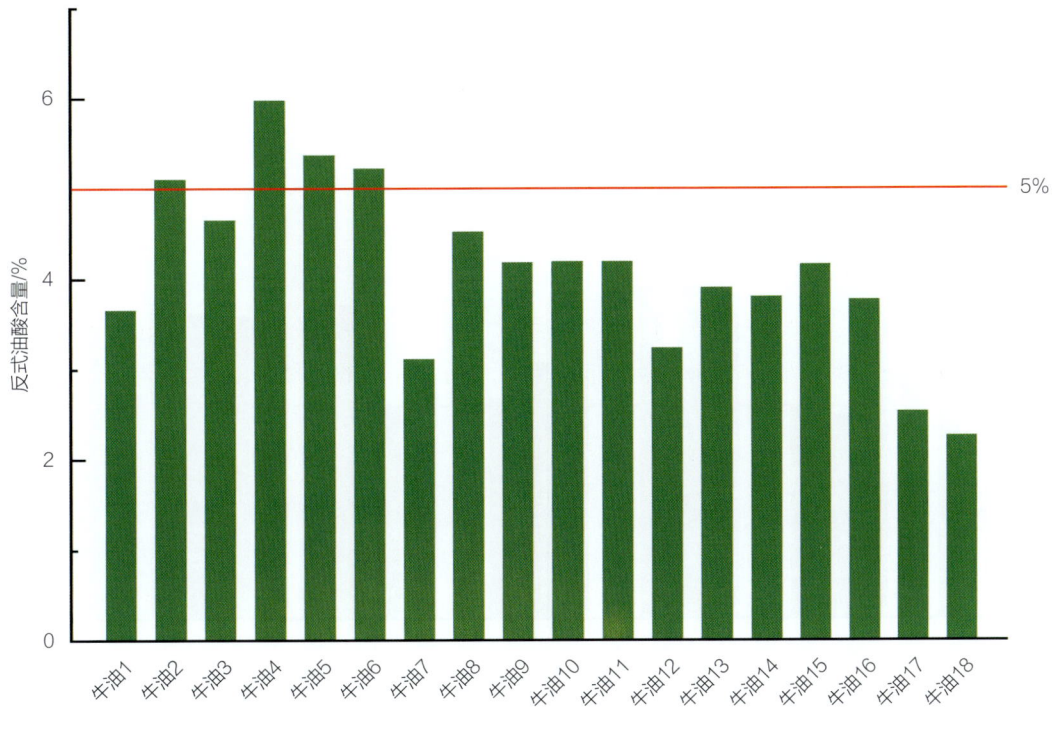

图7-14　市售牛油反式油酸含量

如图7-15所示,在研究检测的24个牛油样品中,牛油样品的肉豆蔻酸含量波动范围为1.93%~3.16%,其中有两个牛油样品肉豆蔻酸含量低于标准限定范围,肉豆蔻酸属于单不饱和脂肪酸,易于氧化,是重要的风味前体物质,说明其性质不太稳定,这可能是其波动范围较大的原因。

(8)棕榈一烯酸 棕榈一烯酸是一种单不饱和脂肪酸。国际食品法典委员会在CXS 211—1999《特种动物油脂标准(2019版)》规定牛油中的棕榈一烯酸(C16:1)含量在1%~5%。

如图7-16所示,在研究检测的24个牛油样品中,牛油样品的棕榈一烯酸含量波动范围为0.88%~3.00%,仅有两个牛油样品的棕榈一烯酸含量不在标准范围内。

5. 风味指标

在进行风味仪器分析之前,首先对采购的牛油样品进行感官评价,并进行描述,结果如表7-13所示,可以看到,市售牛油都具有油脂基本的油香味,但是存在有无脂香味或脂香味较淡的情况,这可能是因为放置时间过长或保存不当,导致了脂香味的挥发,所以脂香味

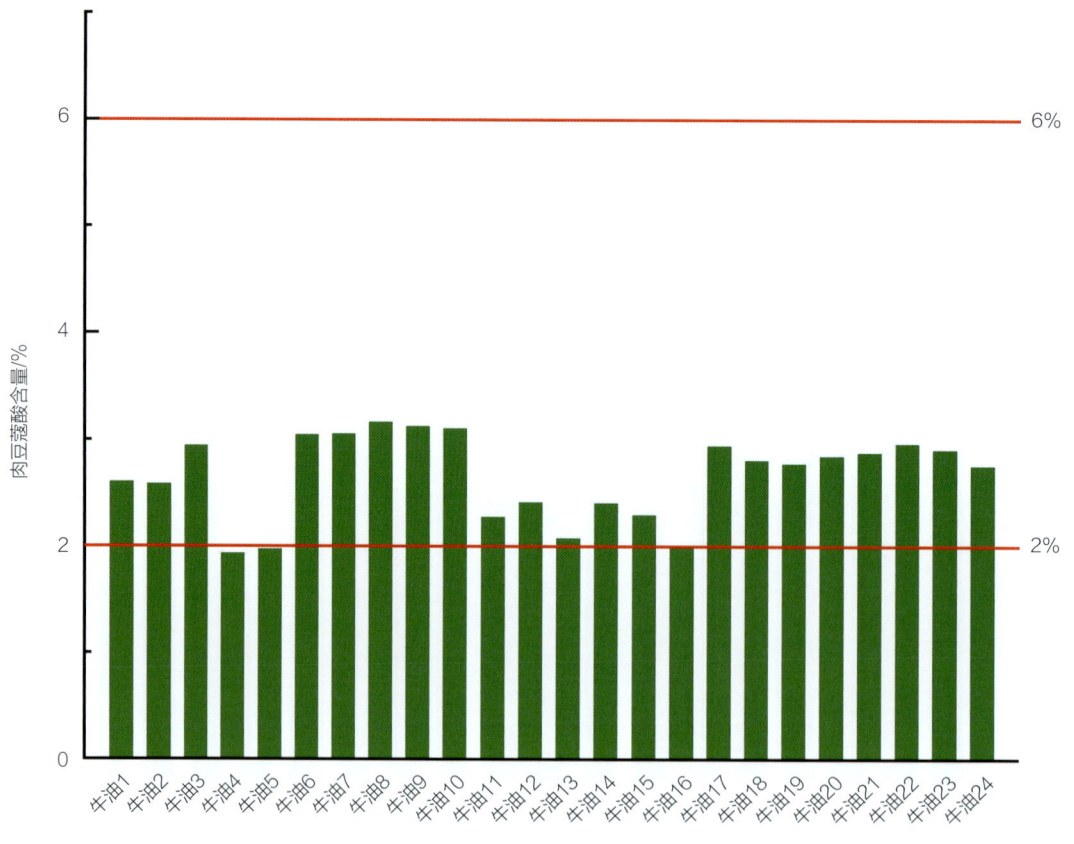

图7-15 市售牛油肉豆蔻酸含量

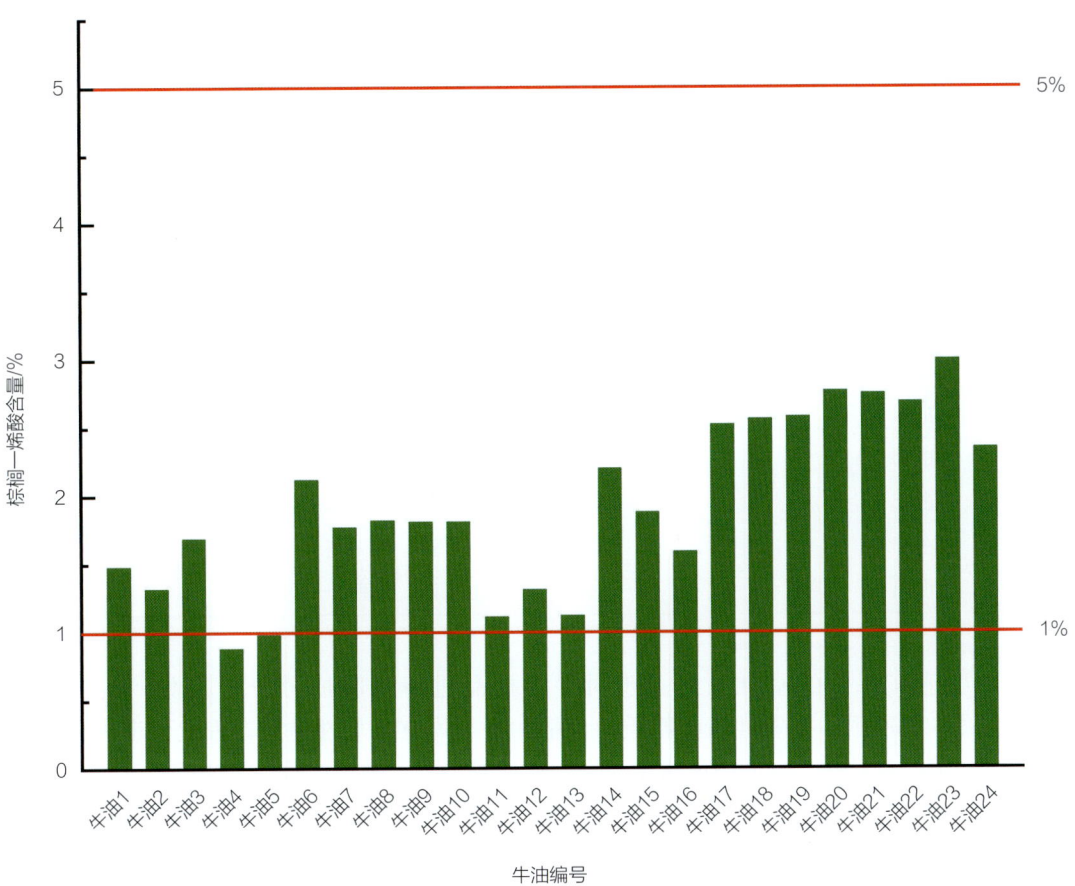

图7-16 市售牛油棕榈一烯酸含量

是牛油产品感官评定的一个重要风味指征。部分牛油有糊味,这是因为炼制工艺不当所导致的,可能炼制时间较长或炼制温度过高,导致糊味的产生。而膻味和酸味的产生可能与生脂产地与品质不同所导致。有部分牛油中出现了不属于牛油本身的外源香气,这可能是因为添加了外源香精香料等所导致。

表7-13 市售牛油产品风味描述

市售牛油产品	风味描述
牛油1	油香味、脂香味、微糊味、微膻味、淡芝麻香油味
牛油2	油香味、脂香味、微糊味、明显的香精味(淡淡的葱香味)
牛油3	油香味、脂香味、油熬的较嫩的风味
牛油4	油香味、脂香味、有外来添加物的味道
牛油5	油香味、脂香味、微葱香味
牛油6	油香味、脂香味浓

续表

市售牛油产品	风味描述
牛油7	油香味、淡脂香味、外源添加物的风味
牛油8	油香味、脂香味
牛油9	油香味、脂香味、酸臭味（非酸败味）
牛油10	油香味、脂香味
牛油11	油香味、无脂香味
牛油12	油香味、脂香味、淡淡鱼油味
牛油13	油香味、脂香味
牛油14	油香味、脂香味浓郁、柔和舒适之感
牛油15	油香味、脂香味、有外源添加物的味道
牛油16	油香味、脂香味
牛油17	油香味、脂香味浓
牛油18	油香味、脂香味一般

在初步感官评价的基础上进一步对牛油样品进行风味成分分析检测，其结果如图7-17、图7-18所示，挥发性风味物质的含量和种类均有显著性差异，因此各市售牛油风味物质有一定的差异性。牛油中风味化合物主要是醛、酮、酸类成分，其中醛类和酸类相对浓度最高，而醛类和酸类挥发性化合物主要由脂质氧化产生，其中醛类能为牛油提供脂香

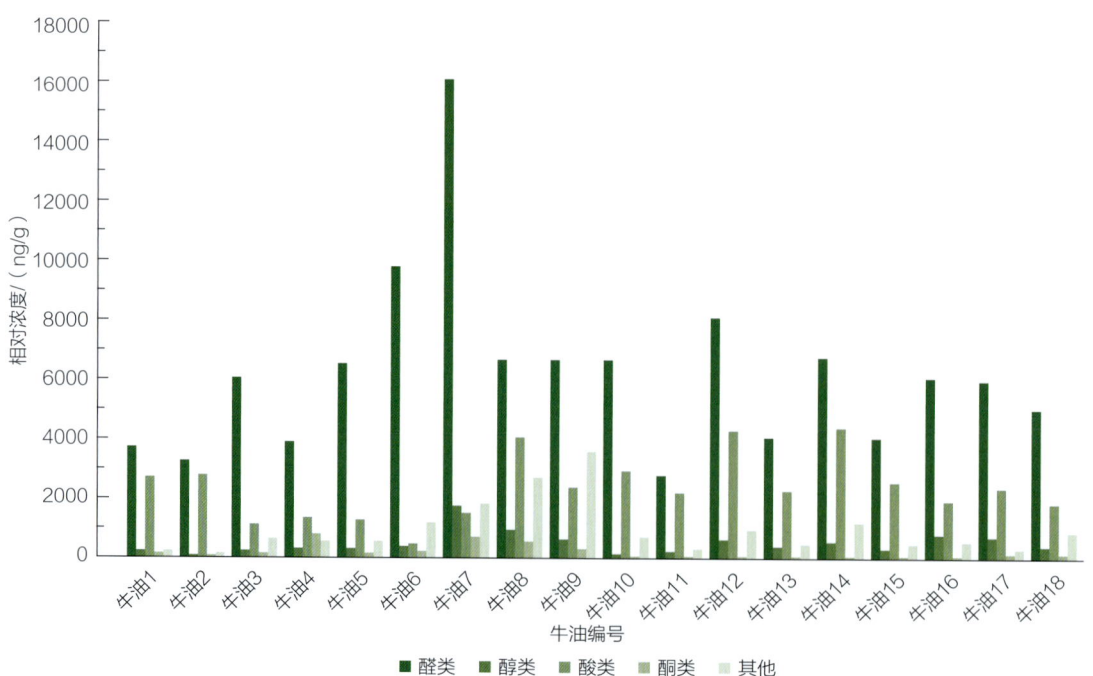

图7-17　市售牛油不同种类香气化合物相对浓度

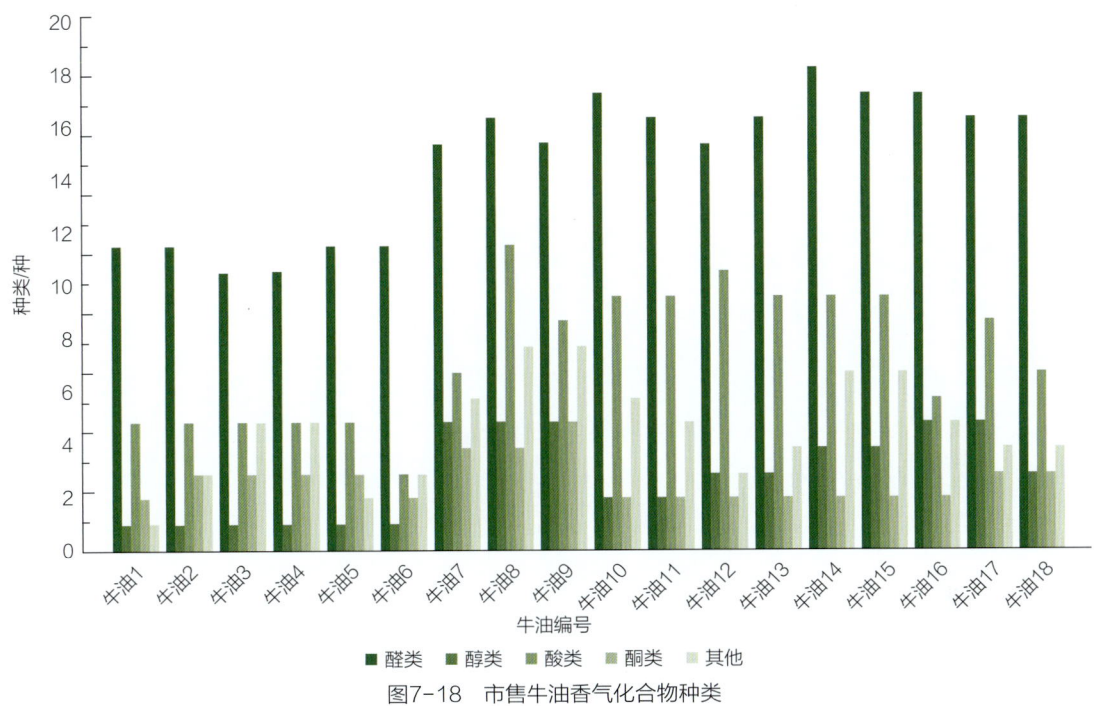

图7-18 市售牛油香气化合物种类

味、油香味及清香味，如庚醛、正辛醛等；而酸类物质对牛油的膻味和香味的醇厚感有贡献，如乙酸、丁酸、己酸等。醛类和酸类是牛油香气来源的关键因素，与上述感官描述时的"油香味、脂香味、酸味"有关。

在部分牛油中检测出了抗氧化剂成分及外源食用合成香精，这也是部分牛油闻起来香味更加丰富的原因之一。值得一提的是牛油中一般不添加抗氧化剂，因此在牛油中检测到抗氧化剂，说明其中大概率是添加了起酥油。因此通过风味分析，也能够对所购买的牛油品质进行简单的判定。

第八章

牛油的食品应用

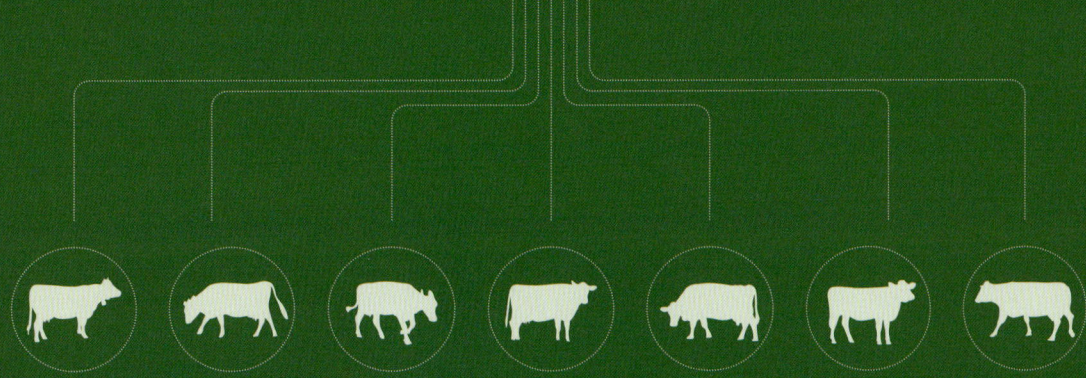

牛油的脂肪酸组成丰富，其中含饱和脂肪酸占60%~70%，不饱和脂肪酸占30%~40%，并含有磷脂、脂溶性维生素等营养成分。为进一步开发、利用好牛油，国内外许多研究机构都在对牛油等动物油脂的安全性、营养特性、加工特性等方面进行深入研究。

全球肉牛养殖规模较大，牛生脂资源丰富，牛油用途广泛。在我国牛油分为工业用牛油和食用牛油，其中工业用牛油仅占30%左右，主要作为高级脂肪酸和肥皂的生产原料；食用牛油约占70%，主要用作火锅用油、调味用油、烘焙油脂、煎炸油生产，在我国西南川渝地区广泛用作麻辣火锅底料的制作，这是食用牛油应用最主要的场景。

在川渝麻辣火锅中，牛油是核心主料，并已经成为川渝地区的饮食特色，牛油火锅几乎成为川渝麻辣火锅的代名词，因为牛油用于火锅底料的加工有其得天独厚的优势，如独特的风味体验、氧化稳定性（耐煮）和良好的传热性能。

目前从火锅产业发展状况来看，食用牛油的需求量非常庞大，带动了食用牛油产业的蓬勃发展，不仅能拉动消费，使百姓更加喜爱火锅；同时又能替代部分食用油脂，助力提高我国食用油的自给能力。食用牛油产业的技术革新为火锅产业的爆发式增长提供了原动力。

火锅作为中华民族特有的民俗产物，拥有源远流长的历史。研究火锅文化可知，火锅的具体起源时间因史籍文献资料与出土文物未进行有效对比，有商周说、战国说与元代说等起源学说，众说纷纭，迄今尚无定论。"火锅"一词始见于唐代杜佑撰《通典》一书中，扬于明代、清代与民国时期，其中清代火锅的烹食方法与现今并无二致且流传也较历代更为广泛。

牛油红汤锅底是川渝火锅的主流锅底，牛油作为川渝火锅的灵魂所在，其发展可分为四个阶段。手工作坊阶段发源于山城重庆，在物资匮乏的时代，很多食材会通过水路运输，牲口在码头直接宰杀，其中牛偏多，于是重庆人就有了吃牛下水的习惯，为了掩盖下水的腥味，重庆人民熬制了没人要的牛皮下脂肪油层，配上香料，涮着下水，就着干粮，用辛辣掩盖气味，用油脂满足口腹之欲，因此牛油变成火锅底料的重要组成部分，这一阶段的牛油提炼主要通过手工熬制，条件简陋、卫生堪忧，没有形成规模化生产。2000年左右，川渝火锅开始成为主流，牛油作为锅底50%成本以上的原材料，行业需求量急速增加，牛油行业开始进入规模化生产阶段。2010年以来，随着餐饮连锁化率的不断提升，火锅底料开始走向产业化，进而催生了底料工厂、牛油原料厂的发展，标准化体系逐步建立，形成工厂标准化生产阶段。2015年前后，食品安全管控持续对餐饮终端管理规范，火锅牛油受管制，许多门店不再自行炒制底料，更进一步带来了牛油底料在餐饮端的繁荣，其复合增速进一步提升，牛油行业内部一些制度、管理也开始规范，进入行业规范化阶段。随着川渝火锅进一步爆发，牛油供应端开始和火锅餐饮端联手走向功能定制化，具体可分为外形定制和口味定制，以形成自己的差异化竞争优势。经历代流传，目前火锅已成为人们一年四季日常饮食的常见菜品，无论是食材还是口味也趋于多元化发展。

如今全国火锅行业产值已过万亿元，川渝火锅作为我国火锅体系中最重要的地域火锅流派和品牌，产值占比超过60%，是中国火锅产业的主力军。近年来发展迅速，得益于特有的火锅底料，在炒制时添加大量的牛油，搭配海椒、花椒、豆母等，炒制出的火锅底料鲜香麻辣，牛油味道浓郁，深受消费者的喜爱。在现今的火锅市场，川渝火锅以绝对性的优势占据了大半江山，川渝火锅深受国民喜爱，普适性强，在不同城市都广受欢迎，使得我国的火锅产业不断发展壮大。

第一节
牛油在火锅中使用的历史

本节详细讲述了火锅的起源和变革历程,在追溯火锅历史的同时,探索牛油在火锅中使用的痕迹。尽管火锅这种饮食方式已经诞生了很长时间,但是牛油在火锅中的使用历史并不久远。牛油成为川渝地区麻辣火锅的核心配料只是近几十年以来的事,这种变化反映了社会发展、人民饮食习惯以及地方美食特色的演变。

一、火锅的起源和发展

火锅起源于民间,是中国传统的饮食方式,历史悠久。

最早的火锅可以追溯至新石器时代,那时的陶制"火锅"虽然简陋,但人们已经具备了对"火"和"同火而食"的认知。外出打猎的年轻人回来了,所有人围坐在火堆旁烹饪,享用熟食。"共食"的形式给劳累了一天的人们带来了安全感与慰藉。

历经千年变革,火锅的容器、制作、调味、用料、食客对象等到现今已发生了非常大的变化,但从火锅的烹调方法来看,仍然继承了不少的传统方法。例如,仍是以火烧锅,以水汤导热,用煮、烫、涮等烹制法使食物受热至熟、入味的一种热加工过程,这种烹制方法早在三千多年前的商周时代便已经萌芽了。

《韩诗外传》中记载:伊尹故有莘氏僮也,负鼎操俎,调五味,而立为相,其遇汤也。说的是商初时期的大臣伊尹,本来是一个厨师,能够用鼎烹煮食物,调和五味。以"割烹要汤"而当上了丞相。古代在举行祭祀或者庆典的时候,都要击钟列鼎而食。大家围坐在鼎的周围,分食鼎中煮熟的食物,如羊肉、牛肉,谓之纳福。这种"围鼎而食"的饮食方式,可以说是火锅的雏形了。

据传,中国第一个将单口火锅改良为"鸳鸯锅"的人,不是外出劳作的平民百姓,而是西汉江都王刘非。在江苏大云山西汉墓中,曾出土了一件"分格鼎",这件鼎被分割成若干个空间,可以将不同的味道分隔开来;无独有偶,三国时期出现了一种类似火锅的"五熟釜"(图8-1),据说是汉文帝曹丕的创作。该锅分为五格,能调出多种味道,类似现在使用的"鸳鸯锅""奔驰锅""四宫格"等形式的火锅器具。

考古工作者在内蒙古昭乌达蒙敖汉旗出土文物中发现一副墓葬壁画,画中绘有三个契丹人在帐幕中席地而坐,围着一个火锅,有的人用筷子在锅中涮食羊肉,前面放着一张方桌,桌上陈放两个盘子,两盏酒杯。据考证,此为我国辽代初期的涮羊肉火锅。

到了宋代,火锅已经有明确的文字记载了。不过当时不叫火锅,而给他取了一个富有诗情画意的名字叫"拨霞供"。据宋人林洪撰写的《山家清供》书中记载:"向游武夷六曲,访止止师,遇雪天,得一兔,无庖人可制。师云:山间只用薄枇、酒、酱料、椒料沃之,以风炉(小火炉)安座上,用水少半铫(煮开水熬东西用的器具),候汤响,一杯候后各分以筋,令自夹入汤,摆熟啖之,乃随意,各以汁供。"过了五六年,林洪到京师朋友家也吃到火锅这道菜。缅怀旧事,他即兴创作了一首诗,其中两句为"浪涌晴江雪,风翻晚霞照"。

(1)三国时期"五熟釜"　　　　　　　(2)现代火锅"四宫格"锅具

图8-1　不同时期的烹饪锅具

他把兔肉比喻为晚霞,把吃火锅称之为"拨霞供"。从吃法上来看,这应该算得上是兔肉火锅的前身了。

清朝是火锅的兴盛时代,而火锅的名称也正式见之于书籍记载。清代著名诗人、烹饪理论家袁枚撰写的《随园食单》一书的十四戒单中有"戒火锅"一条。文曰"冬月宴客,惯用火锅,对客喧腾,已属可厌;且各菜之味,有一定火候,宜文宜武,宜撤宜添,瞬息难差。今一例以火逼之,其味尚可问哉?近人用烧酒代炭,以为得计,而不知物经多滚,总能变味。"从文中之意来看,袁枚是反对吃火锅的,说明这位简斋先生对民间的食俗还缺乏深入的了解。仅以四川的"毛肚火锅"来说,烫火锅时的方便、乐趣,因人、因时、因物而变,而施的调味、火候等是不应列入"戒"条之中的,倘若袁老先生在世,相信也会重修"戒火锅"之论的。

在清代帝王的冬季膳单上,"野意火锅""羊肉火锅"名冠于众肴之首。乾隆年间,火锅盛行于北京和南京。北京民间出现了以"一品锅"而驰名的"聚宝堂"饭庄,以"羊肉火锅"而名天下的"正阳楼"。据《清稗类钞》记载:当时"京师冬日,酒家沽饮,案辄有一小釜,沃汤其中,炽火于下,盘置鸡鱼羊豕之肉片,俾客自投之,俟熟而食,故曰:'生火锅'。"乾隆皇帝曾赐给孔府一套"满汉全席餐具"共有404件,是极其华贵优美的仿古象形银质餐具。其中有一类火餐具,主要指的是火锅。火锅分两类:一类是烧木炭的"涮锅",用于冬季涮羊肉、什锦、三鲜、素锅之类的菜肴;二类是烧酒的"菊花锅",又称"汤锅"用于专吃"菊花锅子"时,烧玫瑰酒,室内香味芬芳。用于煮水点心(状元水饺、樱桃馄饨)时,烧高酒。餐具有双环方形火锅、蛋圆鱼形火锅、分隔圆形火锅等,形状不同,用途各异。1796年清代嘉庆皇帝登基时,曾大摆"千叟宴",所用火锅竟达1550个之多,可谓登峰造极的火锅盛宴。

四川人食用火锅的时间也比较长了。在清代道光年间(1821—1851年),四川的筵席上已出现有火锅。四川作家李劼人在1947年四川《风土什志》上发表《漫谈中国人的衣、食、住、行、饮食篇》的记载,可说川味火锅发源于重庆,经过饮食界的不断改进,色、香、味独具特色,因此重庆火锅或山城火锅最负盛名。抗日战争时期,重庆的火锅特别兴旺,许多外省人也爱上了火锅。

由于市场的变化，火锅从沿街摆摊，改变为开店营业。抗日战争初期重庆新开的火锅店很多，大街小巷都有火锅店，不仅专业火锅店越开越多，就连一些冷饮店、咖啡馆、大餐厅也经营起火锅业务来。当时最有名的火锅店是临江门杨海林开的"云龙园火锅店"、杨述林开的"述园火锅店"、保安路兰树云开的"一四一火锅店"、五四路杨建臣开的"不醉无归火锅店"，还有在南岸海棠溪桥头由季文俊开的"桥头火锅店"。这些火锅店之所以在当时能扬名山城，一方面是设备较好，座场舒适，店内设瓷面圆桌或方桌，矮桌配矮凳、高桌配高凳（这也是火锅经营之窍门，因中华人民共和国成立前，重庆的妇女多穿长旗袍，坐高凳才方便），每桌只坐四人，桌面中央挖一个圆洞，放入泥火炉，卤汁用的是铜锅或铝锅盛装；装菜用的是金边瓷盘，有的店还备有冰柜。另一方面是服务周到，每桌均定有专人制作卤汁以求味正；食时，注意适时添加卤汁，换了顾客即时换卤汁；还有专人管理炉火，加炭也很讲究，一般不在桌上加生炭，而是先把炭烧红了再加进炉内去，避免了烟、灰；每桌配有茶壶、茶杯，让顾客边吃火锅边喝茶，以解油腻；在烹调方面十分讲究选料，如用牛内脏是水牛的肚、肝、腰，用牛肉是黄牛的背柳肉、红包肉（牛腿上的净瘦肉），吃鱼必须用活鲫鱼，掺入卤水的同时还要掺入老荫茶，甜料不用冰糖而用醪糟汁，素菜只用豌豆苗、白菜蕊、黄葱、蒜苗而不用菠菜，特别禁用豆腐（认为豆腐坏卤水），血旺可以用，但不算营业收入，是作为工人们的小费，毛肚要剔去梗子和底板，专用叶子部分，切成二指宽约10cm长的块子，用碗装、按块数计价。

抗日战争时期一些曾在重庆居住后移居到台湾的同胞，在离开重庆三十多年后，仍然忘不了重庆的火锅，他们多次在台湾的报刊上发表怀念川味的专文，有的称当年"由怕麻辣到习惯麻辣，再到喜欢麻辣是川味入门的'三部曲'"。有的人还写下当时流行的一首小诗："朝天门、枇杷山，火锅小吃店，伴我八年度磨难，饭菜麻辣香，雾都印记难消散！"几十年还念念不忘抗日战争时期重庆的"川味火锅"，可见火锅的吸引力是多么的大。

中华人民共和国成立后，重庆的火锅业一直兴盛不衰。

在党的十一届三中全会以后，实行对外开放、对内搞活的经济政策，市场日趋繁荣，重庆的火锅店更加兴旺起来，市内市外出现了火锅街，火锅店鳞次栉比，店内座无虚席，十分热闹。据初步统计（1987年统计数据），重庆市渝中区有个体饮食摊贩1350多户，其中经营火锅业务者就有550多户，约占总数的40%。许多大餐厅也附设有火锅项目。如商业部饮食服务局重庆烹饪培训站的味苑餐厅，附设有"毛肚火锅""清汤火锅"，同时还有将两味火锅融为一锅的"鸳鸯火锅"，此火锅在1983年全国烹饪名师表演鉴定大会中大受赞誉。制作厨师获得了"优秀厨师"称号。又如久负盛名的"小洞天"专门设有火锅雅座，供人们品尝川味火锅。重庆酿造厂还专门生产出一种"火锅底料"的制卤佐料。供广大群众在家庭中吃火锅用。

"毛肚火锅"已经成为重庆最著名的风味小吃之一。它作为川菜的代表菜品之一被收入《中国名菜集锦（四川）》中。

如今人们一提到"吃火锅"，大多想到的是来自巴蜀地区的麻辣锅，从历史角度来看火锅，它的内涵悠远丰富，值得大书特书。无论这一烹饪方式——火烧水煮的古老程度，还是历史文献中记载流传的"拨霞供""千叟宴""暖锅"等，都展示了这一饮食方式厚重的历史底蕴。

命名一种火锅类型，我们多用其所属地区或涮烫主食材来区分。汤底的味型变化有限，很少会被用于分类，但"麻辣"除外。两百多年来，辣椒在巴蜀地区作为调味品逐步扩散开来，二十世纪的社会变革带来的人口频繁流动，更是将"麻辣"这种极具刺激性的味型传遍四方，因此"麻辣"在人们印象中已经和巴蜀地区直接挂钩，所以诞生在巴蜀大地的"麻辣火锅"自然而然地携带了所属地区的信息。

关于麻辣火锅的起源有多种说法，有的学者认为是重庆，有的学者则认为是自贡，还有的学者认为是泸州。蓝勇认为麻辣火锅源于重庆是最具有说服力的论断，更准确地说是源于清末重庆沿街串巷走码头的"水八块"，并与船工开船的"开船肉"有关。这种饮食方式直至民国初年才逐渐转入堂内。1921年，重庆较早的一家固定的火锅店"自乐天"在杂货市场的较场坝附近开业，因其主要涮食的食材是毛肚，所以在那个时期也被称为"毛肚火锅"。而它的另一个流行名称——重庆火锅，出现的历史并不悠久。"20世纪70年代末，我到重庆读书时，还没有听说过重庆火锅之名，八十年代初毕业时才听说有桥头火锅。1983年到部队工作后，重庆火锅开始在社会上迅速发展，形成气候，并逐渐出现九宫格、鸳鸯锅、子母锅的锅式。"到今天，重庆火锅已经发展成底料调味丰富、锅底类型多样、入品菜肴广谱的业态。但是，重庆火锅传播开来后，因为巴蜀地区大同小异的人文风俗、饮食习惯，很多外地人会简单地用"川味火锅"来指代重庆火锅。这些名称的广泛流传对麻辣火锅的起源和辨析产生了一定的误导作用，这也是相关争议频出的重要原因之一。

由此看来，牛油应用于重庆的麻辣火锅中，也不过100年以内的事情，大抵是因为牛下水被广泛作为重庆麻辣火锅的涮品，久而久之人们发现融入其中的牛油可以与辣卤汤汁发生奇妙的反应，产生独特的味型，于是才有了牛油被广泛应用于火锅，进而衍生出一种配伍习惯或和味觉记忆。直到现在，真正的美食饕客更深谙吃纯牛油锅底的乐趣和地道感，是谓"牛油是麻辣火锅的灵魂"。

二、火锅中的牛油

根据《火锅中重庆》记载，麻辣火锅发源于清末民初的重庆江北，到现在也就一百年的时间。最初的味道如何？麻辣火锅早期的记载主要出现在民国，那时候的名字还不叫麻辣火锅、重庆火锅、成都火锅之类。而是称为毛肚子或者毛肚火锅。如图8-2所示，杂志《风土什志》第二卷第四期中李劼人先生记载为：毛肚火锅。而这份记载是目前传播最广的早期麻辣火锅介绍，例如，文章说毛肚火锅发源于重庆对面的江北，早期主要以挑担零售的方式售卖，类似以前街边麻辣烫的形式，担子有一个洋铁盆子，将牛内脏加进去卤煮，卤汁又麻又辣又咸。洋铁盆子有格子，吃的时候各人认定一格，且烫且吃，吃多少给多少钱，经济实惠，又能增加热量。20世纪三四十年代，重庆城里的馆子就出现泥炉、赤铜小锅，卤汁、蘸料改为自行调配，以求干净卫生和适合各人口味。

如图8-2所示，早期麻辣火锅的配料为牛骨汤、固体牛油、豆瓣酱、豆母、辣椒末、花椒末、食盐，后期有将豆母改为陈年豆豉，还加入甜醪糟。这是一份比较权威的记载，从这份民国的火锅配料的记载可以发现固体牛油，也就是食用牛油的线索，这也充分说明牛油在麻辣火锅配料中有悠久的历史。

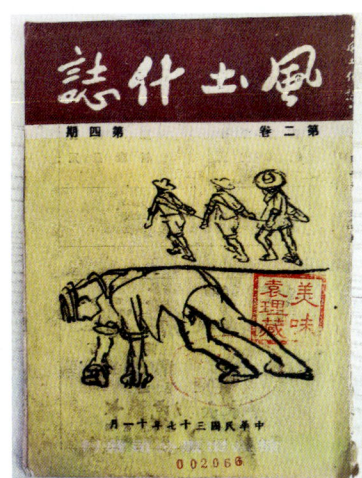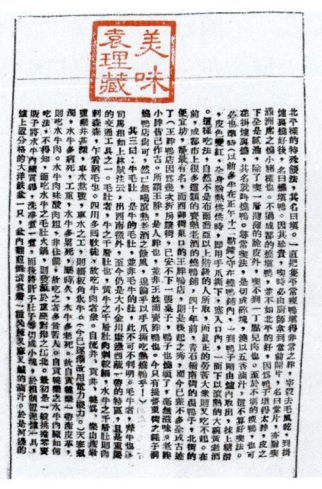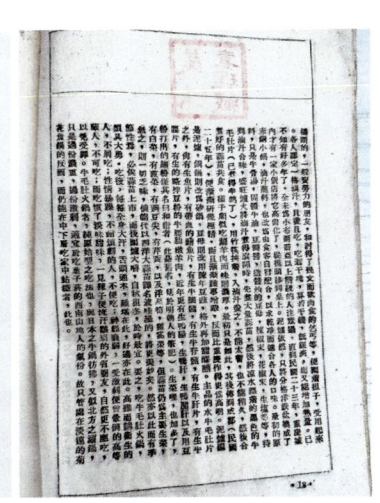

图8-2 《风土什志》第二卷第四期

改革开放后，麻辣火锅得到极大的发展，在1987年出现了一本系统介绍麻辣火锅的书籍——《川味火锅》，其作者是吴万里、张正雄。

吴万里先生是重庆市最负盛名的川菜大师之一，被誉为重庆烹饪界泰斗，渝派川菜奠基人，重庆餐饮界尊称为"师爷""吴老爷子"，是首批中国烹饪大师和国家一级评委，他通晓川菜烹饪技艺和制作方法，对川菜烹饪制作技艺融会贯通。吴万里先生一生从事烹饪50余年，生平力主的"菜如其人，人品就是菜品"的信条，已成为其传人及当代从厨者所崇信的名言。他总结提炼传统川菜技艺基础理论，归纳形成川菜技术培训教材和理论体系，使餐饮行业至今受益。其主持总结的"清鲜醇浓并重，以清鲜为主，博采民间各味，善用麻辣鲜香"的川菜特点，确立了川菜五大特征、24个味型及四十多种烹调方法，在川菜的发展和推广史上具有里程碑式意义。至今仍然是川菜等级考核的主要内容，从二级厨工到特一级厨师考核标准列举的480多款菜品，依然是川菜的主流和经典佳肴。今天渝菜标准的基础大多源于万里大师当年的总结。他先后参与《中国名菜谱（四川册）》《重庆菜谱》《重庆火锅》《厨师拿手菜》《中国名菜集锦（重庆册）》《中国烹饪技法》《重庆家常菜》等书的编写。吴万里先生为弘扬悠久的中华饮食文化，促进渝菜的整体水平的发展，扩大渝菜在全国的影响做出了重大贡献。

如图8-3所示，在《川味火锅》书中比较系统的记载了"川味火锅使用的食油"，食油既可增加菜的风味，又可提供热量和多种人体的必需营养素，如必需脂肪酸、脂溶性维生素等。川味火锅中使用的食用油主要有四种，即动物性油脂：猪油、牛油（或羊油）；植物性油脂：菜油、麻油。它们在火锅中发挥着各自的特点和作用。

牛油是川味火锅所不可缺少的原料之一。它的最大作用是能通过受热产生酯化作用，从而增加卤汁中的香味；能浮于表面保持卤汁的温度；能增加入烫原料的光泽度。如果川味火锅离开了牛油，其风味则大减。

书中明确记载了牛油及所需用量，这也说明烹饪大师对牛油在火锅中使用的认可。经过改革开放的大发展，牛油火锅得到进一步发展，由于牛油火锅特殊的物理性质，使其具有浓烈的味道，牛油在油脂中占据逐渐主导地位，如图8-4所示，在2008年出版的《重庆江湖火锅》中，邓开荣大师所给出的配方，牛油已经成为制作火锅的主要油脂，用量达到8kg，是所有配料中用量占比（约38.36%）最大的一种；并且这个阶段已经出现以牛油为主要油脂的火锅红油。

图8-3 《川味火锅》中关于牛油的记载

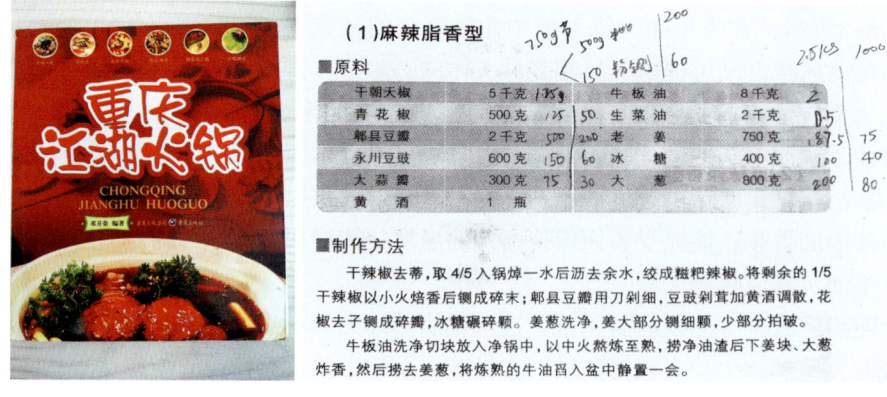

图8-4 《重庆江湖火锅》中关于牛油的记载

如今，翻开各种火锅底料产品的配料表，我们注意到，排在首位的就是牛油。牛油就在麻辣火锅中起到举足轻重的作用，随着麻辣火锅规模的进一步发展，牛油用量越来越大，味道越来越好，那是什么因素导致牛油火锅成为主流的呢？

第二节 牛油在火锅中所起的作用

牛油被应用于火锅底料的制备最初可能是一个意外的搭配，随着时间的流逝以及食客们对口味的追求，逐渐演变成一种固定配伍。火锅是否非牛油不可呢？事实表明，川渝的麻辣火锅确实离不开牛油，牛油赋予火锅底料醇厚的脂肪感、独特的脂香味，与此同时可以让火锅底料在长时间的煮制过程中保持良好的氧化稳定性等，是其他油脂难以替代的。本节将详细阐述牛油在火锅中起到的作用。

一、口感作用

牛油在不同的温度呈现不同的状态，也就是牛油的物理性质，在食品学上称为"凝固点"，指牛油由液态变固态的温度。牛油的凝固点（熔点）温度是45～50℃，而人体口腔的温度36℃，食材在火锅中涮烫后，食材表面附着有牛油，当食物进入口腔，温度急剧下降，牛油由液态转变成凝固状态，油脂黏稠感变强，同时将食材上面的一部分味道包裹在里面，在口腔产生出一种附着感，我们称之为"醇厚感""糊口感"。和清油火锅对比后，这种感受非常明显，这也是牛油火锅畅销的原因之一。熔点是指晶体由固态转为液态的临界温度，凝固点是晶体由液态变成固态的临界温度。所以，这两个点都是晶体在同一临界状态下的温度，同一种物质的凝固点和其熔点相同。非晶体没有确定的凝固点。牛油赋予火锅底料、涮煮的食材醇厚的油脂感，是牛油火锅区别于其他类型火锅最显著的特征，从分子层面解析这种口感作用的来源主要是在口腔温度条件下，牛油的固体脂肪含量约为40%，在同样条件下，其他油脂并不具备这个特征。正是由于这些固体脂肪的存在改变了油脂的黏度，给人的感受变成了令人愉悦的"脂肪感"。

二、风味载体

牛油是一种性能优良的"溶剂"，是火锅中各种香辛料、食材风味的载体。火锅底料的配料主要是辣椒、花椒、香料、葱、姜、蒜等，炒制火锅底料的本质，在于牛油对这些配料的热浸提作用。花椒的香气与麻味物质柠檬烯、柠檬醛、花椒碱，辣椒的呈色物质辣椒红色素，辣味物质辣椒碱，香辛料的芳香类物质主要为油溶性成分，更容易溶解在油脂中。因此底料加工炒制过程中，通过加热，这些物质溶解到油脂，在火锅涮食的过程中，香味扩散性更强，更受消费者青睐。食材进入口腔，附着的油脂含有大量的香味物质，所以越吃越香。其他油脂同样也是良好的脂溶性风味载体，北京工商大学曾研究过清油和牛油对常用火锅配料中香气、颜色和麻辣物质的萃取效果,结果表明,清油的萃取效率更高、速度更快,牛油则呈现出"缓释"的效果,所以牛油火锅吃起来给人越吃越香,久煮有味的感受。

除此之外,牛油作为风味载体,其本身的风味也具有独特的贡献。牛油的自身动物油脂香气(主要是一些短链饱和醛、烯醛类物质)与其他物料的香气,在加热条件下发生了奇妙的融合,使得牛油火锅自成一种味型。这种搭配产生的复合香气,是其他油脂不可替代的。

三、传热介质

牛油是一种稳定的传热介质,具有较强的氧化稳定性,这种性质非常契合火锅这种即烹即食的食物。牛油的密度比水小,因此在煮制火锅时油浮于汤底表面。一般来说火锅的油水比例为1∶1;开火后,锅底的水先被加热至沸腾,此时水温为100℃(忽略海拔的影响),根据物态变化的规律,水沸腾时,温度不再升高;沸腾的水随即通过持续不断地热传导将表面的牛油加热至与汤底等温,并在煮沸条件下长时间维持这个温度。每当我们涮煮各种食材时,有时在滚烫的油面进行漂烫,如毛肚;有时候会在汤底里面涮煮,如郡肝等;从温度上来讲其实差别都不大,但是食材在油中烫食和在汤底烫食会呈现出截然不同的风味口感。食客们吃火锅的平均就餐时间约为2.5h,在这期间火锅几乎一直维持煮沸的状态。油脂不耐长时间高温加热,易氧化裂解产生油脂氧化物、次级氧化产物等风险因子。然而牛油较强的氧化稳定性能够很好地克服这样的缺点。有研究者对比了餐前餐后牛油火锅的酸价、过氧化值的变化,结果发现变化很小。牛油作为一种稳定的传热介质,非常适合做火锅。

四、外观塑形

牛油在常温条件下为白色固体,熔化的牛油完全冷却后具有一定的硬度。基于这个特点,衍生出与之相关的应用产品,深受市场青睐,也成为牛油型产品区别于其他油脂型产品的特征。方块底料,是一类的家用火锅风味的复合调味品的统称,通常被制作成立方体形态,因此行业类俗称方块底料或者方砖底料。这类产品就是利用牛油的凝固成型的典型案例。近年来也有很多商家利用牛油的塑型特点,固体牛油被制作成五角星形、元宝形、心形以迎合市场需求;火锅商家还可以利用牛油的这一特性,将锅底的红油做成"鸳鸯戏水"造型,以吸引消费者打卡。

第三节
牛油在不同火锅类型中的应用

牛油的种类、用量一定程度上决定了火锅的味型。火锅料理师在设计火锅味型时,往往会重点关注牛油的品质和种类,例如重庆老火锅味型的底料配方就要求牛油为火炼牛油,这种牛油一般经过较高温度炼制，脂香十足；而新派火锅最大的特点就是要求汤色清亮，这往往需要用到精炼程度较高的牛油产品。本节通过2种代表性的火锅味型锅底配方，具体阐释牛油对火锅味型的影响。

一、重庆老火锅

重庆火锅是川东地区最具特色的饮食形式，独特的味感因地域原因使"重庆火锅"逐渐成为重庆饮食文化的符号。重庆火锅红油滚、牛油香、滋味足，这是巴族后裔流传下来的火锅真谛，讲究的就是辣而不燥，同时重庆火锅锅底清油少、牛油多，口味相对重，锅底主打牛油，它味道醇厚，越用越香，越久越浓。如表8-1所示，为重庆老火锅底料配方（示例），其主要特点是牛油用量占比高达72%；其次是香料用量极少，突出麻、辣、牛油油脂味。

表8-1 重庆老火锅底料配方（示例）

重庆老火锅风味配方			
配方关键点说明：豆瓣豆豉先淋油搅散防止粘锅，下完糍粑辣椒用小火炒制，炒至124℃左右，待炒出椒香味关火。			
配料表			
分类	名称	用量/g	品种/品牌	备注
油脂	牛油1	5000		
	牛油2	700		
糍粑辣椒	新一代干节子	400	新一代	14孔径
	满天星干节子	150	满天星	
	石柱红干节子	150	石柱红	
花椒	印度椒	100		
	红花椒	100	茂汶	破碎酒发淋油
其他配料	火锅豆瓣	400		
	豆豉	200		
	小黄姜	300		姜粒
	冰糖	60		
	白酒	150		
	醪糟	40		
食品添加剂	鸡膏	20		
	牛膏	20		
	辣椒红	10		E150
香料配方	茴香	50		
	白蔻	15		打二粗
	香叶	15		

续表

关键工艺控制点
1. 开水下干辣椒煮5~8min,打糍粑辣椒用14mm孔径。 2. 油温烧至150℃,下一半老姜(切碎),炸至金黄下豆瓣,豆豉炒香。 3. 先下一半的糍粑辣椒炒至115℃,再次下糍粑辣椒、冰糖炒至115℃,下水发花椒、醪糟、下另一半老姜(切碎)。 4. 118℃下香料,炒至能闻到辣椒的椒香味就关火,下白酒、香精、辣椒红。 5. 起锅添加14%~15%的酶解牛油打锅焖制,一方面快速降温锁住香味,另一方面增加酶解牛油脂香感。 6. 常温发酵2~3d,兑锅食用;兑锅比例:1.5kg油,0.5kg料,1.5kg水。

二、新派火锅

火锅已经成为人们熟知并且喜爱的一种饮食方式。其中,麻辣火锅更为突出。提到麻辣火锅,人们首先想到的是重庆、四川等地域性火锅,因其麻辣感足、鲜香感突出、风味浓郁而深受广大消费者喜爱。四川人民喜食麻辣,四川火锅则是将辣椒和花椒风味完美结合的食物,是四川最具代表性的美食之一。自清代道光年间起,四川火锅发展至今已有约200年的历史,以牛油或清油为基质,炒制过程佐以豆瓣、辣椒、花椒、葱、姜、蒜、香料等调味料,成品火锅底料口感丰富,鲜香麻辣;其风味的多样化满足不同地区食客的需求,受到各地人民的喜爱。如表8-2所示,为新派火锅风味底料配方(示例),其主要特点是会用到约12%的植物油混合60%左右的牛油炒制,此外还会用到13种以上的天然香料。如今市场流通的新派火锅底料还会广泛用到食品添加剂等配料,以丰富口味。

表8-2 新派火锅风味底料配方(示例)

新派火锅风味配方				
配方关键点说明:石柱红辣椒用开水浸泡2min(防止浑汤),青花椒和红花椒破碎后用白酒发湿在淋油激发花椒香味(油温150℃),下完糍粑辣椒大火炒去多余的水分转小火炒制。				
配料表				
分类	名称	用量/g	品种	备注
油脂	牛油	5000		
	菜籽油	1000		
糍粑辣椒	新一代干节子	400	新一代	14孔径打糍粑海椒
	印度椒	80	印度椒	
	满天星干节子	120	满天星	
	石柱红干节子	260	石柱红	
花椒	红花椒	80	茂汶	破碎后用白酒浸湿,之后淋油(油温150℃)
	青花椒	50	金阳	

续表

分类	名称	用量/g	品种	备注
其他配料	火锅豆瓣	400		
	豆豉	100		
	小黄姜	200		姜粒
	大蒜	80		蒜粒
	白酒	150		
	冰糖	40		
	醪糟	30		
食品添加剂	鸡膏	17		
	牛膏	17		
	辣椒红	9		
	膏状麻辣香精	40		
	火锅油状香精	18		
香料配方	迷迭香	4		打二粗
	陈皮	3		
	茴香	10		
	山奈	5		
	灵草	4		
	草果	7		
	白蔻	6		
	砂仁	5		
	桂皮	10		
	丁香	3		
	八角	15		
	香叶	6		

关键工艺控制点

1. 水开下干辣椒煮5~8min。
2. 打糍粑辣椒用14mm孔经，香料酒发，花椒水发。
3. 牛油烧至150℃，下老姜100g炸至金黄，下一半香料炸干炸香后下豆瓣豆豉炒香，下糍粑辣椒（锅里要保持100℃以上的温度），下冰糖。
4. 108℃下花椒，110℃下老姜，115℃下香料、醪糟。120℃下大蒜炒出香味关火。下白酒和香料，下20%左右的酶解牛油快速降温锁住香味，另一方面增加酶解牛油脂香感。
5. 常温发酵2~3d，兑锅食用；兑锅比例：1.5kg油，0.5kg料，1.5kg水。

第四节 牛油的应用案例

众所周知,牛油以其独特的风味属性被广泛应用火锅底料的制造中。事实上除了火锅,牛油在食品工业、其他小众餐饮领域也有广泛的应用,本节列举8个牛油的应用案例。

一、火锅餐饮门店

牛油在火锅餐饮门店的应用主要有两种形式:一是以火锅底料的形式呈现;二是以打锅牛油的形式呈现。用牛油制作的火锅底料产品具有良好的"可塑性",因此各个火锅品牌都有自己独特的创意,将牛油火锅底料做成各式各样的造型,彰显品牌元素的同时,也满足了消费者猎奇"打卡"的心理需求。

火锅门店所使用的底料主要分为两种,油料一体型火锅底料(图8-5)和油料分装型火锅底料(图8-6)。顾名思义,油料分装是指红油(炒制后的牛油)和底料分开包装,油料一体是指红油和底料混合灌装。

图8-5　油料一体型火锅底料　　　　　　　图8-6　油料分装型火锅底料

一般情况下,大型连锁火锅餐饮门店大多使用油料分装型的火锅底料,不同地域消费者喜好有差异,可以选择一包料一包油或者是一包料三包油(图8-7)。这种产品便于连锁门店的标准化出餐,简化了后厨人员的操作,同时可以保障连锁品牌的各门店口味的稳定性。

近年来流行的重庆老火锅风格的火锅店则青睐油料一体的产品,并且以桶装料为主(图8-8、图8-9),出餐时往往需要精准称量兑锅,流程稍显麻烦,但是出品的视觉效果迎合了现下的市场需求。

除了这两种主流的呈现方式,还有的火锅门店,将火锅红油制作成不同造型,以吸引消费者,如图8-10所示,火锅底料被制作成"月饼""小熊""冰淇淋"等造型。

火锅底料中的牛油在高温炒制过程中,脂香味会散失,厚重感稍显不足,在锅底加入打锅牛油可以增加油脂的醇厚感,让火锅更香浓。因此,牛油在火锅门店应用还有一种呈

图8-7　火锅门店油料分装锅底　　　　　　　　　图8-8　桶装火锅底料

图8-9　火锅门店油料一体锅底

图8-10　火锅门店不同造型火锅红油

现方式,那就是作为打锅牛油。打锅牛油通常是未经炒制调味的纯粹牛油,它的主要功能有两个,一是补充锅底中"牛油味",以增加底料的脂香味和增强牛油带给口腔的醇厚感;二是增加锅底的"颜值",吸引消费者。原始的打锅牛油均为手切无定形无定量的纯牛油块[图8-11(3)];随着食用牛油加工产业的现代化,现在的门店多使用形状特定、重量确定的打锅牛油,这类牛油产品通常用小盒包装,安全卫生,造型定制,如谭鸭血火锅选用的"心形"型打锅牛油[图8-11(1)];贤合庄火锅选用"手枪手势"造型的打锅牛油[图8-11(2)]。打锅牛油的用量在50~200g,具体根据实际锅底情况作出调整,旨为顾客提供更舒适的就餐体验。

图8-11 火锅门店不同造型打锅牛油

二、底料工厂

底料工厂主要是指以生产火锅底料为主的大、中、小型复合调味品加工厂。这类企业是目前食用牛油工厂的核心下游客户。牛油在底料工厂被普遍用作大宗原料油脂和降温油脂（行业用语），牛油作为原料油脂时，在火锅底料所有原料中占比60%~70%。牛油应用于火锅底料炒制，其核心功能在于利用牛油的特性在热加工条件下提取其他配料（花椒、辣椒、豆瓣、香辛料等）中的香气、辣味等功能性成分。底料工厂使用的牛油产品主要是20kg/件的固态箱装牛油以及罐装的液态牛油（图8-12）。高温炒制会导致牛油脂香味挥发，醇厚感不足，需要加入15%~20%的生牛油做埋油处理。埋油有两种方法，可以选择在火锅底料炒制好前加入，利用小火慢搅拌的方式融化油脂；也可以在火锅底料炒制好后倒入冷却池中时，在池中加入生牛油，利用底料的余热融化油脂。埋油的目的主要是增加牛油的脂香味和油脂的厚重感，使得火锅底料更加融合入味、香味更浓郁。用于埋油的生牛油通常为固态箱装牛油。

如图8-13所示，是某底料工厂应用牛油炒制火锅底料的工艺流程示意图；在整个制备火锅底料的过程中，用到牛油的环节主要有两处，分别用红色五角星标注。

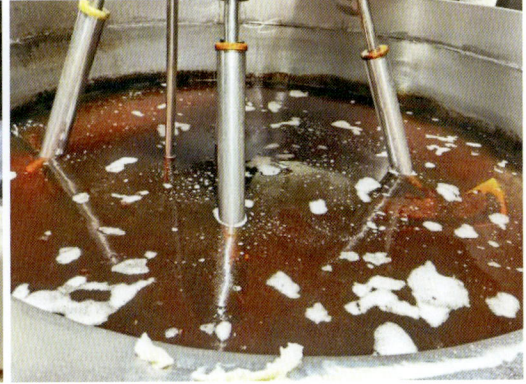

图8-12　固态箱装牛油和液态牛油

三、方砖火锅底料

方砖火锅底料是指通过炒制后冷却成方块状的火锅底料（图8-14），它主要是针对C端市场，适用于家用的产品，含盐量较高，因此食用方法也与门店火锅底料有所差异，一般兑锅会加更高比例的水来冲淡其中的盐味。目前市面上常见的方砖火锅底料大小不一，一般是呈现油料一体的形式，且油料与底料会呈现分层的现象，有的方块底料会在油料表面铺辣椒和香叶，来增加美观度，进一步提高消费者的购买力。

在方砖底料中使用牛油主要是基于牛油独有的"脂香味"和"可塑性"，在常温下呈现为固态，不仅能够解决运输问题，还能解决消费者不易携带的困扰。在方砖底料中牛油占比

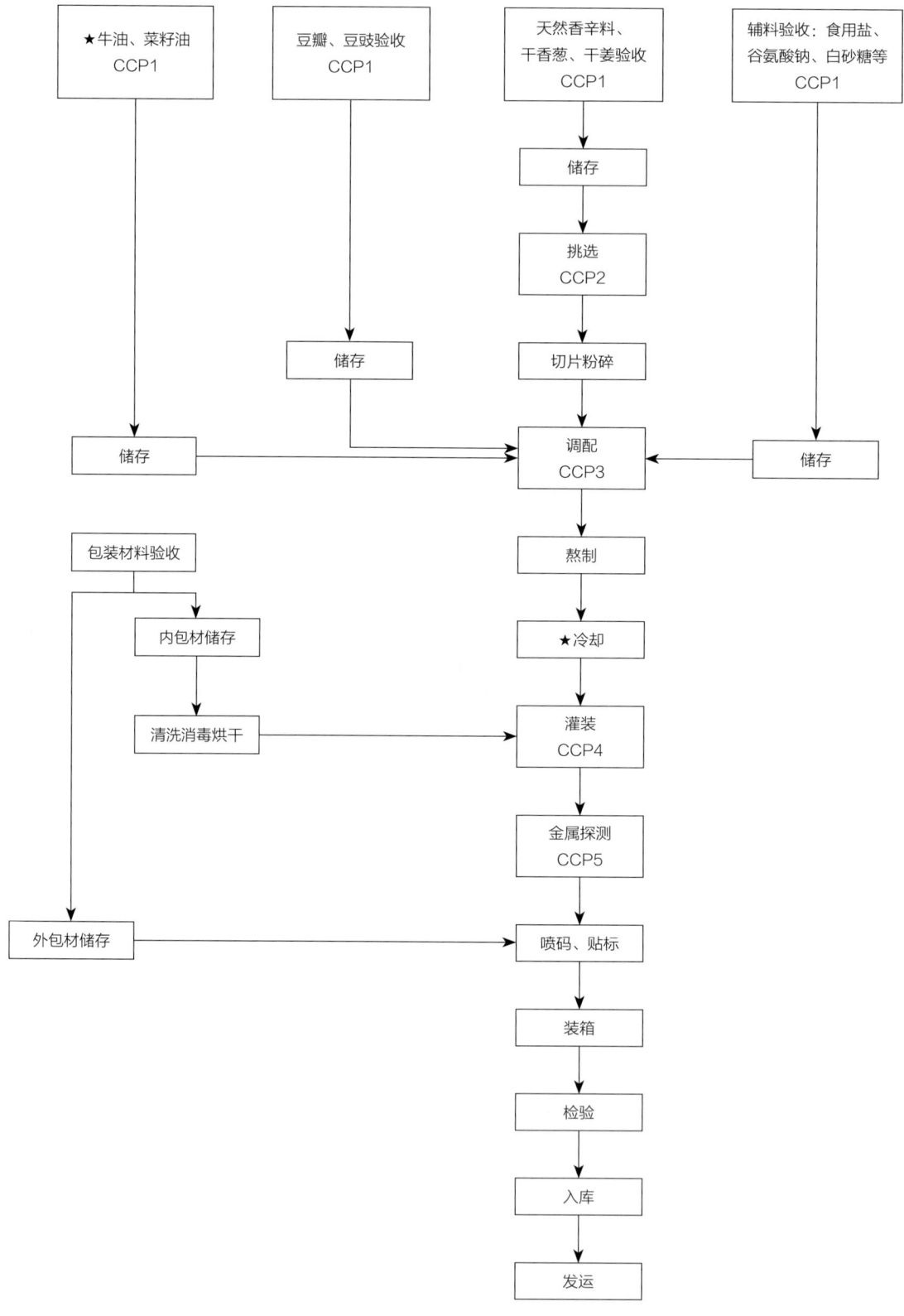

图8-13 某工厂火锅底料生产工艺流程图

为25%~70%，牛油的用量是区分方砖火锅底料品质差异的重要依据。方砖火锅底料以油料一体的形式呈现，其麻辣鲜香、食用方便，深受家庭消费者的喜爱。

四、自热式方便火锅

如图8-15所示，自热式方便火锅是由火锅底料包（内含牛油）、配菜包（含荤菜包、素菜包、粉条包和火腿肠等其中的一种或多种）、加热包和外包装盒组合而成的一种方便食品，通过利用包装中自带的加热包与水作用后产生的大量水蒸气作为加热源对自热火锅中的食材进行短时加热

图8-14　方砖火锅底料

（10~15min），就可以烹饪出一款自己喜爱的火锅美食，从而实现火锅的便捷化消费。自热火锅中重要的一部分就是火锅料包，承载着食物的鲜香能让消费者感受美好，据调研结果显示，火锅料包在自热火锅的占比为10%~25%，其中牛油在火锅料包的含量为60%~70%，是自热火锅中不可或缺的一部分，如图8-16自热式火锅工艺流程图所示，在自热火锅的料包炒制环节会用到牛油产品，其在火锅料包中充当着风味载体的作用，能够完美融合食材的鲜香及香料的风味，是自热火锅的灵魂。

美味食材包

风味海带　　多口味肉丸　　豆腐皮　　粉条

自嗨清单

鱼丸包　　粉条　　火锅底料　　菜包

餐具包　　加热包　　飞机专用餐盒

图8-15　自嗨锅及其配料包

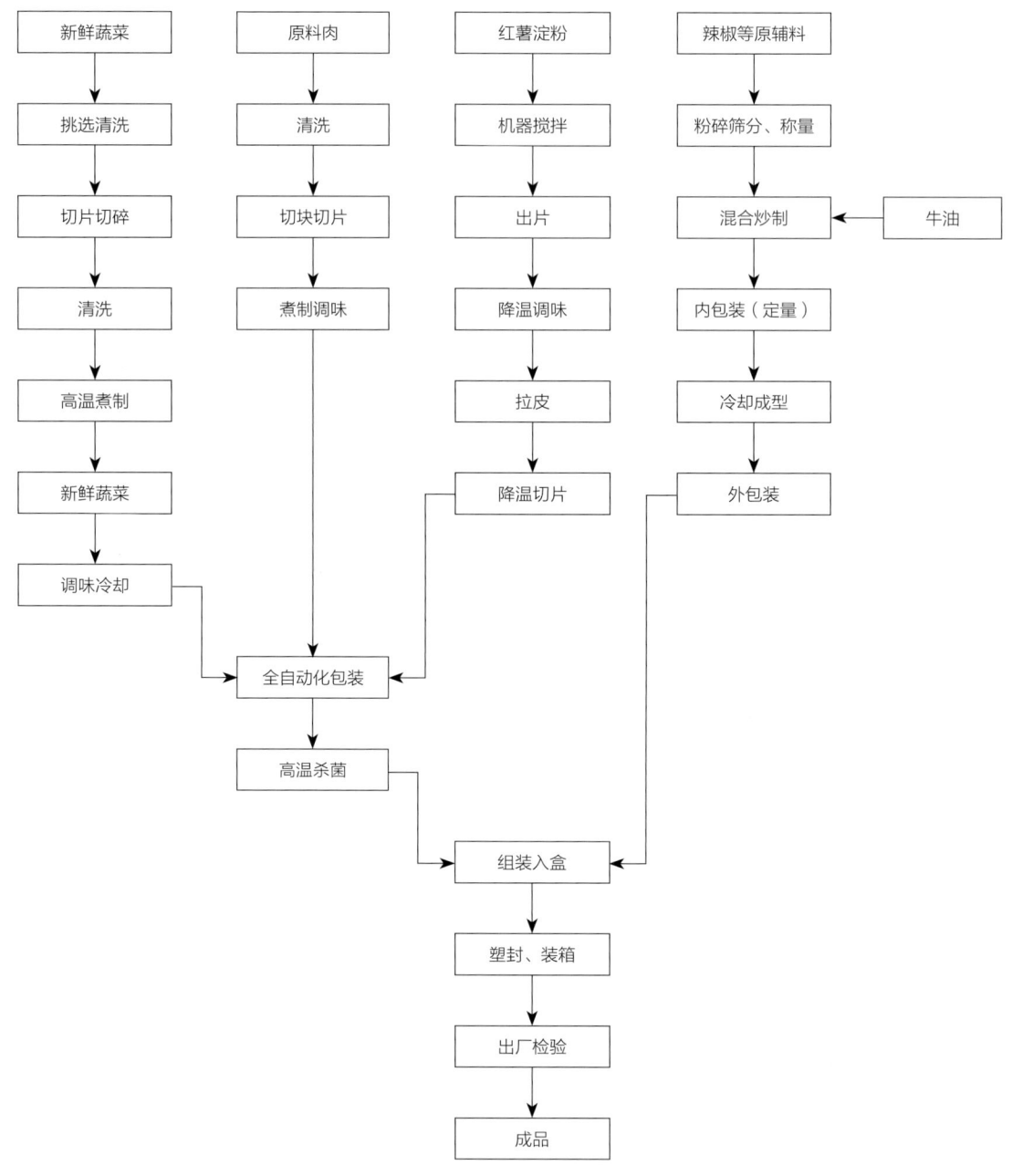

图8-16　自热火锅工艺流程图

目前自热火锅的入局者主要分为三类：第一类是传统火锅巨头，如海底捞、小龙坎、大龙燚等，在原有品牌基础之上，顺势推出自热火锅品类，突破火锅餐饮店食用场景。第二类是零食厂商，三只松鼠、良品铺子、来伊份等均在推出自热火锅。第三类是自嗨锅、莫小仙、食族人等具备网红气质，主打速食食品类的新兴品牌。前几年，居家办公人数增加，自热式方便火锅的整体销量同比都在大幅度增加，消费者十分青睐自热火锅，销量节节攀升。

五、方便面酱包

方便面因其独特的口感、风味、适宜的价格以及方便快速，深受消费者喜欢。一般情况下方便面中含有三种调味包，油料酱包、调味粉包和蔬菜包。根据行业标准SB/T 11194—2017《方便面调味料》，方便面调味料从组织状态上可以分五种：调味粉包、调味酱包、调味汁包、调味油包和菜包。其中，调味酱包主要是以调味品、食用油脂为主要原料，添加或不添加辅料，加工而成的呈酱状或固液混合态的方便面调味包。

调味酱包主要含有油脂、香辛料等其他辅料。食用牛油是酱包添加的主要油脂品类之一，牛油的使用会增添牛油的脂香味，激发出其他香辛料物质的风味，让方便面的口味更加突出，同时，牛油因其独特的可塑性和凝固性，在生产过程中使酱包更容易脱包和成型，极大地减少工艺成本，提高产品质量。如图8-17所示，是牛油添加量对酱包感官评分的影响，该项研究表明，牛油的添加量在15%左右，牛油香气浓郁，酱包风味浓厚。

有心的消费者会发现，实际上在我们日常生活中常吃的几种口味的方便面酱料包中都有牛油的应用，如表8-3所示为常见的方便面及其酱包配料表，统一红烧牛肉面、今麦郎卤香牛肉板面等口味的方便面调味包中都有食用牛油的身影。

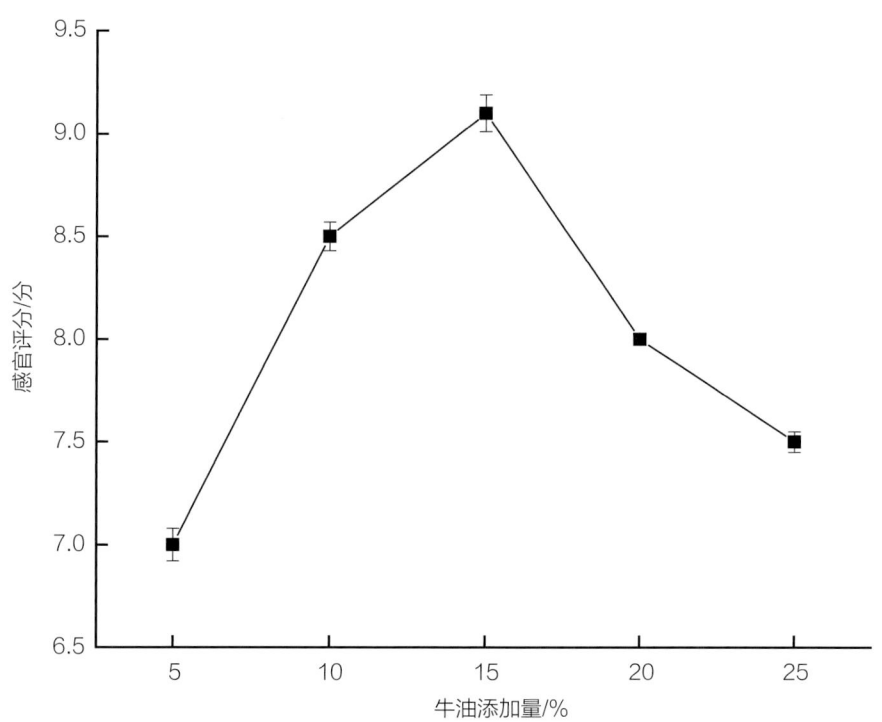

图8-17 牛油添加量对酱包感官评分的影响

表8-3 常见的方便面及其酱包配料表（示例）

品牌	口味	图片	酱包配料表
统一	红烧牛肉面		精炼植物油、酿造酱油（平均1.5g）、葱、盐水渍姜、大蒜、食用牛油、芝麻油、食用香精、脱水辣椒、香辛料、辣椒红
	茄皇牛肉面		新疆番茄酱（平均添加量≥11.5g）、果葡糖浆、牛骨复合调味酱、食用牛油、食用盐、白砂糖、牛肉复合调味酱、洋葱浓缩汁、猪骨复合调味酱、柠檬酸、D-异抗坏血酸钠
白象	牛油麻辣火锅面		牛油7g、鸡骨汤（鸡骨、水、鸡油、食用盐）、水、食用盐、味精、食用香精、酿造豆酱、白砂糖、香辛料、子弹头辣椒0.2g、鸡精调味料、醋酸酯淀粉、辣椒油树脂、5′-呈味核苷酸二钠、酵母抽提物、白酒、辣椒红、琥珀酸二钠
今麦郎	卤香牛肉板面		食用牛油、精炼植物油、牛肉复合调味酱、香辛料、大蒜、食用盐、姜、酵母抽提物、食品用香精、脱水大葱、辣椒红、辣椒油树脂、维生素E

六、牛油风味香精

利用牛油氧化制备的牛脂香精，脂香、肉香及烤香浓郁，被广泛应用于肉制品、膨化食品、方便食品、鸡精等产品中。据报道，牛油风味香精在研发中国本土特色的熟肉产品中起着举足轻重的作用，它的品质及科技含量不仅直接影响加香产品的质量与风味，而且是影响这些加香产品竞争力的关键因素。牛油风味物质除可控氧化外，还可通过美拉德反应、热解、发酵及酶解等途径强化，其中，热解是由蛋白质、氨基酸及多肽热降解、焦糖化及盐酸硫胺素和核糖核苷酸热降解。产生的风味主要受到温度、时间、pH、水分、糖类等因素影响。

随着消费者口味升级，他们越来越追求牛油味更加浓郁的火锅产品；现代化工厂加工出来的一次性火锅底料产品往往牛油脂香不足。因此市场上不乏食品配料企业专注于开发牛油风味香精，牛油香精浓郁、自然、醇厚，无异味杂味，略带柔和的牛骚味，能有效提升牛油调味产品特征香气，呈现多层次的风味，提供饱满、醇正且浓郁的牛油脂风味。近年来牛油香精广泛应用于火锅、麻辣烫、烧烤、串串香、冒菜、自嗨锅、方便面、麻辣香锅、预制菜等牛油风味调味品，一般用量为0.1%~0.3%，其需求量在逐年增加，在很大程度上促进了牛油香精的不断发展。如图8-18所示，是市面上各种各样的牛油香精产品。

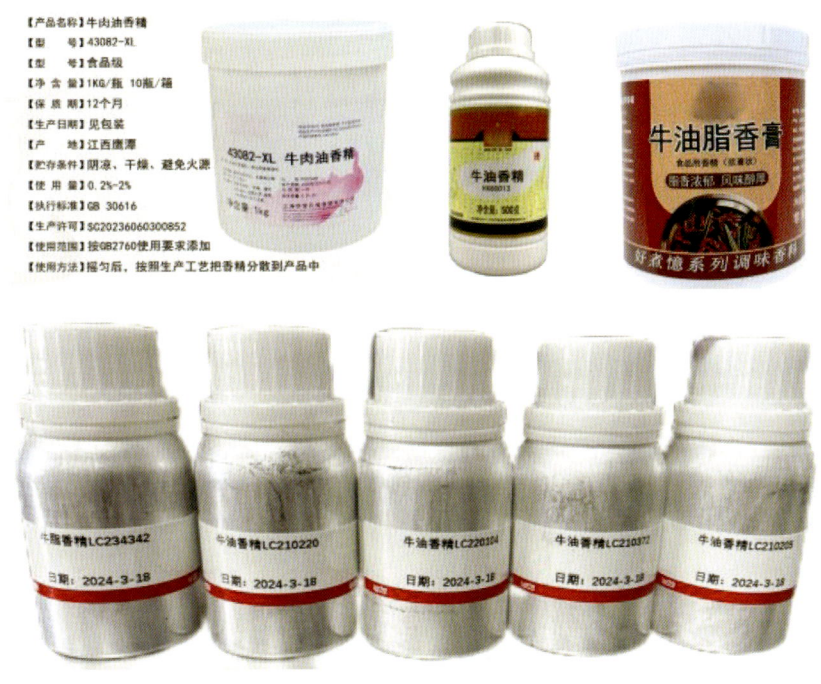

图8-18　牛油香精产品

七、食品专用油的基料油

牛油高饱和度及其恰当的固体脂肪含量，赋予了牛油在室温下具有良好的塑性。同时，甘油三酯组成复杂，易形成β'晶型，其精细的网络结构可以包裹住气泡，起到持气的作用。牛油的温度适应性强，结晶速度快，不存在后结晶现象。牛油相比于其他油脂的口感更加厚重，有明显的糊口感和满足感，同时经高温烘焙后具有典型的风味，留香持久。基于上述优点，牛油可作为起酥油、人造黄油、人造奶油的基料油，经过乳化、急冷捏合等工艺，生产出具有合适稠度和良好乳化性、打发性和起酥性的食品专用油，广泛应用于面包、蛋糕、饼干、西饼、酥饼等烘焙食品，冰淇淋等冷饮，速冻水饺、汤圆等速冻食品及膨化、休闲与快餐食品等。

（1）**牛油基起酥油**　起酥油指的是食用动、植物油脂以及其氢化、分提、酯交换油脂中的一种或上述几种油脂的混合物，经过急冷捏合或不经急冷捏合，添加或不添加食品添加剂和营养强化剂制成的固状、半固状或流动状的具有良好起酥性能的油脂制品。使用牛油基起酥油高温烘焙后的产品，香味要比同等条件下植物性起酥油烘焙后的产品风味更加厚实，口感方面也有所提升。如图8-19所示，是某品牌的牛油基起酥油，该产品是精炼植物油和食用牛油制成的油脂制品。

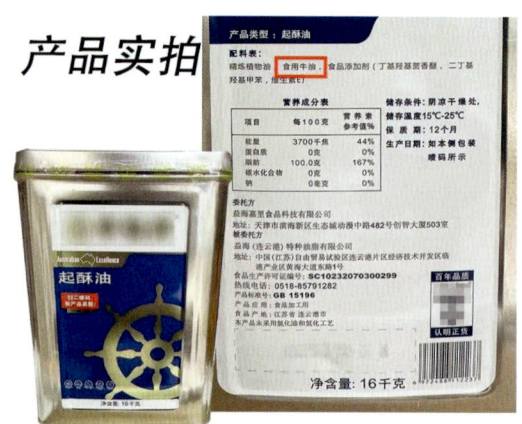

图8-19　牛油基起酥油

（2）**牛油基人造黄油**　人造黄油指以食用动、植物油及氢化、分提、酯交换油脂中的一种或多种油脂的混合物为主要原料，经乳化、急冷或不经急冷捏合而制成的具有天然黄油特色的可塑性或流动性食用油脂制品。人造黄油一般油脂含量在80%左右，模拟黄油80%油脂+20%水的成分组成，并与黄油风味靠拢，可直接食用。

人造黄油研发之初，跟如今的"配方"相差很大。1869年，法国化学家Hippolyte Mège-Mouriès发明了最初的人造黄油，将牛肉脂肪（牛油）和脱脂牛乳结合，并称之为"Oleomargarine"。待到20世纪初，氢化技术被发明，可以将植物油转化为固体脂肪，植物油在生产中取代了动物脂肪，变成我们如今熟知的人造黄油。

（3）**牛油基人造奶油**　人造奶油指以精制食用油及氢化、分提、酯交换油脂中的一种或多种油脂的混合物为主要原料，并添加水及其他辅料，经乳化、急冷或不经急冷捏合而制成的具有天然奶油特色的可塑性或流动性食用油脂制品。

人造奶油并不完全是用猪油做的，而是用植物油加部分动物油、水，以及人工香料经调配加工制作而成，其中动物油可能是猪油也可能是牛油，如图8-20所示，某品牌人造奶油产品就用到了食用牛油。人造奶油是天然奶油的替代品，它是模仿天然奶油的味道制作而成。

 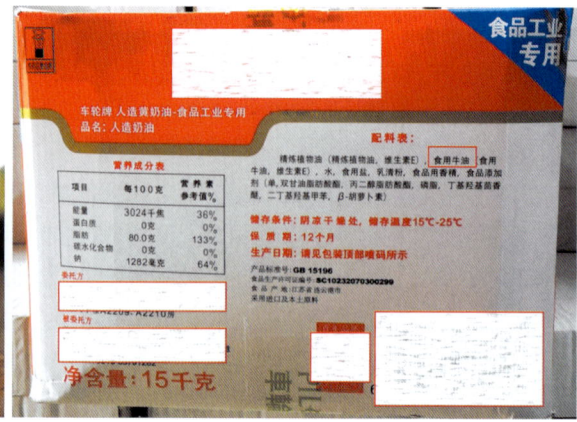

图8-20　某品牌人造奶油

八、其他应用场景

（1）**襄阳牛油面** "襄阳牛油面"（图8-21），汤面类，其下可细分为荤面，包括牛肉面和牛杂面，素面包括豆腐面、海带面，为历史悠久的襄阳名小吃。相传，老襄阳牛肉面始创于清朝康熙元年（公元1662年），由回族的马和瑞家族创制，将其家族祖传卤肉工艺与面条相结合。后经世代研究改良，终成现在的襄阳一绝。

其制作工艺的关键在于"一勺牛油汤"，水开后将面下入锅内，煮开后捞起，加香油凉拌。吃的时候抓一坨放在竹漏中，下垫绿豆芽，放进滚开的锅中半分钟，倒进大碗里，浇一勺牛油汤，再抓少许葱花、芫荽或香菜，然后加上熬好的牛肉、牛杂、辣椒及其他佐料即可。吃牛肉面时，再喝一碗襄阳黄酒或是襄北豆乳，惬意而舒服。

（2）**牛油拌饭** 牛油拌饭食谱来自日本《深夜食堂》节目，是日本的特色美食。如图8-22所示，是一份典型的日式牛油拌饭。蒸好热米饭，用木勺把米饭弄得松散，将米饭盛起放进碗里，加入一小块牛油，可以是有盐的也可以是无盐的，再用热饭盖住牛油片刻，让油脂融化，最后滴上几滴的生抽，然后把饭拌匀即可享用。

（3）**牛油包子** 牛油包子是阿坝藏族羌族自治州的一道美食，在川西地区，天气寒冷，牦牛的脂肪可以为其提供热量抵御严寒，因此当地人民用这种稀少的牦牛油研发出了这道美食。

如图8-23所示，截取了央视纪录片《最是一抹中国味》中牛油包子制作过程：首先将牦牛油切成小块，加入锅中小火慢煎，直至水分蒸发，牛油完全析出后，加入提前备好的芫根丝混合均匀，使牛油将芫根丝根根包裹，再加入简单的调味料进行调味，得到最终的馅料。包子皮的制作与一般的包子无异，将调好的馅料加入和好的面皮中，蒸熟，一口咬开，鲜蔬清香和牛油脂香瞬间四溢。

（4）**烤牛油（烤牛胸口油）** 正宗烤牛油只取牛胸尖上的一点点肥肉，这种牛油并非普通的牛肉脂肪，而是选自与牛胸肋骨

图8-21 襄阳牛油面

图8-22 牛油拌饭

图8-23 牛油包子

相连的隔膜脂肪,又称"胸口油",其口感肥而不腻,吃过之后有股淡淡的草香味,由于大部分都是脂肪,还带有一点瘦肉,胸口油口感极好,但是产量很少,一头公牛也只有一两斤的量,所以岳阳人也称之为"牛黄金"。当牛胸口油切开时,还能看到里面的瘦肉。每头牛只有四五两的牛胸口油肉(图8-24),香味却最为浓郁。用竹签细细串好,加以湘西菜籽油、红花椒、苞谷烧、砂仁草果、肉桂粉配料腌制,半小时后就可以上炉烤制。

图8-24 烤牛油

    牛油要烤得好吃,必须经过两个特制的炉子。烤第一道时要放在布满小孔的铁板上,避免出油时沾染到明火,好让牛油受热均匀;第二道的烧烤炉相比其他烧烤派系,要显得迷你得多,宽度不过手掌宽,却能让炭火温度更集中。小串一手抓来,在烤炉上如蜻蜓点水一般轻巧地翻转,保证炭火与调料都能"雨露均沾"。此时此刻,牛油已烤得金黄透亮,芳香扑鼻,离火时撒上一撮翠绿的葱花,上桌便是一道视觉效果极美的艺术品。趁热拿起一串送入口中,舌尖轻轻一抵,表皮焦脆、满口溢香。

参考文献

[1]《中国牛品种志》编写组.《中国牛品种志》[M]. 上海：上海科学技术出版社，1988.

[2] 章纯熙. 中国水牛科学[M]. 南宁：广西科技出版社，2000.

[3] 耿社民，刘小林. 中国家畜品种资源纲要[M]. 北京：中国农业出版社，2002.

[4] 国家畜禽遗传资源委员会组编. 中国畜禽遗传资源志——牛志[M]. 北京：中国农业出版社，2011.

[5] 陈幼春.《西门塔尔牛的中国化》[M]. 北京：中国农业科技技术出版社，2007.

[6] 左旭东. 云南培育出国内首个杂交肉牛新品种"云岭牛"[N]. 农民日报，2015-02-18.

[7] 杨芬侠，王若勇，时国峰，等. 秦川牛、安格斯牛和日本和牛生长性能分析[J]. 畜牧兽医杂志，2016，35（05）：5-8.

[8] 蒋洪茂，徐丽君，史利民，等. 我国秦川牛等四品种黄牛屠宰试验报告[J]. 黄牛杂志，1993（02）：17-22.

[9] 沈楷祖. 秦川牛生产性能、行为学特征及理化指标分析[D]. 兰州：甘肃农业大学，2018.

[10] 葛菲，李海鹏，李俊雅，等. 鲁西牛生长性能、屠宰性能及肉品质测定分析[J]. 山东农业科学，2022，54（04）：112-120.

[11] 张玉才，陈冠，路青各. 南阳牛品种资源保护与利用现状[J]. 中国牛业科学，2010，36（01）：57-59.

[12] 靳光，薛艳蓉，张元庆，等. 不同粗饲料与玉米青贮组合对晋南牛生长性能、屠宰性能、产肉性能及肉品质的影响[J]. 动物营养学报，2021，33（10）：5653-5663.

[13] 马亭安，李福玲，王金生，等. 渤海黑牛屠宰测定试验[J]. 黄牛杂志，1995（S1）：92-94.

[14] 高翰，李海鹏，李俊雅，等. 渤海黑牛的屠宰性能与肉质分析[J]. 山东农业大学学报（自然科学版），2022，53（02）：228-239.

[15] 王小梅，查嘎巴拉. 自然放牧条件下锡林郭勒盟地区蒙古牛胴体性状的研究[J]. 当代畜禽养殖业，2019（11）：12-14.

[16] 斯琴巴特尔，苏德斯琴，鄂巍，等. 西门塔尔牛与蒙古牛成年犍牛屠宰对比试验[J]. 中国牛业科学，2018，44（04）：34-37.

[17] 许尚忠，李俊雅，任红艳，等. 中国西门塔尔牛选育及其进展[J]. 中国畜禽种业，2008（05）：13-15.

[18] 牛蕾. 中国西门塔尔牛肉品质评定及其近红外快速检测方法研究[D]. 保定：河北农业大学，2011.

[19] 张淑二，刘明丽，朱应民，等. 德系西门塔尔牛与荷斯坦牛及其杂种后代育肥及屠宰性能研究[J]. 中国畜牧杂志，2018，54（12）：58-61.

[20] 闫向民，薛强，崔繁荣，等. 宰前活体评定等级与安格斯牛产肉性能的关系研究[J]. 黑龙江畜

牧兽医, 2019 (21): 6.

[21] 孟茹, 张成图, 陈永忠, 等. 夏洛莱牛和西门塔尔牛育肥及屠宰性能对比试验研究 [J]. 中国牛业科学, 2019, 45 (6): 6.

[22] 王可, 祝超智, 赵改名, 等. 中国牦牛的品种与分布 [J]. 中国畜牧杂志, 2019, 55 (10): 168-171.

[23] 赵晓东, 李世林, 肖敏, 等. 冷季全舍饲对麦洼牦牛生长及屠宰性能的影响 [J]. 黑龙江畜牧兽医, 2018 (08): 189-191.

[24] 文勇立, 林小伟, 钟光辉, 等. 麦洼牦牛生长发育研究 [J]. 四川畜牧兽医, 2002 (06): 20-22.

[25] 左彩兰. 甘南牦牛现状及提高牦牛生产效益的对策 [J]. 畜牧兽医杂志, 2010, 29 (1): 51-52.

[26] 李鹏. 甘南牦牛肉用品质, 血清生化指标及其相关性的研究 [D]. 兰州: 甘肃农业大学, 2006.

[27] 韩登武. 中国天祝白牦牛 [J]. 四川畜牧兽医, 2003, 30 (11): 2.

[28] 王存堂. 天祝白牦牛肉质特性研究 [D]. 兰州: 甘肃农业大学, 2006.

[29] 何春, 符俊, 孙艳, 等. 木里牦牛最佳出栏时间的研究 [J]. 畜牧与饲料科学, 2017, 38 (04): 63-64, 70.

[30] 陆仲磷, 何晓林, 阎萍. 世界上第一个牦牛培育新品种——"大通牦牛"简介 [J]. 中国草食动物, 2005 (05): 59-61.

[31] 司彦明. 大通牦牛生产性能及其提高措施 [J]. 中国动物保健, 2011, 13 (09): 59-61.

[32] 杨德青, 杨尕旦. 大通牦牛的生产性能及发展前景 [J]. 畜牧兽医杂志, 2010, 29 (06): 67-68.

[33] 苗永旺, 李大林, 霍金龙, 等. 中国水牛的遗传多样性与起源分化 [J]. 中国牛业科学, 2008 (04): 16-20.

[34] 胡芳勤. 江汉水牛生产性能测定 [J]. 养殖与饲料, 2022, 21 (09): 32-35.

[35] 贾荣利, 何颖, 吴斌, 等. 草饲与谷饲肉牛生产及产品质量特点分析 [J]. 中国食物与营养, 2010 (8): 19-22.

[36] 李耀坤. 草饲与谷饲安格斯牛瘤胃组织转录水平、DNA甲基化及microRNA表达差异性研究 [D]. 杨陵: 西北农林科技大学, 2015.

[37] 杨媛丽, 沙坤, 孙宝忠, 等. 不同养殖模式对牦牛背最长肌挥发性风味物质及脂肪酸组成的影响 [J]. 肉类研究, 2020, 34 (4): 7.

[38] 杨昌福, 柏雪, 高彦华, 等. 全放牧与舍饲育肥对牦牛肉品质及安全性的影响 [J]. 畜牧与兽医, 2019, 51 (01): 23-28.

[39] Crouse J D, Cross H R, Seideman S C. Effects of a Grass or Grain Diet on the Quality of Three Beef Muscles [J]. Journal of Animal Science (3): 17-23.

[40] 赵航. 2022年上半年中国肉牛业生产形势及下半年趋势展望 [J]. 畜牧产业, 2022 (10): 31-35.

[41] 国家统计局. 中华人民共和国2021年国民经济和社会发展统计公报 [R]. 2022.

[42] 李绚, 康芳城. 浅述养牛业的发展前景及建议 [J]. 畜牧兽医科技信息, 2021 (04): 122.

[43] 曹建民, 霍灵光, 张越杰. 日本肉牛产业政策的经济分析与启示 [J]. 中国农村经济, 2011 (03):

91-96.

[44] 畜牧水产. 保护基础母牛群体加强繁育体系建设养牛业亟须政策支持 [J]. 养殖与饲料, 2012 (12): 77-77.

[45] Alfredo J. Escribano. Beef Cattle Farms' Conversion to the Organic System. Recommendations for Success in the Face of Future Changes in a Global Context [J]. Sustainability, 2016, 8 (6). 572.

[46] 高原, 张越杰. 中国肉牛产业集聚现状及影响因素分析 [J]. 家畜生态学报, 2021, 42 (3): 81-85.

[47] 佘姬, 沈全超. 解析当前牛养殖中存在的问题 [J]. 吉林畜牧兽医, 2022, 43 (03): 98-99.

[48] 赵亮. 牛羊养殖中秸秆青贮技术的应用 [J]. 畜牧兽医科学（电子版）, 2022 (05): 124-126.

[49] 裴燕. 肉牛产业何去何从？——访国家肉牛牦牛产业技术体系首席科学家曹兵海 [J]. 农产品市场, 2019, 0 (2): 30-31.

[50] 张越杰. 中国肉牛产业经济研究 [M]. 北京: 中国农业出版社, 2012.

[51] 聂胜委, 张巧萍, 王二耀, 等. 华北平原主要作物轮作模式下牛养殖适宜承载量分析 [J]. 山西农业科学, 2019, 47 (07): 1250-1253, 1260.

[52] 张越杰, 田露. 中国肉牛生产区域布局变动及其影响因素分析 [J]. 中国畜牧杂志, 2010 (12): 21-24.

[53] 曹兵海, 张越杰, 李俊雅, 等. 2021年肉牛牦牛产业发展趋势与政策建议 [J]. 中国畜牧杂志, 2021, 057 (003): 246-251, 257.

[54] 林小能. 牧区肉牛品种改良技术措施 [J]. 福建畜牧兽医, 2022, 044 (003): 31-32.

[55] 许慧慧, 廖碧莹. 对内蒙古畜牧业高质量发展的研究——以肉牛产业为例 [J]. 内蒙古科技与经济, 2022 (6): 9-13.

[56] 戴雪, 崔金磊, 吴彤, 等. 内蒙古通辽市肉牛种业发展进程、存在问题及对策 [J]. 畜牧与饲料科学, 2022, 43 (1): 88-92.

[57] 帕提玛·卡恩. 西门塔尔牛生产特性分析与高效养殖技术 [J]. 2021, 12: 54.

[58] 张杨, 李红波, 张金山, 等. 新疆褐牛种群资源调查研究 [J]. 中国牛业科学, 2012, 38 (1): 24-28, 32.

[59] 宫照, 粟敏光, 阎凤霞. 青藏高原生态屏障区植被覆盖度监测 [J]. 地理空间信息, 2020, 18 (5): 111-114.

[60] 德吉, 孙珂欣, 罗琪, 等. 藏羊和牦牛的生理特征及高原适应性分子遗传学研究进展 [J]. 家畜生态学报, 2022, 43 (4): 1-7.

[61] 陈万高, 徐林, 李德祥, 刘小艳. 寻甸县大力发展肉牛产业创建"一县一业"示范县 [J]. 云南畜牧兽医, 2020, 0 (1): 28-30.

[62] 李春华. 抓好川牛羊产业振兴 推进现代种业发展——四川省农业农村厅总畜牧师李春华在川牛羊产业发展专题研究会上的发言（节选）[J]. 四川畜牧兽医, 2022, 49 (02): 15-17.

[63] 蒋宗佑, 玉金燕, 唐高建, 等. 肉用牛, 绵羊脂肪组织特性, 发育规律及其评鉴方法 [J]. 中国科学: 生命科学, 2023, 53 (7): 945-963.

[64] Zhang Y, Zheng Y, Wang X, et al. Bovine Stearoyl-CoA Desaturase 1 Promotes Adipogenesis by Activating the PPARγ Receptor [J]. Journal of Agricultural and Food Chemistry, 2020, 68 (43):

12058-12066.

[65] Zhang H, Mia S, Brito L F, et al. Genomic and transcriptomic analyses enable the identification of important genes associated with subcutaneous fat deposition in Holstein cows[J]. 遗传学报：英文版，2023, 50 (6): 385-397.

[66] 任晓莹、王树林、曹得霞. 日粮中添加β-胡萝卜素对牦牛皮下脂肪颜色及组织中维生素A含量的影响[J]. 中国畜牧兽医, 2020, 47（9）: 2833-2840.

[67] 梅步俊, 李亚珍, 吉日嘎拉, 等. 反刍动物黄脂研究进展[J]. 草食家畜, 2013（4）: 1-5.

[68] 王蕊. 牦牛BCMO1和BCO2基因的克隆与定量表达[D]. 西宁: 青海大学, 2016.

[69] 田如刚, 王潇, 李慧, 等. 牛肉黄脂现象研究进展[J]. 畜牧与饲料科学, 2019, 40（10）: 70-76.

[70] 徐磊, 贾玉堂, 赵拴平, 等. 牛肉黄脂遗传研究进展[J]. 中国牛业科学, 2013, 39（4）: 51-55.

[71] Camilla B, Matteo A, Tatiana V, et al. The mitochondrial protein Opa1 promotes adipocyte browning that is dependent on urea cycle metabolites[J]. Nature metabolism, 3 (12): 1633-1647.

[72] Schumacher M, DelCurto-Wyffels H, Thomson J, et al. Fat deposition and fat effects on meat quality-a review[J]. Animals, 2022, 12: 1550.

[73] Bonnet M, Cassar-Malek I, Chilliard Y, et al. Ontogenesis of muscle and adipose tissues and their interactions in ruminants and other species[J]. Animal, 2010, 4: 1093-1109.

[74] 张聪聪, 张馨心, 郭思玮, 等. 维生素A对肉牛脂肪沉积及其调控的研究进展[J]. 中国畜牧兽医, 2021, 048（010）: 3652-3659.

[75] 郑月, 颜培实. 锦江黄牛与西门塔尔牛脂肪沉积特点比较[C]. //中国畜牧兽医学会. 中国畜牧兽医学会家畜环境卫生学分会2016年学术年会论文集, 2016: 17-18.

[76] Xiong L, Pei J, Kalwar Q, et al. Fat deposition in yak during different phenological seasons[J]. Livestock Science, 2021, 251 (1): 104671.

[77] 余群力. 家畜副产物综合利用[M]. 北京: 中国轻工出版社, 2014.

[78] 蒋洪茂. 优质肉牛屠宰加工技术[M]. 北京: 金盾出版社, 2008.

[79] 韩萱颐. 现代商业背景下火锅文化[J]. 商业文华管理视窗, 2016,（31）: 121.

[80] 邓丽, 李杰, 刘保国, 等. 牛血红蛋白β-亚基片段衍生抗菌肽的分子设计及其抗菌活性分析[J]. 中国畜牧兽医, 2022, 49（09）: 3589-3598.

[81] 田彩芳. 牛血液的综合利用[J]. 农家参谋, 2018,（08）: 134.

[82] 王琳琳, 余群力, 曹晖, 等. 我国肉牛副产品加工利用现状及技术研究[J]. 农业工程技术, 2015,（17）: 36-41.

[83] 王宇桐, 王猛. 民族特色: 血肠类食品的历史源流与技艺传承[J]. 农业考古, 2021,（06）: 201-204.

[84] 宋璇, 侯成立, 高远, 等. 血红蛋白及其衍生物在食品中的应用[J]. 中国食品学报, 2018, 18（07）: 314-322.

[85] 李升升, 靳义超, 闫忠心. 环湖牦牛屠宰性能及肉品品质研究[J]. 食品工业, 2016, 37（07）: 172-174.

[86] 吴茜, 刘芳芳, 苗宇, 等. 牦牛皮在食品领域的利用现状及应用前景分析[J]. 食品与发酵工业, 2020, 46 (13): 305–309.

[87] 孟月志, 翁佩芳. 胃蛋白酶提取牛皮胶原蛋白的工艺研究[J]. 精细化工, 2010, 27 (12): 1187–1190+1200.

[88] 戴丹琴. 酶法提取牛皮胶原多肽及其口服液的研制[D]. 宁波: 宁波大学, 2013.

[89] 黎英, 陈小红, 陈雪梅, 等. 响应面法优化即食泡牛皮食品工艺条件研究[J]. 中国调味品, 2014, 39 (01): 50–56.

[90] 秦晓洁, 沈青山, 贾伟, 等. 超声辅助脱脂对牦牛骨粉制备及其理化特性的影响[J]. 农业工程学报, 2018, 34 (21): 272–280.

[91] 秦晓洁, 沈青山, 张春晖, 等. 瞬时弹射式蒸汽爆破法制备速溶牦牛骨粉及其理化特性[J]. 农业工程学报, 2020, 36 (04): 307–315.

[92] 徐欣如, 尤梦晨, 宋焕禄, 等. 不同酶对牛骨素热反应香精气味及滋味的影响[J]. 食品工业科技, 2019, 40 (03): 228–238.

[93] 刘文媛, 贾伟, 李侠, 等. 超声辅助水热法提取牛骨油工艺参数优化[J]. 农业工程学报, 2018, 34 (08): 283–290.

[94] 魏洁琼, 余群力, 韩玲, 等. 牛骨胶原蛋白肽制备工艺优化及抗氧化活性分析[J]. 甘肃农业大学学报, 2020, 55 (05): 203–211+218.

[95] 王丽媛, 高艳蕾, 张丽, 等. 畜禽副产物的加工利用现状及研究展望[J]. 食品科技, 2022, 47 (06): 174–183.

[96] 祁兴磊, 赵连甫, 王永祥, 等. 夏南牛脏器的食用品质和营养品质分析[J]. 中国牛业科学, 2013, 39 (06): 7–10.

[97] 佚名. 未来养猪业的七大发展趋势[J]. 北方牧业, 2018, (22): 5.

[98] 康峻, 王卫, 郭强, 等. 家畜肺综合加工利用及其研究进展[J]. 农产品加工, 2020, (05): 65–68.

[99] 郭兆斌, 郭文瑞, 曹晖, 等. 不同牛种肝脏挥发性化合物含量分析[J]. 中国畜牧杂志, 2015, 51 (S1): 164–167.

[100] 罗进, 马玉琴, 余群力, 等. 牛肝不同脱腥方法比较及腥味物质分析[J]. 食品与发酵工业, 2023, 49 (22): 78–85.

[101] 王春焕. 牛肺管胶原蛋白的提取纯化及鉴定[D]. 长春: 吉林农业大学, 2012.

[102] 杨凯, 高月娥, 黄必志, 等. 云南5种杂交肉牛产肉性能及胴体品质评价[J]. 肉类研究, 2022, 36 (04): 14–19.

[103] 葛菲, 李海鹏, 李俊雅, 等. 鲁西牛生长性能、屠宰性能及肉品质测定分析[J]. 山东农业科学, 2022, 54 (04): 112–120.

[104] JAYATHILAKAN, K, KHUDSIA SULTANA, RADHAKRISHNA, K, BAWA, A. S.. Utilization of byproducts and waste materials from meat, poultry and fish processing industries: a review. [J]. Journal of Food Science and Technology, 2012, 49 (3): 278–293.

[105] 袁才飞. 当前畜禽屠宰管理法规的不足与建议[J]. 畜牧兽医科技信息, 2013 (10): 39–39.

[106] 马昕. 河南省牛羊屠宰现状调查研究[D]. 郑州: 河南农业大学, 2017.

[107] 史宇璇, 臧明伍, 邹昊, 等. 肉牛屠宰过程中胴体表面及接触环境污染情况分析[J]. 肉类研究, 2022, 36(4): 7-13.

[108] 李殿鑫. 肉牛屠宰分割生产线HACCP体系的建立[D]. 南京: 南京农业大学, 2005.

[109] 何桂玲. 规模化肉牛屠宰场屠宰检疫措施研究[J]. 中国畜牧业, 2022(10): 120.

[110] 罗欣, 张一敏, 余群力, 等. 我国肉牛屠宰加工企业的运行情况及发展建议[J]. 中国畜牧业, 2020(13): 25-26.

[111] 王佳. 中国肉牛屠宰加工企业生产现状及消费者对重组调理牛排态度的调查[D]. 泰安: 山东农业大学, 2017.

[112] 曹兵海, 张越杰, 李俊雅, 等. 2021年肉牛牦牛产业发展趋势与政策建议[J]. 中国畜牧杂志, 2021, 057(03): 246-251, 257.

[113] 闫雪峰, 于晏同, 沙雪涛, 等. 牛油真空熔炼工艺与实践[J]. 中国油脂, 2021, 46(9): 129-131.

[114] 吴海玥. 动物油脂生产加工技术研究进展[J]. 青海畜牧兽医杂志, 2014, 44(1): 40-41.

[115] 杨礼学, 万重, 王俏君. 一种固液混合动物油脂熔炼装置: CN 202023196785[P]. 2020-12-15.

[116] 曾凡中, 马志强, 王健. 猪油提取工艺与实践[J]. 中国油脂, 2016, 41(9): 109-110.

[117] 肖德清. 一种高效牛油提炼方法: CN 201911263029[P]. 2019-12-11.

[118] 杨礼学. 牛油低温熔炼装置及方法: CN106350213A[P]. 2016-08-31.

[119] 张炎译. 动物油脂炼制方法的改革[J]. 肉类工业, 1988(11): 38-41.

[120] 李著芳, 张泽兵, 邓维泽, 等. 一种火锅牛油加工用碾碎装置: CN215541292U[P]. 2021-08-30.

[121] 韩芝洋, 侯进慧, 李勇, 等. 动物油脂的研究和利用[C]. //中国农学会. 第四届农产品产地初加工科技交流大会论文集. 2017: 162-165.

[122] 张佰帅, 王宝维. 动物油脂提取及加工技术研究进展[J]. 中国油脂, 2010(12): 8-11.

[123] 蒋晓菲. 磷脂对食用油品质的影响及酶法脱胶技术的研究[D]. 无锡: 江南大学, 2015.

[124] 王末君, 李文林, 刘昌盛, 等. 二氧化硅在菜籽油吸附脱磷中的应用及其对酚酸的影响[J]. 中国油料作物学报, 2021, 43(04): 683-689.

[125] 余榛榛, 常明, 刘睿杰, 等. 磷脂酶C在酶法脱胶中的研究进展[J]. 中国油脂, 2013, 38(07): 19-22.

[126] 李晓兰, 于志龙, 刘艳凯, 等. 浅析珍珠岩助滤剂的精深加工制备研究[J]. 冶金与材料, 2020, 40(6): 42-43.

[127] 朱婷伟. 酶促酯交换构建速冻专用油脂及其微观结构与宏观性能变化规律研究[D]. 广州: 华南理工大学, 2019.

[128] 叶丹, 王传明, 李镕, 等. 单甘酯及冷却温度对牛油样品特性的影响[J]. 食品与机械, 2022, 38(01): 190-194.

[129] 黄玉坤, 田红媚, 陈芳, 等. 三种香型食用牛油的挥发性风味物质分析及鉴定[J]. 食品与发酵工业, 2019, 45(03): 196-205.

[130] 刘元法. 食品专用油脂[M]. 北京: 中国轻工业出版社, 2017.

[131] 罗质. 油脂精炼工艺学[M]. 北京：中国轻工业出版社, 2016.06.

[132] 何东平, 王兴国, 刘玉兰. 油脂工厂设计手册（下）[M]. 武汉：湖北科学技术出版社, 2012.08.

[133] 姚尧. 猪油的干法和湿法熔炼及脱酸工艺研究[D]. 成都：四川农业大学, 2014.

[134] 占胤华. 油脂加工企业的食品安全风险[J]. 食品安全导刊, 2018, 218（27）：34.

[135] 刘佳敏, 何新益, 刘晓东, 等. 精炼对牛油主要理化指标及挥发性成分的影响[J]. 食品与机械, 2020, 36（4）：62–67.

[136] 姚专, 周政. 对油脂适度加工产业相关技术问题的研究及探讨[J]. 粮食与食品工业, 2020, 27（5）：1–3.

[137] 郭嘉, 林洪. 中国食品机械润滑剂的使用情况及风险分析[J]. 食品与机械, 2022（04）：1–7.

[138] 罗旋, 胡嘉珊. 基于食品油脂过氧化值测定方法的研究[J]. 食品安全导刊, 2020（21）：179.

[139] 徐立荣. 食用油贮藏过程自动氧化变化规律研究[D]. 杨陵：西北农林科技大学, 2024.

[140] 连露, 邹惠玲, 夏攀登, 等. 快检技术在成品油安全监管中的应用与发展前景[J]. 山东化工, 2019, 48（21）：73+85.

[141] 余盖文, 史训旺, 黄庆德, 等. 浅析食用油脂中苯并芘的产生来源及控制措施[J]. 粮食与油脂, 2019, 32（10）：82–84.

[142] 王奇, 王传明, 李俊霞, 等. 食用植物油中邻苯二甲酸酯类塑化剂风险和控制的研究进展[J]. 粮食与油脂, 2023, 36（11）：17–20+24.

[143] 吴宇寅. 鲁花集团食品安全管理体系研究[D]. 重庆：西南科技大学, 2016.

[144] 范雯婷, 魏法山, 陈霞, 等. 贮藏条件对油脂氧化效果的影响研究[J]. 现代食品, 2017, 4（007）：104–107.

[145] 刘晓斌, 叶常绿, 陈晨. PET对食用油中塑化剂含量的影响[J]. 粮食与油脂, 2016, 29（5）：73–75.

[146] 张明明, 刘玉兰, 马宇翔, 等. 固相萃取-气相色谱-质谱法测定食用油中7种邻苯二甲酸酯类塑化剂[J]. 中国油脂, 2015, 40（2）：65–60.

[147] 张慧慧, 高盼, 陈哲, 等. 没食子酸丙酯对猪油的抗氧化效果研究[J]. 食品安全质量检测学报, 2023, 14（23）：43–50.

[148] 苏蕊. 食用油中一些掺假物和毒物的测定[D]. 长春：吉林大学, 2012.

[149] 王冲, 王俏君, 马国丽, 等. 不同部位牛油脂肪酸组成和挥发性风味成分分析[J]. 粮油食品科技, 2023, 31（03）：91–97.

[150] 秦雅丽. 牛油关键风味物质的鉴定及可控美拉德反应法制备[D]. 无锡：江南大学, 2022.

[151] 国际食品法典委员会（CCFO）. CXS 211-1999 特种动物油脂标准[S]. 2019.

[152] 王雪梅, 王传明, 刘鹏. 牛油感官特征分析及关键风味物质鉴定[J]. 中国油脂, 2023, 48（09）：30–36.

[153] 宋焕禄, 王丽金. 食品风味化学与分析[M]. 北京：中国轻工业出版社, 2021.

[154] 秦雅丽. 牛油关键风味物质的鉴定及可控美拉德反应法制备[D]. 无锡：江南大学, 2022.

[155] 王雪梅, 王传明, 刘鹏. 牛油感官特征分析及关键风味物质鉴定[J]. 中国油脂, 2023, 48（09）：30–36+59.

[156] 谢晶, 彤懿. 气味指纹图谱技术在食品挥发性气味分析中的应用[J]. 食品工业科技, 2011, 32(01): 309-312.

[157] 黄玉坤, 田红媚, 陈芳, 等. 三种香型食用牛油的挥发性风味物质分析及鉴定[J]. 食品与发酵工业, 2019, 45(03): 196-205.

[158] 冯伟玲. 牛油特征性风味化合物筛选及品质质量控制研究[D]. 成都: 西华大学, 2018.

[159] 王丽金, 胡丽香, 张浩, 等. Characterization of the key aroma-active compounds in beef tallow by sensory-directed flavor analysis[C]//中国食品科学技术学会. 中国食品科学技术学会第十七届年会摘要集. 北京工商大学食品与健康学院; 迈德乐食品有限公司, 2020: 2.DOI: 10.26914/c.cnkihy.2020.022164.

[160] 李桂华, 王成涛, 张玉杰, 等. 食用牛油理化特性及组成分析的研究[J]. 河南工业大学学报(自然科学版), 2010, 31(01): 30-32+36.

[161] 王兴国, 金青哲. 油脂化学[M]. 北京: 科学出版社, 2012.

[162] 林喆, 韦仕静, 姚崇, 等. 不同牛油油脂评价及成分分析[J]. 中国食品添加剂, 2021, 32(02): 83-90.

[163] 张杰, 薛艳霞, 李昌禹, 等. 火锅底料中两种动物油脂的风味与感官特性对比研究[J]. 中国调味品, 2020, 45(08): 16-19+30.

[164] 卢春霞, 翁丽萍, 王宏海, 等. 3种网箱养殖鱼类的主体风味成分分析[J]. 食品与发酵工业, 2010, 36(10): 163-169.

[165] 吕晓玲, 杨雪吟, 李津, 等. 精制各阶段牛油风味研究[J]. 粮食与油脂, 2011(11): 24-27.

[166] 李贝贝. 重庆牛油火锅底料风味和品质优化初探[D]. 重庆: 西南大学, 2021.

[167] 王仲礼, 赵晓红. 新型咸味风味物质的研究与开发[J]. 中国调味品, 2006, (05): 9-11+8.

[168] 李涵润, 刘雄, 覃小丽, 等. 油脂种类对调和牛油风味的影响[J]. 中国油脂, 2022, 47(06): 53-61.

[169] 王姣, 许凌云, 张晋华, 等. 不同成熟时间切达奶酪中挥发性香气成分及其电子鼻判别分析[J]. 食品科学, 2020, 41(20): 175-183.

[170] 冯军, 陈海涛, 黄明泉, 等. 不同品牌郫县豆瓣酱挥发性成分的比较研究[J]. 北京工商大学学报(自然科学版), 2010, 28(03): 17-22.

[171] 何聪聪, 苏柯冉, 刘梦雅, 等. 基于AEDA和OAV值确定西瓜汁香气活性化合物的比较[J]. 现代食品科技, 2014, 30(07): 279-285.

[172] 殷永玲, 邓维泽, 袁永俊. 炼制条件对牛油中塑化剂及风味物质的影响研究[J/OL]. 中国油脂, 2022, 47(12): 20-24.

[173] 陈丽兰, 尼海峰, 闫志农, 等. 牛油火锅底料品质变化特征及货架期保质期预测[J]. 食品科学, 2012, 33(24): 339-342.

[174] 李玉娟, 王瑞, 车镇涛, 等. 中药材指纹图谱质量控制方法研究[J]. 中药新药与临床药理, 2001, (03): 192-195+235.

[175] 崔丽伟, 胡平, 王璐. 固相微萃取及其在食品分析中的应用[J]. 广东化工, 2014, 41(19): 93+99.

[176] 赵庆喜, 薛长湖, 盛文静, 等. 固相微萃取技术(SPME)及其在水产品分析中的应用[J]. 水

产科学, 2006, 25 (12): 656-660.

[177] 贾洪锋, 王鑫, 邓红, 等. 电子鼻在食品气味分析中的应用[J]. 粮油食品科技, 2013, 21 (01): 38-42.

[178] 李雪琴, 黎海红. Adulteration Detection of the Sesame Oil by Similarity of Chromatographic Fingerprint[C]//中国科学技术协会, 河南省人民政府. 第十届中国科协年会论文集(三).河南工业大学粮油食品学院, 2008: 9.

[179] 张岩, 林智平. 指纹图谱技术与相似系统理论在啤酒风味特征研究中的应用[J]. 啤酒科技, 2010 (11): 43-46.

[180] 姚云平. 油脂指纹图谱在植物性油脂识别中的应用[D]. 天津: 天津科技大学, 2012.

[181] 吴卫国, 彭思敏, 唐芳, 等. 5类食用植物油标准指纹图谱的建立及其相似度分析[J]. 中国粮油学报, 2013, 28 (6): 101-105.

[182] 骆姗. 基于气相色谱技术的食用油安全性评价方法的研究[D]. 兰州: 兰州大学, 2014.

[183] 刘少敏. 橄榄油关键香气成分及基于风味指纹图谱的鉴伪研究[D]. 北京: 北京工商大学, 2018.

[184] 喻凤香, 陈煦, 项伟, 等. 基于指纹图谱相似度的玉米胚芽油掺伪检测技术研究[J]. 湖南农业科学, 2019 (8): 6.

[185] 王李平, 张乐, 林晨, 等. 花生油挥发性风味物质SPME-GC/MS指纹图谱的研究[J]. 食品工业, 2020, 41 (07): 162-165.

[186] Sabine R, Alain C. Carbonyl odorants contributing to the in-oven roast beef top note.[J]. Journal of agricultural and food chemistry, 2005, 53 (24): 9578-9585.

[187] Xiao J, Lifeng W, Chang Z, et al.Key Odorant Differences in Fragrant Brassica napus and Brassica juncea Oils Revealed by Gas Chromatography-Olfactometry, Odor Activity Values, and Aroma Recombination.[J]. Journal of agricultural and food chemistry, 2020, 68 (50): 14950-14960.

[188] Sun J, Ma M, Sun B, et al.Identification of characteristic aroma components of butter from Chinese butter hotpot seasoning[J]. Food Chemistry, 2021, (383): 127838-127838.

[189] Gracka A, Jeleń H H, Majcher M, et al.Flavoromics approach in monitoring changes in volatile compounds of virgin rapeseed oil caused by seed roasting[J]. Journal of Chromatography A, 2016, 14 (28): 292-304.

[190] Fratini G, Lois S, Pazos M, et al.Volatile profile of Atlantic shellfish species by HS-SPME GC/MS[J]. Food Research International, 2012, 48 (2): 856-865.

[191] Whitfield B F, Mottram S D. Volatiles from interactions of Maillard reactions and lipids[J]. Critical Reviews in Food Science & Nutrition, 2009, 31 (1-2): 1-58.

[192] Youfeng Z, Yuqi W, Sirui C, et al.Flavor of rapeseed oil: An overview of odorants, analytical techniques, and impact of treatment.[J]. Comprehensive reviews in food science and food safety, 2021, 20 (4): 3983-4018.

[193] Adahchour M, Wiewel J, Verdel R, et al.Improved determination of flavour compounds in butter by solid-phase (micro) extraction and comprehensive two-dimensional gas chromatography[J]. Journal of Chromatography A, 2005, 1086 (1-2): 99-106.

[194] Federico S, Erica L, E S R, et al.Untargeted and Targeted Fingerprinting of Extra Virgin Olive Oil Volatiles by Comprehensive Two-Dimensional Gas Chromatography with Mass Spectrometry: Challenges in Long-Term Studies.[J]. Journal of agricultural and food chemistry, 2019, 67 (18): 5289-5302.

[195] Song S, Zhang X, Xiao Z, et al.Contribution of oxidized tallow to aroma characteristics of beeflike process flavour assessed by gas chromatography-mass spectrometry and partial least squares regression[J]. Journal of Chromatography A, 2012, 1254: 115-124.

[196] Pei Y, Yini Y, Jinyuan S, et al.Identification of volatile sulfur-containing compounds and the precursor of dimethyl sulfide in cold-pressed rapeseed oil by GC-SCD and UPLC-MS/MS [J]. Food Chemistry, 2022, 367: 130741.

[197] 高红艳, 金青哲, 等. 牛油基起酥油的起砂原因初探[J]. 中国油脂, 2007, 32（2）: 52-54.

[198] 孟宗. 酯交换法改善牛油基起酥油起砂的研究[D]. 无锡: 江南大学, 2008.

[199] 周胜利. 牛油基起酥油品质缺陷及其改善的研究[D]. 无锡: 江南大学, 2011.

[200] 弓宇. 蒙古牛和西门塔尔牛脂肪特性及脂质代谢组学分析[D]. 呼和浩特: 内蒙古农业大学, 2021.

[201] 王泳杰. 相同饲养条件下不同品种（系）肉牛产肉性能及肉品质差异的研究[D]. 雅安: 四川农业大学, 2018.

[202] 熊琳. 放牧牦牛脂肪沉积特性及调控机理研究[D]. 北京: 中国农业科学院, 2021.

[203] FereidoonShahidi. 贝雷油脂化学与工艺学（第六版）[M]. 北京: 中国轻工业出版社, 2016.

[204] Zong M, Yuan-Fa L, Qing-Zhe J, et al.Characterization of graininess formed in all beef tallow-based shortening.[J]. Journal of agricultural and food chemistry, 2010, 58 (21): 11463-11470.

[205] 舒适. 牛油及其调和油煎炸性能的研究[D]. 武汉: 武汉轻工大学, 2019.

[206] 刘佳敏. 牛油分提及其低熔点辣椒牛油制备的研究[D]. 天津: 天津农学院, 2020.

[207] 邢田, 韩玲, 余群力, 等. 牛油的干法分提工艺优化及其对脂肪酸组成的影响[J]. 食品与发酵科技, 2020, 56（06）: 1-6.

[208] Hiramine Y, Tanabe T.Characterization of acylcoenzyme A: diacylglycerol acyltransferase (DGAT) enzyme of human small intestine [J]. Journal of Physiology and Biochemistry 2011, 67 (2): 259-264.

[209] 梅岚, 罗琪. 甘油二酯油的代谢及生理功能研究进展[J]. 食品安全导刊, 2022,（22）: 104-106.

[210] 李悦, 钟南京, 李洪广. 酶法制备甘油二酯的研究进展[J]. 中国油脂, 2022, 47（06）: 77-84.

[211] 许浮萍. 驴油性质及酶法定向酯交换制备功能性油脂的研究[D]. 哈尔滨: 哈尔滨工业大学, 2014.

[212] Guo Z, Kahveci D, Özçelik B, et al.Improving enzymatic production of diglycerides by engineering binary ionic liquid medium system [J]. New Biotechnology, 2009, 26 (1): 37-43.

[213] Saito S, Yamaguchi T, Shoji K, et al.Effect of low concentration of diacylglycerol on mildly postprandial hypertriglyceridemia [J]. Atherosclerosis, 2010, 213 (2): 539-544.

[214] 曲可心, 高青山, 姚辉耀, 等. 延黄牛脂制备高纯度1,3-甘油二酯工艺[J]. 食品与机械,

2022, 38（02）：210-215+227.

[215] 胡燕, 陈忠杰. 不饱和脂肪酸与人体健康关系探讨［J］. 肉类研究, 2011, 25（01）：17-20.

[216] Jiankang W, Linxiao H, Daoying W, et al.Conjugated Fatty Acids in Muscle Food Products and Their Potential Health Benefits: A Review. ［J］. Journal of agricultural and food chemistry, 2020, 68 (47): 13530-13540.

[217] 姜淑贞, 杨在宾, 杨维仁, 等. 瘤胃脂肪酸代谢研究进展［J］. 黄牛杂志, 2001,（04）：40-42+74.

[218] 朱世明, 肖长清. 四种食用油共轭脂肪酸含量的比较［J］. 食品工程, 2009,（03）：50-51.

[219] 左正三, 郭东升, 纪晓俊, 等. 肠道中多不饱和脂肪酸及其衍生物研究进展［J］. 中国生物工程杂志, 2018, 38（11）：66-75.

[220] 井银成. 动植物油脂脂肪酸和甘油三酯特征信息提取及应用［D］. 郑州: 河南工业大学, 2012.

[221] 刘琳, 谢勇, 刘越, 等. 低胆固醇牛油的制备及其理化性质分析［J］. 食品与发酵工业, 2020, 46（22）：187-195.

[222] 刘莉敏, 李敏, 郭军, 等. 内蒙古部分地区8种畜肉胆固醇含量分析［J］. 肉类研究, 2016, 30（2）：5-9.

[223] 孙博宏. 猪脂肪液化工艺及其流变学特性研究［D］. 武汉: 华中农业大学, 2013.

[224] 田星, 穆馨怡, 邓慧琳, 等. 口腔加工对于食品风味感知及其释放影响的研究进展［J］. 食品研究与开发, 2021, 42（08）：186-191.

[225] 陈艳萍, 阿丽雅, 刘源. 油脂的风味及感知［J］. 食品与生物技术学报, 2022, 41（6）：13-20.

[226] 顾锦鸿, 龙瑜敏. 人造奶油加工设备的研究［J］. 中国油脂, 2000,（06）：96-101.

[227] 孟宗, 刘元法, 徐振波, 等. 酯交换法改善牛油基起酥油起砂的初步研究［J］. 中国油脂, 2008, 33（06）：28-32.

[228] 陈巍元, 王福超, 张华. 动植物油脂分子结构及氧化稳定性研究［J］. 延边大学农学学报, 2021, 43（04）：63-68.

[229] 朱芳. 动物甘油三酯对油脂风味贡献的研究［D］. 天津: 天津科技大学, 2017.

[230] 朱婷伟. 酶促酯交换构建速冻专用油脂及其微观结构与宏观性能变化规律研究［D］. 广州: 华南理工大学, 2019.

[231] 王猛, 仪德刚. 我国火锅的历史源流［J］. 农业考古, 2022（03）：189-194.

[232] 石自彬, 代应林, 张丰贵. 川渝火锅起源地辨析［J］. 江苏调味副食品, 2017（04）：42-44.

[233] 佚名. 第二届中国川渝火锅产业大会在重庆举办 世界中餐业联合会副会长武力应邀出席［J］. 餐饮世界, 2022（08）：77.

[234] 刘辉. 火锅用油制备及品质的研究［D］. 武汉: 武汉轻工大学, 2021.

[235] 王小琴. S餐饮连锁公司成都片区营销策略研究［D］. 成都: 电子科技大学, 2022.

[236] 欧洋. A连锁火锅店的体验营销策略研究［D］. 大连: 大连海事大学, 2020.

[237] 李莎莎. 四川火锅底料标准出炉, 从2017年1月15日起强制执行［EB/OL］.（2016-07-19）［2023-05-13］. https://www.sc.gov.cn/10462/12771/2016/7/19/10388593.shtml.

[238] 但晓容, 李栋钢, 卢晓黎. 牛油火锅底料关键工艺参数优化［J］. 食品科学, 2010, 31（22）：

211-215.

[239] 陈俊, 周琴, 任燕玲, 等. 自热式方便火锅的安全性分析和质量控制[J]. 现代食品, 2022, 28(06): 111-113.

[240] 中华人民共和国国家标准. GB 31644—2018食品安全国家标准 复合调味料[S].

[241] SUN J, MA M, SUN B, et al. Identification of characteristicarom components of buteer from Chinese butter hotpotseasoning[J]. Food Chemistry, 2020, 338: 127838.

[242] 夏亚男, 赵赞, 王俊林, 等. 基于GC-MS、智鼻、智舌评价川味火锅调料的风味特征[J]. 食品科技, 2021, 46(03): 267-275.

[243] 申慧珊, 夏天雨, 吴青兰, 等. 番茄牛腩味马铃薯方便粉丝调料的研制[J]. 中国调味品, 2018, 43(06): 103-107+122.

[244] 韦仕静, 林喆, 姚崇, 等. 食用动物油脂制备肉味香精的研究现状[J]. 中国食品添加剂, 2021, 32(02): 123-127.

[245] 孟一娟, 刁雪洋, 石晶牛肉香精制备技术[J]. 肉类研究, 2010(2): 31-34.

[246] 李娟, 张甲贵, 曲广辉. 一种酱香牛肉风味香精及其制备方法: CN20181040311451.9[P]. 2018-09-28.

[247] 樊晓盼, 马俪珍, 张伯男, 等. 微生物发酵对牛肉调味基料的增香作用[J]. 食品工业科技, 2018, 39(7): 64-69.

[248] 徐欣如, 尤梦晨, 宋焕禄, 等. 不同酶对牛骨素热反应香精气味及滋味的影响[J]. 食品工业科技, 2018, 40(3): 234-244.

[249] 吴晨燕, 马俪珍, 周伟, 等. 发酵时间和发酵剂种类对牛肉调味料风味的影响[J]. 肉类研究, 2019, 33(09): 42-47.

[250] 郑志亮. 新型牛肉风味膏类咸味香精的工艺及机理研究[D]. 无锡: 江南大学, 2022.

[251] 姚瑞雄. 我国香精香料工业的现状与分析[J]. 食品安全导刊, 2017(18): 121-122.

[252] SAFAFAR H, LJUBIC A, MOLLERP, et al. Two-step direct transesterification as a rapid method for the analysis of fatty acids in microalgae biomass[J]. European Journal of Lipid Science and Technology, 2019, 121(5): 2481-2502.

[253] 刘平利, 黄丽华, 蔡勇建, 等. 改性油脂对搅打奶油品质影响的研究[J]. 粮食与油脂, 2021, 34(12): 8-10+13.